LES CYGNES DE LA CINQUIÈME AVENUE

Melanie Benjamin, née en 1962, a grandi dans le Midwest. Étudiante à Indianapolis, elle se passionne pour le théâtre. Après avoir déménagé à Chicago, elle commence à écrire pour des journaux et des magazines, avant d'entamer une carrière d'écrivain. Elle consacre désormais sa vie à l'écriture, et ses romans sont devenus des best-sellers aux États-Unis.

MELANIE BENJAMIN

Les Cygnes de la Cinquième Avenue

ROMAN TRADUIT DE L'ANGLAIS (ÉTATS-UNIS)
PAR CHRISTEL GAILLARD-PARIS

ALBIN MICHEL

Titre original :

THE SWANS OF FIFTH AVENUE
Publié avec l'accord de Delacorte Press,
an imprint of Random House, a division
of Penguin Random House LLC.

Ce livre est un ouvrage de fiction. À l'exception des situations et personnes historiques, utilisées à des fins de fiction, les noms, les personnages et les événements relatés sont le fruit de l'imagination de l'auteur. Toute ressemblance avec des faits avérés, des lieux existants ou des personnes réelles, vivantes ou décédées, serait purement fortuite.

ISBN : 978-2-253-07406-9 – 1re publication LGF

À mon père,
Norman Miller

« Le meilleur moment pour quitter une soirée,
c'est quand la fête commence. »

Diana VREELAND

Sensuels, superbes et solitaires, les cygnes redressèrent leurs cous élégants et se tournèrent vers lui, debout, embourbé sur le rivage, pour le fixer. Ils battirent des cils et, dans un froissement de plumes, glissèrent en direction de leur reine, la plus belle d'entre eux. On n'entendait rien que le soupir de leurs corps gracieux dérivant sur l'eau.

Alors qu'il les observait depuis le rivage, se tordant les mains, s'intimant de rester tranquille malgré son désir puéril de sautiller d'un pied sur l'autre, il était habité par sa vieille peur : celle de ne pas être assez bien, assez courageux, assez beau, assez grand – assez. *Néanmoins, il espérait, il rêvait, il attendait ; retenant sa respiration, il concentra son attention sur la reine des cygnes, la plus éblouissante d'entre eux. Et, comme s'il s'apprêtait à souffler les bougies d'un gâteau d'anniversaire, il fit un vœu qu'il souffla vers elle, vers elle seule, priant pour que le vent le porte jusqu'à elle, une prière.*

Elle inclina sa superbe tête vers les autres cygnes, et on la vit qui écoutait, l'air grave, comme s'il s'agissait d'un rite des plus solennels ; comme s'il n'existait rien d'autre au monde qui puisse attirer son attention, ni guerres ou morts, ni alliances ou dilemmes. Rien d'autre que ça, son bonheur.

Les autres cygnes chuchotaient, chuchotaient toujours ; l'un d'entre eux siffla, mais il n'aurait su dire lequel. Ils rompirent les rangs ; ils nagèrent en un cortège bien ordonné, dessinant un arc parfait autour de leur reine. Elle restait parfaitement immobile, la tête penchée, songeuse.

Puis elle tendit le cou, se retourna pour le regarder, toujours debout sur le rivage. Ils se retournèrent tous pour le regarder ; en un mouvement chorégraphié, les cygnes le saluèrent de leurs ailes, d'une blancheur aveuglante, ou plutôt, comme il s'en rendit compte alors, de leurs bras. Des bras aussi blancs que les léopards des neiges ; plus blancs que les perles autour de leurs cous fragiles.

La reine ne le salua pas. Mais elle ne le quittait pas des yeux – de sombres abîmes reflétant une solitude insondable – tandis qu'il prenait son envol ; il rasa la surface de l'eau, lui qui n'était pas un cygne, non, jamais il ne serait des leurs, et, même en cet instant, il le savait déjà. Il était une nymphe, une libellule – un elfe, atterrissant au milieu des cygnes dans un éclat de rire ravi. Ils rirent aussi, tous, sauf la reine.

Elle se contentait de le suivre du regard tandis qu'on se le repassait de bras en bras comme un nouveau-né. Quand les cygnes en eurent terminé avec lui, quand ils le posèrent sur l'eau et qu'ils se remirent en rang, il se retrouva entre eux et leur reine. Hésitant, mais ivre de joie, empli d'un sentiment d'appartenance, il s'avança vers elle, s'émerveillant encore de découvrir que – sous ses pieds – l'eau n'était pas de l'eau, mais un sol de marbre étincelant, que les plumes des cygnes n'étaient pas des plumes mais de la fourrure et du cachemire, de la soie et du satin, assemblés, puis cousus à la main sur leurs corps disciplinés, conçus à seule fin d'être ornés.

Et maintenant, son *cygne – c'est ainsi qu'il pensait à elle, et qu'il penserait toujours à elle, celle qu'il avait élue, qu'il revendiquait comme sienne, oubliant déjà que ce n'était pas lui qui avait eu le privilège de choisir – lui tendait la main, et il la prit, avec la confiance d'un enfant. La malice d'un petit diable.*

Puis les cygnes resserrèrent les rangs autour de lui.

Et il fut chez lui.

La Côte Basque,

17 octobre 1975

« Il l'a tuée. C'est aussi simple que ça. » Les mains tremblantes, Slim laissa échapper son paquet de menthols, et les cigarettes s'éparpillèrent dans son assiette. « Truman l'a tuée. Et j'aimerais bien savoir quelle est l'idiote qui la première s'est liée d'amitié avec ce nain.

— Ce n'est pas moi, clama Pamela. Je n'ai jamais aimé ce salaud.

— Ce n'est pas moi non plus, certainement pas ; je vous avais mises en garde contre lui, non ? » Question purement rhétorique de Gloria, dont les yeux de braise brillaient d'un éclat si dangereux que c'était une bonne chose qu'il n'y ait que des couteaux à beurre sur la table.

« Je ne crois pas que ce soit moi, murmura Marella. Non. Non, ce n'était pas moi.

— Ce qui est sûr, c'est que ce n'est pas moi, cracha Slim. Et s'il n'est pas reconnu coupable de meurtre, je le poursuivrai en justice pour diffamation, au minimum. »

Le silence s'abattit sur la table ; cette déclaration fit l'effet d'une bombe, une déflagration presque aussi violente que celle qui les avait réunies en hâte, les yeux cachés derrière des lunettes noires, comme si elles croyaient pouvoir déguiser leurs célèbres visages. C'est bizarre, se dit Slim, elles avaient toutes eu la même idée : se cacher, comme si c'étaient elles les coupables quand, manifestement, c'était Truman qui aurait dû disparaître. Maintenant, et à jamais.

Mais, par provocation, elles s'étaient mises d'accord pour se retrouver sur les lieux du crime : le restaurant qui avait engendré le scandale littéraire du siècle, comme on l'appelait déjà. Slim Hawks Hayward Keith, Marella Agnelli, Gloria Guinness, Pamela Churchill Hayward Harriman – toutes dans la fleur de l'âge sans exception – avaient pris d'assaut La Côte Basque, l'endroit où, depuis toujours, il fallait voir et être vu, surtout ce jour-là.

« Où est C.Z. ? demanda soudain Gloria. La respectable Mrs Guest devrait être là, elle aussi. Ça me semble évident. Après tout, elle était là quand tout a commencé. Que ça nous plaise ou non, elle est des nôtres.

— C.Z. est sans doute partie se terrer quelque part. Savez-vous ce qu'elle a fait quand je l'ai appelée pour lui demander si elle l'avait lu ? Elle a éclaté de rire. Oui, elle a ri ! “Oh, Slim, m'a-t-elle dit, si tu ne savais pas que Truman Capote était incapable de garder un secret, alors tu es encore plus bête que moi !” Évidemment, il ne s'en prend pas à elle.

— Mais au sujet de… ? » demanda Pamela. Elles se tournèrent d'un seul mouvement vers la chaise vide à l'autre bout de la table. « C.Z. n'était-elle pas indignée au moins en son nom à *elle* ? »

Slim alluma enfin une cigarette, la sacro-sainte cigarette, et en tira une longue bouffée. Elle se laissa aller contre le dossier de sa chaise et, les yeux plissés, observa Pamela. C'était étrange la manière dont Truman, grâce à sa plume, pouvait les réunir et, d'ennemies qu'elles étaient, en faire des alliées. « Non, elle ne l'était pas, pas que je sache.

— Mais cet homme abject dans la nouvelle de Truman, Dillon, c'est Bill, n'est-ce pas ? C'est censé être Bill Paley, non ? »

Slim inspira profondément, mais ne put se résoudre à croiser le faisceau des regards pénétrants de ses amies. « Oui. C'est lui, je sais que c'est lui. Ne me demandez pas comment je le sais ; je le sais, un point c'est tout. »

Pamela, Gloria et Marella en furent estomaquées. Même chose pour les tables près de la leur ; quand les quatre femmes étaient entrées ensemble, toutes les têtes s'étaient tournées vers elles. Certaines avec surprise, d'autres avec une joie non dissimulée. Ou encore avec admiration. Mais toutes avec curiosité.

Marcel, leur serveur préféré, s'approcha doucement avec l'habituelle bouteille de Cristal. Il la leur présenta, et Gloria approuva d'un geste las. Il fit alors sauter le bouchon, mais avec moins de panache qu'à l'accoutumée. Il savait.

Tout le monde savait.

Le dernier numéro du magazine *Esquire* était exposé en devanture des kiosques depuis ce matin : en couverture, le portrait d'un Truman Capote empâté, le teint blafard, et l'annonce, en gros caractères, d'une histoire – tant attendue – écrite par l'auteur très acclamé du roman *De sang-froid.* Une nouvelle qui avait pour titre « La Côte Basque 1965 ». Il était maintenant treize heures et Liz Smith était probablement déjà au téléphone, interrogeant avec fébrilité leurs femmes de chambre pour savoir si Madame était ou non sortie.

Eh bien, dans mon cas, Madame est sortie, se dit Slim. Et elle ferait tout aussi bien de ne pas rentrer de toute la journée. Ni même de toute la nuit, merde ! Où était Papa quand elle avait besoin de lui ? Car elle aurait sauté dans le prochain avion pour Cuba, si elle y avait été autorisée. Et si Hemingway avait été encore en vie, un verre de daiquiri dans une main, un fusil ou une canne à pêche dans l'autre, arborant son grand sourire viril et lubrique dès qu'il l'aurait aperçue, tout en réfléchissant à la possibilité d'écrire un livre sur elle, la femme la plus fascinante qu'il avait jamais rencontrée.

Mais c'était une autre histoire, une autre époque. Une autre vie.

Rien à voir avec l'histoire d'aujourd'hui. Qui d'ailleurs, comprit Slim, ne la concernait en rien. Certes, on s'était servi d'elle mais, en fin de compte, ses secrets, pour l'essentiel, n'avaient pas été dévoilés. Un état de fait qui ne tempérait en rien le sentiment d'avoir été trahie, ni l'amertume qu'elle ressentait après ce que son *True Heart*[1] – repenser à cet affectueux surnom lui donnait des aigreurs d'estomac – avait fait.

---

1. « Cœur pur » en français. *(Toutes les notes sont de la traductrice.)*

Ce qu'avait fait Truman Capote sautait aux yeux : il avait commis un meurtre en racontant ce qu'il avait raconté. Des histoires qu'il n'avait pas le droit de raconter.

Des histoires que, pour commencer, elles n'auraient jamais dû lui raconter.

« Personne ne le rappellera désormais. Personne ne l'invitera plus jamais nulle part. Il est fini. Mort – aussi mort que... », dit Pam. D'un geste ostentatoire, elle tamponnait ses yeux bleus qui, Slim ne put s'empêcher de le remarquer, restaient résolument secs.

La conversation s'apaisa, s'assombrit ; un voile jeté au-dessus de leur table, atténuant l'intensité de la lumière, ternissant l'éclat des couverts et celui du cristal.

« L'une d'entre nous se souvient-elle vraiment de la première fois où elle l'a rencontré ? Ou est-il apparu telle la peste ? » Slim était dans un état d'esprit propice à la réflexion, ce qu'elle ne se permettait que rarement et qui, généralement, ne s'accordait guère avec celui de ses compagnes. Un déjeuner à La Côte Basque n'était pas fait pour l'introspection.

Mais aujourd'hui, ce n'était pas un jour comme les autres. Aujourd'hui, elles avaient ouvert le magazine *Esquire* et s'étaient vues – pas elles, pas tout à fait, mais leurs semblables, leur clan, leur cercle exclusif, privilégié et envié – éviscérées, écorchées vives, leurs âmes mises à nu, leur noirceur étalée au grand jour. Des secrets trahis et des vies détruites. Par la vipère qu'elles avaient couvée en leur sein ; par un raconteur d'histoires qu'elles avaient entretenu.

Mais Truman Capote n'était pas le seul à pouvoir raconter des histoires, décidèrent-elles en buvant un autre verre de champagne.

« Alors, dites-moi, roucoula Slim, la langue agréablement déliée, la gorge délicieusement engourdie. Comment ce salaud, ce bâtard venu du Sud, a-t-il bien pu atterrir ici ? »

Les quatre femmes courbèrent leurs cous toujours aussi élégants, rapprochèrent leurs têtes impeccablement coiffées, pour se concerter. Des colifichets et des plumes frémissaient à leurs bras à mesure qu'elles gesticulaient. Les bijoux et l'or lançaient des éclairs chaque fois qu'elles ponctuaient leurs propos d'un geste de la main ; elles essayaient de rassembler les morceaux du puzzle.

Depuis le tout début. Comment Truman Capote en était-il venu à trahir tous ses cygnes – et en particulier l'une d'entre eux, la reine des cygnes. Celle qu'elles avaient toutes aimée le plus. Même Truman.

Surtout Truman.

Mais le problème était que ce soit Truman qui ait tout raconté.

1

Il était une fois...

C'était le meilleur et le pire des temps[1]*...*

Il était une fois un homme qui venait de Nantucket...

Truman gloussa. La main devant sa bouche comme un petit garçon, il riait tant que ses frêles épaules en furent secouées. Ses yeux bleus étaient emplis d'une si joyeuse malice qu'il avait l'air d'une statue de Pan animée.

« Oh, *Big Mama* ! Quel vilain petit diable je fais !

— *True Heart*, tu es impayable ! » Slim riait, elle aussi, elle s'en souvenait, elle riait à en avoir mal aux côtes. C'était l'effet qu'avait Truman sur elle à cette époque, au tout début de cette glorieuse époque ;

1. Première phrase célèbre du roman de Charles Dickens *Un conte de deux villes*, qui continue ainsi : « C'était le meilleur et le pire des temps, le siècle de la sagesse et de la folie, l'ère de la foi et de l'incrédulité, la saison de la lumière et des ténèbres, le printemps de l'espérance et l'hiver du désespoir ; devant lui, le monde avait tout et rien, il allait tout droit au ciel et tout droit en enfer. » (Traduit par Jeanne Métifeu-Béjeau, éditions Gallimard, 1970.)

il la faisait rire. Voilà ce qu'il en était. C'était aussi simple que ça.

Quand il était jeune, en 1955, quand ils étaient tous jeunes – ou, tout au moins, plus jeunes –, quand sa célébrité était récente et leurs amitiés naissantes, être en compagnie de Truman Capote, carburant au champagne et au caviar, couvert de cadeaux de chez Tiffany, était sacrément amusant.

« *Il était une fois,* avait fini par déclarer Slim.

— Oui. Bon... » Et d'une voix traînante, étirant les syllabes de cette manière théâtrale dont il était coutumier, Truman dit : « Il était une fois, New York. »

New York.

Les Stuyvesant, les Vanderbilt et les Roosevelt et, sans surprise, le très comme il faut Washington Square. Trinity Church. La fameuse salle de bal de Mrs Astor, les Four Hundred, triés sur le volet, avec ce snob de Ward McAllister, et cette traîtresse d'Edith Wharton, le restaurant Delmonico. Zany Zelda et Scott à la fontaine du Plaza, la Table Ronde de l'Algonquin, Dottie Parker, à la langue et la plume acérées, la revue des *Ziegfeld Follies*. Les éditos de Cholly Knickerbocker, le 21, les danses du Lucky Strike Orchestra au Stork Club, El Morocco. L'incomparable Hildegarde en concert au Plaza dans la Persian Room, Cary Grant à ses pieds, éperdu d'admiration. La Cinquième Avenue : Henri Bendel, Bergdorf, Tiffany.

Il existait aussi un New York souterrain ; *lower*, « inférieur » dans tous les sens du terme. Ellis Island et le Lower East Side. Le métro. Les cafétérias avec distributeurs automatiques et la chaîne de restaurants bon marché Schrafft, les hot-dogs des vendeurs ambulants, les pizzas vendues à la part. Les poulets qui pendaient aux devantures dans Chinatown, les pickles dans des tonneaux sur Delancey. Le Village et ses beatniks avec leurs bas déchirés, leurs cols roulés sales, leur mépris pour tout.

Mais ce n'était pas ce New York-là qui attirait les ambitieux, les rêveurs, les affamés. Non, eux, ce qui les attirait c'était les hauteurs de New York, la ville des appartements de luxe, au dernier étage des immeubles, et des appartements privés au St Regis, au Plaza ou encore au Waldorf ; le New York de ceux qui prennent le « A » Train n'était qu'une chanson[1], pas une option. Le New York des taxis jaunes qu'on hèle en dernier recours quand la limousine n'est pas libre. Le New York des premières somptueuses au Met ; des bals et des banquets de bienfaisance qui n'en finissent jamais ; des trottoirs larges, propres, que n'encombraient ni chariots, ni portants ou enfants qui jouent. Avec vue sur le parc, la rivière, le pont, et non sur des murs de brique noirs de suie ou des ruelles humides.

Le New York des pièces de théâtre, des films, des livres ; le New York du *New Yorker*, de *Vanity Fair* et de *Vogue*.

C'était un fanal, une flèche, un fanal au sommet d'une flèche de clocher. Une lumière qui brille de

---

1. *Take the « A » Train* est un standard de jazz emblématique du répertoire de l'orchestre de Duke Ellington. Le titre fait référence à la nouvelle ligne A du métro qui traversait New York depuis Brooklyn Est jusqu'à Harlem.

loin, que l'on distingue depuis les champs de maïs de l'Iowa, les contreforts des Dakotas, les déserts de Californie. Les marais de la Louisiane. Un véritable chant des sirènes. Convoquant les insatisfaits, aguichant les idéalistes. Ceux dont le sang bouillonne et court trop vite dans les veines, et qui, alors, regardent leurs familles placides, leurs voisins bien comme il faut, les tombes de leurs ancêtres somnolents, en disant :

Je ne suis pas comme les autres. Je suis spécial. Je vaux mieux qu'eux.

Ils venaient tous à New York. Nancy Gross – surnommée « Slim » par son ami, l'acteur William Powell – née en Californie. Gloria Guinness – « La Guinness » – née paysanne dans un village au Mexique. Barbara Cushing – connue sous le nom de « Babe » depuis le jour de sa naissance, la cadette de trois sœurs sensationnelles originaires de Boston.

Et Truman. Truman Streckfus Persons Capote, qui se pointa un jour à bord de l'avion privé de William S. et Babe Paley, dans le sillage de leurs bons amis Jennifer Jones et David O. Selznick. Bill Paley, président et fondateur de CBS, était resté bouche bée devant le jeune faon svelte, aux grands yeux bleus et à la drôle de voix ; « J'avais cru que tu voulais dire le *président* Truman », avait-il lancé d'une voix sifflante à David. « Je n'ai jamais entendu parler de ce petit… de ce type. Il va falloir passer tout le week-end avec lui ? » Babe Paley, sa femme, avait alors murmuré d'une voix douce : « Oh, Bill, bien sûr que tu as entendu parler de lui », tandis qu'elle allait accueillir, chaleureusement et avec sa bienveillance légendaire, leur invité-surprise.

Bill Paley avait entendu parler de Truman Capote, bien évidemment. Qui n'en avait pas entendu parler à Manhattan en 1955 ?

Truman, *Truman*, *Truman* – chuchoté, sifflé, envié, méprisé. Il avait à peine trente ans, le Jeune Prodige, le *Wunderkind*, la Petite Terreur (surnom que seuls ses rivaux lui donnaient, il faut bien l'admettre). Truman Capote, frêle, à la frange mélancolique, à la bouche boudeuse, allongé paresseusement, qui vous fixait de son regard désenchanté, troublant, envoûtant, depuis la photo de couverture de son premier roman, *Les Domaines hantés*. Un roman, il faut bien l'avouer, que ni Babe ni ses amies, que ce soit Slim ou Gloria, n'avaient pris la peine de lire. Et, néanmoins, on chuchotait son nom dans les soirées, les banquets de bienfaisance et les déjeuners.

« Tu dois rencontrer… »

« Je suis tout simplement *folle* de… »

« Évidemment, tu connais… »

Truman.

« C'est moi qui t'ai présentée à lui », rappela Slim à Babe après cette décisive escapade en Jamaïque dans la maison des Paley le temps d'un week-end ; un week-end surprenant, stupéfiant, pendant lequel Babe et Truman s'étaient surpris à cligner des yeux, éblouis par les premiers rayons d'une amitié naissante, un sentiment qui leur était si inconnu qu'ils ne comprirent pas tout à fait que cette chose qui les avait ensorcelés, les distinguant des simples mortels, c'était bien de l'amitié. « Tu ne t'en souviens pas, c'est tout. Mais il était à moi, mon *True Heart*. Tu me l'as volé, ce n'est pas juste. » Slim fit la moue et secoua ses cheveux blonds, dont une mèche cachait toujours l'un de ses yeux, la faisant ressembler plus encore à Lauren Bacall que Lauren Bacall elle-même, ce qui était normal puisque Lauren Bacall prenait Slim pour modèle. « C'était à peu près à l'époque où il travaillait au scénario de *Plus fort que le diable*. Un soir, Leland l'avait ramené à la maison pour dîner, tu ne t'en souviens pas ?

— Non. C'est moi qui l'ai découvert en premier », insista Gloria, ses yeux de braise lançant des éclairs ; des éclairs qui menaçaient en permanence de trahir ses vraies origines que les robes Balenciaga, les coiffures élaborées par Mr Kenneth – et l'accent anglais travaillé – laissaient à peine deviner. « Je suis étonnée que tu ne t'en souviennes pas. C'était peu de temps après qu'il avait adapté *La Harpe d'herbes* pour Broadway. Généralement, je ne vais pas à Broadway, bien entendu », dit-elle en jetant un regard plein de malice à Slim, qui se raidit. « Mais je suis très heureuse d'être allée à la première. C'est à cette époque que je t'ai parlé de lui, Babe.

— Non, ma chère. Je l'ai invité à Paris pour un week-end. Tu ne te rappelles pas ? » intervint Pamela, d'une voix maniérée à l'accent anglais si affecté que toutes, instinctivement, se penchèrent vers elle pour l'écouter (et toutes, instinctivement, reconnurent le stratagème ; leurs maris s'étaient d'ailleurs fait piéger en de nombreuses occasions, contraints eux aussi d'affronter la magnifique poitrine de Pamela mise en valeur par le décolleté d'une robe Dior). « Bien avant qu'aucune d'entre vous ne le connaisse – ça remonte à l'époque où il a publié *Les Domaines hantés*. Bennett Cerf, vous savez, l'*éditeur...* », et c'est à peine si elle put réprimer un frisson ; il était tout simplement inavouable de connaître ce genre de personnes, « ... m'avait demandé si je pouvais distraire ce jeune auteur qui était le sien et que les critiques littéraires rendaient nerveux. Tu étais là, Babe. J'en suis sûre et certaine.

— Mesdames, mesdames », les réprimanda C.Z., imperturbable et inaccessible, comme toujours, jamais tout à fait dans leur monde sans jamais pour autant être en dehors – simple, franche, une blonde hitchcockienne avec un sourire radieux (et l'accent traînant, trop parfait, de Boston). Mais C.Z., toutes le savaient, était plus heureuse dans son jardin, une bêche à la main, ou à s'occuper de ses chevaux, que lorsqu'elle déjeunait au restaurant Le Pavillon. « Ce genre de choses ne m'importe guère d'habitude, mais je suis persuadée que c'est moi qui ai présenté Truman à Babe. Nous faisions des courses chez Bergdorf. Truman est merveilleux pour choisir le parfait sac à main. Tu y étais, cet après-midi-là, Babe.

— Non, je dirais que c'était sur notre yacht », dit Marella dans son anglais approximatif. En compagnie de ses amies, tout dans son attitude trahissait la timidité et l'hésitation, car elle était beaucoup plus jeune, et n'était jamais sûre d'être à sa place, malgré sa richesse phénoménale et son extrême beauté – avec un visage que, selon Truman, « Botticelli aurait pu peindre si Botticelli avait eu suffisamment de talent ! ». « Alex Korda était venu avec lui, un été. Je crois que Bill et toi étiez là, non ? »

Babe Paley, calme, dans un tailleur Chanel bleu en lin, impeccable malgré la chaleur étouffante d'un été new-yorkais, ne répondit pas ; amusée, elle les regardait à peine, tandis qu'elle retirait ses gants, les pliait soigneusement et les glissait à l'intérieur de son sac Hermès en alligator. Assise au milieu de la meilleure table du Pavillon, elle passait en revue la salle du restaurant.

C'était là son monde, un monde d'élégance discrète, d'artifices, d'apparences. Et le déjeuner était le clou de la journée, la raison pour laquelle se lever le matin, aller chez le coiffeur, acheter le dernier modèle Givenchy ou Balenciaga ; la récompense pour avoir su être une femme au foyer parfaite, une mère parfaite, une épouse parfaite et avoir su garder un corps parfait. Après tout, on dînait généralement chez soi ou chez les autres ; sinon, pourquoi employer un ou deux cuisiniers particuliers ? Mais on sortait pour déjeuner, au restaurant The Colony ou au Quo Vadis. Mais surtout au Pavillon, où le propriétaire, Henri Soulé, exhibait ses femmes du monde comme des *objets**[1] d'art – ce qu'elles étaient –, les installait avec fierté dans la grande salle, les dispersait sur de somptueuses banquettes de velours rouge, dressait le couvert sur un linge de table de première qualité, des verres en cristal de Baccarat, de la porcelaine fine et de l'argenterie raffinée, et des coupes en cristal taillé

1. Les mots en italique suivis d'un astérisque sont en français dans le texte original.

remplies de fleurs fraîches. Elles buvaient leur vin préféré, repoussaient le meilleur de la cuisine française sur le bord de leurs assiettes (car, pour pouvoir porter le genre de vêtements requis et avoir suffisamment de prestige pour être accueillie au Pavillon, il était évident qu'on ne pouvait pas manger), commémoraient, et se montraient.

Un groupe de photographes attendait en permanence à l'extérieur, sur le trottoir, guettant le beau monde rassemblé à l'intérieur. Et Babe, grande, majestueuse, arborant un sourire courtois, était la plus recherchée de toutes, ce qui n'avait de cesse de consterner ses amies, et ne suscitait chez elle que morgue et lassitude – même si, en observant bien comme le faisait Slim, on pouvait noter que Babe marquait une pause imperceptible s'il se trouvait qu'aucun photographe n'était en vue, comme si elle attendait ou souhaitait que l'un d'entre eux apparaisse comme par magie.

Pourquoi Babe était-elle tellement aimée ? Pourquoi était-ce elle qui suscitait le plus d'agitation, qui était la plus sollicitée pour un rapide et respectueux salut de la part de ceux qui n'avaient pas le privilège d'être assis à sa table ? Elle n'était pas la plus belle ; l'honneur en revenait à Gloria Guinness, avec son cou ravissant, ses cheveux noirs soyeux et ses yeux de braise. Elle n'était pas la plus amusante ; Slim l'était, avec ses remarques piquantes, et son esprit vif, aiguisé auprès d'hommes tels que Ernest Hemingway, Howard Hawks et Gary Cooper. Elle n'était pas la plus aristocratique ; pour ça, il y avait match nul entre l'Honorable Pamela Digby Churchill, fille d'un baron, ex-belle-fille d'un Premier ministre, et Marella Agnelli, une authentique princesse italienne, mariée à Gianni Agnelli, héritier de l'empire Fiat.

Son atout, indéfinissable, était son style, son élégance. Si l'on disait que les autres avaient de l'allure, elle *était* l'élégance. Par exemple, on ne remarquait pas les vêtements de Babe ; pas tout de suite, bien qu'elle portât toujours les créations les plus chics, les plus raffinées. C'était elle qu'on remarquait, sa silhouette svelte, élancée, ses yeux noirs au regard grave, la manière de tenir son sac à main au creux de son bras, la simplicité, la grâce avec laquelle elle repoussait ses lunettes de soleil sur le dessus de sa tête ou déboutonnait son manteau d'une main, afin qu'il tombe en un mouvement élégant de ses épaules dans les bras tendus du maître d'hôtel empressé.

Ce que personne ne voyait, c'était le sentiment de solitude qu'elle laissait dans son sillage au même titre que la vague senteur végétale de son parfum préféré, « Vent Vert » de Balmain. Ce sentiment de solitude qui, en dépit de sa richesse, de ses nombreuses maisons, de ses enfants, du mari le plus puissant, le plus impressionnant parmi ceux de ses amies, ne la quittait jamais – ou, plutôt, ne l'avait jamais quittée. Jusqu'à maintenant.

« Peu importe », finit par dire Babe, pour clore le sujet une bonne fois pour toutes. « Je suis tout simplement si heureuse de le connaître. À Truman ! » Et elle leva sa flûte pleine de Cristal.

« À Truman ! » répétèrent ses cinq amies, en chœur, et elles trinquèrent à la santé de leur toute dernière trouvaille, excitées, dans l'attente avide d'une abondance de nouvelles distractions, rien de plus.

« À Truman », murmura Babe pour elle-même, en souriant d'un petit sourire entendu que les autres ne lui connaissaient pas. Mais la duchesse de Windsor venait juste d'entrer dans le restaurant, tournant son petit visage sévère d'abord vers la gauche, puis vers la droite, comme si elle était vraiment un membre de la famille royale, et de méchants propos, des vacheries, nourrirent un feu croisé de conversations – *Le duc n'est-il pas l'homme le plus ennuyeux que vous ayez jamais rencontré ? Mais ces bijoux ! La seule chose qu'il ait jamais faite correctement !* Aucune des amies de Babe ne lui jeta ne serait-ce qu'un regard.

Sauf Slim, qui plissa les yeux et se mordit la lèvre. Rêveuse.

2

Une autre jeune femme avait rêvé de New York ; une autre jeune femme qui savait que si elle trouvait un moyen pour s'y rendre, elle pourrait être heureuse à tout jamais – avec, ou sans, son tout jeune fils. Elle s'appelait Lillie Mae Faulk, elle était originaire de Monroeville en Alabama. Elle aussi était venue à New York.

Il était une fois.

« Ma mère s'appelait Nina », dit Truman à Gloria qui le répéta à C.Z., qui le répéta à Slim. Son regard s'adoucit, et une lueur de respect brilla dans ses yeux. « Nina était très belle – une vraie dame. Elle détonnait dans Monroeville, Alabama ! Elle me disait toujours, "Truman, mon p'tit homme, un jour, je t'emmènerai à New York." Ce qu'elle fit, quand j'avais onze ans. Et c'est alors que ma vie a vraiment commencé – parce que c'était New York ! Pas la petite ville endormie de Monroeville, où il ne se passait jamais rien. Même si une fois j'ai été mordu par un mocassin d'eau et j'ai failli mourir. Failli – oh, mon Dieu, j'avais déjà un pied dans la tombe ! Mais ils m'ont sauvé ! Rien ne peut me tuer, pas même un serpent !

— Oh ! » s'esclaffa Slim. Puis elle sourit. « Laisse-moi voir la cicatrice !

— *Big Mama !* » Truman agita un doigt comme pour la sermonner, mais s'exécuta, en relevant sa manche de chemise pour découvrir un bras mince, souple, à la peau plus claire que la lune, recouvert d'un fin duvet de poils blonds aussi pâles que les cheveux sur sa tête, ses cheveux qui retombaient sur ses yeux, toujours et encore, cachant son visage comme un rideau ou un voile. « Tu vois ? »

Slim vit, en effet : deux légères morsures sur son avant-bras, à peine visibles.

« Ce sont mes cicatrices, les seules, annonça Truman sur un ton triomphal. Je n'en ai pas d'autres ! »

« En réalité, ma mère s'appelait Lillie Mae », avoua Truman à Babe. C'était au tout début de leur amitié, à cette époque où il leur fallait se raconter tout ce qui leur était arrivé par le passé afin qu'ils puissent avoir des repères dans leur vie. Avant. Et après.

« Lillie Mae Faulk. Et c'était une garce égoïste », dit Truman d'une voix atone pour une fois. Il n'essayait pas de capter son attention ni de la prendre dans ses filets ; il savait qu'il avait Babe, il le savait au plus profond de lui-même. Comme un rêve devenu réalité, car c'était bien ce dont il s'agissait.

Une très belle femme, une femme extrêmement raffinée. Et qui l'aimait, lui, Truman. Qui avait besoin de lui comme il avait besoin d'elle. Pour quoi ? Aucun des deux n'aurait su le dire précisément, pas encore. Ils s'étaient simplement reconnus, non pas comme un reflet dans un miroir, mais comme le reflet d'une souffrance, d'un vide, ou encore d'une béance, plus profonde, plus sombre, plus trouble, mais toujours, *toujours* cachée. Jusqu'au moment où leurs regards s'étaient croisés dans l'avion de CBS, l'un et l'autre si surpris que les masques étaient tombés ; et, pendant un très bref instant, Truman cessa d'être ce prodige d'une assurance exceptionnelle et ne fut plus qu'un petit garçon perdu, oublié. Et Babe, sous ses vêtements de haute couture et son maquillage, ne fut plus qu'une créature des bois, timide, peu sûre d'elle, s'étreignant elle-même pour se réconforter.

Deux âmes, mises à nu telles des plaies vives. Et qui n'étaient visibles que d'eux seuls, ils en étaient convaincus.

« Ma mère me haïssait. Elle *me haïssait* ! Me méprisait, je lui répugnais. » Les mots furent prononcés d'une voix grinçante. « Elle m'a abandonné chez ces affreuses cousines de Monroeville, et j'ai cru ne jamais la revoir. Elle avait l'habitude de m'enfermer dans des chambres d'hôtel. Elle m'enfermait tandis qu'elle partait retrouver ses "*galants*" – comme les aurait appelés Tennessee ! – et je pleurais, je pleurais, mais elle avait laissé des instructions, vois-tu. Elle avait ordonné au personnel de l'hôtel de ne pas me laisser sortir, quels que soient mes braillements. Et je braillais ! Jusqu'à l'épuisement, puis je finissais par m'endormir, ne sachant jamais quand – et si – elle allait revenir. »

Babe était choquée ; elle voulait prendre son nouvel ami dans ses bras, l'étreindre de tout son corps, le serrer sur son cœur qui se brisait pour lui. Mais elle ne le fit pas ; elle savait combien sauvegarder les apparences demandait d'efforts quand, à l'intérieur, tout s'effondrait, brisé en mille morceaux impossibles à rassembler. Un seul geste, une main chaleureuse, compatissante pouvait faire voler en éclats la perfection durement gagnée des apparences. Sachant qu'il faudrait des années et des années pour la restaurer.

Et donc Babe ne serra pas Truman dans ses bras, Truman qui, dans cet aveu, ressemblait au petit garçon de six ans abandonné par sa mère à Monroeville, Alabama. Oublié par son père aussi – « Arch Persons ! Il était grotesque. Il est grotesque. Un jour, je te parlerai de lui, mais pas aujourd'hui, ma chère Babe. Aujourd'hui, je suis un peu fatigué. » Et de ses deux petits poings, il se frotta les yeux avec lassitude.

« Mais elle t'a amené ici, Truman. C'est une bonne chose. La meilleure chose qui soit.

— Oui, Lillie Mae est arrivée jusqu'ici, en fin de compte. Elle a épousé mon beau-père, Joe Capote. Elle se faisait appeler Nina et elle avait un appartement fabuleux sur Park Avenue, exactement comme dans ses rêves. Elle m'a finalement fait venir et m'a inscrit dans une école militaire, pour m'endurcir. Elle détestait qui j'étais. Me traitant de pédé par moments avant de me demander, l'instant d'après, quand j'allais épouser une jolie fille. Elle n'était jamais fière de moi, jamais. J'aurais pu avoir écrit la Bible, elle aurait encore trouvé le moyen de dire, devant moi, que j'étais la plus grande déception de sa vie.

— Jamais ! Tu n'as rien de décevant, Truman. Tu es une belle personne, un grand artiste. Il faut que tu le saches !

— Bon… » Truman lui adressa un sourire, un sourire narquois, suffisant, de petit garçon. « De toute façon, je dois reconnaître que j'ai surmonté mon enfance. L'enfer que ç'a été. »

« J'ai eu une enfance des plus merveilleuses ! » clamait Truman devant Slim, Gloria et C.Z., lors des soirées qu'elles donnaient, tandis qu'elles faisaient cercle autour de leur nouvelle découverte – ces femmes séduisantes mariées à des hommes séduisants –, pendant que leurs époux le regardaient, troublés car ils n'avaient jamais vu un Truman Capote avant. Dans un premier temps, ils espérèrent ne plus jamais en voir. Cette minuscule créature efféminée, affublée de costumes en velours rouge, de chaussettes rouges, et d'une écharpe ridiculement longue, le plus souvent nouée autour de sa gorge, traînant dans son sillage comme une robe de cérémonie, et qui, après dîner, déclarait : « Je vais m'asseoir là-bas avec les filles et raconter des potins ! » Ce lutin qui, soudain, pouvait sauter en l'air, mimer une ruade arrière et s'exclamer : « Oh, c'est amusant, si amusant, tellement amusant d'être moi ! Je suis fou de joie ! »

Ces hommes, des magnats de l'industrie, détenteurs de fortunes de vieille souche, des héritiers, le regardaient, stupéfaits. Et sc disaient les uns aux autres : « Bon. Au moins, on n'a rien à craindre de sa part », tandis que leurs épouses papillonnaient, roucoulaient, se pomponnaient, lissant leurs plumes, et se battaient pour être assises à côté de lui.

Mais Truman, qui les observait, décelait dans leurs yeux un mépris sarcastique – ainsi que la peur, à peine dissimulée –, et il se souriait à lui-même, tout en continuant à bavarder avec leurs épouses. « Ces vieilles cousines excentriques qui m'ont élevé – c'est un tel matériau ! Vous avez lu *La Harpe d'herbes*, bien sûr. Sook était une vieille folle tellement merveilleuse ! Elle m'adorait. Tous, ils m'adoraient – j'étais la fierté de Monroeville, Alabama ! Une star ! Et vous devriez rencontrer mon amie Nelle. Nelle Harper Lee. Elle est maintenant à New York et, apparemment, elle travaille à un roman qui parle de son enfance ; mais je suis sûr qu'elle va avoir besoin de mon aide, la pauvre. Elle est brillante, mais pas tout à fait aussi *douée* que *moi** – mais, chut, je n'ai rien dit ! »

« À Monroeville, Nelle était ma seule amie. » C'est ce que Truman, amer, raconta à Babe. Ils étaient dans sa chambre, le sanctuaire des sanctuaires, à Kiluna Farm. C'était la maison de Babe – oh, bien sûr, les Paley avaient plusieurs résidences ; un appartement privé au St Regis, une maison d'été dans le New Hampshire, une autre encore au bord de la mer en Jamaïque. Mais Kiluna Farm, un immense domaine à Long Island – « Quarante hectares ! » expliqua Truman, en s'esclaffant, à son amant Jack Dunphy qui répliqua par un simple grognement assorti d'un : « Et alors ? » –, était leur véritable point d'ancrage. Après ce décisif voyage en avion – au cours duquel ils s'étaient jetés à corps perdu dans une conversation dont ni l'un ni l'autre, cependant, n'avaient le moindre souvenir, si ce n'était le fait qu'ils avaient ainsi tissé entre eux un lien invisible, tel un fil d'or, qu'aucune des autres personnes présentes n'aurait pu dénouer –, Babe avait immédiatement invité Truman pour le week-end. Elle l'avait installé dans l'une des chambres d'amis, dotée d'un valet de chambre personnel, embellie d'un bouquet de fleurs fraîches, pourvue de linge de maison raffiné de chez Porthault, et qui donnait sur un jardin fabuleux. Truman – après avoir pris la liberté de se rouler sur l'épaisse moquette, comme un chiot, de bondir sur le lit, pareil à un enfant de dix ans, et d'enfouir son visage délicat dans les fleurs – avait frappé à la porte de la chambre de Babe et était entré sans même attendre d'y être autorisé, comme s'il y était déjà venu des milliers de fois.

Babe – qui permettait rarement que quiconque entre dans sa chambre – sourit, tapota le dessus-de-lit et se retrouva, étonnée, assise jambes croisées près de Truman, qui la regardait avec inquiétude, de ses grands yeux bleus innocents. Et, comme la plupart des gens qui le rencontraient pour la première fois, elle en conclut que, par instants, il ressemblait à un enfant. Un enfant qui avait besoin d'être réconforté et protégé contre les aléas et la cruauté du monde extérieur. Elle se surprit à se confier comme elle ne l'avait encore jamais fait, pas même avec ses deux sœurs quand elle vivait encore à Boston.

« Nelle était un garçon manqué – une dure à cuire, et elle-même n'avait pas beaucoup d'amis, sans compter que sa mère était folle à lier. Elle voulait, elle aussi, être écrivain. Nous avions ça en commun. Personne d'autre dans cette ville poussiéreuse de l'Alabama ne savait ce qu'était un écrivain. Mais, après avoir trouvé dans le bureau de son père une vieille machine à écrire que nous avons huilée, nous avons acheté des rubans encreurs et, à tour de rôle, nous tapions nos histoires, nos dialogues et tout ce qui nous passait par la tête. Nous appelions ça "aller au travail". Nelle et moi écrivions pour nous échapper de Monroeville, à défaut de nous enfuir réellement. Lillie Mae est partie à New York, a quitté mon père, a divorcé, s'est remariée avec Joe Capote mais n'est pas venue pour autant me chercher pour m'emmener avec elle. Pas avant mes onze ans. Je suis donc resté là-bas, où j'ai été élevé par cette famille de vieilles cousines loufoques, et où on se moquait de mes bonnes manières et des beaux vêtements que Nina m'envoyait. On se moquait de qui j'étais, parce que j'étais plus petit que tous les autres garçons, et plus joli aussi. » Il n'y avait aucune trace d'amertume dans la voix de Truman. Il se prélassait, étendu sur le lit, et avait posé sa tête sur les genoux de Babe.

« Ma mère est morte d'une pneumonie. » C'est ce que Truman raconta, à voix basse, à Slim, Gloria, C.Z. – et aux maris venus rejoindre leurs épouses près du feu. Parées de bijoux, elles formaient un petit groupe intime et écoutaient en silence, se pressant aux côtés de cette charmante Shéhérazade mâle à l'accent du Sud à peine perceptible, dotée d'un zézaiement bizarre et enchanteur, et aux yeux rêveurs. Et ses cheveux ! Des cheveux féeriques, de l'or pur, avec une longue frange. Les hommes n'étaient jamais coiffés d'une frange ; les hommes plaquaient leurs cheveux en arrière avec de la brillantine, sans chichis.

Mais Truman n'était pas un homme, pas plus qu'il n'était une femme. C'était une créature surnaturelle, un génie – tout du moins c'est ce qu'avaient entendu dire les gens qui n'avaient pas le goût de la lecture par ceux qui l'avaient. Un génie dont les yeux étaient maintenant emplis de larmes. Et, d'un commun accord, toutes lui ouvrirent leur cœur. « Elle était très jeune, encore très belle, vous savez. C'était il n'y a pas si longtemps. J'étais en Europe et n'ai pas pu revenir à temps. Elle est morte d'une pneumonie, seule. Je suis donc orphelin désormais. »

Les femmes essuyèrent leurs larmes. Et leurs époux se dirent : « Bon, après tout, il n'est pas si mal, ce p'tit gars. Jusqu'à maintenant je n'avais jamais eu de copain pédé. Merde alors ! »

« Ma mère s'est suicidée », dit Truman à Babe. Ses yeux étaient secs et son regard d'une clarté terrifiante. « Elle a avalé de l'alcool et des médicaments. Elle avait déjà essayé et s'était dégonflée au dernier moment. Mais pas cette fois. Tu comprends, le vieux Capote avait perdu tout son fric. Elle n'avait plus rien – elle était redevenue Lillie Mae, et non plus la séduisante et élégante Nina Capote. Et elle ne pouvait pas le supporter. Elle ne pouvait pas me supporter, *moi*. J'étais en Europe et je travaillais sur le scénario de *Plus fort que le diable*. J'ai demandé à ce qu'elle soit incinérée parce que je savais qu'elle aurait eu cette idée en horreur. Tout ça est si sordide, honteux. Mais maintenant, tu sais. »

Il fronça les sourcils et soupira ; il parut perdu dans ses souvenirs. Babe se dit que son visage était plus beau au repos, quand ses traits délicats – sa petite bouche aux lèvres rouges appétissantes, ses joues roses et parsemées de taches de rousseur, sa forte mâchoire avec cette étonnante fossette – suffisaient à le rendre fascinant.

Soudain, il ouvrit grand les yeux et la regarda fixement. Il lui sourit de ce sourire espiègle, lui tapota un genou et dit d'une voix enjôleuse : « Et maintenant, tu sais tout de moi. Absolument tout. Parle-moi de *toi.* »

Babe eut le sentiment de ne pas avoir le choix – et, de toute façon, ne le souhaitait pas. C'était une communion, une sensation d'une nature si profonde qu'incapable de l'expliquer, elle en percevait seulement les murmures, quelque part entre ses côtes, qui faisaient battre son cœur. Les apparences, les apparences, encore et toujours les apparences, c'est à ça que se résumait sa vie ; ce qui avait toujours été le cas d'aussi loin qu'elle s'en souvienne. Mais voici quelqu'un qui lui avait dévoilé son âme. Il lui avait montré ses blessures, ses cicatrices ; celles qui ne guérissent jamais. Celles qui n'étaient pas visibles à l'œil nu.

Et donc, bien évidemment, elle se sentit obligée de lui montrer les siennes. Cicatrice pour cicatrice ; œil pour œil.

Une histoire pour une histoire.

3

« Il était une fois… » En ce qui concerne Babe, il n'y avait pas à hésiter. Elle était une princesse, un conte de fées incarné. Il n'y avait donc pas d'autre moyen de commencer à raconter son histoire.

« Il était une fois Babe, qui était très belle, l'encouragea Truman.

— Il était une fois », acquiesça Babe, en souriant timidement, la tête baissée. « Oui, je suppose. »

C'était donc ça – cette réserve qui était la sienne, pensa-t-il. C'était ce qui l'élevait au rang de déesse, ce qui sublimait son élégance pour atteindre la perfection ; son calme, son sourire grave, sa voix posée, ses beaux yeux noirs qui ne brillaient que pour faire preuve de compréhension ou révéler une blessure secrète, jamais pour exprimer de la fierté ni pour séduire. Ni même, pensa-t-il tristement, pour laisser entrevoir une certaine forme d'esprit. Non, Barbara Cushing Mortimer Paley n'était pas une grande intellectuelle.

Mais elle n'avait pas été élevée pour le devenir.

« On m'a élevée pour que je fasse un bon mariage », expliqua finalement Babe, en un simple et élégant haussement d'épaules. « Ma mère était une force de la nature, mais différente de la tienne. Elle ne nous aurait jamais abandonnées. Nous étions l'œuvre de sa vie.

— Comment était-elle ?

— Gogs. C'est ainsi que nous l'appelions après que nous avons eu nos propres enfants. Gogs Cushing. Je l'adorais. C'est tout.

— Mais elle était comment ?

— Elle adorait sa famille. Elle avait créé un merveilleux foyer pour mon père, que son travail retenait loin de la maison – il était neurochirurgien, tu sais. C'était un pionnier en la matière. Et elle nous a toujours dit, à mes sœurs et moi, que si nous nous serrions les coudes, rien ne pourrait se mettre en travers de notre chemin ni nous faire de mal.

— Mais, Babe – elle était *comment* ? Est-ce que c'était une gobeuse de pilules, comme Nina ? Ou une putain, comme la mère de Gloria ?

— Truman ! » s'exclama Babe qui fronça les sourcils en signe de désapprobation, comme il était de mise, mais lui adressa un sourire espiègle. « Gloria ? Gloria Guinness ?

— Oh, ne me fais pas croire que tu ne sais rien de tout ça ! Chérie, La Guinness n'est pas exactement celle qu'elle prétend être, pourrait-on dire. Sa mère faisait le trottoir à Mexico. Allons, tu le sais très bien !

— Truman, Gloria est mon amie. Une amie très chère, protesta Babe en secouant doucement la tête.

— Mais, Bobolink, chérie, mon ange, tu ne m'en veux pas si je t'appelle comme ça, n'est-ce pas ? J'ai des petits noms gentils pour toutes mes amies les plus chères ! Quand le cœur s'en mêle, je ne supporte pas les formalités, et toi ? »

Et Babe – qui n'avait plus été appelée par son vrai prénom depuis des années et qui détestait le surnom sous lequel elle était si bien connue – secoua la tête, touchée. Et ravie.

« Dis-moi, Bobolink, comment peut-on être amis sans partager de ragots ? Juste un peu ? N'est-ce pas ce qu'il y a de plus drôle ? Évidemment que nous aimons Gloria – La Guinness ! Elle est divine ! Mais savoir que sa mère était une pute ne la rend-elle pas un poil plus intéressante ? Ne l'admires-tu pas un tout petit peu plus, quand tu vois tout le chemin parcouru pour en arriver là ?

— Truman, j'ai toujours admiré Gloria. Elle est… eh bien, elle est… »

Décelant un soupçon d'hésitation dans son regard, pas aussi bienveillant qu'elle le prétendait, Truman sauta sur l'occasion – tel un chaton, ses jolies petites griffes sorties, jouant avec une chenille. « Quoi ? Elle est quoi ? Oh, raconte, Babe-licieuse – oh, c'est encore mieux ! Raconte ! Qu'est-ce que Gloria t'a fait ? Qu'est-ce qu'elle a dit ?

— Rien. Gloria est une amie chère, comme je l'ai dit. Mais… bon, elle a une drôle d'habitude. C'est très touchant, quand on y pense. Ça montre qu'elle n'est jamais tout à fait sûre d'elle. Chaque été, quand elle nous invite Bill et moi à les rejoindre elle et Loel sur leur yacht, elle joue le même petit jeu.

— Un yacht ! Oh, emmène-moi ! Emmène-moi ! » À genoux, Truman fit des bonds en applaudissant, froissant l'impeccable dessus-de-lit en satin ; Babe dut se mordre la lèvre et presque s'asseoir sur ses mains pour se retenir d'y remettre de l'ordre.

« Bien sûr ! Nous t'emmènerons avec nous cet été ! Tu viendras avec nous, Bill et moi. On va s'amuser comme des fous.

— Quel jeu ? Que fait Gloria ? »

Truman se rassit immédiatement, et prit un air sérieux.

« C'est rien. C'est drôle. Une semaine avant de partir, elle dira : "Babe, ma chère, cette année, ce sera complètement décontracté. Inutile de s'habiller le soir pour dîner. En aucun cas ! Nous irons cheveux au vent et serons libres comme l'air !" Je ferai donc mes bagages en conséquence. Pas de tenues habillées, et je n'emporterai presque aucun bijou. Mais le premier soir, tandis que je serai là, vêtue d'un simple pantalon de lin et d'un chemisier en soie, Gloria arrivera drapée dans le dernier modèle de robe de soirée de chez Balenciaga et parée de bijoux. Éblouissante, bien évidemment. Elle annoncera alors que nous sommes invités à terre pour un dîner très formel. Et j'aurai l'impression de ressembler à une clocharde. Donc, l'année d'après, je ne voudrai pas me faire avoir. Je n'apporterai que des tenues habillées et, assise pour dîner, je serai élégante à en mourir. Mais c'est alors que Gloria se pointera, en pantalon et chemisier, ses cheveux attachés en arrière par un simple foulard, et dira : "Pourquoi cette tenue si guindée, Babe ? On est sur un yacht, pas chez Maxim's ! Où croyais-tu aller ?" » Babe se mit à rire, un rire franc, sans retenue, en total décalage avec la délicatesse de ses traits parfaits.

Mais Truman perçut une pointe d'exaspération dans ses yeux. Et un plaisir fielleux illumina les siens.

« C'est hilarant ! Et horrible ! Oui, ça montre à quel point elle doit se sentir peu sûre d'elle, malgré la fortune colossale de Loel.

— Gloria est mon amie », lui rappela Babe d'une voix qui le fit tressaillir ; une voix si basse, si calme et apaisante.

Rien ne pouvait lui faire perdre ce calme, pensa-t-il. Rien ne pouvait lui faire perdre son calme *à elle*.

C'est alors que la pendule, sur le manteau de la cheminée, sonna sept coups étouffés, discrets. Soudain, Babe Paley perdit son calme. Tandis qu'elle jetait un coup d'œil à la pendule, un éclair de panique se refléta dans son regard. Elle tendit les mains d'un geste brusque et involontaire qui lui était inhabituel.

« Oh, il ne peut pas être déjà sept heures ! C'est impossible !

— Et alors ?

— Mais Bill va rentrer d'une minute à l'autre. Et je ne suis pas prête pour l'accueillir. »

Babe se laissa glisser du lit et se dirigea – avec grâce, les épaules bien droites, les jambes solides, bien que souples, comme celles d'une ballerine – vers son dressing-room. Truman bondit sur ses pieds et la suivit en gambadant.

« Oh, Babe ! Une vraie caverne d'Ali Baba ! » s'exclama-t-il en regardant autour de lui, ébahi. Le dressing de Babe Paley était aussi grand que l'était sa chambre, et tapissé du même chintz, du sol au plafond. Sa coiffeuse était immense, drapée d'un très beau tissu rose assorti au chintz, couverte de flacons de parfum en cristal, de houppettes pour se poudrer, de petits plateaux en verre réfléchissant, de flacons de produits de maquillage sans aucune trace de doigt, de brosses en argent (des brosses à cheveux et des pinceaux), et équipée de toutes sortes de miroirs de tailles différentes – des miroirs à main, des miroirs droits, et d'autres ornés d'ampoules. Babe était assise sur un tabouret et scrutait son image dans l'un des plus grands miroirs avec la concentration d'un artiste peintre évaluant un tableau qu'il vient tout juste de terminer.

« Tu es parfaite. » Truman comprit qu'il se devait de la rassurer.

Babe secoua la tête. « Je me démaquille toujours avant de me remaquiller juste avant qu'il ne rentre. Mais je n'ai plus le temps.

— C'est inutile », insista Truman.

Debout derrière elle, il posa les mains sur ses épaules et regarda dans le miroir, observant attentivement l'apparition qui s'y réfléchissait. *Elle doit bien avoir quarante ans*, pensa-t-il. Mais son visage ne révélait en rien de si sordides secrets.

Babe n'était pas dotée d'une beauté naturelle, même si l'on en percevait le potentiel. Quelque chose, cependant – une certaine insécurité, comprit Truman immédiatement déterminé à en découvrir la cause –, l'empêchait d'exploiter ce potentiel. Non, le style de Barbara Paley, sa beauté, son raffinement légendaire, tout était artificiel, c'était le fruit d'une discipline de tous les jours, de gestes répétés avec discernement, et elle ne prenait aucunement la peine de s'en cacher. Elle était très maquillée ; les sourcils parfaitement épilés, brossés et peints, les yeux brillants, profondément enfoncés, soulignés d'ombre à paupières, d'un trait de crayon et de mascara aux teintes subtiles et complémentaires. Les pommettes hautes et bien dessinées étaient rehaussées par du fard à joues aux nuances artistiquement mélangées avec une application et une précision dignes d'un professionnel. Et sa peau n'était lumineuse que grâce aux couches épaisses, et pourtant invisibles, de fond de teint parfaitement étalé, sans trace de démarcation aucune ; une peau hydratée, le teint frais.

Et pourtant, c'était du maquillage. Admirablement, minutieusement appliqué ; il y avait de quoi s'émerveiller devant une telle maîtrise, et reconnaître le talent et le temps requis. Babe n'était pas une toile vierge ; son visage était une œuvre d'art mais c'était elle l'artiste, Dieu n'avait rien à voir avec ça. Et ses cheveux toujours impeccablement coiffés, mis en plis de façon à donner l'impression d'une certaine sophistication insouciante, bruns et épais, parsemés de mèches de cheveux gris argenté, si chics et inattendues, qui attrapaient la lumière. Mais, là encore, tout en s'extasiant sur le résultat, on devinait l'effort qui avait été fourni.

Sans parler de tous ces vêtements, ces accessoires ! Une nature morte, composée avec art. Les pièces de sa tenue, prises séparément, n'étaient en rien spectaculaires : des mocassins italiens en cuir noir, un pantalon de toile parfaitement coupé et une chemise blanche impeccable en lin. Un collier de diamants scintillants. Mais c'était la manière dont elle les portait, la chemise coincée dans la ceinture du pantalon devant mais pas derrière, le collier de diamants enroulé autour du poignet gauche de Babe plutôt qu'autour du cou. Un style attendu, mais pas tout à fait. Reconnaissable mais inimitable.

Or cette femme, cette icône dont le visage avait illustré les pages de *Vogue*, *Harper's Bazaar*, *Life*, se regardait dans le miroir avec inquiétude : elle prit une petite brosse et appliqua quelque chose sous ses yeux, puis se poudra le nez à l'aide d'une houppette, tandis qu'en proie à une vive tension, une délicate veine bleutée palpitait sur son front.

« J'espère qu'il n'est pas déjà arrivé. Oh, si je ne suis pas dans le hall d'entrée pour l'accueillir après m'être préparée pour lui et paraître merveilleuse… »

Soudain, on frappa à la porte de la chambre. Deux coups brusques, la poignée tourna. Bill entra et traversa la pièce à grandes enjambées, en criant : « Babe ? Babe ? »

Babe sursauta, se leva et d'un geste prompt peignit ses lèvres d'un trait de rouge, sans bavures ni salissures ; elle ajusta sa chemise et lança à Truman un regard si désemparé qu'elle lui fendit le cœur.

« De quoi ai-je l'air ? chuchota-t-elle.

— Parfaite », répondit-il, puisque telle était la vérité.

Lui attrapant la main pour se donner confiance, un geste qui alla droit au cœur de Truman, elle rentra le ventre et prit une grande inspiration.

« Bill, mon chéri ! » roucoula-t-elle de sa voix douce. D'un pas mesuré, elle revint dans sa chambre pour accueillir son époux, comme si elle sortait d'un institut de beauté dans lequel elle aurait passé des heures à feuilleter tranquillement un magazine. « Je suis si heureuse que tu sois rentré ! Je me suis tellement ennuyée toute la journée sans toi. Veux-tu que je te serve quelque chose à boire, mon chéri ? Oui, bien sûr ! J'en ai pour une seconde. Au fait, tu te souviens de Truman, n'est-ce pas ? Allez m'attendre au salon en bas tous les deux. Je vais me changer rapidement pour le dîner et vous préparer quelque chose à boire en moins de temps qu'il n'en faut pour le dire. »

Truman sourit et tendit la main : « Bill. J'espère que vous ne m'en voulez pas de vous avoir emprunté votre si belle épouse tout l'après-midi. Mais maintenant, je la libère, sans condition ! »

William S. Paley, fondateur et président du conseil d'administration de CBS, conseiller du président Eisenhower, l'homme qui avait découvert le chanteur Bing Crosby, le journaliste radiophonique Edward R. Murrow, mais aussi Lucille Ball, qu'on appelait la rousse[1] loufoque, et son mari, cubain, qui étaient tous deux les vedettes les plus populaires de ce qui n'était encore qu'un tout nouveau média : la télévision, eh bien, cet homme-là baissa les yeux sur la main délicate, d'une blancheur de lis, qui lui était tendue. Il jeta un coup d'œil à sa femme en fronçant les sourcils : elle était debout près de lui et le regar-

1. *Redhead* en anglais est le surnom qu'on donne parfois à celles qui ont les cheveux roux, mais Lucille Ball aimait à dire qu'elle était communiste (rouge/*red*).

dait, en adoration, comme s'il était Zeus lui-même descendu du mont Olympe. Il se redressa, un mètre quatre-vingt-sept, et grogna :

« Je meurs de faim. Qu'est-ce qu'on mange ce soir ?

— Des côtelettes d'agneau – si tendres qu'on peut les manger à la petite cuillère ! – avec de ces tout petits légumes que j'ai trouvés en allant en ville, et que j'ai rapportés dans un petit panier en osier. Et des pommes de terre nouvelles, succulentes, cuites au beurre, avec du romarin fraîchement coupé. »

Babe avait récité le menu du dîner à venir sur le ton tout à la fois neutre et poétique d'une spécialiste des arts culinaires ou d'un critique du *New York Times*, au choix.

« Parfait ! » Soudain, Bill se fit souriant ; un très large sourire du genre « content de vous voir », qui dessina des pattes-d'oie aux coins de ses yeux et lui donna l'air, pensa Truman, d'un homme qui vient d'avaler un être humain tout entier. (Oh, c'était très bon, ça, se dit Truman ; il faudrait le ressortir. *Un homme qui vient d'avaler un être humain tout entier* – il rangea cette image quelque part dans sa mémoire pour pouvoir la réutiliser plus tard.)

Ce sourire était contagieux et Truman ne put s'empêcher de lui sourire en retour ; Bill Paley se fit plus aimable. « Venez, Truman, ravi de vous revoir. Je vais vous faire faire le tour du propriétaire. Ne te fais pas trop attendre, Babe.

— Bien sûr que non, ne t'inquiète pas, chéri ! »

Babe posa une main sur le bras de son époux et se hissa sur la pointe des pieds pour l'embrasser sur la joue ; elle était plus petite que lui de quelques centimètres seulement, et c'est à cet instant-là que Truman remarqua qu'elle portait des chaussures à talons plats. Et qu'elle ne portait jamais que des chaussures à talons plats.

Bill Paley continuait à sourire, se frottant les mains à la perspective du dîner à venir ; il quitta la chambre à grands pas. Il ne prit pas la peine de regarder derrière lui pour vérifier que Truman le suivait, mais sa démarche assurée – les bras se balançant le long du corps, tels ceux d'un général d'armée – prouvait qu'il savait que c'était le cas. C'était un homme qui, de toute évidence, était habitué à aboyer des ordres et à être obéi.

Ce que fit Truman : il obéit. Tout en adressant un clin d'œil compatissant à Babe ; et, en échange, telle une récompense, elle lui laissa voir – derrière son masque de perfection – une toute petite grimace, involontaire.

Mais quand elle réapparut, dix minutes plus tard seulement, dans ce qui avait été désigné très justement comme le salon – une pièce meublée d'antiquités d'un très grand raffinement et décorée de tableaux rares mais pour autant très accueillante, à tel point que s'asseoir dans l'un des fauteuils rembourrés donnait un sentiment d'engourdissement propre à la sieste –, elle était aussi sereine que d'habitude. Sa haute silhouette drapée dans de la soie telle une toge parfaitement ajustée ; une robe au corsage fendu, rehaussée d'une fine ceinture noire entourant sa taille inexistante. Elle était parfaitement maquillée et impeccablement coiffée. Elle aurait tout aussi bien pu s'apprêter à entrer dans la salle de bal du Plaza.

Si ce n'était ses pieds, nus. Les ongles des orteils peints en rouge rubis, ils étaient élégants, cambrés. L'ourlet de sa robe du soir, en effleurant le dessus étonnamment pâle, tintinnabulait doucement.

« Des grelots ! » s'écria Truman, tellement ravi qu'il tapa dans ses mains. La créature avait cousu des grelots dans l'ourlet de sa robe du soir !

« Chut ! » Babe mit un doigt sur ses lèvres, partageant son secret avec un sourire complice. Et donc, au gré de ses déplacements, la fée Clochette en Givenchy tintinnabulait discrètement. Elle alla jusqu'au bar, en revint, tendit un verre à Bill, en prépara un pour Truman, leur présenta un plateau en argent d'amuse-gueule, qui était apparu comme par magie, s'assura que le chauffage était à la bonne température, et alluma des lampes qui diffusèrent une lumière des plus flatteuses – pas blanche mais légèrement teintée de rose. Elle finit par s'asseoir aux pieds de son mari, la jupe de sa robe bruissant en un crescendo musical, afin de lui enlever ses chaussures, pour lui masser les cous-de-pied, et l'inviter à lui raconter sa journée : « Bon, maintenant, raconte-moi tout, mon chéri. Je veux connaître tous les détails. Tu as l'air d'être rincé, mon pauvre amour. »

Bill Paley, la cravate desserrée, le col de sa chemise italienne ouvert, un Manhattan dans une main, un morceau de bacon croustillant fourré à la figue dans l'autre, ne dit rien. Il ne jeta pas même un regard à la superbe créature agenouillée à ses pieds. En revanche, il étudiait attentivement Truman de ses yeux reptiliens, aux paupières lourdes.

Et Truman, qui observait la scène, fronça les sourcils. Sa déesse, transformée en parfaite femme au foyer.

Si c'était ce pour quoi sa mère l'avait éduquée, alors qu'elle soit maudite.

4

« Mon chéri ! Vous ne pouvez pas *savoir* ! Vous ne pouvez tout simplement pas comprendre à quel point ces filles-là étaient fabuleuses ! Et elles le sont toujours ! Mais quand elles ont débarqué ici pour la première fois, vous ne pouvez tout simplement pas imaginer à quel point elles firent *sensation*, toutes les trois – Betsey, Minnie, et Babe !

— Alors, mon chou, ma divine, racontez-moi », demanda Truman de sa voix enjôleuse.

Il était assis, les jambes repliées sous lui, sur une chaise orientale d'apparence fragile et cependant solide.

« Truman, j'ai du travail, vous savez. Même si Dieu sait que Hearst me paie des nèfles. »

Diana Vreeland, rédactrice de mode, pointa son menton en avant et sourit, une large grimace simiesque qui faisait ressortir plus que jamais ses oreilles décollées. Ses dents jaunes, encadrées par des lèvres peintes d'un rouge écarlate outrancier, ne mâchaient pas les mots, mais les déchiquetaient avec enthousiasme. Ses cheveux noirs si laqués qu'il était impossible d'en deviner les mèches étaient sévèrement tirés en arrière et enfermés dans une résille bleu-noir. Un large nœud de satin blanc, incongru, les retenait haut sur le front. Tandis qu'elle parlait, ses longs doigts effilés ponctués de griffes rouges voletaient, soulignaient et insistaient.

Truman était dans son bureau du *Harper's Bazaar*. Sur la table de travail, des bougies aux riches parfums de chez Rigaud – les bougies préférées de toutes les femmes qu'il connaissait – étaient allumées, diffusant une lumière mordorée. Des photos, des dessins, des morceaux de tissu de toutes les couleurs et matières possibles, des chapeaux, des gants, étaient accrochés aux murs. Alors qu'il s'asseyait, il eut la nette impression qu'une armée de mannequins décharnés et habillés à la dernière mode étaient en embuscade derrière la porte, comme en suspens, attendant qu'on leur dise : « Oui, *divin* ! » ou « Mon Dieu, non, c'est *affreux* ! » Tout un monde de fourrure, de satin, de cachemire, de mousseline et de soie, des ourlets vertigineux, des chaussures aussi raffinées qu'impossibles à porter, des créateurs anxieux, des mannequins indolents ; et tous attendaient le verdict de Mrs Vreeland. Un verdict qu'elle prononcerait sans hésitation ; elle observait le monde de ses yeux myopes, brillants, légèrement bridés, et rendait sa sentence, faisant des retouches, retouchant toujours tout – y compris la vie.

« Mais vous savez, à cette époque-là, je n'étais pas tout à fait conscient, lui rappela Truman. Je n'étais pas encore formé. Un embryon, voilà ce que j'étais ! Racontez-moi je vous en supplie. Je suis tombé amoureux, voyez-vous. Je suis tombé amoureux d'une créature à la beauté insurpassable et je dois tout simplement en savoir plus sur elle.

— Tombé amoureux ? » Diana haussa un sourcil parfaitement arqué.

« Oh, oui ! Vraiment ! Pas physiquement, bien sûr. Rien qu'y penser me révulse. Mais d'une certaine manière, cela me révulserait moins si c'était Babe. Si je le pouvais, ce serait elle.

— Vous ne savez absolument pas de quoi vous parlez », fit remarquer Diana en reniflant.

Le regard de Truman, aux yeux habituellement grands ouverts et emplis d'une lueur malicieuse, se durcit. Il serra la mâchoire en une expression que peu de gens lui connaissaient – en tout cas en société. D'autres étaient plus familiers de cette expression perspicace, déterminée. Son amant, Jack Dunphy. Son amie d'enfance, Nelle Harper Lee. Et de son vivant, sa mère, Nina/Lillie Mae, y avait sans aucun doute été confrontée. Sans compter certains de ses condisciples à l'école quand leurs moqueries et leur harcèlement avaient dépassé les bornes. De même Humphrey Bogart, quand il avait défié Truman, sur le tournage de *Plus fort que le diable*, dans une partie de bras de fer.

Humphrey Bogart, vaincu, n'avait plus jamais chahuté Truman.

« Si. En fait, je sais de quoi je parle », rétorqua tranquillement Truman sur le même ton.

Diana Vreeland haussa les épaules. Elle remplit son fume-cigarette, frotta une allumette, alluma la cigarette, en tira une bouffée et se pencha vers lui.

« Mon chéri, voilà ce qu'il en était », commença-t-elle de sa voix éraillée. Truman sourit, ferma les yeux – pour mieux s'imaginer – et écouta

L'Histoire des trois fabuleuses sœurs Cushing

Tout d'abord, je suppose qu'il faut commencer par la mère. Gogs, c'est ainsi que les filles l'appelaient – une femme tout ce qu'il y avait de plus ordinaire, chéri. Au premier regard, elle ne se distinguait en rien. Une infirmière de l'Ohio, replète. Tout ce qu'il y avait de plus convenable – de très bonnes manières, encore visibles chez les filles jusqu'à ce jour. Mais rien qu'une femme au foyer, une geisha, *totalement dévouée à son époux, Harvey Cushing. C'était un génie, bien sûr.* Mon chou, si vous aviez vu ça ! *Plutôt séduisant, un chirurgien. Un neurochirurgien ! Il inventa, rien de moins, la neurochirurgie ! Et la mère, Gogs, l'avait patiemment attendu jusqu'à ce qu'il fût reconnu. Une fois mariée, elle lui offrit un foyer et une vie des plus paisibles. Tout se passait à la perfection, elle tenait salon, un vrai, à Boston où il travaillait, voyez-vous. (Quel endroit atroce que Boston, n'est-ce pas, chéri ? Aucune fantaisie. Insipide. Et les vêtements – bon, ne parlons pas des vêtements.)*

Gogs était judicieuse. Elle savait que ses deux fils pourraient voler de leurs propres ailes, mais que ses filles ne seraient jamais vraiment acceptées par la société bostonienne tout simplement parce qu'elle et Harvey n'y étaient pas nés. Et vous savez comment est cette caste. Il faut des générations pour y entrer ! La vieille Gogsie était bien décidée à ce que ses trois superbes filles épousent les hommes les plus distingués. Les meilleurs d'entre eux – des princes, des shahs – ou, au pire, les plus riches d'entre eux. Ceux qui étaient cousus d'or. Betsey était celle qui ressemblait le plus à sa mère ; plutôt du genre effacé, aurait-on dit, et c'est ce que je pense parfois, jusqu'à ce qu'elle vous jette ce regard impérieux et condescendant. À sa façon, Betsey était la plus sophistiquée. Elle se comportait comme si elle était la reine d'Angleterre. Elle a été la première à se marier, avec James Roosevelt. Le fils de F.D.R ! La belle-fille du Président ! Une alliance géniale, *évidemment ! Si ce n'était que James avait toujours la bite à la main, et ne trouva pas mieux que d'abandonner son épouse et leurs deux filles. Mais F.D.R. l'adorait – il* l'adorait *! Eleanor, bien sûr, la détestait. Elle n'aimait pas que Betsey ait pris sa place auprès de F.D.R., bien qu'elle ne fût elle-même jamais à ses côtés. Quelle femme ennuyeuse !*

(« Une vieille gouine, oui, dit Truman.

— Oh, mon chéri, ce n'est pas nouveau, répliqua Diana. Mais pourquoi les lesbiennes sont-elles toujours aussi mal fagotées ? J'aimerais bien le savoir. Ça n'a aucun sens – car, *de toute façon*, les femmes s'habillent pour les autres femmes ! Tout le monde le sait.

— Eh bien, *moi*, je ne le sais pas, répondit Truman, d'un ton irrité. Ce n'est pas comme si on faisait partie d'un club ou je ne sais quoi. »)

Quoi qu'il en soit, le mariage de Betsey avec le jeune Roosevelt était un sacré coup, c'est sûr. Après ça, les Cushing firent partie du vieux New York – et laissèrent Boston et sa société si vieux jeu derrière eux ! –, celui des Roosevelt, tous ces Knickerbockers, les plus anciennes familles de la ville, toute cette fabuleuse vieille société moisie, qui compte toujours, voyez-vous ! Pas autant qu'avant, mais quand même, mon Dieu, je suis bien obligée de l'avouer ! Et grâce au mariage de sa sœur, Babe fit son entrée dans le monde et fut présentée comme débutante à la Maison Blanche – on aurait donc pu croire que Gogs était satisfaite. Mais elle devait encore s'occuper de ses deux autres filles, et le mariage de Betsey battait de l'aile. Et je dois bien reconnaître ça à la vieille : elle a toujours dit aux trois filles de se serrer les coudes, en toutes circonstances. Et c'est ce qu'elles ont toujours fait – elles formaient un triumvirat ! Toutes les trois minces, les pommettes hautes, telle la proue d'un bateau, même si Minnie, à mon goût, ressemble trop à un épouvantail. Une femme ne doit pas avoir que la peau sur les os si on veut que les vêtements soient bien portés ! Mais la plus belle, bien évidemment, c'était Babe. Babe la Petite Merveille : c'était ainsi qu'on l'appelait depuis la naissance. Et, à les entendre, les deux autres n'ont tout simplement jamais été jalouses, mais je pense que Betsey l'est secrètement. Pas Minnie – elle n'a pas un poil de jalousie en elle. Mais Betsey avait été habituée à être la reine, or maintenant elle ne l'est plus.

Babe a eu un terrible accident de voiture quand elle avait dix-neuf ans, vous le saviez ?

(Truman, les yeux agrandis par l'horreur, secoua la tête.)

Oh, oui ! La légende veut que le jeune homme était si épris *de sa beauté qu'il a détourné son regard de la route pour l'admirer et qu'il a foncé dans un arbre. Il paraît que Babe a été affreusement défigurée. Mais son père a fait appel aux meilleurs chirurgiens qui l'ont parfaitement recousue – à tel point qu'il est impossible de le savoir ! Elle est aussi belle qu'avant. Peut-être même plus.*

Betsey a divorcé. Puis Minnie a commencé à fréquenter Vincent Astor. Les filles Cushing étaient vraiment introduites à New York, désormais – on les voyait dans toutes les boîtes de nuit, et elles participaient à toutes les œuvres de bienfaisance. Au début, Gogsie n'aimait pas beaucoup ça – Mère Cushing appartenait à l'ère victorienne, vous comprenez. Une époque au cours de laquelle les femmes ne sortaient pas, n'étaient pas photographiées, et où leur nom n'apparaissait pas dans les journaux. Mais nous étions maintenant dans les années 40, quand le Café Society était à la mode. Selon l'édito de Cholly Knickerbocker[1]*, si vous vouliez un homme, un* bon parti*, comme c'était le cas de ces trois filles – puisque c'est pour ça qu'elles avaient été élevées ! –, il fallait être vue au bon endroit et avoir votre nom dans les journaux. Et donc, les filles sortaient toujours ensemble, et, mon vieux, elles faisaient leur effet ! Quand les trois filles entraient au Stork Club,* bon sang *! quel* spectacle *! Betsey, ex-Roosevelt, royale ; la grande et gentille Minnie dont tout le monde savait qu'elle couchait avec Vincent Astor installé au sommet d'une pyramide d'argent. Et Babe. La ravissante, adorable Babe qui, à ma connaissance,*

1. « Cholly Knickerbocker » : pseudonyme du journaliste Maury Henry Biddle Paul.

ne s'est jamais montrée cruelle envers qui que ce soit. Et à New York ! Babe était toujours habillée à la dernière mode ; non pas qu'elle en ait eu les moyens, non, certainement pas ! Papa Cushing avait tout perdu lors du krach de 29. Mais tout le monde lui offrait de superbes vêtements, car elle donnait de l'élégance à tout ce qu'elle portait et ils voulaient tous qu'elle se fasse l'ambassadrice de leurs collections, sachant qu'elle serait photographiée et vue dans les journaux. Pendant un temps, Babe a même travaillé au Bazaar, *puis à* Vogue, *comme rédactrice de mode. C'était une jeune fille plutôt ambitieuse. Elle a même eu quelques aventures – et, parfois, je ne peux m'empêcher de penser qu'elle était alors beaucoup plus heureuse à cette époque-là. Elle prenait son travail très au sérieux, pas comme ces filles de la haute qui n'étaient recrutées que sur leur nom et pour leurs relations. Babe avait aussi ces atouts-là, bien évidemment, mais elle travaillait dur, cette fille. Elle allait aux séances photo et servait parfois même de modèle. Mais avec Gogs qui tirait les ficelles, ce n'était plus qu'une question de temps avant que Babe ne se marie elle aussi. Ce qu'elle fit, avec Stanley Mortimer Junior. Héritier du fondateur de la Standard Oil. Tuxedo Park – vous voyez, une fortune de vieille souche protestante, nom d'une pipe !*

Babe quitta son travail et eut deux enfants. Gogs finit par menacer Vincent Astor, et il épousa Minnie. C'est alors que Betsey décrocha la timbale – Jock Whitney ! Ainsi Gogs avait maintenant dans sa famille un Mortimer, un Astor et un Vanderbilt-Whitney.

Mais Babe divorça. Ou plutôt, fut contrainte de divorcer ! Après la guerre, Stanley Mortimer Junior était devenu une loque, *la guerre l'avait* dévasté *! Non pas qu'il ait été mieux avant. Selon certaines rumeurs, il la battait et, en plus, son argent était immobilisé, confié à un administrateur, ce que Babe ignorait avant le mariage. Mais, fidèle aux préceptes inculqués par sa mère, elle n'en avait jamais rien laissé filtrer. Ces filles-là étaient bien dressées, vous comprenez. Bien dressées ! Comme des petits poneys ! Les apparences avant tout. Faire preuve de loyauté à l'égard de sa famille. Ne pas faire de vagues. Se serrer les coudes – garder la face –, être toujours impeccablement maquillée ! Ne jamais laver son linge sale en public. Et donc Babe était toujours impeccablement habillée, toujours aussi ravissante, comme si de rien n'était ; mais quand même, la tristesse se lisait dans ses yeux…*

(« Ce qui est toujours le cas, murmura Truman.

— Je me demande bien pourquoi. Elle est pleine aux as maintenant et, à ce que je sache, Bill ne la bat pas », se moqua Diana.)

Bon, le divorce. Je suis persuadée que Gogs était contre, pourtant chacune de ses filles a divorcé. Gogs pensait probablement : Eh bien, si j'ai supporté un vieux et triste sire qui ne s'est jamais intéressé à moi sauf pour s'assurer que je m'occupais de la maison et lui rendais la vie agréable, elles le peuvent elles aussi ! *Mais ces filles-là étaient plus modernes, évidemment. Et, pour finir, à part Minnie, elles y ont gagné au change – une Rolls Royce contre une Cadillac ! Betsey est passée d'un Roosevelt à un Whitney avec tout cet argent, merveilleux, qui coulait à flots. Quant à Babe, eh bien, mon Dieu ! William S. Paley ! C'est le maître du monde ! Bon, évidemment, il est juif. C'est là que le bât blesse.*

Babe a épousé un juif. C'est ce qui a tué sa mère, vraiment. La pauvre vieille Gogs est morte quelques années plus tard. Oh, je pense qu'entre-temps elle s'était réconciliée avec tout cet argent – bon sang, qui ne l'aurait pas fait ? Paley est riche comme Crésus ! Certes, il est juif... Mais ce détail laisse Babe indifférente. Je crois que, pour elle, c'est un défi. Vous ne voulez pas de nous ? Très bien, dans ce cas nous créerons notre propre société, et ce sera encore mieux. Et c'est ce qu'elle a fait ! Même si elle a tout de suite* *été rayée du Bottin mondain. Et, évidemment, ils sont exclus de certains clubs. Mais Babe est déterminée. Allez rôtir en enfer, si vous ne voulez pas de nous ! Même si, bien sûr, Babe ne dirait jamais une chose pareille. Trop bien élevée. Beaucoup trop polie.*

Minnie divorça d'avec Vincent Astor après la mort de Gogs. Entre nous, si ce n'était pour l'argent, qui ne l'aurait pas fait ? Vincent Astor était un pisse-froid, que rien n'intéressait à part ses trains électriques, vous vous rendez compte ? Comme on pouvait s'y attendre, Minnie lui trouva une nouvelle épouse avant de le quitter. Ces femmes savent comment prendre soin de leurs hommes ! Minnie est maintenant remariée à Jim Fosburgh, le peintre. Mais qui est pédé, non ? Vous devez le savoir, vous.

« Ma chère Mrs Vreeland », roucoula Truman, les lèvres pincées, « comme je vous l'ai déjà dit, nous ne sommes pas membres de ce qu'on pourrait appeler un immense club. Que vous me croyiez ou pas, je ne connais ni le nom, ni le rang social, ni le numéro de série de tous les homosexuels de Manhattan.

— Mais vous êtes au courant pour Jim Fosburgh, non ? » demanda Diana calmement.

Truman soupira. « Oui, en effet. Il l'est.

— Bien sûr. Et Minnie est gouine, si vous voulez mon avis. Mais avec toute cette éducation, elle est si bien dressée qu'elle ne se l'avouera jamais non plus.

— Je n'ai aucune patience avec ces gens-là, ils m'agacent », répliqua Truman d'un ton sec.

Diana lui jeta un regard empreint d'admiration. « Oui, je vois. Vous êtes fidèle à vous-même, je vous reconnais bien là, Truman. Et que Dieu vous bénisse. Vous êtes un *champion* ! Bon, quand allez-vous écrire une autre nouvelle pour *Bazaar* ? Vous savez que ce n'est pas moi qui m'occupe de ça – mon Dieu, c'est à peine si je lis ! –, mais le tirage augmente toujours quand on publie une de vos histoires.

— Mon chou, vous serez la première à le savoir. En fait, je travaille sur quelque chose, en ce moment. Une histoire merveilleuse. Mais il est trop tôt pour vous en parler. »

Il se leva, s'étira, hissé sur la pointe des pieds, laissant voir ses chaussettes pourpres qui dépassaient du revers de son pantalon à carreaux. Il noua une écharpe rouge vif autour de son cou en un geste grandiloquent. Puis, en sautillant, il rejoignit Mrs Vreeland derrière son bureau pour l'embrasser. Elle ne permettait généralement pas qu'on l'embrasse, mais avec Truman, évidemment, elle faisait une exception.

« Vous êtes une adorable femme-dragon ! La plus adorable de toutes ! Et ce que je veux dire, c'est que vous l'êtes d'une manière on ne peut plus *admirable*. Il se trouve que j'adore les femmes-dragons. Elles protègent farouchement ceux qu'elles aiment.

— Truman, vous seriez capable de charmer un serpent à sonnette, déclara Diana Vreeland. Je vais déjeuner au Pavillon. Vous venez avec moi ?

— Non, ma chère dragonne, je rentre travailler. Sur ce texte. Une autre fois. Et pas de ragots en mon absence, vous m'entendez ? Et n'allez pas dans un bouge ou un bar à matelots sans moi. Pas de vilaines choses tant que je ne suis pas avec vous, Mrs Vreeland ! »

Diana éclata de rire, son « ha ha » sonore et répété, chaque éclat aussi distinct que chacune des syllabes prononcées quand elle parlait. Truman se retourna pour partir, mains dans les poches, tête baissée, perdu dans ses pensées. Il était tellement plongé dans ses réflexions qu'il ne s'aperçut même pas qu'en effet une horde de mannequins décharnés, habillés à la dernière mode et comme en suspens, rassemblés à l'extérieur du bureau de Mrs Vreeland, attendaient de passer en jugement.

Il monta dans un taxi et dit au chauffeur : « Brooklyn Heights. » Et ils traversèrent le pont, montèrent, montèrent, montèrent encore, puis redescendirent, redescendirent, redescendirent encore, loin de Neverland, le pays imaginaire de Peter Pan, loin des *Contes de ma mère l'Oye*, loin du pays d'Oz.

Le taxi s'arrêta devant une maison de ville jaune canari dans une rue calme bordée d'arbres. Truman paya et descendit quelques marches pour entrer dans son appartement.

Il se mit au travail.

5

Truman au travail

Tellement de gens auraient voulu le surprendre au travail ! Voir le génie à l'œuvre ! Pas ses pairs les écrivains, non, évidemment ; *eux* étaient trop blasés, trop désenchantés pour s'y intéresser. Mais ses cygnes… Toutes avaient très envie de voir Truman Capote écrire. Elles se mirent en quatre pour l'aider – car si elles n'étaient pas des mécènes, qui étaient-elles ?

Elles n'étaient pas des mécènes.

Mais Gloria lui offrit une villa en bord de mer, à Palm Beach là où elle résidait. Slim lui fit livrer des paniers remplis de victuailles venant du Club 21 afin qu'il se nourrisse correctement. Pamela proposa de s'asseoir à ses pieds, littéralement, et d'être sa muse. Marella l'invita à travailler sur son yacht, qui voguait sur les eaux de la Méditerranée.

Truman refusa. Autant il adorait et appréciait leur mode de vie, leur confort, leur richesse, leur générosité, autant, quand il s'agissait de son travail, il faisait preuve d'une discipline monastique qu'aucune de ses nouvelles amies n'aurait pu soupçonner. Travailler, c'était travailler. S'amuser, c'était s'amuser. Et il ne fallait pas mélanger les deux.

Sauf…

Bon, viendrait peut-être un temps où ce serait possible. Il avait sous la main des histoires merveilleuses, mûres pour la cueillette. Et si Truman n'était pas un raconteur d'histoires, alors qui était-il ?

Truman était un raconteur d'histoires, un conteur-né.

Mais à cette époque-là, l'histoire qu'il racontait n'était pas la leur, bien qu'il sache déjà que chacune d'entre elles, sans exception, voudrait la revendiquer comme sienne. Alors que cette histoire était uniquement le fruit de son imagination. Que tant de gens aient pu suggérer qu'il ne pouvait écrire qu'en s'inspirant de sa propre vie le contrariait. Et d'ailleurs, prenez pour exemple *Les Domaines hantés* – ce n'était en rien autobiographique ! C'était une histoire. Qu'il avait inventée de toutes pièces. Celle d'un jeune garçon, sans famille, sans foyer, séduit par les ténèbres, et qui émerge au grand jour – mais les ténèbres l'attirent, l'appellent sans cesse.

Non, son premier roman n'avait rien d'autobiographique.

Et cette autre histoire ; il avait déjà une idée du titre. Il avait surpris un matelot, pendant la guerre, dire à un autre matelot qu'il aurait plaisir à l'emmener petit-déjeuner dans l'endroit le plus cher de la ville. Où aimerait-il donc aller ?

« Eh bien, avait répondu le jeune gars, naïf. J'ai toujours entendu dire que Tiffany était l'endroit le plus cher de New York. »

Petit déjeuner chez Tiffany. C'était un titre génial, et Truman le savait. Mais à part ça…

Truman attrapa son carnet. Un simple cahier d'école réglé. Il tailla ses crayons, s'installa sur un canapé en velours sous la fenêtre et posa le cahier sur ses genoux.

Le front plissé, il lut ce qu'il avait écrit les jours précédents, des mots précis, dépouillés, écrits à la main, minutieusement, de sa minuscule écriture carrée.

« *Écoutez, Fred, jurez-le-moi en vous embrassant le coude*[1]. »

Et Truman se perdit dans les mots. Emporté par la structure des phrases, agonisant sur chaque signe de ponctuation. Étudiant l'ensemble de la page, réorganisant les paragraphes et les ruptures de paragraphes afin qu'ils soient séparés par un espace blanc suffisant. Réfléchissant, hésitant entre l'adjectif « approximatif » et le mot « fac-similé » pour se décider enfin et choisir « approximatif ».

« *Peut-être les contorsionnistes peuvent-ils s'embrasser le coude. Elle dut se contenter d'un geste approximatif*[2]. »

Truman travailla tout l'après-midi, avant de s'arrêter pour la journée. Une alarme interne, aussi originelle que le premier signe qui marque le passage de l'hiver au printemps, lui disait tout simplement : « Assez. Ça suffit pour aujourd'hui. Un mot de

---

1. *Petit déjeuner chez Tiffany*, traduction de Henri Robillot, éditions Gallimard, 1959.

2. *Id.*

plus et tu vas remettre en question tout ce que tu as déjà écrit jusqu'à maintenant. » Il alla poser son cahier et son crayon sur son bureau, se gratta un de ces endroits patients qui, ignorés toute la journée, demandent à être grattés, et partit rejoindre Jack qui s'affairait dans la cuisine pour préparer le dîner. Bourru. C'était ainsi qu'il appréhendait la vie.

En étant bourru.

« Tu as fait du bon travail ? » grommela Jack. Il s'acharnait sur le moulin à poivre afin d'assaisonner un morceau de bavette.

« Mmm, mmm. » Truman attrapa le shaker d'une main et de l'autre la vodka. « Je t'en lirai des passages ce soir, si tu veux.

— D'accord.

— Et toi ?

— C'est nul. Comme toujours.

— Non. Et tu veux que je te dise que ce n'est pas nul, alors arrête d'aller à la pêche aux compliments. Au fait, les Paley nous ont invités tous les deux à Kiluna, pour le week-end.

— Je ne veux pas y aller.

— Jack.

— Je n'aime pas ces gens.

— Jack, tu ne les as même pas encore rencontrés.

— Mais des gens comme eux, si. C'est tous les mêmes. Ils sont bidon, des m'as-tu-vu.

— Non, ce n'est pas vrai, Holden Caulfield. Les Paley sont différents. Surtout Babe, bien sûr. Quant à Bill, je crois qu'il l'est aussi. Il y a quelque chose chez lui…

— Ils distraient ton attention, ronchonna Jack. Ils ne te méritent pas. Je ne comprends pas pourquoi les gens riches, célèbres et prétentieux te fascinent autant.

— Jack, ils sont si beaux ! Leur vie est si belle, si tranquille, tout entière dédiée à l'élégance, au bon goût, au décorum. Et c'est ce que j'admire – je crois que c'est la quintessence même de la vie, être capable d'en tirer parti pour en faire une œuvre d'art. C'est ce que nous faisons, en un sens, non ? En écrivant ?

— Difficilement. » Jack reposa violemment le poivrier en maugréant. Jack, grand, mince, avec des taches de rousseur, des cheveux clairsemés blond-roux, à la calvitie naissante. « Je ne supporte pas l'idée qu'avec le talent que tu as, tu puisses te comparer à eux. C'est ridicule. Et je croyais t'avoir entendu dire que tu méprisais Paley, après ce fameux week-end en compagnie de tous ces parasites.

— Eh bien, je le connais à peine. Ce n'est pas juste.

— Les hommes comme lui ne méritent pas ton indulgence, ta générosité, Truman. De manière générale, personne ne les mérite.

— Oh, mon misanthrope chéri », soupira Truman. Il attrapa Jack par la taille et s'autorisa à glisser une main à l'intérieur du pantalon, là où la chair était chaude et soumise. « Que ferais-tu sans moi, si je n'étais pas là pour illuminer le monde qui est le tien, triste, plongé dans le noir ?

— Je me débrouillais parfaitement bien sans toi, avant », grommela Jack.

Mais il ne se dégagea pas de l'étreinte de Truman. Ils restèrent enlacés pendant quelques minutes, s'abandonnant au simple bonheur domestique – l'huile qui crépitait dans la poêle sur la gazinière, l'odeur du romarin en pot sur le rebord de fenêtre, leurs deux chiens dont l'haleine réchauffait leurs chevilles. Anticipant le plaisir de partager un repas tranquille, de boire un martini ou deux, et de lire au lit avant d'éteindre pour la nuit. Des désirs intimes que satisfaisaient des corps familiers ; Jack avait été danseur, ce qui n'avait de cesse d'exciter Truman quand il caressait du bout des doigts ses muscles fermes, toujours parfaitement dessinés, ses pieds cabossés et incroyablement cambrés. Le corps de Truman était moins discipliné mais encore bien conservé – les abdominaux et biceps encore étonnamment durs –, et si mince que Jack l'efflanqué pouvait presque faire le tour de la taille de son amant avec ses deux mains – « comme pour Scarlett O'Hara », aimait à se vanter Truman. Et de s'endormir, dans leur appartement, ordinaire, dans le quartier, ordinaire, de Brooklyn Heights, à l'écart de Manhattan et de ses miroirs aux alouettes, loin de l'autre côté du pont.

Ce qui aurait dû être suffisant, Truman le savait. Être avec Jack, dans ses bras, repu et somnolent, une bonne journée de travail derrière lui et une autre à venir. Il avait de nombreux projets en cours, car il était Truman Capote, la coqueluche du monde littéraire : un voyage en Union soviétique, payé par le *New Yorker*, pour accompagner la troupe de *Porgy and Bess* en tournée, et qui devait aboutir à l'écriture d'un reportage qui serait publié par le magazine qui avait été son employeur (et, des années plus tôt, sa première grande déception éditoriale, ce qu'il n'avait jamais oublié). *La Maison des fleurs*, adaptée de l'une de ses nouvelles, était toujours à l'affiche à Broadway, même si les représentations ne tarderaient pas à s'arrêter. *Petit déjeuner chez Tiffany* couvait, mijotait, les mots filtraient péniblement, un par un.

Il était au sommet de son art, il le savait. Il n'avait jamais douté d'y arriver, même après avoir été viré du *New Yorker*. Et il aimait un homme adorable qui l'aimait en retour – à sa manière, brusque, bourrue.

Mais ce n'était pas suffisant ; cette nuit-là, tandis que Truman tournait le dos à Jack qui ronflait légèrement, une flamme brûlait en lui qui ne voulait pas s'éteindre et qui ne s'éteindrait jamais quelle que soit la quantité de somnifères qu'il prendrait. Quel que soit le nombre de fois où il se disait que la lumière du jour suffirait à la raviver. Car il y avait toujours *plus*. Plus de belles choses à voir, plus de lieux à visiter, plus de succès à remporter. Plus d'amour à gagner, à troquer, échanger ou à refuser. Et qui lui manqueraient, toujours.

Être dehors, à regarder à l'intérieur. Pourquoi était-ce ce qu'il ressentait à chaque instant, chaque jour, sans cesse ?

Même quand il était le centre de l'attention, debout devant un pupitre, au cours d'une lecture, ou lorsqu'il découpait un gâteau dont le glaçage représentait la couverture de son livre – c'était des moments qui ne lui appartenaient pas complètement. Il se passait toujours des tas d'autres choses en même temps ; deux têtes penchées l'une vers l'autre pour une conversation, dans un coin reculé ; un sourire complice entre deux amants ; un éclat de rire déclenché par une blague qu'il n'avait pas entendue. Des gens qui échangent leurs numéros de téléphone – mais pas le sien. Une phrase dite à voix basse, « Je vais commander un taxi pour tout le monde », et soudain, un groupe de quatre personnes se volatilise en agitant rapidement les mains dans sa direction, soufflant vers lui des baisers qui, dans le sillage de leur parfum, n'atteignaient jamais sa joue.

L'abandonnant. On l'abandonnait toujours.

Il lui fallait donc faire des efforts. Être plus. Être meilleur, étinceler plus encore, être encore plus vibrant – un projecteur qui illuminait le ciel, qui éclairait l'obscurité, un fanal qui attirait tout le monde. Et s'il lui suffisait de s'habiller de façon un peu plus outrancière – pourquoi pas une cape en velours assortie à un costume de velours ? Et s'il lui suffisait de danser un peu plus énergiquement – le charleston, par exemple, quand tout le monde dansait le two-step, dérivé de la polka ? Et s'il lui suffisait de surgir dans une pièce, d'un bond, les bras grands ouverts, en jetant ses jambes en arrière, plutôt que d'entrer en marchant ?

Et s'il lui suffisait de raconter les meilleures histoires, de colporter les ragots les plus croustillants et, au cours des conversations, de lâcher les noms les plus célèbres ?

Alors, peut-être. Alors, en ferait-il vraiment partie ?

Mama viendrait-elle le chercher afin qu'ils soient enfin tous les deux ? Il serait aimé, embrassé, et ne verrait dans les yeux de *Mama* que de la fierté et de la compréhension, ses yeux brillants, si brillants, sombres, presque noirs, au regard perçant, dans un visage sculpté dans le marbre, les pommettes hautes, le nez aquilin, un long cou, un cou de cygne, des yeux noirs, très noirs comme ceux d'un cygne, les plumes ébouriffées, les bras accueillants.

Les yeux de Babe. Finalement, en pensant aux yeux de Babe, et à la manière dont elle le regardait, lui et seulement lui, il commença à se détendre ; il y lisait une souffrance peut-être encore plus profondément enfouie que la sienne.

Il pensa à combien ces yeux pouvaient briller d'amour. *True Love*. Un amour véritable. *True Heart*. *Truman*.

Et, Dieu merci, il s'endormit enfin.

Babe, quant à elle, dans son pied-à-terre à l'hôtel St Regis, un appartement privé avec une belle hauteur sous plafond, au croisement de la 55e Rue et de la Cinquième Avenue, l'épicentre de Manhattan, ne dormait pas.

Le grand corps de Bill, agité, couché à ses côtés, prenait toute la place dans le lit. Bill, dur, inflexible – et qui lui était désormais étranger. Deux enfants, et c'était bien suffisant ; peu lui importait. Deux enfants avec lui, deux avec Stanley ; Babe était mère de quatre enfants. Oui, c'était assez.

Mais Babe, idéalisée et idolâtrée, en permanence sur les listes des « Femmes les Mieux Habillées », mentionnée dans des articles qui commençaient par « Les Plus Belles Femmes de New York », n'était pas désirée par son mari. Oh, convoitée, peut-être. Prisée. Exhibée au même titre que l'un de ses Picasso. « Mr et Mrs William S. Paley », éblouissants lors des galas de charité, et très sollicités pour les dîners qui s'ensuivaient.

Mais Babe n'était pas *désirée*. Immobile, si raide et si légère qu'elle se demandait si son corps laissait même une empreinte sur le matelas, elle ne connaissait que le rejet, plus froid que l'air vicié de Manhattan soufflé par le climatiseur. Cette nuit-là, Bill ne l'avait pas approchée, pas plus que la nuit précédente ou une autre nuit depuis aussi longtemps qu'elle s'en souvenait. Ce n'était pas comme si le sexe lui manquait ; honnêtement, le sexe avec Bill était à sens unique. En vérité, elle ne se souvenait de rien – aucun détail concret, aucune extase, aucun ravissement, aucun sentiment d'agréable satiété. Mais le rejet est le rejet est le rejet, comme aurait pu le dire Gertrude Stein. Et la vérité, c'était que Bill Paley, sans même parler des besoins de sa femme, rejetait le corps de son épouse. Babe ! Babe la Magnifique ! Rejetée, comme une femme ordinaire à qui on refuserait une danse, par son propre mari qui, c'était bien connu, n'avait pourtant pas les yeux dans sa poche.

Elle repensait avec amertume à tous ceux qui l'avaient courtisée. Condé Nast, à l'époque où elle avait travaillé pour *Vogue*. Combien de fois ne l'avait-il pas pourchassée en courant autour de son bureau ? Et, elle s'en rendait compte maintenant, il était plutôt séduisant pour son âge. Très soigné, une silhouette élégante, les traits anguleux. Mais à l'époque, il lui avait semblé ridicule, assez vieux pour être son grand-père.

Et Serge ! Serge Obolensky ! Elle avait adoré Serge, elle avait adoré son caractère passionné, son exotisme – un véritable prince russe ! –, et il était si courtois. Quelque peu vieux jeu, et pourtant si fringant, si séduisant avec cette petite moustache en brosse qui chatouillait. Soudain, Babe ne put rester en place. Elle s'agita, crispa ses orteils, les muscles des mollets tendus, se tourna sur le ventre, le pelvis pressé contre le matelas, en se souvenant de la manière dont Serge, un jour, l'avait embrassée, tandis qu'ils étaient chez lui, allongés, enlacés, en pâmoison sur un extraordinaire canapé de velours. Un baiser si profond, qui réveillait tant de désirs. Et qu'elle se serait laissée aller à assouvir si elle avait été capable de faire taire la voix de sa mère dans sa tête.

Mais elle n'en avait jamais été capable. « Tiens-toi droite. » « Tiens-toi tranquille. » « Écris un mot de remerciement immédiatement après avoir reçu un cadeau ou dès que tu viens de rentrer d'une soirée à laquelle tu as été invitée. » « Aie toujours des bouquets de fleurs fraîches, peu importe le prix. » « Des gants propres et des chaussures cirées sont des signes de distinction. » « Ne laisse jamais les domestiques prendre le dessus. » « Fais preuve de discrétion. » « N'écoute pas les ragots. » « Sois un ange avec papa, car il est rarement à la maison, et quand il y est, il veut que tu sois parfaite. » « Sois une parfaite débutante car Betsey est maintenant mariée au fils du Président. » « Sois une parfaite petite épouse pour

Stanley, car c'est un héritier, il fait partie du gotha, Tuxedo Park. »

« Sois une épouse parfaite pour Bill, même s'il est juif. Car il paie pour ça. Et si tu n'es pas parfaite, il te remplacera en un clin d'œil, et alors, que deviendras-tu ? Deux fois divorcée, avec quatre enfants et sans argent. »

« Sois parfaite. C'est ce que les gens attendent de toi. Car, si tu ne l'es pas, tu es quoi ? *Qui* es-tu ? »

Parfaite. Babe se devait d'être parfaite, sans aucun défaut. Elle était née pour devenir la femme d'un homme riche, être décorative, être un atout pour Bill. Elle ne se souvenait pas de s'être jamais autorisée à aspirer à autre chose. Quand elle était toute petite, Betsey et Minnie – Minnie neuf ans de plus et Betsey, sept – lui avaient permis de jouer le rôle de la fleuriste dans la pièce qui mettait en scène leurs mariages. Ce fut le seul semblant de pièce de théâtre qu'approuva sa mère. « Maintenant, laissez Babe attraper le bouquet », avait ordonné Gogs à ses deux sœurs. « Babe doit attraper le bouquet, ainsi elle sera la prochaine à se marier. »

Mais Babe ne voulait pas attraper le bouquet. Elle voulait faire semblant d'être quelqu'un d'autre – elle voulait que ses frères et sœurs l'appellent Odeal, le prénom qu'elle avait choisi, quand elle jouait à être une fille de cuisine ordinaire, se salissant les mains, les appelant « m'sieur » et « m'dame » avec un horrible accent cockney. Odeal était orpheline, mais son courage et son esprit faisaient l'admiration de tous.

Pourtant, sa mère avait été si furieuse qu'elle leur avait interdit à tous de parler à Babe quand elle prétendait être Odeal. « Ne l'encouragez pas, disait sa mère d'une voix coupante. Ce genre de comportement est inadmissible. Que vont penser les gens ? »

Babe avait fini par renoncer à Odeal. Elle ne savait plus quand son imagination l'avait abandonnée, envolée comme un oiseau. En revanche, elle savait qu'elle avait été heureuse seule, dans son monde imaginaire, pendant un certain temps ; puis qu'elle ne l'avait plus été ; les ordres que lui donnaient ses sœurs lui manquaient, et ses frères aussi, qui l'amadouaient pour qu'elle participe à leurs jeux. Elle mourait de honte à table quand personne ne lui parlait ni ne lui passait le sel. Et donc, elle renonça et accepta d'être Babe, personne d'autre que Babe. Elle ne serait jamais personne d'autre, personne d'autre que celle que sa mère voulait qu'elle soit. Elle s'efforça de ne pas lâcher la bride à son imagination, de ne pas rêver, car il n'y avait aucun bénéfice à en attendre. Ce dont on pouvait tirer profit, c'était d'être la meilleure, la plus parfaite des petites filles, puis la meilleure, la plus parfaite des débutantes et, enfin, la meilleure, la plus parfaite des épouses. Car si elle n'était pas parfaite, ce que les autres attendaient d'elle, alors plus personne ne lui parlerait. Ou même ne reconnaîtrait son existence. Elle disparaîtrait en un clin d'œil, elle s'évaporerait.

Toute cette énergie qu'elle avait, enfant, quand elle était Odeal – elle se rappelait avoir couru juste pour sentir le vent dans ses cheveux ; elle se rappelait avoir roulé le long d'une pente, sans que sa robe fût tachée d'herbe, miraculeusement, et elle en avait été si reconnaissante qu'elle ne recommença jamais,

mais oh, quelle ivresse ! Cette délicieuse euphorie, les brindilles qui lui griffaient la joue, cette impression que le monde était à l'envers, le ciel en bas et la terre en l'air bien qu'elle restât là, sous l'effet de cette mystérieuse force de gravité – toute cette énergie qu'elle apprit à canaliser vers la seule chose sur laquelle elle pouvait compter, comme sa mère n'avait de cesse de le lui répéter : son visage, son apparence, sa valeur décorative. Sa mère ne lésinait jamais sur les compliments quand il s'agissait de la beauté de Babe, que ce fût ses vêtements impeccables, sa peau claire, ses joues rosies ou ses cheveux soyeux, ou la façon dont Babe attirait l'attention des hommes jeunes et riches qu'elle rencontrait aux fêtes et aux soirées dansantes de ses sœurs.

Et encore maintenant, alors qu'elle avait quarante ans et que Gogs était morte, elle sentait le poids des remontrances de sa mère, sa désapprobation, l'importance qu'elle accordait à la beauté, à l'élégance et aux bonnes manières. Le pouls qui s'accélère par peur de ne pas être à la hauteur des attentes de tout le monde et d'être alors rejetée, abandonnée. Babe devait donc se lever tôt, longtemps avant Bill, afin de se maquiller, d'enlever ses épingles à cheveux, pour que, à son réveil, il la voie sous son meilleur jour. C'était ainsi et ce serait toujours ainsi. Et, à vrai dire, elle était dépendante de ses produits cosmétiques, d'une manière tangible et agréable, comme d'autres pouvaient l'être de l'alcool. Elle aimait l'odeur délicate et fleurie de sa poudre de riz ; elle prenait plaisir à soupeser ses brosses en argent, et à sentir la qualité soyeuse des poils de pinceau sur sa peau. Elle aimait appliquer, par petits coups d'éponge, son fond de teint – un mélange créé spécialement pour elle par Elizabeth Arden –, chaque couche lui paraissait alors renforcer son armure, son pouvoir. Elle ne se lassait jamais de voir ses pommettes se dessiner dans toute leur splendeur ; elle se regardait dans le miroir tandis qu'elle mélangeait les couleurs, donnait un coup de pinceau, tapotait la poudre et, par petites touches, comme une peinture pointilliste, son visage, le visage qu'elle connaissait et dont elle dépendait, émergeait en un portrait entier. La perfection.

Personne ne l'avait jamais vue non maquillée. Pas même Bill lors de leur nuit de noces. Rien qu'à l'idée de se montrer sans maquillage, Babe fut en proie à une vive agitation, elle tourna le dos à Bill comme s'il pouvait lire ses pensées et se réveiller, en dépit du fait qu'il ronflait toujours aussi paisiblement. C'était là l'une des raisons pour lesquelles elle n'aimait pas leur petit appartement au St Regis ; elle et Bill devaient partager le même lit, car il n'y avait que trois pièces. À Kiluna, au moins, et dans leur maison de vacances du New Hampshire ou encore dans leur résidence à la Jamaïque, ils avaient des chambres séparées. Il n'y avait donc aucune chance qu'il se réveille au milieu de la nuit et la voie nue, exposée : imparfaite.

Avait-elle jamais aimé suffisamment Bill pour lui montrer sa vraie nature ? Avait-elle jamais aimé quelqu'un ? Ou était-ce, là encore, un de ses défauts, quelque chose à cacher aux yeux du monde sous le dernier modèle d'une veste Chanel ? Elle ne savait pas si elle aimait son mari, même si elle l'appréciait et prenait plaisir à être en sa compagnie, même si elle mourait d'envie qu'il la touche, la remarque et la désire pour autre chose que ses qualités de ravissante intendante.

Ce qu'était Babe, en réalité.

Et donc, chaque matin, le maquillage et les cheveux impeccables, vêtue d'un nouveau déshabillé et d'une magnifique veste d'intérieur en satin matelassé, elle s'asseyait à son bureau et dressait des listes. Tout d'abord, elle planifiait les repas de la journée, se résignant à passer elle-même des heures à écumer les marchés les plus secrets afin d'y trouver un légume ou un fruit exotique nouveau pour faire plaisir à Bill. Bill adorait manger, il avait un appétit féroce et prenait plusieurs repas par jour. Elle devait s'assurer qu'ils seraient tous mémorables, tous sans exception. Assise à la table du dîner, elle prenait des notes dans son carnet de chez Tiffany, conçu rien que pour elle et qui tenait dans une main, et elle consignait chacun des commentaires de Bill sur la nourriture, ce qu'il aimait ou pas. Ainsi, elle ne commettrait plus les mêmes erreurs.

Elle avait des listes concernant aussi les vêtements – les boutons du costume bleu de Bill qui devaient être renforcés. Ses chaussures qui avaient besoin d'être cirées. Ses manteaux à elle qui devaient être rangés. La dentelle de ses déshabillés qui devait être recousue.

Elle avait beau savoir qu'elle devrait se lever très tôt, son esprit n'était plus qu'une longue liste, tandis qu'elle roulait sur le côté avec précaution, afin de ne pas déranger Bill. Demain soir, ils dînaient au Quo Vadis avec les Guinness. Bill voulait qu'elle passe le prendre au bureau avant. Elle devait envoyer le chauffeur faire des achats pour le week-end à Kiluna : des choses pratiques, des produits de première nécessité tels que du papier-toilette, des produits ménagers, de nouveaux essuie-mains pour les chambres des invités – des choses que Bill n'imaginerait jamais qu'il faille se procurer. Il n'avait qu'à tendre la main – pour attraper un savon, un trombone, une feuille de papier-toilette pour se torcher le cul. Grâce à elle, Babe, parfaite intendante. Et jamais, au grand jamais, il ne l'en avait remerciée.

Elle commença à grincer des dents, tandis que son esprit s'emballait. Elle devait se faire coiffer par Kenneth demain, avant le week-end. Les Agnelli avaient été dans l'obligation d'annuler leur visite à Kiluna, il lui fallait donc inviter un autre couple pour les remplacer, car Bill ne supportait pas que la maison ne soit pas pleine et que les week-ends ne débordent pas d'activités. S'il y avait une chose qu'il supportait encore moins que les journalistes pontifiants ou les annonceurs insatisfaits, c'était l'ennui. Ce qui lui rappela qu'elle devait s'acheter une nouvelle paire de chaussures de tennis car elle avait abîmé les siennes en jouant au softball le week-end précédent. Chaque samedi, les Paley ou les Whitney – sa sœur Betsey et son mari, Jock, dont la résidence secondaire était adjacente à celle des Paley à Manhasset, Long Island – organisaient un tournoi de softball pour tous leurs invités.

Softball. Babe fronça le nez. Elle détestait le sport, mais Bill ne le savait pas. Et il ne le saurait jamais, car elle jouait avec détermination, affichant un sourire serein, faisant attention à ne pas salir sa salopette bien repassée ou gâcher son maquillage qu'elle devait fixer en vaporisant de l'eau pour s'assurer qu'il résisterait en plein air. Elle n'avait aucune idée de comment elle avait abîmé ses chaussures de tennis, mais, après le match, elle s'en était rendu compte alors qu'ils étaient assis sur la véranda, avec de grands verres de boisson fraîche – Pimm's Cup –, et elle s'était rapidement excusée pour aller se changer avant que Bill ou qui que ce soit ne s'en aperçoive.

Truman, cependant, l'avait immédiatement suivie. Il avait étonnamment bien joué, rattrapant et lançant la balle avec la grâce d'un faon et, quand il avait marqué un point, Bill avait même lâché un « bien joué, mon gars », ce qui était rare. Elle savait que Truman avait détesté jouer tout autant qu'elle. Ils avaient échangé quelques regards complices sur le terrain. Il avait fait une telle grimace, si drôle, une moue narquoise, qu'elle n'avait pu s'empêcher de rire.

Truman.

Il reviendrait ce week-end ; il avait promis, le jurant aussi solennellement que l'aurait fait un enfant. Qu'elle en prenne conscience lui permit finalement de se détendre, car elle était si tendue que ses articulations étaient douloureuses. Sa mâchoire se relâcha et elle cessa de grincer de ses fausses dents ; après l'accident de voiture – en y repensant, Babe frissonna, comme chaque fois –, et donc depuis longtemps déjà, elle n'avait eu d'autre choix que de porter un dentier. Elle approcha sa main de sa mâchoire et, d'un doigt, en suivit les contours, là où la peau était légèrement plus épaisse, imperceptiblement retroussée. Son pouls s'accéléra, tandis qu'elle se rappelait combien de temps il lui avait fallu rester immobile à l'hôpital, sans bouger un muscle ni rien. *Ne veux-tu pas être aussi belle qu'avant, Babe ? Ne bouge pas, sinon tu auras des cicatrices. Et c'est impossible, n'est-ce pas ? Ton visage est tout ce que tu possèdes.*

Qui avait dit ça ? Son père ou sa mère ? C'était il y a si longtemps. Et elle avait encore des cicatrices. Seule Babe les voyait. Et ses dents – oh, comme elle détestait son dentier ! C'était si cruel d'avoir à se rappeler que vieillir était inévitable, des dents dans un verre, quand elle n'avait alors que dix-neuf ans. Malgré ce qu'elle avait dépensé, malgré le nombre de dentistes qu'elle avait vus, ses fausses dents étaient toujours les mêmes. Elles la faisaient souffrir en frottant contre ses gencives, l'obligeant à manger du bout des lèvres ; elle n'avait pas mordu dans une pomme depuis l'accident. Et quand Bill partageait son lit, elle n'avait pas d'autre choix que de dormir avec son dentier.

Mais, bien sûr, il ne partageait pas vraiment son lit. Pas au sens intime, elle n'était ni désirée ni aimée. Et personne ne le savait. Elle était seule dans sa maison, dans son lit – dans son être –, et elle ne pouvait le dire à âme qui vive. « Ne lave pas ton linge sale en public », lui avait dit sa mère un million de fois.

Mais Truman. S'en doutait-il ? Il y avait la manière dont il la regardait, avec adoration – mais aussi avec quelque chose de plus. Ou était-ce encore autre chose ? De la sympathie. De la compréhension. Il avait pris le temps, au cours de ce premier week-end à Kiluna, de lui faire une liste de livres à lire – soupçonnant la vérité : à savoir, que Babe n'était pas une personne accomplie. Elle restait inachevée, comme l'étaient les objets décoratifs ; si vous grattez la surface, tout ce que vous voyez n'est qu'un morceau de porcelaine ou de toile. Et c'est de ça qu'elle avait honte, au plus profond d'elle-même.

« Spécialement pour toi, Bobolink. Je pense que tu vas prendre plaisir à lire ces livres. Un esprit et un cœur ne doivent pas être négligés. »

Comment savait-il ? Ils n'avaient pas discuté de grand-chose, hormis son enfance à lui. Après que Bill était rentré à la maison, et qu'elle n'avait pas été prête pour l'accueillir, le reste du week-end n'était plus qu'une image floue, un vague souvenir d'invités et de préparatifs, de repas, de jeux, de boissons et de crises mineures, telles que la disparition mystérieuse de l'un des gobelets pour les dés du jeu de petits chevaux, ou encore une bretelle de la robe de Slim qui avait lâché et avait dû être recousue à la dernière minute juste avant de dîner le samedi soir. Truman et elle n'avaient donc pas eu d'autre occasion d'avoir une vraie conversation, comme elle en avait eu envie tout au long du week-end.

Cependant, juste avant qu'il parte, il lui avait donné cette liste de livres à lire ; *Madame Bovary* était doublement souligné. Son regard, derrière les lunettes à l'épaisse monture noire qu'il portait pour lire, était prodigieusement sage et solennel tandis qu'il l'observait parcourir la liste des yeux. Il voyait à travers elle – à travers le maquillage, et les vêtements qu'elle avait choisis avec soin. Il n'avait rien remarqué de tout ça, peu lui importait, si ce n'était pour en admirer la beauté. Mais les apparences ne comptaient pas. Pas pour Truman. N'est-ce pas ?

Elle espérait qu'il en était ainsi. Elle ferma les yeux, déterminée, afin de rêver qu'il en était ainsi. Car Babe mourait d'envie de se confier à quelqu'un – de révéler sa vraie nature, ses espoirs, ses peurs et, oui, même ses imperfections, Odeal approchant de la cinquantaine. Elle en éprouvait terriblement le besoin car, sous l'effet de peurs et de frustrations refoulées, son cœur se gonflait tellement qu'elle se demandait si cette poche enflée, écœurante, emplie de désir, qui battait sous ses chemises faites sur mesure et ses robes haute couture, ne se voyait pas. Si seulement les gens savaient ! Babe la Parfaite. Si laide à l'intérieur, basculant au bord du lit, incapable de dormir ; mal aimée, rejetée.

Sauf par Truman. Elle l'avait compris dès leur première rencontre, dans l'avion. Quelqu'un était arrivé. Quelqu'un de très important pour elle. Comment peut-on le savoir, avant même de s'être salués ? L'air qui s'épaissit associé à une légèreté de mouvement. Le passé qui ralentit et le futur qui accélère. L'envie de rire et de pleurer tout à la fois. Une table pour deux, et non plus pour soi toute seule. Mais une table cachée dans le coin le plus sombre du restaurant, les rideaux tirés tout autour, et pourvue de suffisamment de vin pour que les langues se délient et que les cœurs se confient.

« Ne déballe pas ton linge sale en public », lui chuchota sa mère à l'oreille, une dernière fois, avant que ses pensées ne se calment et qu'elle ne succombe à l'engourdissement du sommeil.

« Mais Truman ne compte pas », protesta-t-elle, doucement, car même somnolente, elle faisait attention à ne pas perturber le sommeil de Bill.

« Truman. Il pourrait être mon ami, je crois. Et je n'ai pas eu d'ami depuis si longtemps. »

Et Babe finit par s'endormir.

6

Raconte-moi... ton premier baiser.

« Un garçon, au CE1. » Babe sourit, d'un air espiègle. « Il m'a dit que j'étais trop jolie pour ne pas être embrassée, alors, évidemment, je l'ai laissé faire ! Après ça, ma mère m'a envoyée dans une école de filles, privée.

— Un garçon au CE1 », dit Truman, et il gloussa. « Moi aussi ! Il ne m'a pas dit que j'étais trop joli. Il n'avait aucune idée de ce que je lui faisais. Et moi non plus, d'ailleurs ! Mais j'ai vu ses lèvres, ses lèvres roses, et il fallait tout simplement que je les goûte, pour savoir si elles avaient le goût d'une rose ou celui d'une cerise – un fruit confit. Quelque chose de sucré. J'en avais envie, j'avais faim de cette douceur. Dans ma vie.

— Et elles en avaient le goût ? Le goût du sucré, de la douceur ?

— Non. Elles étaient sans vie, pétrifiées. Aussi peu pétillantes qu'un champagne éventé. Ce fut la plus grande déception de mon enfance. »

Parle-moi de... ton animal de compagnie préféré quand tu étais enfant.

« Mon chien, Bobo. J'adorais ce chien ! C'était un caniche noir. Il n'était pas censé dormir avec moi mais, quand personne ne regardait, je le faisais entrer furtivement dans ma chambre. Betsey le savait et, un jour, sous prétexte que je lui avais emprunté un pull et que je l'avais abîmé, elle l'a dit à ma mère. Après ça, Bobo a été définitivement banni de la maison. J'imagine qu'il s'est sauvé. Comme le font la plupart des chiens. » Babe, dont le regard s'était fait sérieux et pensif, sourit soudain. « Je n'avais pas pensé à Bobo depuis des années. Et, maintenant, nous avons des bulldogs anglais. Bill pense qu'ils sont très chics. Des chiens de race, bien sûr, installés dans des chenils chauffés et avec l'air conditionné. Je ne connais même pas leurs noms. Quelqu'un s'occupe d'eux et les fait entrer dans la maison une fois par jour pour être caressés et parfois pour que je les promène si jamais j'ai envie de faire de l'exercice. Mais ce n'est pas la même chose, absolument pas. » Ses yeux s'agrandirent, tout à coup, comme si elle s'en rendait compte pour la première fois : « Nous avons des chiens. Mais nous n'avons pas d'animal de compagnie.

— Nous avions tellement d'animaux à l'époque, quand j'étais à Monroeville ! Sook avait un vieil oiseau, très gros, qu'elle gardait en cage dans la cuisine. J'avais toujours un lézard ou deux dans une boîte à chaussures. Des chats traînaient un peu partout dans la maison, sur la véranda, sur les rebords de fenêtres, sur les avant-toits et les réservoirs d'eau. Et presque tout le monde avait un vieux chien de chasse, juste pour le plaisir. C'était comme ça, dans le

Sud. Toutefois, je ne sais pas si j'avais un préféré. J'ai finalement réussi à persuader Jack, il y a un an, de me laisser avoir un chien. Et depuis, c'est Jack, plutôt que moi, que le chien aime le plus – typique ! »

Le rire de Truman sonna si creux que, sous le coup d'une impulsion, Babe, en un geste de sympathie, lui prit la main.

« Pourquoi aiment-ils toujours celui qui ne les aime pas ? »

Truman haussa les épaules. « Des chiennes, des garces. Nous sommes tous les mêmes, après tout. »

Parle-moi de… ton plaisir le plus coupable.

« Le sexe », ajouta immédiatement Truman, les yeux brillants. Sa langue rose pointait entre ses dents blanches, et il se lécha les lèvres, comme pour saisir le goût de friandise de sa propre chair.

« Ça ne compte pas », rétorqua Babe, légèrement excitée, même si elle s'efforçait de paraître prude. Et telle la puritaine la plus élégamment habillée, elle releva très haut son nez romain et pinça ses lèvres peintes avec soin. Truman remarqua sa gêne. Et ne dit rien pendant un petit moment.

« Bon, d'accord, fit-il d'une voix traînante. Milk-shakes au chocolat. J'adore les milk-shakes au chocolat, avec de la crème fouettée et saupoudrés de cacao. »

Babe écarquilla les yeux. « Moi aussi ! N'importe quelle crème glacée ! Oh, nous devrions aller un jour à Paris chez Berthillon !

— Ce serait trop beau, Paris avec toi serait trop *magnifique* ! Nous pourrions aller au Quartier latin voir les spectacles les plus décadents et rejoindre ensuite les filles et les garçons dans les coulisses pour parler avec eux. J'adore leur façon de parler. Ils ont des histoires on ne peut plus fascinantes à raconter, tu sais.

— Je, eh bien… » Babe fronça les sourcils. Bien évidemment, elle ne pourrait jamais faire une chose pareille ! Bill piquerait une crise ! Que se passerait-il si quelqu'un la reconnaissait et la prenait en photo ? Que dirait-on ? Que diraient les gens ? Oh, ce serait si amusant, non ? Mais pourtant hors de question.

Raconte-moi… ta plus belle réussite.

« Je n'en suis pas encore là. » Truman pointa en avant son menton volontaire et son regard aux yeux bleus se durcit. « Mais ça va venir. Le Pulitzer. Évidemment.

— Évidemment », acquiesça Babe, excitée à l'idée que son ami, son nouvel ami, un ami intime, puisse gagner le prix Pulitzer ! Et qu'elle connaîtrait quelqu'un – avec qui elle était maintenant assise au bord de sa piscine à Round Hill, se rafraîchissant les pieds dans l'eau satinée – qui était un intellectuel, un écrivain d'une telle stature ! Comment était-ce arrivé ? Personne dans sa vie, hormis son père, n'avait jamais été ce qu'on pourrait appeler un intellectuel. Pas même Bill, malgré tout ce qu'il avait accompli. Bill avançait dans la vie comme un requin, guidé par la puissance de son instinct. Ses instincts étaient certes judicieux – tenaient même du miracle – mais c'était tout. L'un de ses traits de caractère les plus attachants était qu'il admettait bien volontiers ne pas avoir l'esprit d'un, disons, d'un Ed Murrow[1]. C'était la raison pour laquelle Bill vénérait autant Murrow, et avait essayé de l'imiter dès qu'ils furent devenus amis, pendant la guerre, au point de porter le même trench-coat et le même chapeau venant de chez un tailleur londonien.

Mais Truman, avec son regard perspicace, son intérêt pour tout et son aptitude à aller vers les choses les plus intrigantes, surprenantes, son talent pour comprendre les gens et ce qui les motive, sa connaissance de la littérature et des arts, son vocabulaire tout à la fois précis et étendu – Truman était un intellectuel, elle n'avait aucun doute sur la question. Un intellectuel qui aimait les ragots, la haute société et les bas-fonds, certes. Mais, tout compte fait, c'était un intellectuel. Et c'était son ami.

Le sien, pas celui de Bill. C'était elle la première qui l'avait remarqué.

« Ma plus belle réussite ? répéta Babe. Mes enfants, évidemment.

— Non. Trop bourgeois comme réponse. Aucune femme ne devrait se méprendre et considérer ce que fait la nature comme un accomplissement, une réussite. Cette importance accordée à la reproduction est de mauvais goût. La reproduction relève de la bio-

---

1. Edward R. Murrow (1908-1965) était un journaliste américain dont les émissions d'information radiophoniques pendant la Seconde Guerre mondiale ont été suivies par des millions d'auditeurs aux États-Unis et au Canada. Il est considéré par de nombreux historiens comme l'une des plus grandes figures du journalisme ; Murrow était connu pour son honnêteté et son intégrité.

logie, c'est tout. Par ailleurs, je n'ai jamais rencontré tes enfants ; alors comment peux-tu dire que tu es si fière d'eux ? »

Babe rougit. « Mais je le suis. Comme toutes les mères.

— Et pourtant, tu laisses d'autres gens s'occuper d'eux ? Tu les laisses seuls toute la semaine, pendant que tu es en ville ou en voyage, et ils restent à Kiluna avec leurs gardiens ?

— C'est mieux ainsi, Truman. Ça leur offre plus de stabilité. Et il n'y a pas de place pour eux dans l'appartement.

— Et qui a eu cette idée ? De vivre dans un tout petit espace où il n'y a que la place pour deux ?

— Bill », avoua Babe, la gorge soudain serrée, ne voulant pas se montrer déloyale. « C'est Bill qui en a décidé ainsi. L'appartement est proche de son bureau.

— Et toi ?

— Tu ne comprends pas. Bill a besoin de moi, et les femmes vont toujours là où on a besoin d'elles. Je dois prendre soin de lui. Je dois m'assurer qu'il mange bien, qu'il s'amuse, qu'on s'occupe de lui.

— Mais tes enfants ont besoin de toi. Ils ont besoin que tu prennes soin d'eux, malgré les bonnes et les nounous. Les enfants ont besoin de leur mère, Babe. Oh, chérie, s'il y a bien une chose que je sais, c'est ça !

— Arrête ! » Babe leva une main pour le faire taire, le souffle lourd, prête à en découdre. « Je ne… Comment oses-tu dire des choses pareilles ?

— Je te le dis parce que je suis ton ami », répliqua Truman avec un haussement d'épaules qui faisait fi de la colère et de la confusion de Babe – tout en souriant afin qu'elle ne se ferme pas comme elle menaçait de le faire.

Et – avec cette lucidité qui faisait écho à ce sentiment de justice propre à l'enfance et oublié depuis longtemps, quand on savait ce qui était juste et ce qui ne l'était pas – c'est alors qu'elle sut ; car c'était simple, car c'était *vrai*, elle sut qu'il avait raison. Et qu'il *avait le droit* de lui dire ce qu'il pensait.

Car Truman est ton ami. Truman est un véritable ami, le seul qui t'ait jamais parlé comme ça. Le seul qui se sente suffisamment concerné, qui se soucie suffisamment de toi pour te dire la vérité. Le seul qui veuille voir au-delà des apparences. Cet instant est précieux. C'est le modèle sur lequel prendre exemple pour le restant de ta vie. Ne fuis pas.

« Je ne suis pas habituée à avoir des amis », finit par avouer Babe, soulevant un pied qui parut jaillir à la surface de l'eau. « J'ai des connaissances.

— Plus maintenant », lui dit Truman, d'un ton solennel. Il recourba son petit doigt et le lui tendit. « Amis pour la vie. Promis, juré. »

Babe sourit et accrocha son petit doigt à celui de Truman. « Promis, juré. » Alors son cœur – cette poche gonflée de regrets – s'ouvrit, et elle sentit quelque chose couler le long de sa joue. Elle essuya une larme, tout aussi étonnée que si elle avait vu un lézard flotter sur le bleu éclatant de la piscine, aussi bleu que celui de Montego Bay en Jamaïque, au pied des collines d'un vert luxuriant. L'air était doux, un souffle chaud sur la peau desséchée par l'hiver. Truman avait le teint gris de cendre tandis que Babe était hâlée, le hâle des années passées à suivre la migration annuelle du troupeau – plusieurs longs séjours dans les Caraïbes l'hiver, les étés à la campagne, et une croisière par an en Méditerranée sur un yacht. Une année passée à poursuivre le soleil dans des chariots d'or. « Je n'avais jamais fait ça avant – le "promis, juré" avec le petit doigt. Ni avec mes sœurs. Ni avec mes enfants.

— Il y a beaucoup de choses que tu n'as jamais faites avant, mais que tu feras avec moi. Je le sais. Nous sommes faits l'un pour l'autre. Parfaits, à dire vrai. On se ressemble tellement. »

Mais Babe, qui cherchait à lire sur le visage de son nouvel ami – si effronté et sûr de lui, mais d'une vulnérabilité si émouvante tant il ne doutait de rien –, n'en était pas si sûre. Elle le devint soudain. Car, bien évidemment, c'était pourquoi elle l'avait tout de suite reconnu, la première fois, quand, du haut de son mètre soixante, drapé d'une ridicule écharpe à carreaux, les mains enfoncées nonchalamment dans ses poches, installé face à elle dans l'avion, il avait cligné des yeux, aveuglé par la lumière diffusée dans la carlingue.

Il était exactement comme elle. Rare et exotique, mais aussi complètement paumé et ordinaire. D'une banalité écœurante. Si banal, qu'il fallait s'efforcer de le cacher, pour entretenir les illusions de ceux qui prenaient tellement à cœur l'exotisme et la perfection.

À part eux deux, qui aurait pu en connaître le coût ?

« Partons. » Truman se leva, secoua ses petits pieds blancs et aida Babe à se mettre debout. « Je veux t'offrir quelque chose. Un cadeau – c'est le moins que je puisse faire. Ton hospitalité, tant vantée, est légendaire, et je dois te payer en retour.

— Non, Truman, ce n'est pas nécessaire. Tu m'as déjà donné beaucoup plus que tu ne le penses. »

Truman lui sauta au cou.

« Évidemment que tu allais dire ça ! Mais quand même, n'y a-t-il pas un marché divinement pittoresque près d'ici ? J'ai tellement entendu parler des Jamaïcains hauts en couleur – je veux en voir ! C'est divin d'être ici au sommet de la montagne, mais un tantinet… enfin, tu vois.

— Un tantinet isolé et select ? » précisa Babe en riant. Juste en bas de la colline où était la maison des Paley se trouvait celle du dramaturge Noël Coward, et, plus haut, l'endroit où parfois Oscar Hammerstein, le producteur de comédies musicales, passait ses vacances. « Oui, il y a un charmant petit marché, tout en bas, dans la baie de Montego. Je vais conduire, ce sera amusant. J'en ai si peu souvent l'occasion. »

Babe rentra à l'intérieur de la luxueuse villa – tout en rideaux blancs vaporeux, feuilles de palmier et osier, une simplicité compensée par la splendeur de meubles anglais anciens, un hommage à l'histoire coloniale de l'île – pour « se rafraîchir ». Elle en ressortit quelques minutes plus tard, vêtue d'une robe bain de soleil en lin rose on ne peut plus chic, sans fioritures, une coupe droite simple, décontractée. Elle portait des sandales de cuir blanc, un sac en paille au bras, et avait subtilement retouché son rouge à lèvres afin de l'assortir au rose de sa robe. Elle avait appliqué une poudre iridescente sur ses pommettes afin d'attraper la lumière du soleil. En la voyant, Truman applaudit et Bill Paley, installé dans un hamac sur la véranda, ouvrit les yeux et grogna.

« Bill chéri, nous descendons juste au marché, nous n'en avons pas pour longtemps. Tu aimerais que je te rapporte quelque chose ?

— Et pourquoi pas des conques ? Tu crois qu'on peut en trouver par ici ? J'aime bien ces beignets de conques que fait la cuisinière.

— Je te promets que tu en auras au dîner ! Nous serons de retour avant. »

Babe se pencha pour embrasser son époux qui, avant de fermer les yeux et de continuer sa sieste, lui dit : « Ne bousille pas la voiture. »

Cette mise en garde, comme le découvrit bientôt Truman, n'était pas sans fondement. Babe était une conductrice épouvantable. Il se retrouva agrippé au tableau de bord, à fermer les yeux à chaque virage en épingle à cheveux qui ponctuait la descente jusqu'à la baie. Ils roulaient si vite que les palmiers n'étaient plus que des géants flous coiffés de chapeaux verts aux formes indistinctes ; la route poussiéreuse était criblée d'ornières, la voiture cahotait, et, à chaque secousse, Truman se mordait la langue, violemment, et grimaçait de douleur.

Babe jubilait ; elle ne se départit à aucun moment d'un grand sourire et, quand elle s'arrêta en un vrombissement du moteur devant une petite cour dans le centre-ville de Montego Bay – un ensemble de rues pavées et de bâtiments peints de couleurs vives –, elle balaya d'un geste ses cheveux pour dégager ses yeux, rajusta son foulard Gucci autour de son cou et rejeta la tête en arrière en riant.

« Oh, ce que c'était drôle !

— Je suis content que l'un de nous deux se soit amusé », rétorqua Truman, narquois, en vérifiant avec précaution l'état de sa langue. Babe cessa de rire séance tenante. Elle releva ses lunettes de soleil et posa une main sur le bras de Truman, le regard grave, le front plissé.

« Oh, c'était épouvantable ? Je suppose que oui, je n'ai pas souvent l'occasion de conduire. Bill pense que ce n'est pas convenable. Je suis vraiment désolée, Truman. Bill a raison. Je n'aurais jamais dû prendre le volant, je t'ai fait peur et c'est bien la dernière chose au monde que je souhaite !

— Non, non, ça allait. Vraiment. Ça va. »

Mais Babe parut troublée et le resta tandis qu'ils flânaient sur le marché. C'était un petit marché, quelques étals seulement, faits de caisses en bois et de feuilles de palmier, des tas et des tas de fruits tous plus tentants les uns que les autres – bananes, papayes, kumquats, pêches, citrons verts, jaunes, des oranges, des pamplemousses, et des ananas gros comme la tête de Truman. Il y avait d'adorables petits Jamaïcains aux vêtements d'un blanc lumineux sur leur peau sombre qui les encerclèrent en dansant pour un peu d'argent. Des femmes aux robes de couleurs vives, coiffées de turbans, assises devant leurs étals, proposaient leurs marchandises : on y trouvait des chapeaux et des sacs en paille, des robes de coton vaporeux aux couleurs tropicales éclatantes, des sandales de cuir.

Mais Babe semblait toujours aussi abattue malgré le bavardage incessant de Truman. « Oh là là, je n'avais jamais vu des fruits pareils, même dans Greenwich Village ! » « Ces petits enfants sont tout simplement merveilleux – regarde comme les petites filles sont gracieuses, vois la manière dont elles se déplacent, si droites et fières. Mrs Vreeland les voudrait toutes ! » « Tu entends cette musique ? » « C'est le calypso, n'est-ce pas ? Ça me fait penser à Harry Belafonte qui, d'ailleurs, est divin. Un vrai monsieur, et un sacré artiste. Je te le présenterai. »

Soudain, Truman s'arrêta net ; ils étaient arrivés devant un étal débordant de fleurs en papier de toutes les couleurs. Une éruption de pétales ; des fleurs tapissaient une petite table en rotin, étaient accrochées aux cheveux de la marchande arborant un grand sourire et la recouvraient entièrement, à tel point qu'on aurait dit un char perdu au milieu du Tournoi de la Parade des Roses[1].

« Oh, Babe, regarde ! »

Et Babe regarda ; elle sourit mais son regard était terni par les remords.

« Non, regarde vraiment. » Truman s'approcha et l'attrapa par les épaules pour la conduire au cœur de cet étalage de fleurs et tous deux furent submergés par leur éclat et leur gaieté. « Bon, maintenant dis-moi, comment peux-tu être là et ne pas nager

---

1. Le Tournoi de la Parade des Roses est un tournoi de chars fleuris organisé annuellement à Pasadena, en Californie.

dans le bonheur ? Essaie donc de continuer à faire la tête. Je te mets au défi. Allez, essaie pour voir ! »

Et, finalement, un large sourire éclaira son visage ; elle commença à toucher les fleurs, en les prenant une par une, et Truman fit de même. Il entreprit de les rassembler en d'énormes bouquets désordonnés qu'il entassait dans les bras de Babe, la couvrant de fleurs délicates et vives – des roses, des orchidées, des tulipes, des impatiens, des bégonias, des coquelicots en papier, des fleurs rouges, pourpres, orange, jaunes, violettes, vertes, et bleues. Babe éclata de rire ; elle resplendissait de bonheur, les joues aussi colorées que les pétales. Les fleurs s'échappaient, s'accrochaient à ses épaules, à sa robe, et même à ses chaussures.

« *Voilà** ! Tu es une œuvre d'art, ma chérie !

— Oh, Truman ! »

Babe, abasourdie, ouvrait grand les yeux, riant de plaisir.

« Oh, regarde, regarde celle-là ! » Truman attrapa une rose d'un blanc pur. « Tu sais à quoi ça me fait penser ? »

Babe secoua la tête.

« Quand j'étais petit. À l'époque de Monroeville. Un Noël, tous les enfants ont défilé dans les rues. Nous devions tous être déguisés pour l'occasion – Nelle et moi étions les vedettes, des stars, des étoiles scintillantes. Ma cousine Sook m'avait confectionné un pantalon-combinaison blanc et avait découpé des triangles dans du carton-pâte, qu'elle avait attachés sur le dessus de ma tête, sur mes deux bras et mes deux jambes : les cinq branches d'une étoile. Elle les avait peints en blanc, un blanc éclatant, comme le blanc de cette fleur. Et j'étais très excité car Sook m'avait dit dans le creux de l'oreille que ma maman et mon papa viendraient voir le défilé. Oh, Babe, tu ne peux pas comprendre comme c'était important pour moi ; tu sais, je ne les avais pas vus depuis des mois ! D'ailleurs, en vérité, la plupart des gosses à l'école ne voulaient pas croire que j'avais des parents. Et j'ai donc passé toute la semaine qui précéda le défilé à raconter à tout le monde que mes parents seraient là – tiens, et même qu'ils viendraient avec un dénicheur de talents de Hollywood ! Juste pour me regarder ! Et c'est ce que j'ai raconté à tout le monde. » Truman observait la fleur entre ses mains, la faisant tourner.

Babe se tenait immobile, craignant de bouger. Elle ne voulait pas faire tomber les fleurs qu'elle tenait dans ses bras. Elle ne voulait pas interrompre cet instant magique.

« Bon, continua Truman. Le jour du défilé, Sook nous emmena Nelle et moi à l'école. Et je n'arrêtais pas de demander : “Quand est-ce qu'ils vont arriver ? Quand ?” Sook secouait la tête et me disait : “Je ne sais pas, Truman. Bientôt, j'espère. Bientôt.” Elle m'a laissé avec la maîtresse, qui nous a tous mis en rangs, et nous avons commencé à défiler sur Main Street, en direction de l'ancien tribunal. La fanfare du lycée jouait des airs de Noël et il y avait un Père Noël, des anges, et nous, les vedettes, qui les suivions. Mais je ne savais pas vraiment ce que je faisais. Je marchais et cherchais désespérément des yeux mes parents sur le trottoir. J'ai fini par repérer Sook et Jennie, l'autre cousine qui s'occupait de moi. Jennie, comme toujours, était renfrognée. Je n'ai jamais vu cette femme sourire ! Mais Sook avait l'air tellement triste ; quand elle a croisé mon regard, elle a secoué la tête. Et j'ai donc su que, pour finir, mes parents ne viendraient pas.

— Oh, Truman ! »

Babe, les bras remplis de fleurs, se sentit impuissante à réconforter son ami, qui avait l'air si jeune, si vulnérable, avec ses cheveux d'or, tandis qu'il était là, avec sa fleur, ses yeux bleus au regard si doux, empêtré dans de tristes souvenirs.

Il secoua la tête et regarda Babe. Il sourit, un sourire radieux ; aussi rayonnant que la fleur qu'il tenait à la main. Il se mit à tourner sur lui-même, les bras en croix ; il tourbillonna, de plus en plus vite.

« Et tu sais ce que j'ai fait ? » cria-t-il, toujours rayonnant, la tête levée vers le soleil, les bras lancés vers le ciel. « J'ai *tournoyé*. J'ai redressé la tête, le menton en avant, et j'ai tournoyé, tournoyé, l'étoile la plus extraordinaire, la plus grande, la plus belle de tout ce fichu défilé ! Je n'allais pas laisser tous ces morveux me voir pleurer. Je ne voulais pas que Sook s'aperçoive à quel point j'étais dévasté. Je n'allais pas laisser mes parents me briser, en aucune façon. J'allais tout simplement être le *meilleur*. »

Truman s'immobilisa, chancelant légèrement, comme étourdi, puis il reprit son souffle, haletant.

« Et tu sais quoi ? Ce fut le cas. J'ai été la plus belle des étoiles, ce jour-là. Et de tous, c'est moi qui me suis le plus amusé. Puis nous sommes rentrés à la maison et Sook m'a préparé mon gâteau préféré, un gâteau au citron que nous avons dégusté ensemble dans la cuisine, jusqu'à la dernière miette, tandis qu'il était encore tout chaud, tout juste sorti du four, humecté d'un soupçon de liqueur de bourbon. Et je n'ai plus pensé à mes parents. Plus du tout. »

Truman prit la fleur blanche et s'approcha de Babe, se hissa sur la pointe des pieds pour la lui glisser dans les cheveux et l'embrasser sur la joue.

« Voilà. Maintenant tu sais. Quelque chose que je n'avais encore jamais raconté à personne. Quelque chose que je veux que personne ne sache. Un cadeau que je te fais, à toi.

— Truman, je… je suis vraiment désolée. Pour tout à l'heure, je veux dire. » Babe baissa les yeux sur ses bras remplis de fleurs. « J'ai aimé conduire, tu comprends. J'avais une adorable petite voiture de sport quand j'ai rencontré Bill. Et après… eh bien, nous avons eu une voiture et un chauffeur, et c'était ainsi. Ce qui convenait à notre position sociale, naturellement. Je suis donc rouillée et je te demande pardon de t'avoir fait peur. Au retour, je serai plus prudente.

— Babe, ma Babe chérie, tu ne comprends pas ? Je m'en moque ! J'aime te voir ainsi, excitée, libre – t'amuser comme une folle ! Ça te ressemblait si peu, ça ressemblait si peu à celle que tu donnes à voir au monde. C'était si peu de chose, ma très chère ! Je t'en prie, oublie ça et amuse-toi. Fais-toi plaisir et, au retour, conduis comme une dingue. Oublie Bill. Oublie ce que les gens attendent de toi. Amuse-toi, tout simplement – *tournoie* !

— Là maintenant, je m'amuse », lui confia Babe, d'une timidité émouvante. Elle enfouit sa tête dans les fleurs pour essayer de cacher qu'elle rougissait.

« Je sais que c'est ridicule de toujours m'inquiéter, tout le temps, mais je… je ne veux décevoir personne, tu comprends ?

— Tu ne pourras jamais me décevoir. Bon, allez, je t'offre toutes ces fleurs. Tout ! Madame… » Truman se tourna vers la marchande qui les avait observés pendant tout ce temps, bouche bée, les genoux couverts de fleurs. « Toute votre marchandise, s'il vous plaît ! Emballez-les toutes, jusqu'à la dernière, et dites-moi combien je vous dois.

— Oh, merci, Truman ! » Babe laissa tomber les fleurs dans des paniers que la femme se hâtait de lui donner. Puis elle attrapa la main de Truman. « Merci, pour tout.

— C'est un plaisir, mon cœur ! »

Ensemble, ils transportèrent les paniers de fleurs en papier aux couleurs vives les uns après les autres jusqu'à la voiture. Au retour, en remontant le flanc de la montagne, Babe conduisit très prudemment afin de ne pas les renverser. Et ce soir-là, pour le dîner, il y eut des fleurs partout, des petits paniers regorgeant de fleurs, des vases remplis de fleurs et une fleur sur chaque assiette.

Truman épingla la sienne – un coquelicot rouge orangé – au revers de sa veste, Babe en accrocha cinq, rassemblées en un petit bouquet, à son épaule. Elle garda la rose d'un blanc pur dans ses cheveux.

Bill ne parut rien remarquer. Mais il complimenta Babe pour les beignets de conques, et se demanda pourquoi Truman et elle se mettaient à glousser comme des collégiens.

Parle-moi de… ta plus grande peur.

Il y eut un long silence. Aucun bruit, si ce n'était le faible bourdonnement du filtre de la piscine, le vrombissement lointain d'une tondeuse à gazon, et le *clip-clip* déterminé d'un jardinier, de l'autre côté de quelques hauts buissons d'azalées qu'il taillait.

« Que quelqu'un voie », chuchota Babe en même temps que Truman chuchotait « Que quelqu'un me démasque » avant d'ajouter : « Que personne ne m'aime. » Tandis que Babe avouait « Et de n'être jamais vraiment aimée ».

Ils ne se regardaient pas. Ils étaient assis, c'est tout, les pieds dans l'eau. Deux paires de pieds nus, vulnérables, qui de temps à autre se rencontraient, se chatouillaient, se taquinaient.

Deux fleurs de papier se reflétant dans l'eau de la piscine. Réconfortantes.

7

« Maintenant, je vais être très sérieux. Alors, s'il vous plaît, écoutez-moi ! »

Truman fit cliqueter un petit couteau à beurre contre le verre de sa flûte de champagne.

Les cygnes battirent des ailes et soupirèrent, se tournant vers lui. Slim fouilla dans son sac afin d'y trouver ses lunettes. Pamela rajusta son décolleté et se pencha par-dessus son assiette. C.Z. éclata de rire. Marella fronça les sourcils en espérant pouvoir suivre la conversation car l'accent de Truman lui semblait étranger. Gloria arbora son mystérieux sourire *Mona Lisa* : un imperceptible pincement des lèvres, mis au point et répété à l'envi devant son miroir.

Babe rajusta la serviette sur ses genoux et se redressa sur sa chaise, regardant sur sa droite. Truman lui attrapa la main sous la table et la pressa gentiment ; elle décela dans ses yeux cette petite étincelle malicieuse qui n'était destinée qu'à elle.

« Tout le monde m'écoute ? Bien. Je voudrais vous annoncer que nous allons jouer à un petit jeu. C'est pourquoi je vous ai toutes invitées ici. Et pas seulement parce qu'en sortant du goulag je voulais voir chacune d'entre vous, mais parce que nous avons besoin de vraiment nous amuser.

— J'ai entendu dire que pour toi le goulag fut divin, et que tu as mangé du caviar et bu de la vodka tous les jours, lança Slim à l'autre bout de la table.

— En effet, mais ce n'est pas le sujet. Et tu pourras lire tout ça quand le livre sera publié – oh, je ne vous l'ai pas dit ? » Truman, faussement timide, rentra le menton, cette attitude désinvolte à la « oh, c'est de l'histoire ancienne » qu'il adoptait toujours quand il parlait de son travail. « Bennett m'a dit que lorsque j'aurai terminé mon article – dont l'écriture se passe divinement bien, merci beaucoup ! –, il en fera un livre. J'ai déjà le titre. *Les muses parlent*. »

Babe lança une salve d'applaudissements vivement encouragés par Truman, ravie d'avoir eu l'histoire pour elle toute seule. Il lui avait raconté combien il avait trouvé amusant de suivre la troupe de *Porgy and Bess* en Russie soviétique et d'écrire ce qu'il voyait. Combien la compagnie avait été déçue, en fait, qu'on ne leur ait servi ni caviar ni vodka tous les jours. Combien les producteurs avaient été ridicules, se prenant pour les ambassadeurs des arts et non pas seulement pour de riches dilettantes en quête de gloire. La curiosité des spectateurs devant des acteurs et chanteurs noirs, posant des questions sur le lynchage et autres choses de ce genre. Comment Truman, un soir, avait découvert un bar plein de travestis soviétiques, un bar planqué dans le sous-sol d'un sous-sol d'un sous-sol pour échapper à la police. Combien ces hommes étaient hideux, et pourtant combien il avait été touché par leur bravoure, leurs robes si vulgaires mais qui, de toute évidence, leur étaient précieuses.

Toutes, à cette table du restaurant Le Pavillon, étaient des amies de Truman – en temps voulu, chacune pourrait se vanter de l'avoir entendu lui chuchoter à l'oreille qu'elle était sa meilleure amie. Mais seule Babe en était certaine. Leur amitié était une réalité pour elle, de même qu'elle savait que c'était une réalité pour lui aussi. Et c'est ce qui lui était arrivé de mieux dans sa vie, comme elle l'avait récemment dit à son analyste. Qui avait hoché la tête et l'avait noté, sans faire de commentaire, avant de lui demander, une fois la séance terminée, si elle pouvait obtenir de Truman qu'il dédicace un livre pour lui.

« Mesdames. » Truman leva les mains, tel un chef d'orchestre ; et tels les musiciens de cet orchestre, elles se tournèrent toutes vers lui, le souffle court. « Merci. Mais ce n'est pas pour ça que nous déjeunons ensemble aujourd'hui. Soulevez vos assiettes ! »

Intriguée, Babe obtempéra, comme les autres. C'était une surprise, même pour elle. Et, l'espace d'un instant, elle eut un pincement au cœur. Pourquoi Truman ne l'avait-il pas mise dans la confidence ?

« Qu'est-ce que c'est ? » demanda C.Z. en agitant une petite enveloppe élégante, fermée. Toutes les mains, manucurées avec beaucoup de raffinement, en tenaient une, identique.

« Ouvrez-les ! » s'écria Truman, avec une lueur espiègle dans les yeux que Slim aperçut. Du coup, elle retint son souffle en ouvrant l'enveloppe.

À l'intérieur, elles découvrirent ce qui ressemblait à quatre cartes de visite. Sur l'une d'elles était imprimé : *Lifting du visage*. Sur une autre, *Les Seins*. Et sur les deux dernières, *Plastie abdominale* et *Nez refait*.

Toutes se mirent à glousser. Slim plissa les yeux derrière ses lunettes en regardant Truman. « *True Heart*, mon cher, qu'est-ce que tu as encore inventé comme jeu diabolique ?

— Eh bien, fit Truman d'une voix traînante, les yeux brillants. Tout le monde l'a fait, non ? Au moins une fois ? Avoir recours à la chirurgie esthétique ? »

Pamela cacha son décolleté. Gloria attrapa son sac, prête à inventer une excuse pour partir. C.Z. rit.

Slim observa Babe, qui avait pâli, mais continuait à regarder Truman en souriant – avec confiance, se rendit compte Slim. Babe faisait confiance à Truman pour ne pas l'humilier elle, ni aucune de ses amies assises à cette table. Cependant, Slim ne pouvait avoir une telle confiance en Truman. Il était drôle, si drôle – mon Dieu, qui d'autre se pointerait chez Kenneth, pendant qu'elle se faisait coiffer, pour lire à voix haute les mémoires non publiés d'un gigolo à Paris de sa voix la plus retentissante, tandis qu'elle était impuissante, coincée sous le séchoir ? –, mais il y avait toujours à ses pieds un courant d'eau trouble gargouillant qui menaçait d'aspirer ceux qui s'approchaient trop près de lui.

« Maintenant, je vais donner un nom et je veux que chacune d'entre vous lève la carte appropriée. Commençons par quelque chose de facile. Marilyn Monroe – un amour de fille et l'une de mes amies chères, mais complètement paumée ! Saviez-vous… »

et il baissa la voix « … que lorsqu'elle était mariée à Di Maggio, elle était terrifiée par sa mère ? Que la femme la plus belle au monde, selon certains – pas pour moi, en tout cas –… » et, encore une fois, Truman pressa la main de Babe sous la table « … passait ses journées dans la cuisine à essayer de préparer une sauce pour les spaghettis comme celle que préparait *Mama* Di Maggio ?

— Non, s'exclama C.Z. Non ! Tu plaisantes ? » Et elle tendit la carte *Nez refait*. Truman posa un doigt sur son nez à lui, et tous deux éclatèrent de rire.

Elles se penchèrent vers lui pour d'autres ragots sur la star hollywoodienne qu'aucune d'entre elles n'inviterait jamais, mais qui ne cessait de susciter leur intérêt.

« Et… » Truman ménageait le suspense, se délectant du spectacle, de la beauté de ses cygnes, de leurs têtes ravissantes tournées vers lui. « … Elle est vraiment paumée, la pauvre. Paumée, si peu sûre d'elle, et, mes chéries, une hygiène ! Vous n'y croiriez pas. Déplorable. Sincèrement. Elle sent mauvais. Marilyn Monroe pue ! C'est pourquoi aucun de ses partenaires au cinéma ne peut la supporter.

— Oh ! » Un cri de surprise collectif, les flûtes de champagne levées, des rires à gorge déployée – des gorges parées de bijoux.

Le jeu se poursuivit… Truman avait les joues rouges d'excitation, tandis qu'elles tendaient toutes la carte sur laquelle était imprimé *Les Seins* et disaient « Mamie Eisenhower », sauf Slim qui s'exclama :

« Ike[1] ! » Il avala une gorgée de champagne, se laissa aller contre le dossier de sa chaise et soupira d'aise. « Oh, vous êtes toutes merveilleuses ! Je pourrais rester assis ici à vous regarder et n'être jamais rassasié. » C'est alors qu'elles surent qu'aucune d'entre elles ne serait victime de ce jeu, qu'elles étaient hors du danger d'être mises à nu ; ça ne les concernait en rien, absolument rien. Ça concernait *les autres*. Elles pouvaient donc jouer sans retenue, ce qu'elles firent ; même Babe qui, normalement, ne s'abaissait pas à de telles vulgarités. Personne n'avait jamais entendu Babe dire de vacheries sur qui que ce soit ; or, elle était là, à lever la carte *Lifting du visage*, en riant comme une enfant de douze ans.

Grand bien lui fasse, se dit Slim, observatrice. *C'est ce dont elle a besoin, avec tout ce qu'elle doit endurer.* Et c'est à cet instant que Slim prit la décision, après tout, de ne pas être jalouse de la relation que Truman entretenait avec Babe – mais elle l'avait été. C'était ce dont tout le monde parlait en ville et la question qu'on se posait. *Quelle était la relation de Truman avec les Paley ?*

Car très vite, Truman avait été là, pas seulement dans l'entourage de Babe mais dans la poche de sa veste Givenchy, dans son sac Hermès, dans sa tasse à thé Wedgwood. Et Bill Paley qui, c'était de notoriété publique, était très regardant sur les relations de sa femme – quand bien même il ne lui prêtait que peu d'attention – semblait ne pas s'en formaliser. En fait, il avait très bien accueilli la présence

1. « Ike » était le surnom du président Eisenhower.

de Truman dans la vie de sa femme et paraissait lui aussi apprécier sa compagnie. Ils formaient un trio, un singulier petit trio composé de l'homme le plus puissant du monde de la télévision, de la femme la plus belle de New York, et de la coqueluche la plus bizarre – et la plus rosse – du monde littéraire. Truman avait sa chambre dans chacune de leurs résidences ; il pouvait disposer à volonté du jet privé de CBS. On savait aussi que Bill lui avait donné quelques conseils d'ordre financier en matière d'investissement ; la rumeur disait que, à plus d'une occasion, Truman avait même réussi à faire chanter *Danny Boy* à Bill après dîner, au coin du feu, et qu'il l'avait emmené un soir dans le Village voir un spectacle de travestis.

Qui était qui dans cette relation à trois ? Truman était-il l'enfant, et Bill et Babe les parents ? Truman et Babe étaient-ils comme de vilains frère et sœur ? Truman et Babe étaient-ils peut-être… plus que ça ?

Ou bien était-ce Bill et Truman ?

Oh, toutes ces combinaisons possibles ! Rien que d'y penser, Slim avait le tournis. Mais, en cet instant, elle décida tout simplement d'être heureuse pour son amie. Celle qui, depuis qu'elles étaient amies, n'avait jamais tapé sur une table avec autant d'enthousiasme, ni ri aussi bêtement, avec si peu de retenue.

Et si quelqu'un méritait de s'amuser ainsi, c'était Babe Paley. Slim le savait mieux que personne.

« Oh, regardez ! » s'exclama Truman, et Gloria, désapprobatrice, fronça les sourcils de manière appuyée. Slim ne se priva pas de regarder, et son pouls s'accéléra, elle esquissa un sourire. Ah ça ! C'était la meilleure, vraiment !

Car qui arrivait à la porte d'entrée du Pavillon, si ce n'étaient Elsie Woodward et sa meurtrière de belle-fille, Ann ?

« Comment est-ce possible ? » Truman avait baissé la voix. « Allez, les filles, racontez-moi tout ! J'étais à la campagne quand ça s'est passé, mais vous, vous étiez là ! Je n'ai entendu que les faits bruts, sans intérêt, je n'ai eu aucun détail. Est-ce vrai ? Ann a vraiment tiré de sang-froid sur Billy Woodward ?

— Oui ! » répondit Gloria entre ses dents, en secouant la tête. « Ça ne fait aucun doute !

— Et elle prétend que c'était un rôdeur ! intervint C.Z.

— Elle a dit que c'était de la légitime défense ! claironna Slim.

— Elle prétend qu'il faisait trop sombre pour voir », ajouta Pam d'une voix rauque.

Babe restait silencieuse ; c'est à peine si elle leva un sourcil.

« Oh, racontez-moi ! Racontez-moi tout ! » suppliait Truman. Il jeta sa serviette sur la table et grimpa à genoux sur sa chaise, en bondissant comme un enfant. En le regardant, elles éclatèrent toutes de rire ; qui aurait pu lui résister ?

Et donc, après un léger signe de tête de la part de Babe, les cygnes de Truman firent voleter leurs mains ornées de bijoux, se regroupèrent autour de lui et commencèrent à cracher.

Nous nous souvenons toutes du moment où Ann a commencé à se montrer.

(« Moi, je ne m'en souviens pas, dit Gloria, car je vivais encore à l'étranger.

— Et tu y faisais quoi ? demanda Slim, avec un sourire malicieux que Truman ne put que remarquer, dressant presque les oreilles comme l'aurait fait un chat.

— Peu importe », répondit Gloria avec un geste majestueux de la main.)

Enfin, bon. C'était pendant la guerre. Ann, Ann... comment s'appelait-elle, au fait ? Cryer ? Crower ? Quelque chose comme ça. Ça n'a pas d'importance. Elle arrivait du Kansas, ça n'a donc pas d'importance.

Ann était une actrice radiophonique – pas mauvaise d'ailleurs. Et une danseuse de revue, pour couronner le tout ! Mais elle a commencé à se montrer en compagnie de Bill Woodward, le père. Elle était là, où qu'il fût. Et, comme on pouvait s'y attendre, Elsie, cette chère Elsie (« Pauvre Elsie », murmura Marella) *ferma les yeux, elle fit comme si de rien n'était. Nous aimons toutes Elsie.* (« Pauvre Elsie », murmura Gloria.) *Qui ne l'aimerait pas ? Tout le monde l'aime sincèrement. Elle fait très sérieusement œuvre de charité et sa position sociale lui tient à cœur.*

Bon, vous savez que les Woodward ne sont plus considérés comme des parvenus, ils font désormais partie du gotha. Ce qui n'était pas le cas à l'époque de Mrs Astor, non, ils étaient à peine tolérés ; Ward McAllister les aurait virés de la salle de bal.

(« Eh bien… », intervint Slim, en écrasant sa cigarette, pour en allumer une autre aussitôt. « … Quand on y pense, tous ces vieux cons de snobs nous auraient toutes foutues dehors.

— Honnêtement, Slim, la réprimanda Gloria, inutile d'être vulgaire. »)

Oui, maintenant qu'ils ont fait fortune dans la banque et avec ce superbe haras, les Woodward font officiellement partie du gotha.

(« Oh, le haras est superbe », renchérit C.Z., enthousiaste, en fronçant son nez couvert de taches de rousseur. « Vous y êtes déjà allées ? Ça ressemble à un spa Elizabeth Arden pour chevaux ! Des pelouses impeccables, des jardins parfaitement entretenus, et les écuries sont incroyablement propres, elles étincellent ! »)

Bon. Bill et Elsie Woodward avaient un fils unique, Billy. Certes, Billy était un séducteur mais, vous savez, il y avait des rumeurs…

(« Homosexuel, chuchota Pamela à l'oreille de Truman, sur un ton d'excuse.

— Il n'y a rien de mal à ça, rétorqua Truman, froidement.

— Non, non, ce n'est pas ce que je voulais dire… Bon, tant pis… »)

Quoi qu'il en soit, Billy se maria avec Ann. Juste comme ça ! Prenant tout le monde au dépourvu. Elle était la maîtresse du père et elle devint l'épouse du fils. Enfin, Billy, même si c'était lui qui avait succombé au charme d'Ann – si tant est qu'elle en ait eu –…

(« Allons, allons, Ann est séduisante », protesta Babe, inclinant la tête en direction de la table à laquelle Ann, tout en noir, pâle, très blonde et très mince, était assise, les yeux baissés sur ses genoux, tandis que sa belle-mère enlevait ses gants pour les poser à côté de son assiette. Les deux femmes semblaient incapables de se regarder.)

Oui, séduisante, certes, si on les aime sans classe et débraillées, ce qu'elle était à l'époque…

(« À votre avis, elle a perdu combien de kilos ? demanda Slim. Parce que je devrais essayer. Bien que je ne pense pas vouloir tuer Leland. Pas encore. » Il y eut un silence gêné ; Pamela fit tomber un couteau et se pencha pour le ramasser. Les poils sur la nuque de Truman se dressèrent, comme des antennes ultra-sensibles.)

Bon. Séduisante, Ann l'a peut-être été, mais quand même… une actrice radiophonique, mariée à un Woodward ? Bill et Elsie (« Pauvre Elsie », murmura Pamela) *n'étaient pas ravis. Toutefois, ils firent contre mauvaise fortune bon cœur, pour Billy et pour décourager toute tentative de commérage.*

Mais Ann la croqueuse de diamants n'était pas si heureuse d'être entrée dans la famille. Elle et Billy ont commencé à avoir des engueulades monstres. Car personne – absolument personne – ne voulait être vu en leur compagnie. Même pour faire plaisir à la pauvre Elsie. Ann était d'une vulgarité crasse. Elle n'a jamais appris – ou n'a jamais voulu apprendre. Lors d'un dîner mondain, quand elle était arrivée avec des chaussures rouges et une robe de soirée bleue, Elsie, estomaquée, avait dû se faire raccompagner dans sa chambre.

(Babe suffoqua. Truman soupira. « Vulgaire, vulgaire », dit-il.)

Mais, pour une raison ou pour une autre, la duchesse de Windsor s'est entichée d'elle. Évidemment, les vulgaires *se reconnaissent entre eux. La duchesse de Windsor s'était liée d'amitié avec Ann et les invitait souvent, Billy et elle. En fait, c'est arrivé après l'un de ces dîners organisés par la duchesse. Apparemment, Billy et Ann étaient ivres et s'entre-déchiraient ; ça a commencé à vraiment mal tourner, et Wallis leur a demandé de partir.*

Bon, ça ne s'est pas passé en ville, mais à Oyster Bay. Et il y avait des rumeurs, on disait y avoir vu des rôdeurs. Quelqu'un serait entré dans une maison alors même que les habitants étaient là ; il n'aurait pas pris grand-chose, mais serait entré, aurait mis la pagaille et serait parti. Aussi les gens du coin étaient-ils plutôt à cran.

(« Je m'en souviens très bien, murmura Gloria. Billy et Ann n'étaient pas les seuls à dormir avec un fusil dans leur chambre.

— Oui mais, honnêtement, Gloria. Est-ce que tu dormais avec un fusil chargé ? demanda Slim.

— Non, mais j'avais caché mes bijoux dans ma taie d'oreiller. D'ailleurs, ça faisait des bosses et impossible de dormir !

— Comme la princesse au petit pois », s'exclama Truman en tapant dans ses mains.)

Eh bien, même si nous savions tous ce qu'il en était, Ann s'est fait un devoir, ce soir-là, d'évoquer ces histoires de rôdeurs à plusieurs reprises, disant à quel point ça la rendait nerveuse. Presque comme si elle préparait son alibi.

Et donc, cette nuit-là, après que Billy et elle furent rentrés tôt, renvoyés par Wallis car ils se bagarraient…

(« Bang ! » murmura Pamela. Truman, les yeux ronds comme ceux d'une chouette derrière ses lunettes, sursauta sur sa chaise et poussa un cri, pressant la main de Babe sur son cœur.)

Ann l'a abattu d'un coup de fusil. Elle lui a tiré dessus dans le noir, puis a allumé, a appelé une ambulance… puis son avocat. Elle est restée sur place, assise, a rassemblé son énergie pour feindre une crise de nerfs convaincante au moment où l'ambulance arrivait. « Oh, mon pauvre Billy ! Oh, mon pauvre chéri ! J'ai entendu du bruit et j'ai cru qu'il s'agissait de ce rôdeur, cet horrible rôdeur ! Oh, qu'est-ce que j'ai fait ? » *Apparemment, son jeu d'actrice a été plutôt efficace. Plus tard, la police a dit qu'elle aurait dû jouer dans des films.*

(« Quand son avocat est arrivé, elle s'était calmée, fit observer Slim en allumant une cigarette. Elle était parfaitement lucide et s'est demandé avec quelle rapidité l'assurance vie de Billy pourrait lui être versée. »)

Bref, Elsie (« Pauvre Elsie », dit Truman), *la grande dame – Bill senior était mort quelques années auparavant, vous vous souvenez ? –, eut le cœur brisé. Pas seulement pour elle-même, mais aussi pour ses petits-fils, les deux garçons d'Ann et de Billy. Et donc Elsie a fait ce qu'une grande dame aurait fait. Mrs Astor elle-même n'aurait pas fait mieux. Elsie a ouvert le coffre-fort et a arrosé tout le monde – ce qui veut dire* tout le monde *! La police, le juge, les jurés, les journalistes. Ann a fait une déposition devant les jurés, et – miracle des miracles ! – ils ont décidé qu'un procès* *n'était pas nécessaire. C'était un accident, purement et simplement. Ann avait pris son mari – qui dormait dans une chambre à l'autre bout du couloir, loin de sa chambre à elle, c'est si pratique dans un cas pareil – pour un rôdeur.*

Et donc, désormais, Ann et Elsie sont les deux veuves Woodward, et Elsie met un point d'honneur à inviter Ann à dîner, à déjeuner, en public...

Tous les regards se tournèrent, insistants, vers les deux femmes en noir, assises l'une en face de l'autre, qui mangeaient à peine, sans se parler. On avait l'impression que l'alarme d'un réveil invisible avait été réglée sur une certaine heure et que les deux femmes attendaient qu'elle sonne pour échapper à l'épreuve qu'elles partageaient.

Elsie l'emmène partout, se montre partout avec elle, et Ann est complètement abattue – oh, elle déteste Elsie (« Chère Elsie », souligna Babe), *évidemment – mais que peut-elle faire ? Elle dépend pour toujours de sa belle-mère, si elle ne veut pas aller en prison.*

(« Je me demande de quoi elles parlent, dit Slim, songeuse, plissant ses yeux de chat. Pas vous ? Au nom du ciel, de quoi parlent-elles, assises à une table, exposées à la vue de tous, avec une telle expression heureuse – ou tout au moins indéchiffrable – plaquée sur leur visage ? »

Personne ne sut quoi répondre.)

Toutefois, Elsie prévoit d'envoyer bientôt Ann en Europe. Pendant qu'elle sera loin d'ici, les deux garçons seront laissés aux bons soins d'Elsie. Ann a certes pu échapper au procès, mais celui que lui inflige sa belle-mère est aussi accablant. En attendant, elles sont assises là, comme nous. Déjeunant au Pavillon. Faisant bonne figure pour les photographes. Ainsi, personne ne cancanera.

« Je comprends ça, fit Babe avec un petit soupir. Vraiment. Je ne sais pas si Ann est coupable ou non. Nous n'avons jamais été proches. Mais je crois que la pauvre, la charmante Elsie a agi correctement.

— Je pense qu'Ann devrait moisir en prison, déclara Slim. Elsie devrait se préoccuper de rendre justice à son fils plutôt que de la carte de Noël envoyée par la famille.

— Oui, mais pense combien ce serait douloureux pour Elsie d'admettre que… son fils a commis une erreur. Qu'*elle* a commis une erreur. Savoir que tout le monde parle de vous en disant ça…

— Mais c'est ce que nous faisons de toute façon, Babe ! Elsie peut bien traîner Ann à des déjeuners et continuer à l'inviter à dîner et aux réunions de famille, mais nous savons tous ce qui s'est passé, et nous en parlons encore, alors à quoi bon ? Pourquoi ne pas laisser Ann subir ce qu'elle mérite ?

— Je ne sais pas. » Babe fronça les sourcils, le regard plus sombre que d'habitude. D'une main tremblante, elle introduisit une cigarette dans son long fume-cigarette en ébène, permettant à Truman de l'allumer. « Ce n'est pas facile, vous savez, de fournir autant d'efforts pour… faire comme si tout allait bien. De faire front et de rester unies face à tant de commérages. J'admire tout simplement beaucoup Elsie d'essayer de calmer le jeu, et de faire preuve de loyauté, à sa manière, à l'égard de sa belle-fille qui, après tout, fait partie de la famille, car elle est la mère de ses petits-fils.

— Même si cette belle-fille a tué son fils ?

— C'est une terrible tragédie, évidemment, mais je ne suis pas sûre, je ne crois pas… en fait, c'est une affaire privée. C'est tout. Ça ne regarde qu'elles. Aucune d'entre nous ne devrait juger inconvenant le comportement d'Elsie. Personne ne devrait mettre en cause la vérité qui est la leur, à elles deux, car ce n'est que ça et rien d'autre ; c'est entre elles deux. »

D'un geste chaleureux, Truman posa une main sur le bras de Babe, pour l'apaiser.

« Bobolink, tu es un amour. Un amour de gentillesse et de naïveté, et je t'aime. » Il l'embrassa, et Babe lui caressa la joue, brièvement, en un geste d'appartenance. « Nous parlerons tous les deux plus tard », promit-il à voix basse. Mais Slim entendit et se mordit la lèvre : Babe paraissait soudain si reconnaissante, on lisait un tel empressement dans ses yeux tandis qu'elle acquiesçait aux propos de Truman et lui attrapait la main, comme on s'accroche à une planche de salut !

C'est alors que Truman leur adressa à toutes un sourire espiègle et tendit une carte. « *Seins refaits* », chuchota-t-il, désignant Ann d'un signe de tête, et leur tablée éclata de rire une fois de plus. Même Babe sourit faiblement.

N'importe. Après le déjeuner, alors qu'elles se dirigeaient vers les toilettes pour dames, elles s'arrêtèrent toutes devant la table d'Ann et d'Elsie Woodward pour adresser un mot gentil à Elsie et ignorer

Ann. Sauf Babe ; Babe fut la seule à poser une main sur l'épaule d'Ann en guise de salutation.

Truman aussi salua Ann, ce qui n'échappa pas à Slim, restée en retrait pour fouiller dans son sac afin d'y trouver de la monnaie. Après que Babe et les autres furent passées, Truman se retourna. Ann et lui se regardèrent droit dans les yeux ; c'est alors que les lèvres d'Ann se retroussèrent en un sourire goguenard. Truman pointa deux doigts vers elle et chuchota : « Bang ! Bang ! »

Slim poussa un petit cri de surprise ; Truman l'entendit. Il haussa nonchalamment les épaules tandis qu'ils se dirigeaient vers les salons où ils se séparèrent. Slim prit Babe à part sous le prétexte de lui emprunter un dollar destiné à la dame-pipi.

« Babe, ma chérie, fais attention.

— Pourquoi ? Qu'est-ce que tu veux dire ? » Babe lui tendit un billet de cinq dollars en fronçant légèrement les sourcils. « Slim, ma chérie, jamais moins de cinq dollars. Ce n'est rien pour toi, mais beaucoup pour elle.

— Merci. Je sais combien tu es réservée. Je sais combien tu es discrète, toujours – ça ne te ressemble pas de cancaner, et nous t'aimons toutes pour cette raison. C'est ce qui fait que tu es Babe et que nous autres sommes à peine humaines. Alors, avec Truman, fais attention. C'est tout. Fais attention à ce que tu lui racontes. Nous devrions toutes nous méfier.

— Slim, tu es gentille. » Babe sourit et embrassa son amie sur la joue. « J'apprécie ton attention. Mais Truman… eh bien, il fait partie de la famille. Je compte sur lui plus que sur Betsey ou Minnie, même.

C'est un vrai ami. Et je dois bien le dire, l'un des amis les plus chers que j'aie jamais eus.

— Oui, bon, je l'espère, Babe. Pour ton bien, je l'espère.

— Slim, Slim, Slim. » Babe secoua la tête et prit son amie par le bras pour aller vers les toilettes. « Tu es si gentille, si attentionnée et si prévenante ! Est-ce que Leland et toi venez à Kiluna pour le week-end ? J'espère vraiment que tu porteras cette robe du soir divine que je t'ai vue essayer chez Bergdorf. Tu étais merveilleuse. Tu avais l'air d'une longue flûte de champagne. »

Slim sourit. « Babe, la mode a changé grâce à toi.

— Je l'espère bien ! »

Et les deux femmes se mirent à rire. Elles riaient toujours en rejoignant les autres à l'entrée du restaurant. C.Z., Marella, Pam et Gloria faisaient cercle autour de Truman ; il leur racontait une de ses histoires. Mais quand il vit ses deux cygnes préférés approcher, leurs têtes penchées l'une vers l'autre en un geste intime, tout en riant, il s'arrêta net au milieu d'une phrase. Il fit des bonds en se frottant les mains et, d'une voix des plus aiguës, il cria :

« Oh, qu'y a-t-il de si drôle ? De quoi parlez-vous sans que je sois là ? Racontez-moi ! Allez, racontez-moi !

— Rien, *True Heart*. Ne t'inquiète pas. Ce n'est rien.

— Vraiment ? » Truman leva la tête d'abord vers Slim, puis vers Babe. Ses yeux s'étrécirent, les mâchoires serrées. « Vraiment, chérie ? Car tu me connais. Tu sais que je ne supporte pas qu'on ait des secrets pour moi, sauf si c'est moi qui les raconte ! »

Slim ne se joignit pas à l'hilarité générale. Elle regarda d'un air inquiet Babe qui n'y prêta pas attention.

Babe Paley ne le pouvait pas. Elle regardait Truman avec l'indulgence et l'avidité d'une mère fière de son enfant.

Ou d'un amant ?

La Côte Basque,

17 octobre 1975

« J'ai essayé de la mettre en garde, vous savez. »

Slim écrasa une autre cigarette ; les cendriers en cristal étaient remplis à ras bord de mégots maculés de rouge à lèvres, et débordaient de cendres qui se répandaient en petits tas sur le linge de table raffiné de Monsieur Soulé. On y voyait même la marque d'une brûlure de cigarette sur laquelle Gloria posa un verre à vin. Le soleil était bas dans le ciel, ainsi que l'était d'ailleurs le niveau du champagne dans la bouteille (la troisième bouteille, pour être précis).

« Comment, chérie ? Qu'entends-tu par là ? » Gloria essaya d'étouffer un bâillement ; elle ne se souvenait pas d'être jamais restée assise aussi longtemps sans bouger, pas même à La Côte Basque. Son cul, très honnêtement, était engourdi. Et il fallait qu'elle fasse pipi.

Au lieu de quoi elle leva son verre et, comme par miracle, il était plein. Oh, être riche, c'est tout simplement merveilleux, quand on y réfléchit bien. Vous tendez un bras et il est habillé de la manche doublée de satin d'un manteau de fourrure. Vous pointez un doigt et il est orné de bijoux.

Toutefois, bien que Gloria se sourît à elle-même, les yeux mi-clos, les souvenirs de son enfance et de sa jeunesse n'étaient pas si lointains. Ils ne l'étaient d'ailleurs jamais ; ils clapotaient toujours en marge de sa conscience, telles des vagues de terreur persistante, de dégoût et d'humiliation : *Solo el que carga el cajón sabe lo que pesa el muerto*, seul le croque-mort connaît le poids du cadavre.

L'autre jour encore, en essayant une nouvelle paire d'escarpins Ferragamo, en glissant son pied étroit dans le cuir souple et luxueux de la chaussure pour apprécier le confort de la semelle intérieure, elle avait senti une brûlure, une douleur lancinante sous la voûte plantaire, si aiguë qu'elle avait poussé un cri, surprenant le vendeur de chez Bergdorf. C'était la douleur fantôme datant de l'époque où, certains jours – les mauvais –, elle devait marcher pieds nus et où, à d'autres – les bons –, elle portait des sandales à la semelle à peine plus épaisse que du papier à cigarette, sur le gravier brûlant des rues du village mexicain où elle était née, soixante-trois ans plus tôt : à Veracruz, pour être précise. Mais elle n'avait pas prononcé à voix haute le nom de sa ville d'origine depuis des années, des dizaines d'années. Elle l'avait comme occulté de son esprit, par peur qu'il ne lui échappe à un moment inopportun ; raison pour laquelle elle ne buvait que rarement au-delà du raisonnable – *del plato a la boca se cae la sopa*, il y a loin de la coupe aux lèvres, lui avait souvent rappelé son père quand elle était jeune fille. Mais d'autres détails, d'autres histoires du temps de sa jeunesse subsistaient dans son esprit. Cette douleur cuisante par exemple ; Gloria n'avait pas oublié comment ses pieds, à cette époque-là, ne pouvaient jamais être propres, et comment, avec le gravier qui se désintégrait en une poudre rêche, s'enfonçant dans la peau, ils finissaient par ne plus ressembler à des pieds, tant ils étaient déformés, affreux, crevassés.

La première chose qu'elle fit une fois qu'elle eut gagné un peu d'argent en travaillant dans un dancing de quartier, là où un homme attrapait la première fille disponible comme il aurait attrapé un *pollo*, un poulet dans une cour, fut de s'acheter de la crème pour en frotter ses pieds tous les soirs ; ainsi, quand le jour viendrait où elle coucherait avec un homme du genre de ceux qui y prêtaient attention, ils seraient lisses, à la peau douce comme du velours : des pieds aristocratiques.

Cependant, la première fois qu'elle avait couché avec un homme de ce genre, ce n'était pas à eux qu'il avait prêté attention. Mais à ses mains et à ses ongles, et elle commença donc à en prendre soin aussi. Elle barbota des pesos – vola des pesos – pour acheter d'autres crèmes et une pierre ponce. Elle avait alors appris à regarder son corps comme un homme le ferait, en couchant avec beaucoup d'hommes, beaucoup d'hommes différents. Les filles, en général, s'habillaient et se pomponnaient pour les autres filles, mais Gloria s'aperçut vite que ça ne rapportait rien. Elle devait se distinguer, être celle que les hommes voulaient car les hommes, au moment où ils étaient le plus vulnérables (au lit, avec la partie de leur corps la plus sensible exposée et épuisée, rouge et tendre, les poils bouclés collants de sécrétions au creux de leurs cuisses), *paieraient*.

Les femmes ne se laissaient jamais aller à être aussi vulnérables. De toute façon, les femmes n'avaient jamais assez d'argent. Elle savait que certaines d'entre elles couchaient avec d'autres femmes, elles disaient que c'était plus facile, mais pas elle. C'était peut-être plus facile, mais ça ne payait tout simplement pas. Et donc, Gloria porta toute son attention sur les hommes, apprenant de chacun d'entre eux. Il y avait celui qui aimait lui lécher les dents ; elles étaient tellement de travers que ça le faisait rire. Il y avait celui qui posait ses deux mains à hauteur de sa taille et pinçait le bourrelet de graisse juste au-dessus de ses hanches d'un air désapprobateur. Elle avait donc commencé à économiser, à mettre de l'argent de côté pour se faire soigner les dents ; elle avait aussi arrêté de manger des sucreries.

Ils étaient tous fascinés par son cou, cette longue et ravissante tige au bout de laquelle, telle une fleur, sa tête se balançait. Quelques-uns avaient même voulu le serrer dans leurs mains, jusqu'à la suffocation, pendant l'amour, ce qu'elle n'avait permis qu'une seule fois. C'était suffisant ; elle avait perdu conscience, le salaud avait profité d'*elle*, et elle était restée sur la touche pendant des mois.

Elle avait fini par trouver un homme, quelqu'un de différent. Un homme qui était arrivé au dancing un soir et avait paru fasciné par les lanternes colorées, le mauvais orchestre de mariachis avec leurs tenues mal assorties, les chiens allongés paresseusement autour de la piste de danse, aussi affamés que l'étaient les filles – mais seuls les chiens pouvaient espérer attraper des restes de nourriture. Un homme qui prit le temps de choisir, et qui la choisit elle, Gloria Rubio y Alatorre, fille d'un journaliste aux grands idéaux et au portefeuille vide, et d'une couturière dont le seul conseil utile qu'elle prodigua à sa fille fut qu'il fallait savoir coudre bien droit en faisant de tout petits points, et être gentille avec les hommes.

L'homme – son nom ? Honnêtement, Gloria ne s'en souvenait plus – l'épousa et partit avec elle, et c'était tout ce qui importait. Il l'emmena en Europe, où elle l'abandonna dans une gare à Paris, après avoir décidé que c'était là qu'elle voulait être, et non dans un petit village des Alpes. Il lui avait suffi d'un bref aperçu, d'une bouffée de Paris – l'odeur des fleurs fraîchement coupées et du pain chaud, les couleurs saturées, car même les gris étaient beaux – pour rester plantée sur le quai de la gare, déterminée, et saluer d'un *Buenas noches* son malheureux Allemand. Car Paris était la ville à laquelle elle appartenait ; son instinct lui disait que c'était là qu'elle trouverait des hommes riches. Et son Allemand – ce qu'elle avait découvert lors de la traversée en bateau, quand ils durent s'installer dans une cabine de l'entrepont et partager une valise – n'était pas riche. *Salaud !* Gloria détestait encore plus les hommes qui mentaient que les femmes. Car, après tout, mentir est ce que l'on enseigne aux femmes dès la naissance. En nous disant que nous ne souffrons pas, que nous sommes heureuses, que les hommes nous rendent tellement heureuses, qu'ils nous font du bien quand, en vérité, tout ce que nous voulons, c'est dormir dans des draps propres, dans un lit douillet. Seules.

Soudain, Gloria grinça des dents. Elle se rappelait quelque chose qu'elle avait raconté à Truman, il n'y a pas si longtemps quand, succombant à cette impression de fausse intimité qu'on ressentait après avoir trop bu sans avoir suffisamment mangé, ses pensées alors tout embrouillées, elle avait déclaré en riant, légèrement ivre : « Loel pète. Comme un animal de ferme, toute la nuit – prout, prout, prout ! C'est la raison pour laquelle je ne supporte pas de dormir avec lui. Mais qui diable le pourrait ? Et d'ailleurs, pourquoi les hommes pètent ?

— Mon chou, si je connaissais la réponse, je n'aurais pas besoin de compter sur le Séconal pour dormir », avait répliqué Truman, compatissant.

Oh, mon Dieu. Et s'il en faisait une histoire ou racontait ça un jour dans un livre ? *La Guinness m'a confié qu'elle ne supportait pas de dormir avec Loel car il souffre de flatulences incontrôlables...*

Que se passerait-il si quelque chose de plus grave était rendu public *via* la plume venimeuse de Truman Capote ? Elle serra les mâchoires, les muscles de son long cou ravissant tendus. Même maintenant, après toutes ces années, elle avait peur, une peur viscérale, de tout ce qu'elle avait à perdre si jamais on découvrait la vérité.

Gloria sentit qu'on lui attrapait le bras ; elle leva les yeux et vit Slim avec ses lunettes « œil-de-chat » de travers sur son nez, et son rouge à lèvres qui avait débordé.

« J'ai aussi fait gagner un sacré paquet de fric à ce salaud », bredouilla Slim, la voix pâteuse, en faisant signe au serveur : « Vodka, mon chéri. Le champagne me donne la chiasse, pour dire la vérité. Ce qu'on ne fait pas d'habitude, n'est-ce pas ? Eh bien merde ! Aujourd'hui, c'est ce qu'on fait ! »

Slim se tourna de nouveau vers Gloria qui avala d'un trait son verre de champagne, regardant Slim droit dans les yeux, comme pour lui prouver qu'elle était d'une meilleure constitution.

« C'est moi qui lui ai obtenu ce contrat. Cette proposition de film pour *De sang-froid.* C'est moi ! Pas Swifty, personne d'autre que moi. Et qu'est-ce qu'il fait ? Il fait de *moi* la garce dans son histoire. La pipelette. Lady Ina Coolbirth. Et d'ailleurs c'est quoi, ce nom de merde !?

— Je crois, murmura Pamela, qu'il a existé quelqu'un[1] qui s'appelait comme ça, il y a longtemps.

— La ferme, Pam ! »

Slim arracha des mains du serveur le verre à whisky en cristal rempli de vodka avant même qu'il ait pu le poser sur la table. Elle sirota sa boisson, accueillant avec soulagement la brûlure que lui procurait l'alcool glacé en descendant dans sa gorge, et ses yeux se remplirent de larmes. De larmes, et de souvenirs.

Car il y avait si longtemps qu'elle n'était plus Slim. Ni Nancy. Qui qu'elle soit. Il y avait si longtemps qu'elle n'avait pas été elle-même, quand c'était amu-

1. Ina Donna Coolbrith (1841-1928) était un écrivain américain, poète et bibliothécaire ; elle était une figure de renom de la communauté littéraire de la baie de San Francisco.

sant. Sacrément amusant. « Oh, Slim ! Tu es tellement originale ! Tu ne ressembles à personne ! Tu es vraie, la plus vraie de toutes ! »

Mon Dieu. C'est ce que Truman avait dit, non ? Le saligaud. Le vieux sage. L'ami qui lui avait brisé le cœur – et les amis qui trahissaient leurs amis n'étaient rien que… que…

Prenez Pam, par exemple. Le cœur de Slim était brisé depuis longtemps avant même la trahison de Truman : écrasé, haché menu par les talons aiguilles d'une certaine Pamela Churchill (Hayward). Elle se tourna vers elle, la dévisageant, avec la tentation de jeter un verre d'eau glacée dans son décolleté. Merde, Pam devenait vraiment trop vieille pour s'habiller comme une pute, ce qu'elle était ; la peau de sa gorge était tannée, ridée. Mais Slim n'arrosa pas sa rivale d'eau glacée. Leland était mort, non ? Mort, mort, mort, comme tous les autres hommes qu'elle avait aimés.

Presque tous.

Mais à l'époque, elle était une originale, n'est-ce pas ? Il était une fois… Elle s'en était délectée, s'en était réjouie et, en y pensant, elle riait sous cape tous les soirs à cette époque-là. Tous ces hommes, tous ces hommes à Hollywood, ces légendes – ils étaient tous tombés amoureux d'elle, tous sans exception, quand elle faisait mine d'être embarrassée, intimidée, troublée ou encore surprise. Ce qu'elle n'était pas le moins du monde ; elle avait fait en sorte qu'ils tombent amoureux d'elle en se montrant sous un jour si authentique que cela devenait comme un déguisement qu'elle enfilait tous les matins, un masque qu'elle posait sur son visage. La fille typiquement américaine, la déesse blonde californienne, une femme de plein air, qui pouvait monter à cheval, chasser, pêcher, sans jamais se préoccuper de son allure – mais en passant secrètement beaucoup de temps à brosser ses cheveux d'or, à polir ses ongles nus, à épiler ses sourcils broussailleux, à choisir ses vêtements, originaux et faits sur mesure, impeccables, quand toutes les autres femmes se coiffaient d'une résille, portaient des cols en dentelle, des chapeaux immenses ornés de plumes, et des robes en jersey rehaussées de broches.

Pas elle. Pas Slim.

Qui, en premier, l'avait surnommée Slim ? Bill Powell ? Probablement. Il avait été la première vedette de cinéma qu'elle avait rencontrée, quand elle avait à peine quinze ans, et qu'elle s'était enfuie pour échapper à son tyran de père – qui avait essayé de contrôler sa vie même après avoir quitté leur foyer –, à sa mère, une femme triste, brisée, et à sa garce de sœur ; et au fantôme d'un frère mort qui hantait la ville entière de Salinas, en Californie. Aussi, dès qu'elle l'avait pu, elle avait filé au volant d'une voiture décapotable, en direction d'un lieu de villégiature dans le désert, telle la vedette du film qu'était déjà sa vie. Et c'est alors qu'elle s'était retrouvée – son jeune moi, mince, aux cheveux d'or – entourée par de véritables vedettes de cinéma : Bill Powell, par exemple. Des hommes qui l'avaient d'abord prise sous leur aile, en attendant qu'elle grandisse un peu. Juste un peu.

Et quand ce fut le cas, elle rencontra Howard Hawks, un autre papa. Mon Dieu, elle avait toujours eu un faible pour les figures paternelles ! Elle n'avait pas besoin de payer un analyste cinquante dollars de l'heure pour comprendre pourquoi. Classique : Papa est parti. Et sa petite fille passe sa vie à essayer de le remplacer.

Howard l'installa bel et bien à Hollywood, où elle découvrit, à sa plus grande surprise, qu'elle ne voulait pas être une vedette de cinéma. C'était tellement plus amusant de participer à la réalisation d'un film, au bras de l'un des meilleurs réalisateurs du moment, Howard Hawks. Pour être honnête, Howard la vénérait ; sa manière de parler – le menton baissé, les yeux levés, la voix rauque, comme en réponse à des questions non formulées – le fascinait. Howard lui demandait de lire ses scénarios, de réécrire les répliques des personnages féminins comme elle les aurait dites elle. Il s'assurait que les costumes des actrices étaient dessinés sur le même modèle que les vêtements de sa garde-robe et, parfois, l'envoyait même acheter les robes de ces actrices. Ce qui montre à quel point il lui faisait confiance.

Et il la présenta à d'autres hommes, des tas, mais à quoi pensait-il donc ? Elle était si jeune – à peine dix-neuf ans, puis vingt. Elle l'aimait mais ne le désirait pas, Howard le savait et elle aussi. Et il la jeta dans les bras de Gary Cooper – plutôt idiot, mais beau comme un dieu, et ces fossettes ! Ce sourire étonné ! Et dans ceux de Clark Gable – pas du tout idiot, même s'il vous défiait de le croire. Taillé comme un tonneau, de larges épaules, et les hanches tout aussi larges ; il n'était pas vraiment fait pour porter le smoking, mais en chemise de flanelle et en jean, il provoquait des rêves on ne peut plus érotiques chez les femmes.

Et Papa. Et pour finir, Papa, toujours Papa. L'avait-il jamais attirée sexuellement ? Non, pas au sens conventionnel du terme ; cet homme était tellement abîmé. On pouvait voir combien il avait été beau quand il était jeune ; le squelette, le châssis, était toujours là, comme des ruines archéologiques qui apparaîtraient à travers les pans, soulevés par le vent, d'une toile de tente. Mais quand elle l'avait rencontré, dans les années 40, des choses telles que la toilette et l'hygiène n'intéressaient plus Ernest Hemingway. Il avait trouvé son style – la chemise safari, des shorts ou pantalons amples, miteux ; une barbe hirsute qu'il gardait quelle que soit la saison ou l'occasion. Et il était vraiment rare qu'il se préoccupe de prendre un bain, de laver ses vêtements, de se couper les ongles de pieds, ou de décrasser ses ongles de mains.

Et pourtant. Cette odeur si musquée, cette allure si masculine. Plus attirant qu'aucun des autres hommes qu'elle avait connus, ce qui n'était pas peu dire quand on savait que Clark Gable était inscrit à votre tableau de chasse. C'était donc ça, et aussi son esprit, sa sensibilité qui l'attiraient – il avait l'âme d'un poète, triste, juvénile, en colère. Et il la voulait, la désirait. Slim le voyait dans ses yeux, cette avidité, cette voracité, peu importait le nombre de fois par jour où il la retrouvait ; chaque fois était comme la première fois, comme après une séparation déchirante. Il ne s'en cachait pas, pas même devant Howard.

Et Howard s'en délectait. En vérité, ça l'excitait. Sachant que Papa était dans la chambre ou la tente juste à côté de la leur, à se morfondre ou à rêver d'elle, Howard se jetait le soir sur Slim et lui arrachait ses vêtements. En vérité, ça l'excitait elle aussi.

Et d'ailleurs, pourquoi pas ? Où était le mal ? Le sexe, c'est grandiose. Il n'y a rien de mieux. Ou, tout au moins, il n'y avait rien de mieux.

Eh merde ! Quand le sexe avait-il disparu ? Quand s'était-il fait la malle pour s'installer ailleurs, en ne laissant qu'un petit mot de remerciement pour notre généreuse hospitalité ?

« J'en prendrai un autre », dit Slim à voix basse, en agitant son verre pour attirer l'attention du serveur avant de renverser la tête en arrière pour en boire la dernière goutte. Les glaçons glissèrent et cognèrent contre ses dents.

« Ton rouge à lèvres s'est effacé, lui fit remarquer Marella d'une voix endormie.

— Le tien aussi.

— Je vais en remettre. » Et Marella ouvrit son sac à main et en sortit son rouge à lèvres, prenant de court les trois autres femmes qui poussèrent un cri de surprise. Gloria, horrifiée, lui donna une tape sur la main.

« Babe n'aurait jamais fait ça, la réprimanda Slim. Babe Paley ne se serait jamais remis du rouge à lèvres à table.

— Elle n'a d'ailleurs jamais eu à le faire, s'étonna Pam. Comment est-ce possible ? Je n'ai jamais vu Babe avec du rouge à lèvres qui avait débordé ou s'était effacé. » Slim, remarqua-t-elle, s'était apparemment maquillée à la truelle, et maintenant tout ça dégoulinait, pareil à de la glace fondue. Pauvre Slim. Elle avait l'air de l'épave qu'elle était ; cette épave amère, pleine de ressentiment, qui continuait à se comporter comme si c'était elle la veuve légitime de Leland.

Mais Pamela n'était pas à blâmer. Les hommes, ces chers garçons, avaient besoin qu'on s'occupe d'eux, et les femmes américaines n'étaient pas particulièrement douées pour ça, tant elles étaient déterminées à s'amuser. Babe était vraiment la seule femme américaine de sa connaissance qui savait comment garder un mari. Tandis que les femmes anglaises, eh bien, elles savaient, de naissance, comment s'occuper des hommes, les leurs et ceux des autres femmes.

Pamela avait grandi avec ce talent : elle savait comment calmer, flatter, caresser, ronronner, puis ignorer, au moment même où les flatteries et les caresses devenaient de trop. Elle savait comment jeter ses filets et garder des relations amicales avec les hommes, quand bien même leur liaison avait mal fini, afin de pouvoir se servir de l'un de ses amants pour en aider un autre, que ce soit en politique ou en affaires. Tous ces hommes lui en étaient reconnaissants et l'avaient d'ailleurs grassement payée de retour, en lui offrant une belle situation, stable, après le désastre de son premier mariage avec Randolph Churchill (*Oh, Randy, la seule chose de valeur que tu m'aies jamais donnée est ton nom !*) ; ce qui, pendant un temps, lui avait suffi. Puis, soudain, elle s'était rendu compte qu'elle avait déjà une bonne trentaine d'années et que sa réputation était celle d'une courtisane et non pas d'une épouse potentielle. Or, au vingtième siècle – ce vingtième siècle si prosaïque, si peu romantique –, les épouses étaient autrement plus prisées que les maîtresses. Elle avait donc regardé autour d'elle et découvert un mari dont la femme ne s'occupait pas, et avait décidé d'y remédier. Oui, bon, il était certes plutôt dommage que cet homme fût marié à l'une de ses amies. Mais d'après elle, l'eau avait maintenant coulé sous les ponts.

Oh, ces Américaines. Elles avaient tendance à ne jamais lâcher le morceau. Mais bien sûr, c'étaient elles qui avaient le plus d'argent, les maisons les plus confortables, qui servaient la nourriture la plus raffinée, allaient dans les restaurants les plus exquis. Elle n'avait pas regretté d'avoir uni sa destinée à la leur, pas une seule fois. Pas même maintenant que ce maudit Truman provoquait un tel esclandre. C'était préférable à vivre dans un appartement plein de courants d'air à Londres ou à Paris, avec des mains veineuses et les fesses tombantes, en se demandant comment payer ses factures, et en s'accrochant au nom de Churchill comme à un diadème, un ancien diadème terni, poussiéreux, démodé depuis longtemps.

« Babe met son rouge à lèvres, expliquait Gloria, d'une voix hésitante. Puis elle se poudre les lèvres. Ensuite, elle se remet du rouge. Ah… avant de s'en remettre, elle applique quelque chose d'autre sur ses lèvres. J'ai oublié ce que c'est.

— Mais même si le rouge s'effaçait, bredouilla Slim, elle ne se remaquillerait jamais, jamais à table. Plutôt mourir. »

Marella en eut le souffle coupé ; personne ne dit rien pendant un long moment. Gloria regarda Slim dont les yeux, derrière ses lunettes, étaient remplis de larmes.

« Oh, zut, dit Slim. Zut. Ce n'est pas ce que je voulais dire… je ne voulais pas…

— Je hais Truman, gronda Gloria. Je le méprise. Mais je ne veux pas le perdre. Je ne veux les perdre ni l'un ni l'autre – oh, Slim, quel enfer ! Vieillir, quel enfer ! Les hommes ne vieillissent pas, ils deviennent seulement de plus en plus distingués, désirables même – regardez certains de nos vieux schnocks de maris, ils ont toujours le vent en poupe ! Babe a de la chance – oui, c'est bien ce que j'ai dit ! Car elle ne vieillira jamais, elle ne sera jamais vieille et non désirable. Comme moi. Comme nous toutes. » Gloria parlait d'une voix chevrotante ; ses mains tremblaient tandis qu'elle portait sa flûte de champagne à ses lèvres. Elle n'avait encore jamais exprimé à voix haute ces peurs, ces démons qui la pourchassaient, armés de leurs satanés poignards.

« Je me demande… », dit Slim, d'un air songeur, comme si elle n'avait pas du tout entendu ce qu'avait dit Gloria, et c'était probablement mieux ainsi. « En parlant des hommes, je me demande… » Elle rajusta ses lunettes d'une main tremblante. « Que pensez-vous que Bill Paley va faire à ce dégénéré homicide ? Au nom du ciel, que va lui faire Bill, après ça ? »

Pam haussa les épaules, et sa poitrine se souleva ; Marella grimaça.

« Quoi qu'il lui fasse, grommela Gloria, ses yeux de braise brillant dangereusement, j'espère vraiment être là pour voir ça. »

8

William S. Paley avait faim.

William S. Paley avait toujours faim ; sa mère ne manquait jamais de lui rappeler combien elle était épuisée quand il était bébé, à lui donner le sein vingt-quatre heures sur vingt-quatre, jusqu'à ce qu'elle n'en puisse plus et décide de le sevrer plus tôt que prévu. Elle ne manquait pas non plus de lui rappeler que ça n'avait pas été le cas avec sa sœur qui, de bien des manières, avait été une enfant beaucoup plus raisonnable que lui.

D'aussi loin qu'il s'en souvienne, Bill s'était réveillé chaque matin en se demandant, le pied à peine posé par terre, *Qu'est-ce que je vais manger ce soir ?* Et, bien sûr, avant le dîner, il fallait penser au petit déjeuner, au déjeuner, au goûter et, même après dîner, un en-cas n'était pas rare ; immanquablement, il était de nouveau affamé aux alentours de minuit, et Babe avait fait installer, dans chacun de leurs lieux de résidence, une cuisine séparée à côté de la chambre de Bill, approvisionnée en œufs, fromage, charcuterie, pain, biscuits, légumes préparés et poulets rôtis entiers dans le réfrigérateur.

Il était costaud, il est vrai ; mais sans être lourd, grand et plutôt mince. Son estomac était tout simplement la partie de son corps qui monopolisait le plus ses pensées. Il n'accordait guère d'attention à ses mains, à ses pieds, à ses larges épaules ou encore à ses cheveux grisonnants, sauf pour s'assurer que l'emballage de la machine était des plus raffinés : des chaussures sur mesure, des costumes anglais de Savile Row et des cravates en soie. Mais son estomac occupait sans cesse ses pensées. Son estomac qui avait envie de tout et peur du vide.

Il s'écarta donc de son bureau, lui, le président du conseil d'administration de CBS, et fit rouler sa chaise jusqu'à la petite cuisine qui jouxtait son bureau et qui, elle aussi, était toujours réapprovisionnée. Peut-être par Babe ; il ne savait pas vraiment. Il fouilla sur les étagères, puis ouvrit le réfrigérateur et interrogea soigneusement son estomac. Avait-il envie d'un sandwich ? De foie gras ? D'œufs brouillés ? Il avait besoin de remplir son estomac, de le remplir du carburant nécessaire pour finir la journée – même s'il avait déjeuné deux heures plus tôt au 21 avec le président de Frigidaire, l'un des plus gros annonceurs de CBS.

Il détestait le 21. Il détestait cette fausse ambiance de club anglais, les salles lambrissées de bois sombre, les plafonds bas, les jockeys en fonte alignés devant l'entrée. Mais il était censé aimer ce restaurant, il le savait ; on attendait de lui qu'il fréquente ce genre de lieux – c'est là que les annonceurs espéraient être invités –, et c'était ce qu'il faisait. Quand il le fallait, il savait comment jouer le jeu.

Bill se décida pour un sandwich. En ouvrant une boîte, il repéra un grand pain de seigle pas encore tranché provenant du Carnegie Deli. Il y avait aussi une baguette entière. Il choisit la baguette, la posa sur la planche à pain et la coupa en deux sur toute la longueur.

En vérité, il détestait la *haute société*. Même si en faire partie était ce qu'il désirait le plus, et qu'il voulait compter parmi ses relations le plus de gens possible appartenant à ce milieu ; en faire partie était une distinction, comme une médaille qu'il aurait accrochée autour de son cou. Il avait un grand besoin de reconnaissance, d'être accepté ; il avait terriblement besoin de savoir qu'il était le plus courtisé. Que lui et Babe l'étaient. Les Paley. Monsieur et Madame. Le couple le plus riche, le plus élégant de New York. C'est ce qu'il voulait. Il voulait juste ne pas avoir à être contraint de se livrer aux épuisantes manœuvres requises pour obtenir ce qu'il désirait, c'est tout. Il laissait ça à Babe, et s'en remettait tout simplement à elle pour qu'elle lui dise ce qu'on attendait de lui. Comme ce soir, par exemple. Après une longue journée de travail, il lui fallait se changer, aller au Plaza, et se mêler à la clique.

C'était d'ailleurs ce pour quoi il avait épousé Babe, n'est-ce pas ? Parce qu'elle connaissait la haute société, elle en connaissait les règles, elle y était à l'aise ; Babe savait où aller et avec qui être vue. Pourtant, quand il l'avait rencontrée, ce n'était pas comme s'il était né de la dernière pluie ; il était déjà William S. Paley, président de CBS. Sa première femme, Dorothy, l'avait dégrossi, elle lui avait montré comment s'habiller, où habiter, l'avait initié à l'art, lui avait présenté des musiciens, des politiciens, des artistes. Il l'avait d'ailleurs choisie pour ça, comme plus tard il choisirait Babe ; et Fred Friendly pour diriger CBS News, mais aussi un nombre incalculable d'employés, et même les visages les plus admirés du pays. Ils étaient tous ses employés, leurs femmes y compris ; les hommes et femmes célèbres de CBS, qu'il pouvait appeler à n'importe quel moment, n'importe où, et qui accourraient aussitôt : Bing Crosby, qu'il avait découvert, un alcoolique qui pourtant chantait comme un ange, qu'il avait rendu célèbre et qui comptait parmi les premiers chanteurs de charme radiophoniques. Les comédiens Jack Benny et Mary Livingstone-Benny, ses préférés ; Jack était capable de le mettre à terre en riant rien qu'en lui attrapant le poignet pour lui infliger une longue et lente brûlure indienne. George Burns et Gracie Allen, le célèbre duo des comédies radiophoniques. Gracie était un amour, une vraie poupée, littéralement. Minuscule avec une petite voix éraillée. George lui importait peu, il était trop ironique, trop condescendant, même s'il lui fallait admettre qu'il avait contribué à l'essor de l'industrie du cigare.

Les cigares. Il n'en fumait plus, mais ils faisaient encore partie de sa personnalité : la riche odeur du tabac sur ses vêtements, la sensation poisseuse que laissaient les feuilles sur ses mains, les petites bagues avec le nom « La Palina » – la marque de cigares que son père et son oncle Jack avaient créée, une entreprise devenue prospère. Une entreprise à laquelle on s'attendait à ce que lui, Bill, participe dès son plus jeune âge, ce qu'il avait d'ailleurs fait ; il avait tout appris en gravissant les échelons un par un, d'abord en roulant lui-même les cigares avec les ouvrières, car c'était ainsi que son père avait commencé. Mais, dans les années 20, il entendit parler de cette nouvelle invention qu'on appelait la radio et, un été, tandis qu'on lui avait laissé la direction de l'entreprise à Philadelphie, pendant que son oncle et son père étaient à Cuba pour acheter la marchandise, il avait pris contact avec l'une des stations de radio locales pour proposer de parrainer une émission – la *Palina Hour*. Un mauvais chanteur, se rappelait-il, était la vedette de l'émission, mais peu importait. Les gens écoutaient ; à cette époque, les gens écoutaient toutes les émissions. Les ventes de cigares explosèrent et il se rendit compte qu'il y avait beaucoup plus de choses à faire à la radio qu'il ne l'avait d'abord pensé.

Comment le savait-il ? L'instinct. Un instinct animal, qui venait du plus profond de cet estomac dont il prenait tellement soin. Et même en essayant, c'était impossible à expliquer – et, au cours des années passées, on l'avait souvent supplié d'essayer. Il *savait*, c'est tout. Il n'était pas le seul à avoir faim. Tout le monde avait faim de quelque chose – de nourriture, certes. Mais parfois aussi de rires, d'autres fois de larmes. Parfois de se reconnaître, parfois d'être pris au dépourvu, d'être rappelé à la réalité par quelque chose de nouveau, voire d'effrayant. Faim d'autres gens, la plupart du temps, et la radio rassasiait cette faim ; elle rassemblait les gens et permettait ainsi de se sentir moins seul. Il comprit comment fonctionnait cette chose-là, la radio, et racheta un réseau de stations indépendantes en difficulté autour de Philly – Columbia Phonographic Broadcasting System. Qu'il renomma aussitôt Columbia Broadcasting System, pour faire plus court.

Et ce que lui, Bill Paley, comprit très vite était que l'argent viendrait de la publicité, et non en obligeant les petites stations affiliées à financer la programmation, ce qui avait été le cas auparavant. La programmation deviendrait gratuite, en échange de plages de publicité sur chaque station, et les annonceurs paieraient pour avoir cet honneur. Et c'est comme ça que ça fonctionnait, même à la télévision. Une fois qu'il eut compris le système, il eut envie de passer à autre chose et de laisser les autres gérer ces affaires-là. Il gardait toujours la main sur les programmes – il savait ce que les gens voulaient, et il percevait le privilège de ce savoir ; il avait eu la chance de comprendre que ce réseau d'information pouvait être une force puissante pendant la guerre. Il avait eu sacrément de la chance que Ed Murrow soit déjà en Europe quand la guerre éclata, prêt à assumer le rôle de « la bonne personne, au bon moment », l'homme de la situation.

Mais il laissait désormais aux autres le soin de diriger l'entreprise et d'effectuer les tâches quotidiennes. Oh, il venait au bureau tous les jours pour signer des papiers, prendre part aux décisions importantes ; des visites-surprises juste pour que les gens ne se reposent pas sur leurs lauriers. Il était toujours Mr CBS, l'emblème de l'entreprise, et, il n'y avait aucun doute, il savait comment vivre cette vie-là.

Avec Babe à son bras, bien sûr.

Babe.

Il ne manquait jamais, après… combien d'années maintenant… ils s'étaient mariés en 47, et nous étions en 58, donc onze. Onze ans de mariage. Il mesurait sa chance et penser à elle ne manquait jamais de lui arracher un soupir. On n'avait pas besoin de lui dire – comme on le faisait chaque jour, parfois même des gens qu'il ne connaissait pas – à quel point il avait de la chance d'être marié avec elle.

À quel point il avait de la chance que Barbara Cushing Mortimer, la *shiksa* de Boston dans toute sa suprématie, lui ait dit « oui » à lui. Un juif de Chicago.

Bill ouvrit le petit réfrigérateur – un Frigidaire, bien évidemment – et en sortit plusieurs paquets recouverts d'un épais papier blanc de boucherie ; il les déballa et en survola des yeux le contenu. Pastrami ? Des tranches fines de salami de Gênes ? Des tranches de bœuf Angus, bien saignantes au cœur ?

Il choisit le salami de Gênes, remballa tendrement les autres paquets, et les redéposa dans le réfrigérateur. Il ouvrit un pot de moutarde brune.

Il était tout aussi conscient de sa judéité qu'il l'était de son estomac. Une réalité qui occupait sans cesse ses pensées, qui déterminait ses projets, ses desseins. Sans toutefois prendre le pas sur le reste et, en tout cas, sans qu'il soit question de religion. Il ne se souvenait même pas de la dernière fois où il était allé à la synagogue. Mais, à chaque fois qu'une porte se fermait, il entendait claquer un mot : *juif*. Qu'il soit réel ou imaginaire, c'était un fait. Les clubs dont il ne serait jamais membre. Les écoles que ses enfants ne pourraient jamais fréquenter. Les femmes qu'il ne pourrait jamais avoir.

Et pourtant, l'une de ces femmes-là avait dit oui. Était-ce l'amour qui avait incité Babe à cet acte de bravoure ? Ou bien était-ce l'argent, cette masse d'argent qu'il avait ?

Oui. Non. Peut-être.

Bill Paley était pragmatique, et sa femme l'était tout autant. C'était ce pragmatisme qui les avait d'abord rapprochés. Oh, mon Dieu, oui, Babe était très belle, ravissante et sensationnelle, et tout, et tout – elle était à la hauteur de toutes ces qualités tant vantées, il n'y avait pas à discuter. Mais quand ils s'étaient rencontrés – elle avait divorcé depuis peu, et lui aussi était sur le point de divorcer (eh bien, ce n'était pas anodin, non ? Son intention était de divorcer de toute façon. Il n'avait juste pas pris le temps de prévenir sa première femme) –, ce qui avait pu passer entre eux pour de l'attirance physique fut de toute façon éclipsé par ce pragmatisme qu'ils avaient en commun. Avec son pedigree, le rang qu'elle tenait dans la haute société, elle pouvait l'introduire dans des lieux qu'il n'aurait jamais été autorisé à fréquenter seul. En contrepartie, il pouvait lui offrir une situation financière stable pour ses enfants, et ses *entrées** dans un monde plus excitant que la société guindée à laquelle elle avait été préparée. La radio et la télévision, l'industrie du divertissement. C'était nouveau, et excitant, et Babe était curieuse.

Il avait immédiatement remarqué cette curiosité. Et ça lui plaisait, jusqu'à un certain point. Il n'avait pas non plus envie que son second mariage ressemble au premier, un mariage dans lequel l'épouse déniaise son mari, sans se priver de faire savoir aux autres à quel point il avait besoin d'être dégrossi et combien elle en savait plus que lui sur l'art, la politique et tout le reste. Ce défaut avait été fatal à Dorothy Hearst Paley, un défaut dont elle se rendit compte trop tard.

Babe était plus habile. Elle apaisait quand Dorothy avait asticoté ; elle attendait quand Dorothy, impatiente, serait partie sans attendre. Elle anticipait – tout. Sa faim, ses humeurs, un picotement dans la gorge qui inquiétait Bill, et dont il paraissait impossible qu'elle se doute, eh bien si, elle le savait.

Son ennui. Elle l'anticipait et faisait de son mieux pour trouver un dérivatif. Truman, par exemple ; elle avait introduit Truman dans leurs vies et, merde alors, il aimait sacrément ce petit pédé, finalement.

Il rendait la vie plus intéressante, il n'y avait aucun doute.

Bill rouvrit le réfrigérateur et y attrapa un oignon ; il le pela, le coupa en tranches aussi fines que du papier à cigarette, et si vite que ses yeux n'eurent pas le temps de piquer. Il repensa à cette première soirée à Kiluna, quand il était rentré, stupéfait que Babe ne fût pas descendue l'attendre avec un verre à la main ; il avait d'abord été très en colère, tel un enfant capricieux. Truman était resté tout le week-end, en compagnie des habitués, Slim et Leland, Gloria et Loel, Minnie et Jim Fosburgh. Pendant le dîner, Truman avait été amusant, espiègle, et aussi cancanier, mais juste ce qu'il fallait ; il raconta des histoires drôles sur John Huston et Humphrey Bogart qui firent rire Babe. Mais pas de cette manière très policée qui était la sienne quand Bill lui racontait une histoire drôle, quelle qu'elle soit, non, plutôt des fous rires enthousiastes, à en avoir les épaules secouées et les larmes aux yeux. Et Bill n'avait pas vu Babe rire ainsi depuis, eh bien… il ne l'avait jamais vue rire ainsi.

Après dîner, alors que d'habitude ils se retrouvaient tous au salon et jouaient calmement à des jeux, Truman avait insisté pour qu'ils dansent. En fait, il avait apporté quelques disques – tous de chez CBS, ce que Bill remarqua, bien sûr, et il était encore monté dans son estime – et ils les écoutèrent sur la terrasse. Truman était un danseur surprenant : souple, le pied léger, il connaissait toutes les dernières danses à la mode.

À un moment donné, il avait attrapé Babe par le bras. « Danse avec moi, Bobolink », avait-il chantonné. Et Babe qui ne dansait jamais parce que lui, Bill, détestait danser, avait rougi comme une collégienne. Mais, avec un empressement qui surprit Bill, elle avait bondi sur ses pieds ; ce faisant, les satanées petites clochettes tintinnabulèrent. Et Bill avait regardé sa femme, la ravissante, l'élégante Mrs Paley, cette déesse si réservée, danser sans retenue le swing avec Truman Capote. Elle remuait les hanches et léchait ses lèvres d'une manière suggestive, devant Truman, et avait renvoyé aux spectateurs stupéfaits des regards aguicheurs, les yeux mi-clos, puis fermés avant de s'abandonner entièrement à la musique. Puis Truman l'avait entraînée dans une rumba sexy, leurs corps se fondant l'un dans l'autre malgré la différence de taille ridicule ; la tête de Truman atteignait à peine les clavicules de Babe, mais étonnamment, c'est elle qui était dans ses bras à lui. Tous les deux – leurs corps souples, minces, s'accordant à la musique et à un autre rythme connu d'eux seuls – avaient éveillé en lui un tel sentiment de regret, une telle tristesse inexplicable, qu'il s'était retrouvé à devoir chasser ses larmes.

Quand leur danse fut finie, tout le monde, sauf Bill, les acclama en un tonnerre d'applaudissements. Slim se leva d'un bond et cria : « Bravo ! » Et Babe, un large sourire éclairant son visage aux joues rougies, les cheveux ébouriffés, ce qui était si contraire à ses habitudes mais qui, en quelque sorte, la rendait encore plus belle, salua d'une profonde et gracieuse révérence et permit à Truman de la raccompagner vers son siège avec une grâce et une démarche souple dignes de Fred Astaire.

Bill n'avait jamais vu sa femme avoir l'air aussi heureux.

« C'était un sacré spectacle », fut tout ce qu'il avait réussi à dire. Babe n'avait rien répondu ; elle lui avait juste adressé un sourire timide, avait posé une main sur son bras avant de demander d'un geste au majordome de remplir le verre de vin de son mari. Bill ne s'était pas même rendu compte qu'il était vide.

Après que tout le monde fut couché, Bill était resté sur la terrasse pendant un petit moment, déconcerté par ce qui venait de se passer, en se demandant pourquoi voir sa femme danser avec un pédé – un pédé au corps souple et gracieux, mais quand même un pédé – avait éveillé en lui de telles émotions. Que sa femme puisse être aussi radieuse ! Aussi frivole ! Babe était calme, tranquille et pondérée. Toujours.

Quand il l'avait demandée en mariage, sa réaction avait été : « Bien sûr, Bill, je t'épouserai. Il n'y a rien que je souhaiterais le plus au monde », suivie d'un baiser sur la joue et d'un éclair furtif de gratitude dans ses yeux de biche. Et quand elle lui avait présenté son fils, nouveau-né : « Bill, mon chéri, j'aimerais te présenter ton homonyme, William S. Paley Junior. »

Les quelques fois où ils avaient fait l'amour : « Oh, mon chéri. Oui, c'était merveilleux. Tu es merveilleux. Tu sais exactement ce qu'il faut faire pour qu'une fille se sente… oh. » Et la dernière fois, seul un petit cri de surprise l'avait accueilli. Mais jamais elle ne transpirait. Jamais son maquillage ne coulait. Elle le regardait avec adoration, avec gratitude, mais c'était tout ; après un laps de temps convenable, elle s'enveloppait d'un drap et allait se recoiffer.

Mais Truman – cette petite fiotte – était celui qui l'avait rendue radieuse, qui l'avait fait transpirer et l'avait décoiffée. Rien qu'en dansant ?

Bill montait l'escalier avec l'impression que son équilibre était menacé, mais sans savoir vraiment pourquoi, quand il avait entendu une petite voix flûtée : « Oh, Bill ! Viens t'asseoir avec moi. Je n'arrive pas à dormir. » Surpris, Bill avait jeté un coup d'œil furtif dans l'une des chambres d'amis, pour se retrouver face à une apparition aux cheveux blonds ébouriffés, en pyjama de soie, couchée dans un lit, la couverture remontée jusqu'au menton, qui tapotait le matelas pour l'inviter à s'asseoir près d'elle.

Bill se figea. Lui faisait-on des avances ? Mais ce petit pédé savait pourtant bien qu'il n'était pas comme ça, non ? Bon sang, il jetterait ce crétin dehors à la première heure demain…

« Oh, ne prends pas cet air horrifié. Tu n'es pas mon genre, je t'assure. J'ai pensé que tu aimerais bavarder un peu. Moi, je savais que j'en aurais envie. Je n'arrive jamais à m'endormir tout de suite après une fête. Je suis toujours remonté comme une pendule. »

Et donc, Bill Paley était entré dans la chambre de Truman et s'était assis sur son lit. Ils avaient fini par parler trois heures et avaient repris des forces dans la petite cuisine de Bill en préparant des œufs brouillés et en débouchant une bouteille de champagne. Bill fut impressionné par l'étendue des connaissances de Truman ; en effet, il posa des questions très intelligentes sur la radio, la télévision et l'art. Il demanda des conseils pour pouvoir adapter une de ses nouvelles en téléfilm. Il ne lui fit aucune avance, n'eut aucun geste déplacé, aucune remarque inconvenante ou obscène, et, au moment où ils durent convenir qu'ils tombaient de sommeil, Bill en était arrivé à considérer Truman tout à la fois comme un pair et un gamin abandonné. Il y avait une telle innocence chez lui ; il était si sûr de son avenir, de sa place dans le monde littéraire, et même de sa postérité, que Bill ne put que secouer la tête. Dans sa jeunesse, Bill Paley, confiant, tandis que tout ce qu'il touchait se transformait en or, avait-il jamais été aussi sûr de lui ?

Sans doute pas.

Le sandwich prêt, Bill ferma les yeux, en un geste presque de respect. Ses grandes dents blanches mordirent dans le pain tout autant croustillant que moelleux ; il savoura le croquant tonifiant de l'oignon, le goût salé du salami, l'épaisse saveur brune piquante de la moutarde. Il mâchait et mâchait, éparpillant des miettes partout, s'arrêtant de temps à autre pour les ramasser de ses doigts pleins de gras qu'il léchait entre chaque bouchée.

Quand il eut fini, et que ses mains dégoulinaient d'huile et de moutarde, parsemées de miettes collées, son estomac temporairement contenté, il se souvint qu'il y aurait à manger ce soir à la fête ; Babe le lui avait promis ce matin en lui rappelant leur rendez-vous, avant qu'il ne parte au travail. « Ne t'inquiète pas, mon chéri, je vais m'occuper de toi. Nous aurons de la nourriture plus substantielle que celle que l'on mange habituellement dans les soirées ! »

Et maintenant, il n'avait même plus faim !

Bill regarda sa montre, décrocha le téléphone et appela son chauffeur. Il entra dans son cabinet privé ; ce n'était pas seulement une salle de bains de luxe, mais un vrai dressing avec de nombreux costumes, chemises et cravates de rechange. Il se débarrassa rapidement de sa chemise froissée – la laissa tomber sur le sol, sans se demander une seule seconde qui la ramasserait, la laverait et la repasserait – pour la remplacer par une fraîche, enfila une autre veste de costume et noua une autre cravate. Il s'aspergea le visage d'eau froide, peigna ses cheveux – coupés plus courts que d'habitude, pour cacher un début de calvitie –, puis sortit de son bureau et se dirigea à grands pas vers les ascenseurs au bout du couloir. Sa secrétaire le salua d'un sincère « Bonne soirée, Mr Paley ! » comme l'avaient fait avant elle des dizaines d'autres secrétaires, vice-présidents et directeurs, soulevant leurs chapeaux en un geste de déférence, pour lui souhaiter du fond du cœur de passer des dizaines d'autres bonnes soirées.

Bill ne la remarqua même pas. La pensée de la soirée à venir le faisait grincer des dents, jusqu'au moment où il se rendit compte, avec surprise, qu'en dépit de la corvée qui l'attendait, il était impatient de voir Truman. Même s'il l'avait vu pas plus tard que le week-end dernier et qu'il le reverrait le week-end suivant.

Il n'avait pas eu d'ami comme lui depuis… en avait-il jamais eu, d'ailleurs ? Quelqu'un dont il appréciait vraiment la compagnie, quelqu'un qui n'était pas source de problèmes, ne lui donnait pas mal à la tête (comme c'était le cas maintenant avec Murrow ; Ed avait été le débonnaire et bon vivant rappel des palpitantes années de guerre quand il avait représenté, avec CBS, *la* voix de la guerre, le représentant de tous les fringants correspondants, de l'intégrité, du courage. Désormais, la présence envahissante d'Ed ne lui rappelait plus que la colère des sponsors et le président Eisenhower qui lui téléphonait pour lui demander pourquoi l'un de ses employés – le représentant de CBS News, rien que ça – était si délibérément gauchiste).

Et donc, alors qu'il fut un temps où il dînait avec Ed Murrow au Claridge, pendant que les bombes pleuvaient sur Londres, trinquant à la victoire du bien sur le mal et couchant avec des Anglaises reconnaissantes – y compris Pam Churchill, cette délicieuse belle plante britannique –, il frayait maintenant avec

Truman Capote à Manhattan. Et avec Babe, bien sûr ; Bill dut faire un effort pour se souvenir que sa femme serait, elle aussi, présente ce soir-là. Elle serait ravissante, comme toujours. Grande, élégante et parfaite. Un objet de valeur, aussi prisé que le nouveau Picasso accroché dans le vestibule de leur pied-à-terre au St Regis. Aussi précieux. Et tout aussi indispensable à la conscience qu'il avait de lui-même.

Bill, soudain, se souvint du sandwich. Avait-il des morceaux de salami coincés entre les dents ? Il se regarda dans le miroir de l'ascenseur, ouvrit la bouche pour vérifier, devant le garçon en livrée qui, avec tact, baissa les yeux sur ses chaussures noires cirées. Non, rien ne clochait. Il avait fière allure – et pas seulement pour un homme de son âge, cinquante-sept ans cette année. Il n'était pas encore voûté, n'avait pas les épaules tombantes mais toujours le ventre plat – ce qui aurait semblé impossible à quiconque aurait vu la quantité de nourriture qu'il engloutissait. Et toujours ce sourire ; un sourire carnassier, mais irrésistible comme celui d'un enfant. Il avait sacrément fière allure.

Hum. Peut-être que cette amie de Truman, qu'il avait rencontrée à une autre de ces soirées, cette adorable petite Carol Marcus, serait là ce soir. Elle était blonde, bien roulée, un peu du même genre que Marilyn, tout à fait son genre. Bill sourit, s'imaginant de coquins tétons roses, sous un voile de soie crème, des hanches qui se tortillaient sous ses caresses, des seins doux, souples et rebondis tapant contre sa poitrine…

Rien qu'à cette pensée, Bill Paley eut de nouveau faim.

« Bill ! As-tu jamais vu une chose pareille ? » Truman se dirigeait vers lui, un martini dans une main, une cigarette dans l'autre. Il était tout rouge, excité, ses cheveux fins collés sur son front par la sueur. Mais il inspectait la salle d'un regard satisfait de potentat. « Oh, *j'adore* le Plaza, pas toi ? C'est l'endroit au monde que je préfère. C'est simple, j'adore même la manière dont les chasseurs de l'hôtel vous prennent de haut, comme si vous alliez chier dans les plantes en pots. C'est merveilleux de la part de Babe de m'avoir organisé cette petite sauterie !

— Tu le mérites, bien que je ne veuille même pas penser à combien elle va me coûter. Comment s'appelle ton nouveau livre déjà ? »

Bill siffla les dernières gouttes un peu chaudes de son bourbon à l'eau et fit signe pour qu'on lui serve un autre verre. Qui apparut comme par magie.

« C'est un court roman. *Petit déjeuner chez Tiffany.* Random House l'a publié pendant que j'étais en Europe, mais quel plaisir de rentrer dans ces conditions. Et Babe, bien sûr… tu sais, elle a insisté pour organiser cette petite fête, bien que je l'aie suppliée de n'en rien faire. » Truman secoua la tête, mais il n'avait pas l'air contrarié.

La petite sauterie en question avait lieu dans l'Oak Room, la salle de restaurant du Plaza ; pour Mrs William S. Paley et son ami, l'auteur à succès Truman Capote, la direction avait, ce soir-là, bien évidemment fermé la salle au public. Les plafonds voûtés, les murs lambrissés en bois de chêne, le bar massif au fond de la salle, l'atmosphère princière et surannée de l'endroit étaient compensés par de petites tables rondes accueillantes recouvertes de fleurs et d'exemplaires du livre de Truman, avec sa couverture rouge, sur laquelle étaient imprimés les mots *Petit déjeuner chez Tiffany, Un court roman, et Trois nouvelles de Truman Capote.* Des exemplaires du livre étaient posés partout où se portait le regard de Bill, car Babe avait dévalisé la librairie Brentano's. Bennett et Phyllis Cerf, entourés d'admirateurs à l'autre bout de la salle, devaient calculer les bénéfices tout en se prêtant aux bavardages.

Mais Bennett n'était que l'éditeur. Truman était l'auteur. Et Bill respectait les artistes, les créatifs. Il était lui-même comme Bennett – arbitre et fournisseur de talents –, il n'avait donc guère d'admiration pour le fondateur de Random House (et d'ailleurs, les livres ne rapportaient guère d'argent de toute façon. La télévision, c'est là qu'il y avait de l'argent à se faire). Mais en compagnie de quelqu'un comme Truman, plus particulièrement ce soir-là, Bill pouvait parfois, de manière inattendue, être intimidé. Car Bill Paley admirait sincèrement les artistes, et il devait bien admettre que Truman, aussi maniéré et flamboyant fût-il, était un vrai professionnel dans son domaine ; il prenait son travail au sérieux, s'isolant du monde, et même de Babe, pendant de longues périodes, pour écrire. Et il était bon. Il avait du talent. Respecté par ceux qui savaient de quoi il retournait, ses pairs et les critiques. Et donc, Bill le respectait aussi. Parfois, comme lorsque Jack Benny et George

Burns se penchaient l'un vers l'autre pour disséquer une blague avec la froide précision d'un chirurgien, Bill, intimidé, restait muet.

Remarquez, il n'avait pas lu le livre. Et Truman ne paraissait pas s'attendre à ce qu'il l'ait lu – une autre chose que Bill appréciait chez lui ; Truman avait l'air tout simplement heureux de voir son ami, et qu'il fût là pour célébrer son succès. Avant de rejoindre Bill au bar, Truman s'était pavané en faisant le tour de la salle, se glissant au milieu des autres invités, acceptant les accolades avec humilité, taquinant, provocateur – « Alors, qu'avez-vous pensé de Holly ? Le personnage le plus vrai que j'aie jamais écrit, je le jure. » Ou bien, agitant le doigt à l'intention de Slim, Gloria, C.Z., Marella et la petite Carol, cette belle plante, et cette tout aussi belle plante Gloria Vanderbilt – « Et vous ne croyez tout de même pas que je me suis servi de vous comme modèle pour Holly, n'est-ce pas ? Je l'ai complètement inventée, elle est le pur produit de mon imagination ! »

Avec Bill, il semblait plus détendu à présent, il s'était débarrassé de son rôle d'auteur célèbre et paraissait content de parler d'autre chose que de lui-même.

« Babe m'a dit que tu étais sur le point d'acheter un autre Degas. J'aimerais beaucoup le voir.

— Ouais, ouais, mon courtier a un tuyau. Mais je ne sais pas encore où je vais l'accrocher. C'est toujours ça le problème, non ?

— Et quel problème ! » répondit Truman avec un petit sourire ironique, et Bill n'eut d'autre choix que de se moquer de lui-même. Il avala une lampée de bourbon on the rocks.

« Mon Dieu, je sais, ça a l'air pompeux. À une époque, j'aurais volontiers donné ma couille gauche pour avoir ce genre de problèmes.

— Comme si je ne le savais pas. » Truman plissa les yeux et jeta un coup d'œil autour de lui. Les deux hommes étaient adossés au bar en bois de chêne ; à l'autre bout de la salle, Babe, grande et incroyablement belle dans un tailleur du soir de laine rouge du couturier Charles James rehaussé d'un col châle, se détachait du lot même parmi cette foule exclusive, select, de millionnaires et de mannequins, d'actrices et d'auteurs. « Tu vois, maintenant, il faut que je pense à ce que je vais écrire après. Qu'est-ce qui pourrait bien surpasser mon dernier livre ? J'y pense sans cesse. Est-ce que je continue à écrire des nouvelles ? Ou est-ce que je me lance dans le journalisme ? Ou pourquoi pas un autre roman ? Mais on dirait que je n'ai tout simplement pas l'endurance pour écrire un roman. En même temps, c'est comme si on attendait ça de moi. J'ai des idées, évidemment – je les note toutes. Mais je ne sais pas, mon chéri, je ne sais tout simplement pas. Et c'est une telle pression, tu n'as pas idée ! Bennett peut bien sourire et dire "Prends ton temps", mais il dirige une entreprise et je lui fais gagner de l'argent. Je suis donc un peu comme un métayer, je suis redevable vis-à-vis de cette entreprise.

— Mais tu as du talent. » Maintenant, Bill se sentait plus à l'aise ; il était en terrain connu. « On doit tenir compte du talent. Je ne peux pas laisser

Jack Benny travailler cinquante-deux semaines par an. Il a besoin d'une coupure. Et quand il n'est plus à l'antenne ou qu'on est en rediffusion, je perds de l'argent, crois-moi. Mais il a besoin de congés pour recharger ses batteries. Sinon, l'émission en pâtirait.

— Et le feuilleton de Lucy ? » Truman leva un sourcil et se frotta le front de son petit doigt. « Ce n'est pas ce que j'appellerais de la télévision de qualité, Bill.

— Non, tu as raison. En effet. Et ça commence à vieillir – je veux parler de l'émission.

— Ça vaut pour Lucy aussi. »

Et Truman posa son verre, mit ses mains de chaque côté de son visage et tira la peau en arrière.

Ce qui fit de nouveau rire Bill. « Mais les gens – pardonne-moi le jeu de mots[1] – aiment Lucy. Ce genre d'émissions rapporte de l'argent. Et c'est ce qui me permet de diffuser d'autres émissions plus sérieuses – les concerts de Leonard Bernstein, par exemple. Ou encore la série *Playhouse 90.*

— Quelle est ton émission préférée, Bill ? Dis-moi, je suis curieux. Je sais qu'un père n'est pas censé avoir de préférence mais quand même. Et ne me balance pas le nom de l'émission qui rapporte le plus.

— Le feuilleton *Gunsmoke*, répondit Bill sans hésiter.

— Oh, mon Dieu ! »

---

1. En référence au titre de la série télévisée américaine *I Love Lucy* (J'aime Lucy) sous forme de 180 épisodes de 25 minutes, en noir et blanc, diffusée entre 1951 et 1957 sur le réseau CBS.

Et Truman éclata de rire en rejetant la tête en arrière ; il tapa dans ses mains, enchanté, ravi, comme l'aurait été un enfant au cirque.

Mais Bill ne fut nullement embarrassé par sa réaction ; il y était habitué.

« *Gunsmoke*, c'est l'Amérique. Le bien *versus* le mal. C'est comme… c'est comme pendant la guerre. » Il fut lui-même surpris par cette comparaison ; il n'y avait encore jamais pensé en ces termes. Mais bon sang, c'était donc probablement ça. La raison pour laquelle il aimait autant ce western. L'héroïsme simple du Marshal Dillon – tel Ed Murrow pendant la guerre, mais affublé d'un chapeau de cow-boy plutôt que d'un trench-coat. La décontraction de Chester. La sagesse bourrue de Doc. La pute au cœur d'or, trop bonne pour être vraie, Miss Kitty.

Et dans chaque épisode, le mal était représenté par les hors-la-loi, les bandits, les spéculateurs et les Indiens. Le mal sous sa forme la moins compliquée. Et merci à Bill Paley car, à travers le personnage du Marshal Matt Dillon (joué par James Arness, le plus gentil et le plus bête de tous les idiots qu'il avait jamais rencontrés), les méchants qui devaient être punis en bonne et due forme l'étaient. Ils recevaient une balle dans le cœur ou étaient scalpés par les Indiens, ou encore devaient quitter la ville à jamais. Car c'était ce qu'ils méritaient.

Comme Hitler, comme les nazis, comme les Japs.

Aujourd'hui, il n'était plus aussi facile de savoir qui était l'ennemi. Parfois, Bill était profondément écœuré, tant il y avait de choses à affronter : quand il avait fallu instaurer les serments de loyauté, quelques années plus tôt, par exemple. Mon Dieu, Ed Murrow lui avait passé un sacré savon à ce propos. Il y avait les cocos, les gauchos, et les Rosenberg qui lui donnaient une raison de plus d'essayer d'oublier qu'il était juif. Il y avait sans cesse des problèmes avec les filiales, qui se plaignaient de la programmation ; avec les partenaires publicitaires, qui menaçaient de se retirer (comme l'avait fait l'entreprise Alcoa, en se retirant du magazine télévisé d'information *See It Now*). La télévision couleur – bon, il avait perdu cette bataille, David Sarnoff[1] et RCA avaient gagné. C'était leur technologie, et non pas celle de CBS, que le gouvernement était bien décidé à considérer comme les standards de l'industrie.

« J'aime ce feuilleton, Truman, c'est tout. Ça me plaît, pour des raisons que, j'en suis sûr, tu ne pourras jamais comprendre. »

Mais Truman le surprit. Truman réussissait toujours à le surprendre.

« Bill, je suis la dernière personne au monde qui critiquerait tes goûts. Je suis persuadé que les personnalités les plus créatives, les plus visionnaires sont celles qui ont, à doses raisonnables, un manque de prétentions intellectuelles tout en ayant de grandes capacités intellectuelles. C'est ce qui fait ton génie. Comme pour moi, et je n'ai pas honte de le dire car la modestie m'ennuie. Je déteste les gens qui agissent timidement. N'aie pas peur de te montrer et de dire, si c'est ce que tu crois : “Je suis le meilleur,

1. David Sarnoff (1891-1971) était un homme d'affaires américain pionnier dans la radio et la télévision commerciale.

le plus grand. Je suis génial. C'est moi le chef !" » Et Truman trinqua – un martini – avec Bill. « Et c'est ce que tu es, Bill Paley. Tu es le chef. Nous le sommes tous les deux. Deux titans, chevauchant le monde. »

Bill sourit et se détendit. Il lui fallait rendre justice à Truman ; la seule fiotte de New York qui savait comment parler aux hommes. Aux hommes, les vrais.

« Oh, Truman, vilain, vilain garçon ! » Une blonde bien roulée – pas cette Carol Machin-Chose, mais une fille qui lui ressemblait beaucoup – venait vers eux en se trémoussant. Elle portait une robe de satin rouge très décolletée et très moulante. Immédiatement, Bill pensa que si Babe la voyait, elle froncerait le nez et déciderait que le tissu était trop brillant, le décolleté trop prononcé, et l'ensemble trop vulgaire. Parfois, il ne pouvait s'empêcher de voir les femmes à travers le regard de supériorité de la sienne, sans que jamais, toutefois, cela brouille sa vision d'ensemble.

« Quoi, Mona ? » Truman resta calme et jeta un coup d'œil amusé à la fille.

« Tu sais que c'est moi ! Moi, vraiment ! Holly Golightly ! C'est moi ! Je sais que tu t'es inspiré de moi pour ce personnage !

— Mona, très chère, toi, qui es la plus insipide des filles que je connaisse ? Je t'assure que non. J'ai inventé Holly Golightly de toutes pièces.

— Ça alors ! » La fille se rapprocha et leva la tête vers Bill. Ses yeux s'agrandirent et elle poussa un petit cri, comme si quelqu'un venait de glisser un glaçon dans son dos. « Allez, je veux que tu dises à cet homme, très beau, qui est ici…

— Bill Paley, Mona Cartwright. Mona Cartwright, Bill Paley.

— Oh oh ! Ravie de vous rencontrer, Mr Paley ! Bon, Tru-Tru, je veux que tu dises à Mr Paley que j'ai servi de modèle pour Holly Golightly… ! Toutes ces choses que je t'ai racontées, après avoir bu trop de cocktails – eh bien je les ai retrouvées dans les pages de ton livre ! Ce Sud-Américain – ce Brésilien ! Tu sais très bien que c'est moi qui t'ai raconté tout ça !

— Mona, tu peux croire ce que tu veux. Si ça t'aide à dormir sur tes deux oreilles, je t'en prie, ne te gêne pas, couche-toi en pensant que tu es Holly Golightly. Allez, sois une bonne petite Marilyn et va te trémousser ailleurs.

— Truman ! » Mona se pencha pour embrasser Truman sur la joue – et donna à Bill un aperçu de la naissance de ses seins, d'une blancheur de lait. Puis elle s'éloigna en tortillant des fesses et se retourna avec un petit clin d'œil appuyé.

« Sérieusement. » Truman se tourna vers Bill en riant. À cet instant, même un observateur du genre humain moins perspicace que Truman Capote aurait remarqué la faim, le désir dans les yeux de Bill Paley tandis qu'il suivait du regard les manœuvres de la blonde. Truman en prit note, mais n'y fit pas allusion. Il mit ça de côté. Tout au moins pour le moment.

« Tout le monde veut être dans un livre, dit-il d'une voix exagérément traînante. J'ai tout simplement été assailli par des femmes qui croient avoir servi de modèle pour Holly. Carol Marcus, Gloria Vanderbilt, Gloria Guinness, Marella, et même Slim.

Elles pensent toutes qu'elles ont inspiré certains traits de caractère de Holly.

— Moi, je ne veux pas être dans un livre, dit Bill en grognant. Je n'en ai aucune envie. En fait, je pense même que ce serait horrible. Si les gens lisaient quelque chose et se disaient que c'est de moi qu'il est question.

— Tu es une exception alors.

— Une exception à quoi ? » Babe apparut soudain, se glissant entre son mari et son ami. Avec un bras dans le dos de Bill et l'autre passé sous celui de Truman, elle s'assura d'un coup d'œil du bon déroulement de la soirée, avec un sourire béat de satisfaction.

« Une exception au commun des mortels. Bill est ainsi. Il prétend qu'il détesterait qu'on parle de lui dans un livre.

— Oh, Bill ! »

Babe pencha sa tête parfaite vers lui et éclata de rire. Elle était exceptionnellement belle, ce soir-là ; on aurait dit qu'un projecteur suivait ses déplacements, illuminant sa silhouette, ses yeux rendus encore plus sombres, ses pommettes encore plus prononcées, ses cheveux plus soyeux. Rien qu'à la regarder… Bill arbora le sourire satisfait du propriétaire, et Truman un sourire appréciateur, incrédule. Leurs regards se croisèrent derrière le dos de Babe et ils écarquillèrent les yeux. Ils avaient donc autre chose que leur talent en commun.

« Mais je pense qu'il a raison », poursuivit Babe, ignorant la joute qui avait lieu à ses dépens (Bill qui l'attrapait par la taille pour la serrer contre lui ; Truman qui lui agrippait le bras plus fermement pour la faire sienne). « Je détesterais figurer dans un livre. Tu le promets, Truman ? Tu me promets que tu ne feras jamais ça ? Je sais que toutes les femmes qui sont là ce soir pensent qu'elles sont Holly Golightly. Mais je… » Elle frissonna.

« Je ne vois pas comment je pourrais », répondit Truman. Il savait qu'il disait vrai, qu'il était honnête, aussi honnête et vrai que l'était Holly Golightly en personne. « Rien de ce que je pourrais écrire ne saurait jamais te rendre justice, Babe chérie. »

Babe rougit, ce qui était rare. Bill pouvait compter sur les doigts d'une main le nombre de fois où il avait vu rougir sa femme et, à chaque fois, c'était à cause de Truman. Avec lui, elle était toujours tellement maîtresse d'elle-même. Maîtresse d'elle-même et digne, inaccessible. Incapable de s'abandonner, insensible.

Mais cette petite blonde… ça c'était une femme qu'un homme… un homme, un vrai – comme l'était Bill Paley, pas comme ce petit pédé de Truman Capote –, pouvait faire rougir. La peau qui rosit joliment depuis les joues jusqu'aux rondeurs de son petit…

« Bill, chéri, je sais que tu dois être affamé. Ils vont apporter le buffet d'un moment à l'autre, avec tout ce que tu préfères, je m'en suis assurée. J'ai aussi réservé une table pour toi, Jock et Betsey, c'est tout. Ainsi tu n'auras pas à parler aux gens à qui tu ne veux pas…

— Peu importe. Je n'ai pas faim. Et je crois que je vais m'éclipser maintenant, Babe. J'ai eu une journée difficile. »

Bill, qui suivait des yeux la petite blonde faisant le tour de la salle en tortillant des fesses, ne jeta même pas un coup d'œil à sa femme. « Truman, tu pourras raccompagner Babe ? Je te la confie. Pour ce soir. Et félicitations encore. Je suis sûr que c'est un livre formidable, et que Babe me le fera lire un de ces jours. »

Truman rit et attrapa la main de Bill pour la serrer très fort. Babe, après avoir discrètement pris une longue inspiration, embrassa son époux sur la joue et lui dit à voix basse, sincère, une expression d'inquiétude dans ses yeux noirs : « Rentre à la maison et mets-toi tout de suite au lit, mon pauvre chéri ! Je dormirai dans le salon pour ne pas te déranger. » Puis elle regarda son époux traverser la salle, les bras se balançant le long du corps, de cette démarche autoritaire qui était la sienne, avec un sourire, tandis que tout le monde le saluait sur son passage, suffisamment radieux pour illuminer toute la salle.

Truman fit se retourner Babe en direction du barman juste à temps. Juste à temps pour qu'elle ne voie pas Bill Paley suivre un derrière frétillant, recouvert de satin rouge, vers la sortie de l'Oak Room du Plaza.

« C'est maintenant que la fête commence vraiment », lui chuchota-t-il à l'oreille, ravi de voir que les yeux méfiants de Babe se faisaient espiègles, simplement grâce à la promesse contenue dans sa voix. « Maintenant, nous allons nous amuser comme des fous, rien que nous deux ! »

Et Babe, se dépêchant de faire disparaître les plis sur son front, mit sa main dans celle de Truman, en toute confiance.

Bill ne pensa ni à l'un ni à l'autre. Il était trop occupé à essayer de convaincre la petite blonde de monter avec lui, la laissant protester comme une jeune vierge effarouchée, et jouant le jeu comme le ferait n'importe quel homme dans sa position, avec son argent, ses appétits et son pouvoir. Il ne lui fallut pas très longtemps.

Il ne lui fallait jamais très longtemps.

9

Le lendemain matin, Babe se leva avant Bill, comme d'habitude. Après une nuit courte, mais délicieuse, à dormir dans le salon (elle avait ainsi pu enlever son dentier, merci mon Dieu !), elle s'était réveillée au point du jour, décidée à appeler le numéro privé de son fleuriste pour organiser une livraison dès la première heure. Puis elle avait filé dans la salle de bains, s'était maquillée et avait sonné pour avoir du café, qui lui était, bien évidemment, servi directement dans le salon par le room service du St Regis : un garçon d'étage poussant un chariot en acajou avec ses propres pot à café, tasse et soucoupe en porcelaine Wedgwood, et un vase en argent avec une pivoine, et non pas une rose. Aussitôt qu'elle et Bill avaient eu fini de redécorer ce petit appartement pour en faire leur pied-à-terre en ville, elle était descendue dans les cuisines et s'était présentée à tout le personnel, les remerciant par avance de leurs attentions et de leur considération. Ce faisant, elle leur avait demandé de ne jamais mettre une rose sur son plateau. Ils comprenaient certainement qu'elle et Bill voulaient se sentir chez eux, et non pas à l'hôtel, et qu'il lui tardait qu'il en soit ainsi grâce à leur aide, sachant qu'elle pourrait compter sur eux.

Et, comme il se devait, elle avait demandé à sa secrétaire de noter la date d'anniversaire de chacun ; elle n'en oubliait aucun, envoyant une carte avec un petit pourboire supplémentaire. Elle et Bill étaient très généreux pour les pourboires, donnant chaque semaine des petites enveloppes pleines d'argent liquide pour ceux qui leur rendaient la vie plus facile. Quand elle sortait faire les magasins, elle rapportait souvent quelque chose – un petit quelque chose, tel qu'un rouge à lèvres flatteur, une broche ornée d'une fleur en soie ou encore un fume-cigarette – pour une femme de chambre ou un garçon d'étage particulièrement attentionnés.

Ce qui expliquait la pivoine et son propre service à café en porcelaine, qui n'étaient pas dans les habitudes du St Regis. Et le journal repassé, sans même qu'elle ait jamais eu à le demander.

« Merci beaucoup », dit-elle au serveur, un jeune garçon, nouveau, aussi rouge qu'un homard, et si maigre que sa pomme d'Adam était aussi proéminente que son nez. « Andrew, n'est-ce pas ? Je vous suis très reconnaissante. »

Et Andrew – Andy pour ses amis et sa famille, mais pas ici, pas au St Regis où les diminutifs n'étaient pas autorisés – rougit, le visage plus marbré encore de taches écarlates ; en sortant, il s'empêtra dans ses pieds si larges qu'ils en étaient comiques et se dit en lui-même, tandis qu'il entrait dans l'ascenseur de service pour redescendre aux cuisines, qu'il n'avait jamais commencé une journée en voyant une fille aussi belle que Mrs Paley. Il pensa à sa mère à lui, qui venait probablement juste de se lever, dans leur appartement du Queens. Affublée de sa vieille robe de chambre matelassée, des bigoudis sur la tête, sans maquillage, les yeux bouffis de sommeil, le visage chiffonné comme si elle avait dormi sur du grillage et non sur un matelas plein de bosses. Buvant son café dans une vieille tasse au bord épais, elle devait regarder la télévision en arrachant des morceaux du Formica abîmé de la table de cuisine.

Mais Mrs Paley ! On aurait dit qu'elle ne s'était même pas couchée ! Elle portait une sorte de peignoir en soie, noué à la taille, et ses pantoufles ressemblaient à des chaussures, si ce n'était qu'elles étaient agrémentées de petits pompons en fourrure ; elle était parfaitement coiffée et, pensa-t-il, bien qu'il n'en fût pas sûr – mais il ne savait jamais ce qu'il en était de ces choses-là, il suffisait d'ailleurs de demander à sa petite amie Sue –, elle avait mis du rouge à lèvres. Ses yeux n'étaient ni rouges ni bouffis, pas le moins du monde ! Pas la moindre marque de sommeil sur son visage.

Quand le garçon sortit, Babe sourit ; elle avait lu l'admiration dans ses yeux. Et même s'il n'était qu'un tout jeune homme, un serveur, elle s'en réjouit, bien sûr. Quelle femme ne se réjouirait pas d'être admirée ? Et de s'en rendre compte dès le début de la journée comptait tout particulièrement. Elle savoura cet instant en allumant une cigarette ; elle tira de longues bouffées de son fume-cigarette en ébène tout en regardant la porte fermée à travers un nuage de fumée, se demandant presque si Andrew n'allait pas réapparaître juste pour jeter un coup d'œil, sous le prétexte d'avoir oublié quelque chose.

Elle secoua résolument la tête. *Oh, Babe ! Arrête de te comporter comme une fille ordinaire.* Elle se servit un café et décrocha le téléphone.

Trois heures plus tard, après que Bill se fut levé, douché, rasé, qu'il eut englouti son petit déjeuner, qu'il l'eut embrassée sur la joue et qu'il fut parti au travail en grognant, on frappa à la porte. Babe alla répondre, le cœur battant à tout rompre. Qu'est-ce qui n'allait pas aujourd'hui ? Elle réagissait comme une adolescente !

« Comment pouvais-tu savoir ? » Truman avait les yeux rouges et gonflés de larmes tandis qu'il lui tendait la main ; il tenait un petit vase de muguet, les jolies petites clochettes blanches ressortant sur le vert du feuillage. « Bon sang, comment pouvais-tu savoir ?

— Je le savais, c'est tout. »

Truman tomba dans les bras de Babe ; elle rattrapa le vase juste à temps. Ils se dirigèrent vers le salon, la tête de Truman en pleurs nichée au creux de l'épaule de Babe.

« J'ai un tel cafard. » Il sanglotait discrètement tandis qu'ils s'asseyaient sur un petit canapé bleu. « Je suis si cafardeux ! Et tu le savais. Tu le savais !

— Oui. Je savais que tu aurais le cafard. Je m'en doutais.

— C'est si difficile. Pourquoi faut-il que ce soit toujours si difficile ? » Truman fut secoué d'un sanglot réprimé. « Et Jack ne comprend pas, pas du tout. À sa manière, il est tyrannique. Il n'éprouve aucune compassion. Il ne sait tout simplement pas à quel point je me sens vide ! Même après la soirée d'hier – surtout après la soirée d'hier et d'autres soirées comme celle-là. À quel point le sentiment de vide s'empare de vous. La solitude. Cette solitude si particulière qu'on ressent dans une pièce pleine de monde venu spécialement pour vous. Bon sang, il n'a aucune idée de ce que c'est !

— Moi si, chuchota Babe à l'oreille de son ami. Je sais, mon très cher Truman. Car Bill – oh, j'étais furieuse contre lui hier soir ! Il ne m'a même pas remarquée, n'est-ce pas ? Pas une seule fois il ne m'a complimentée. Je m'étais fait faire ce tailleur spécialement pour lui, car il avait dit un jour qu'il aimait cette couleur. Et il n'a pas mangé une seule bouchée de ce que j'avais commandé spécialement pour lui ! Il n'a même pas dit un mot à Jock ni à Betsey ! Il ne se doute pas combien je me démène afin que tout aille bien pour lui, pour lui donner ce qu'il veut, pour avoir l'air de ce à quoi il veut que je ressemble… il considère que tout ça va de soi. Même le garçon qui m'a servi le café ce matin m'a prêté plus d'attention !

— Et c'est pourquoi je t'ai apporté quelques-unes de mes fleurs. » Truman désigna du doigt le vase que Babe avait posé sur une table – ou plutôt sur le plateau d'une commode Louis XVI, d'une valeur inestimable, bien sûr. « Tu m'as fait livrer des fleurs parce que tu savais que j'aurais le cafard. Je t'en ai apporté parce que je savais que ce serait le cas pour toi aussi. Nous n'avons même pas besoin de nous expliquer, Babe, n'est-ce pas ? Nous savons, c'est tout. Ce que nous partageons est si rare. Viens ici, ma grande fille chérie. » Et il lui tendit les bras.

Babe s'allongea sur le canapé (qui n'était pas un simple canapé, naturellement, mais un sofa Louis XVI entièrement refait, recouvert d'un modèle de tapisserie ancienne en soie redessinée et tissée spécialement pour les Paley) et posa sa tête sur les genoux de Truman ; il passa un doigt apaisant sur la veine d'un bleu pâle dont la couleur ressortait sur le blanc laiteux de sa peau et qui battait sur son front. Elle ferma les yeux et laissa couler quelques larmes. « Parfois, tu sais, je le hais. Vraiment. Je ne sais pas à quelle heure il est rentré cette nuit. Je n'ai pas vérifié s'il était couché quand je suis arrivée. Je ne le fais plus. Je veux juste ne pas savoir.

— Mais tu l'aimes aussi, dit Truman d'une voix basse, apaisante. Tout comme j'aime Jack. Nous les détestons, mais nous ne pouvons pas vivre sans eux.

— Jack t'aime en retour. Bill ne m'aime pas. Jack est irritable et exigeant avec tout le monde parce qu'il veut te protéger, parce que tu comptes pour lui. Si j'étais en train de me noyer, Bill ne me lancerait même pas un gilet de sauvetage.

— Non, c'est ridicule. Il t'aime, Babe. Il ne sait tout simplement pas comment le montrer. Pas comme moi je le fais. Et tu l'aimes aussi. Tu dois l'admettre.

— Je veux qu'il m'aime. Est-ce la même chose ? » Babe gardait les yeux fermés. Elle repensait à sa première rencontre avec Bill après qu'elle eut entendu dire, par des amis communs, qu'il l'admirait. Babe venait de divorcer d'un héritier au sang bleu venant de Tuxedo Park (qui, à l'occasion, la battait ; mais, comme n'avait pas manqué de lui faire remarquer sévèrement sa mère quand Babe avait débarqué chez elle pour chercher du réconfort, il fallait bien que le maquillage serve à quelque chose. Comme il était ironique que sa mère ait bataillé ensuite avec véhémence pour qu'elle divorce, après que le sang-bleu eut révélé au grand jour que son argent était immobilisé, confié à un administrateur). Elle se souvint combien elle était émotionnellement contusionnée et cabossée ; comme si son jugement et ses goûts avaient été remis en cause. Même si elle n'avait aucun souvenir d'avoir choisi Stanley Mortimer, mais seulement d'avoir été obligée d'être à ses côtés à chaque soirée de débutantes, à chaque dîner, jusqu'à ce qu'elle se retrouve assise à ses côtés dans une robe de mariée lors du déjeuner, le jour de leur mariage.

Malgré sa fragilité, Babe Cushing Mortimer n'avait jamais été aussi désirable. Très belle, certes, plus sûre de ses goûts et de son sens de la mode qu'elle ne l'avait jamais été, plus mûre – sans argent à proprement parler, mais menant grand train. Car que pouvait faire d'autre une femme comme elle – ayant reçu une bonne éducation dans une école privée de jeunes filles enseignant essentiellement les bonnes manières –, à l'allure enviée, si ce n'était vivre bien et être décorative ? Et, pour ça, il fallait de l'argent bien sûr.

Et Bill. Qui n'était pas encore tout à fait divorcé, même si plus tard ils réécriraient l'histoire ensemble et insisteraient sur le fait qu'il avait déjà largué sa première femme. Mais Bill, le soir où elle le vit pour la première fois à l'une des fêtes bondées de monde, très drôles, organisées par Condé Nast, était sans aucun doute l'homme le plus remarquable de la salle, avec son sourire dévastateur. Stanley, son premier mari, souriait si rarement. Le souriant, l'impétueux jeune dirigeant de CBS était aussi, et de loin, l'homme le plus important de la soirée, encore plus important que ne l'était leur hôte ; impossible d'en douter quand on voyait comment les invités faisaient cercle autour de lui, empressés et obséquieux, alors que Condé était assis seul dans un coin, à mâcher des petits-fours.

Bill avait levé les yeux au-dessus des flagorneurs et avait vu Babe, silhouette élancée debout sous un lustre, une étole en renard argenté sur les épaules, et il l'avait choisie. Elle le vit dans ses yeux, à la manière dont ils s'agrandirent, dont il redressa les épaules, la tête bien droite, et elle ne voulut rien tant que lui appartenir, être rassurée sur ce qu'elle valait dans un monde où la beauté féminine et le raffinement étaient une valeur marchande. Quelqu'un chuchota qu'il était juif, mais à cet instant grisant où un homme aussi puissant, séduisant et fortuné, était sur le point de l'acquérir, peu importait. Peut-être que si, en fait ; sa mère avait choisi Stanley Mortimer. Gogs n'aurait jamais choisi Bill Paley. Mais Babe était la seule à décider, peut-être pour la première fois de sa vie.

Mais était-ce là de l'amour ?

Quand Bill était blessé, elle l'était aussi, c'est vrai. Un jour, elle passa devant un nouveau club de natation en construction, en face de Kiluna North, dans le respectable État du New Hampshire. Elle pensa qu'elle pourrait y inscrire les enfants ; ce serait bien qu'ils se fassent des amis. Elle se présenta comme étant Mrs William S. Paley, remplit les formulaires d'inscription, fut polie et sincère, en espérant que les Paley pourraient profiter de ce club. Mais on ne donna jamais suite à sa requête ; plus tard, une voisine lui dit que c'était à cause de Bill, et de ses enfants, qui étaient juifs. Mais qu'elle, Babe, pouvait fréquenter le club si elle le souhaitait.

Elle n'en parla jamais à Bill. Car après qu'il avait été rejeté pour des raisons similaires, elle avait déjà eu l'occasion de voir combien il en était blessé, désespéré. Ses yeux bleus se remplissaient de larmes et son menton tremblait comme s'il était un petit garçon et non pas l'homme le plus puissant du monde de la télévision. Puis la souffrance se transformait en colère, en une détermination inébranlable, l'acquisition d'une autre maison, d'un autre Picasso, d'une autre chaîne de télévision, ou encore d'une autre robe haute couture pour Babe, dont elle ne voulait pas vraiment mais pour laquelle Bill insistait, il insistait pour qu'elle ait l'air si inaccessible que ceux qui le rejetaient devraient grincer des dents en voyant ce qu'il possédait. *Qui* il possédait.

Qui il avait épousé.

Mais l'amour ?

Elle n'avait jamais senti son cœur battre à la perspective de voir Bill. Alors que chaque fois qu'elle devait retrouver Truman, elle était si excitée, si convaincue du plaisir à venir que sa peau picotait sous l'effet de l'adrénaline et elle se retrouvait à rire toute seule, avant même qu'il ne soit arrivé. Elle voulait toujours être parfaite pour Bill, alors qu'elle rompait avec ses habitudes et essayait de trouver un petit quelque chose de décalé, ou de surprenant, pour le plaisir de Truman : des clochettes cousues sur sa jupe, une broche fantaisie sur un chemisier par ailleurs coûteux et de bon goût. Car, que Truman ait un sursaut de surprise, batte des mains, danse de joie, qu'il soit béat d'admiration, était tout simplement le plus grand plaisir qu'elle connaissait.

Plaisir, comprit-elle, joie, anticipation – rien de tout ça n'avait à voir avec ce qu'elle ressentait à l'égard de son mari, ni même de ses enfants. Mais c'était des sensations qui avaient toutes à voir avec ce qu'elle ressentait à l'égard de Truman.

« Tu sais quoi ? » Babe se redressa, fouilla dans sa poche et s'essuya les yeux avec un mouchoir brodé, en évitant soigneusement d'étaler son mascara. Elle regarda Truman qui lui tenait tendrement la main, la caressant d'un geste aimant. Se l'appropriant.

Se l'appropriant elle.

Babe prit une grande respiration et décida de se jeter à l'eau. Être aimée n'avait jamais été – et en tout cas n'était plus – ce qu'elle attendait. Mais aimer quelqu'un – oh, oui. Oh, mon Dieu, oui. Personne ne pouvait l'en priver.

« Mon analyste m'a dit quelque chose de ridicule l'autre jour. » Elle ne put s'empêcher de rire nerveusement et fut incapable de regarder Truman dans les yeux. « Il a dit – je n'arrive pas à croire qu'il ait dit ça ! –, il a dit que nous devrions coucher ensemble. Que, de toute évidence, tu m'obsédais, et que coucher ensemble serait une bonne chose, que ce serait sain. Pour moi, ça va de soi. » Babe se sentait mal assurée, comme chancelante, bien qu'elle fût assise ; la pièce, aux murs recouverts de tissu rouge, les rideaux de soie accrochés aux fenêtres, les antiquités les plus précieuses qu'il fût possible d'acheter, lui semblaient se presser autour d'elle, l'oppresser plus encore que la robe de soirée la plus ajustée ou les sous-vêtements les plus serrés. Rien ne ressemblait plus à ce qu'il devait être. La pièce n'était plus le théâtre de l'argent et du goût, arrangée par les meilleurs décorateurs de la ville, Billy Baldwin et Sister Parish, elle était devenue un chapiteau de cirque. Un chapiteau de cirque affreux – oh, pourquoi ne l'avait-elle pas remarqué avant, et tout ce tissu au plafond et sur les murs ? –, et elle était la bête curieuse exposée, tous ses besoins et ses désirs mis à nu, qui se répandaient dans le sable à ses pieds.

Elle suffoquait, elle manquait d'air. Tout en ayant une conscience aiguë de Truman assis à côté d'elle qui, visiblement, suffoquait lui aussi.

Elle retira brusquement sa main de celle de Truman et enfouit son visage dans un coussin. Il lui était tout simplement impossible d'entendre ce qu'elle savait qu'il allait lui dire.

« Oh, Babe. » Il parla d'une voix teintée de douceur, de tristesse. « Oh, ma Babe. As-tu idée d'à quel point j'aimerais que ce soit possible ? »

Babe secoua la tête, et les pampilles en soie du coussin lui chatouillèrent la joue. Si seulement elle pouvait rester ainsi ; ne plus jamais avoir à regarder Truman en face.

Mais c'était impossible ; elle sentit ses mains, fortes et masculines, douces et féminines, la tirer, la tourner vers lui. Il lui dégagea les cheveux des yeux et, pour finir, il lui fallut le regarder. Son visage était nu, vulnérable ; il avait enlevé ses lunettes, un geste intime qui fit battre plus vite le cœur de Babe alors pleine d'espoir. Il se pencha vers elle, doucement, en retenant sa respiration, comme le plus tendre, le plus incertain des amants dans l'attente, et il l'embrassa, de ses lèvres il effleura les siennes.

Puis il recula, même s'il laissa ses mains posées sur les épaules de Babe. Ses beaux yeux bleus étaient pleins de larmes.

« Mais c'est impossible. Je suis qui je suis, et je n'en ai pas honte. J'aime les hommes. Depuis toujours. L'idée d'être avec une femme ne m'a jamais tenté. Mais là, maintenant, c'est la toute première fois de toute ma vie où j'ai souhaité, rien que l'espace d'un très bref instant, être tenté. Il faut que tu le saches et que tu t'en souviennes. Il faut que *nous* nous souvenions de ce moment à jamais, car c'est de l'amour que nous ressentons l'un pour l'autre. Et nous avons tellement de chance. »

Babe prit une grande inspiration, laissa l'air remplir ses poumons jusqu'à ce que ce fût presque douloureux, et retint sa respiration, comme une enfant qui désespère de voir son souhait se réaliser. S'il s'était agi de quelqu'un d'autre que Truman, elle se serait enfuie en courant pour se cacher. S'il s'était agi de quelqu'un d'autre que Truman, elle n'aurait rien dit de tout ça, pour commencer, elle ne se serait jamais livrée à ce point, ne se serait jamais autorisée à être vue comme une personne réelle avec des besoins et des désirs si crus. Si elle avait aimé quelqu'un d'autre que Truman, juste comme il le disait… Elle vida l'air de ses poumons. S'il s'était agi de quelqu'un d'autre que Truman…

Mais c'était Truman, non ? Maintenant, et à jamais. Cette âme sœur qui l'avait vue telle qu'elle était, qui l'avait appréciée, qu'elle s'autorise ou non à être vue : qu'elle soit vulnérable ou inaccessible, habillée et coiffée impeccablement ou les cheveux décoiffés, avec les yeux rouges qui coulaient.

C'était Truman.

« C'est ridicule, je sais. C'est ce que j'ai dit au Dr Cameron. C'est juste que… » Et Babe, soudain, retrouva qui elle était. Avec celui qui était son ami, elle n'était plus rejetée ; mieux encore, et plus surprenant, elle était aimée, même si ce n'était pas tout à fait de la manière qu'elle rêvait. Mais parfois il fallait se contenter de ce qu'on avait. N'était-ce pas ce que sa mère lui avait appris, tout au long de sa vie ? Bill pouvait peut-être ne pas la voir, ne pas l'aimer. Mais Truman, à sa façon, l'aimait.

Et donc Babe se fit plaisir ; elle ouvrit son grand sac rempli de solitude, de regrets, et en déversa le contenu sur les genoux de Truman en sachant qu'il ne craindrait pas toute cette pagaille. « C'est juste que je me sens si seule, tu sais. En tout cas, en amour. Bill ne sera plus jamais ça pour moi, s'il l'a d'ailleurs jamais été. Mais ça me manque tellement ! J'en rêve. Je rêve d'être touchée et désirée. Je ne sais pas comment je vais pouvoir continuer à vivre en sachant que mon mari ne veut pas de moi. Et je n'en avais jamais parlé avant. Pas même au Dr Cameron ni à mes sœurs. Je ne sais même pas pourquoi je t'en ai parlé à toi. Mais je suis heureuse. Je suis *si* heureuse de l'avoir fait ! »

Babe ferma les yeux et posa de nouveau sa tête sur les genoux de Truman ; il resta longtemps sans dire un mot. Il continuait juste de lui caresser les cheveux en se penchant pour l'embrasser sur les lèvres – chastement, mais avec amour. Elle aurait pu s'endormir ; elle aurait dormi mieux que jamais, pas besoin d'anxiolytiques. Elle se sentait physiquement rassasiée. Comme si, en fait, ils avaient consommé leur passion.

Et peut-être était-ce le cas.

Elle rouvrit les yeux. Truman la regardait avec amour et une sincère sollicitude. Elle sourit et se redressa.

« Mon Dieu, je dois faire peur. Laisse-moi me rafraîchir et sortons. Qu'as-tu envie de faire ?

— Tu es belle à couper le souffle, mais fais ce que tu as à faire, mon amour. J'aimerais bien aller voir un film. Oui, faisons ça.

— Tu veux que j'appelle chez CBS et que je réserve la salle de projection ? Sinon, je peux leur demander de faire livrer un film à Kiluna et nous pourrions aller là-bas le regarder dans la petite salle de cinéma.

— Babe, oh, ma Babe ! » Truman éclata de rire, mais sans méchanceté. « Tu n'es donc jamais allée au cinéma, comme les vraies gens le font ? Dans une vraie salle de cinéma ?

— Eh bien, non, pas depuis, euh, depuis longtemps. »

Babe rougit ; elle oubliait parfois à quel point sa vie était devenue confinée. Que Truman soit béni, il ne l'avait pas tournée en ridicule !

« Eh bien, je voulais dire que nous pourrions aller voir un film dans un cinéma. Avec du pop-corn et tout ça. Sans caviar. Et c'est moi qui t'invite.

— D'accord, bien sûr, ça me semble merveilleux. »

Et Babe se releva, de nouveau elle-même, elle s'était ressaisie. Elle sentit sa colonne vertébrale se redresser, sa respiration s'était faite plus calme, et la pièce était redevenue un théâtre magnifique à contempler, le témoignage de son bon goût, de son éducation et de sa richesse. La richesse de Bill. Elle était Barbara Cushing Mortimer Paley.

Et, en ce moment même, il était peut-être possible qu'elle fût aimée.

Babe se changea rapidement ; elle se vêtit d'une robe Christian Dior en soie blanche rehaussée de petits pois bleu pâle, cintrée à la taille, ornée d'un nœud sur le côté, avec un col châle – une robe appropriée pour aller au cinéma, supposa-t-elle –, puis se remaquilla, et choisit un sac Hermès bleu foncé assorti. Elle enfila ses gants, vérifia attentivement sa tenue dans le miroir en pied, se retourna et tendit le cou pour voir par-dessus son épaule. Elle rajusta ses bas, et se sentit fin prête pour s'aventurer dans le monde et affronter quiconque croiserait son chemin : des femmes de chambre, des serveurs, des vendeurs, des photographes, Gloria, Slim, Marella ou C.Z. Les gens – les amies, la famille, des inconnus – la *regardaient* et la *cherchaient du regard*. C'était le cas depuis toujours. C'était un état de fait. Elle devait donc être prête. Il ne fallait pas les décevoir.

« Avant d'aller au cinéma, j'ai une surprise pour toi. » Babe rejoignit Truman dans le salon. Il était de nouveau d'humeur plutôt mélancolique ; il n'avait pas bougé du canapé ni pour se servir à boire ni pour s'extasier, comme il en avait l'habitude, devant les tableaux ou les meubles et objets anciens ; il ne l'avait pas suivie dans la chambre pour s'asseoir avec elle et cancaner pendant qu'elle se préparait. Tout ça lui ressemblait si peu. Non, il était resté assis sur le canapé, sans avoir remis ses lunettes, le visage dans les mains. Quand il releva la tête, elle put voir qu'il s'était frotté les yeux : ils paraissaient tout petits et fatigués.

« Une surprise ? » Il remit ses lunettes et elle put alors voir dans ses yeux une petite étincelle d'intérêt qu'elle fut ravie d'avoir allumée.

« Une surprise.

— Où allons-nous ?

— Tu verras ! »

Et, en moins de deux, ils traversèrent le hall en marbre du St Regis, avec ses nuages et ses chérubins peints au plafond, ses parquets marquetés, ses gigantesques bouquets de fleurs, traversèrent la 55e Rue, tournèrent à droite sur la Cinquième Avenue, et entrèrent chez Tiffany. En les reconnaissant, le portier, coiffé d'un haut-de-forme, ouvrit grand les yeux ; il leur tint la porte et les salua d'une voix empreinte de respect mêlé d'admiration : « Bonjour, Mrs Paley ! Mr Capote ! Quel honneur ! »

Truman était maintenant radieux ; il semblait avoir grandi de dix centimètres.

« Oh, j'adore Tiffany », dit-il dans un soupir en suivant Babe. Elle descendit l'allée centrale à grandes enjambées assurées, sans s'arrêter pour regarder les vitrines d'exposition car, bien évidemment, Mrs William S. Paley ne faisait pas ses emplettes comme le commun des mortels. Pour elle, il y avait des salons et des couloirs privés, des employés que le client ordinaire ne verrait jamais. Des portes secrètes, des fauteuils profonds, des tasses de thé, et des bijoux exposés sur de petits plateaux de velours, rien que pour elle. Avant de la rencontrer, Truman n'avait jamais rien su de ce monde-là. « Oh, Truman, acheter un bijou est une affaire privée. Mais c'est adorable d'en avoir eu l'idée », lui avait-elle dit une fois, quand il avait voulu entrer chez Van Cleef pour lui offrir une babiole. Et loin d'avoir été offensé, il lui avait été reconnaissant de lui avoir donné ce conseil. Il lui avait dit qu'elle était « la meilleure des écoles privées enseignant les bonnes manières », et elle avait arboré un sourire radieux.

« Tiffany est comme un club de loisirs pour les dieux », fit remarquer Truman en soupirant. « C'est toujours ce que je pense, quand je suis ici. » Et Babe sourit. Les boiseries lui avaient toujours évoqué un club privé. Un club exclusif, pour un petit cercle de privilégiés.

« Troisième étage », ordonna-t-elle au garçon d'ascenseur, qui acquiesça d'un signe de tête et appuya sur le bouton. « Truman, mon chéri, je t'ai dit qu'on m'avait demandé de mettre en scène une petite exposition en haut ?

— Non, Bobolink, tu ne m'as rien dit. Comme c'est excitant !

— Pas tant que ça, répliqua Babe avec une moue désabusée. Ils ont demandé à plusieurs autres "dames de la haute" comme ils nous appellent, je crois. Gloria et Marella aussi. »

L'ascenseur s'ouvrit et ils en sortirent ; dans de petites vitrines étaient exposés des services de table et des couverts raffinés en porcelaine, cristal et argent, le tout illuminé avec goût. Il y avait une salle à part, en retrait, dans laquelle une jeune femme, vêtue d'une robe, coiffée d'un chapeau et portant des gants qui lui donnaient l'air d'avoir quarante et non pas vingt ans – elle endossait déjà la tenue du rôle qui serait le sien, pensa Babe –, était assise avec sa mère pour, de toute évidence, établir sa liste de mariage.

Babe ralentit et prit la main de Truman dans la sienne ; elle souriait déjà en anticipant sa réaction tandis qu'elle le conduisait dans une autre pièce et désignait du doigt l'exposition.

Là, au milieu de décors peu inventifs et ennuyeux (Marella avait installé une table en osier avec de la vaisselle en porcelaine décorée d'un motif de roses jaunes et de vigne : « Si résolument *italien*, tellement écœurant », chuchota Truman tandis que Babe secouait la tête en manière de réprimande ; le décor de Gloria Guinness manquait tout autant d'inspiration : « La Guinness ne peut pas cacher la paysanne qui est en elle », fut la sentence de Truman bien que Babe ait essayé de le faire taire), se trouvait une chaise longue au tissu à fleurs que Truman reconnut comme provenant de la chambre de Babe à Kiluna. Près de la chaise longue était installée une table ronde sur laquelle était dressé un service de table en porcelaine anglaise aux bords à effet treillis, assorti d'un pot à café en argent et d'un verre de jus d'orange en cristal.

Sur la chaise longue était posé le livre de Truman, entrouvert.

« *Petit déjeuner chez Tiffany !* » s'exclama-t-il en poussant un cri, son visage n'exprimant rien d'autre que de la joie. Il rit, ravi, un rire qui venait du cœur, à tel point que les quelques rares clientes sérieuses, qui parlaient à voix basse, se tournèrent toutes vers lui. Mais peu importait à Babe ; elle l'avait fait. Elle l'avait surpris, il était enchanté. Elle lui avait donné quelque chose en retour – elle l'avait rendu à lui-même, avec sa personnalité pleine d'assurance, triomphante qui lui avait fait défaut ce matin, laissant place au vide, au manque, à la tristesse.

« Oh, Babe, ma chère ! Tu es un amour, tu es parfaite ! Je suis enchanté. Je suis aux anges, je suis comblé, c'est l'extase !

— Je suis si heureuse que ça te plaise », dit Babe.

Le sentiment d'avoir réussi, un sentiment d'accomplissement, la fit rougir. Elle ne put s'empêcher de penser à tout le temps consacré « à ce petit truc idiot », comme elle le disait si bien à qui voulait l'entendre. Elle s'était tellement creusé la tête pour aboutir à un résultat différent de ce qui était attendu, et elle avait été si heureuse quand elle avait fini par avoir cette idée. Elle mourait d'envie d'en parler à

Truman depuis des semaines, mais elle était maintenant contente d'avoir attendu le bon moment.

« Et maintenant, allons au cinéma », dit-elle. Truman acquiesça avec enthousiasme et, sur le chemin, il ne s'arrêta que pour signer un ou deux autographes destinés à des clientes qui l'avaient finalement reconnu. À chaque fois, ses yeux brillaient un peu plus.

Il en était de même pour Babe.

Truman choisit de voir *Pinocchio*. Ce vieux dessin animé de chez Disney. Ce choix la rendit perplexe ; de même qu'elle ne comprenait pas pourquoi il l'avait traînée downtown, quelque part dans le quartier du Bowery, et avait insisté pour héler un taxi plutôt que d'appeler une voiture avec chauffeur. Babe fit semblant d'apprécier la course dans le taxi jaune, en s'assurant d'arborer une expression du genre « chouette, que va-t-il bien pouvoir se passer d'autre ?! ». Mais, tout le temps du trajet, elle craignit d'être assise sur quelque chose d'affreux, comme du chewing-gum ou une barre chocolatée écrasée. Ou pire encore.

Le cinéma était situé dans ce qu'elle aurait pu appeler, par euphémisme, « un quartier intéressant ». De jeunes enfants nègres jouaient dans la rue, tout seuls, sans parents ni nounous pour les surveiller. Des voitures rouillées et des camions de livraison envahissaient le paysage, et les immeubles d'habitation étaient en piteux état, avec des fenêtres brisées et des auvents déchirés pour certains ; tous les perrons étaient sales, effondrés.

Mais elle suivit Truman à l'intérieur du cinéma qui, étonnamment, était propre et spacieux, vide. Ils avaient un rang entier pour eux tout seuls. Les lumières se tamisèrent et le film commença, la vieille histoire de Geppetto, qui voulait avoir un fils, et la Fée bleue qui réalise son vœu, et Jiminy Cricket, la bonne conscience – et Pinocchio, la marionnette en bois qui prend vie.

Babe réprima un bâillement, peu intéressée par le film, bien qu'elle ne l'ait encore jamais vu. L'expression d'euphorie sur le visage de Truman tandis qu'il regardait l'écran, les images du film se reflétant dans les verres de ses lunettes à la monture en écaille de tortue, l'intéressait plus. Il rit avec ravissement à l'arrivée de Pinocchio sur l'île des Plaisirs et, à la fin, quand la Fée bleue réalise le vœu de Pinocchio et qu'elle le transforme en petit garçon, tandis que Jiminy Cricket fredonne *Quand on prie la bonne étoile*, Truman lui attrapa la main et fut secoué de sanglots incontrôlables.

Les lumières se rallumèrent, et les quelques autres spectateurs se levèrent pour sortir, en les regardant d'un air stupéfait : Truman en pleurs et Babe déconcertée. L'idée qu'on puisse la reconnaître la terrifiait ; elle baissa instinctivement la tête, afin de cacher son célèbre visage. Mais elle se rendit vite compte que personne ne la reconnaîtrait, pas ici, pas dans ce quartier ; ce qui lui procura à la fois une légère déception et un sentiment d'anonymat rassurant. Au cours d'un bref instant d'égarement, Babe eut l'envie folle de courir dans l'allée en criant et agitant les bras, ou en commettant un acte tout aussi scandaleux et aussi peu conforme à son personnage. Personne ne saurait jamais que c'était elle.

Mais elle fut ramenée à la réalité par les suffocations et les sanglots de son ami qui s'accrochait à son bras comme s'il se noyait.

« Truman, mon chéri, que se passe-t-il ? Qu'est-ce qui ne va pas ? C'est une fin heureuse ! Truman, ce n'est pas un film triste ! »

Truman secoua la tête, toujours en larmes, le visage rougi, les yeux emplis d'angoisse. Il finit par se ressaisir ; il prit une grande inspiration, poussa un gros soupir et s'épongea les yeux avec un mouchoir.

« La première fois que j'ai vu ce film, j'ai eu le cœur brisé ; tout a lâché à l'intérieur de moi. Parce que, vois-tu, c'est ce que j'ai toujours voulu moi aussi. Être un vrai petit garçon pour ma mère ; ainsi elle m'aurait aimé, elle n'aurait pas eu honte de moi, ne m'aurait pas dit des choses affreuses et n'aurait pas essayé de prétendre que j'étais ce que je n'étais pas. Je voulais juste être un vrai garçon, tu vois. Pas toujours, tu comprends… oh non ! Mais quand j'ai vu ce film, tout ce à quoi j'ai pensé, c'est combien *Mama* aurait été contente, combien elle m'aurait finalement aimé, si seulement j'avais été un vrai garçon.

— Oh, Truman ! »

Empli de compassion, le cœur de Babe se serra, elle voulait le prendre dans ses bras et le ramener à la maison, lui donner l'enfance qu'il méritait, l'amour dont il avait manqué. Après avoir souhaité être sa maîtresse, elle voulait être sa mère, tout ça dans la même journée ; désorientée une fois de plus par toutes ces émotions, si différentes les unes des autres, en dents de scie, si *bibliquement* différentes, elle fut comme prise de vertige.

« Et maintenant, aujourd'hui, il y a ce que tu m'as dit tout à l'heure. Babe, à cet instant précis, en cette minute, j'aimerais être un vrai garçon, pour toi, mon cœur. Ainsi, je pourrais te donner ce que Bill, ce salaud, ne te donnera pas. C'est ce que je voudrais vraiment. Ne serait-ce qu'en cet instant, tu comprends ? C'est vrai, c'est une réalité, c'est tout ce qu'il y a de plus réel en moi quand je suis avec toi. »

Babe cligna les yeux pour y balayer des larmes de surprise. Elle posa son regard sur la petite main manucurée de Truman dans la sienne, puis sur le reste de son corps, ses petites jambes qui touchaient à peine le sol, son pantalon de tweed, son petit ventre rond qui tirait sur les boutons de son gilet en cachemire. Elle pensa à ce qui ne se voyait pas, les parties de son corps qu'elle n'avait jamais vues, et elle fut submergée par le désir de les voir, de le toucher, de l'exciter, de le mettre au défi de faire la même chose avec elle, de passer outre à sa vraie nature, d'être un vrai garçon – un homme, un vrai.

Mais, dans cas, il ne serait pas Truman, n'est-ce pas ? Car cette différence, cette singularité – bon sang, Babe, dis-le : bon, d'accord, sa *bizarrerie* – était le fil de la Vierge, le fil original qui servait aux points de suture pour tisser ensemble tout le reste, l'intelligence, le talent, la confiance, la soif de beauté. Son sérieux – c'est ce qu'elle admirait le plus chez lui, disait-elle aux autres. Combien il était sérieux et entièrement dévoué à son travail, aux gens et à la vie.

Et s'il n'était que ça, il n'aurait pas réussi à faire partie de son entourage. C'était cette « autre » qualité qui avait permis à Bill d'approuver sans crainte leur amitié, de l'inviter dans leur vie sans aucune réticence. Truman hétéro ne serait pas Truman. Et même elle, Babe Paley, une déesse au milieu de simples mortels, ne pouvait se résoudre à croire qu'elle pouvait être la seule femme dans sa vie, tandis qu'il continuait à coucher avec des hommes. Ce n'était tout simplement pas possible, et elle le savait.

« Truman, mon chéri, ne sois pas bouleversé à cause de moi. C'est juste une chose qu'a dite mon analyste, une lubie, et la preuve de combien je t'aime. Une coucherie, un rapport sexuel ne pourrait pas nous rapprocher plus que nous ne le sommes déjà. » Et, le disant, Babe comprit que c'était vrai.

« Je sais. » Truman avait maintenant les yeux secs, mais sa main était restée dans celle de Babe. Il l'y laissa quand ils prirent un taxi et – sentant qu'ils n'avaient envie ni l'un ni l'autre de revenir dans ce monde qui attendait trop d'eux, parfois – Babe, sous le coup d'une impulsion, demanda au chauffeur : « Combien coûterait une course jusqu'à Long Island ? »

La réponse importait peu, bien sûr. Babe paierait, sans discuter.

Et donc Babe et Truman battirent en retraite dans la maison de Kiluna en ayant le sentiment d'être deux enfants fugueurs, ce qu'ils étaient. Le personnel fut surpris de les voir mais se montra à la hauteur de la situation, ce pour quoi ces gens de maison avaient été choisis et formés. Dans une atmosphère d'intimité, Babe et Truman partagèrent un dîner agréable, ils mangèrent des cailles et des pommes de terre devant un feu de cheminée dans la bibliothèque, et n'échangèrent guère plus que quelques mots. Babe était simplement heureuse d'être avec lui, après tous les bouleversements émotionnels de la journée, et de garder les yeux posés sur son visage si rose où se lisait sa nature sensible, tout en sentant, de temps à autre, la main de Truman s'emparer des siennes ; elle se réjouissait tout autant quand il les lâchait pour se perdre dans ses pensées et que, malgré tout, d'une certaine manière, il était toujours là, avec elle. Qu'il se sentît aussi à l'aise, se comportant avec autant de naturel, sans avoir besoin de s'efforcer d'impressionner ou de distraire, était en soi un cadeau.

« Bonne nuit, mon chéri », lui dit Babe après qu'ils eurent monté l'escalier main dans la main ; ils étaient devant la porte de sa chambre. « Normalement, ta chambre habituelle devrait être prête. »

Mais Truman secoua la tête.

« Non, pas ce soir, Babe. Ce soir, je dors avec toi. Dans ton lit, à tes côtés. C'est ça que je veux, être près de toi de la seule manière possible pour moi. »

Pendant quelques secondes, Babe eut du mal à comprendre ; les pensées bourdonnaient dans sa tête, et elle eut un geste de la main pour les chasser comme elle aurait chassé une nuée de mouches. Que voulait-il dire ? Il venait de lui expliquer qu'il ne pouvait pas coucher avec elle. Voulait-il dire seulement dormir ? Dans son lit ? Il lui faudrait donc ne pas se démaquiller car il ne fallait jamais qu'il la voie sans maquillage. Il lui faudrait aussi garder ses fausses dents. Elle ne pourrait pas s'arranger les cheveux pour la nuit. Et que dirait Bill, si jamais l'un des domestiques parlait ?

Lui serait-ce égal ?

« Je ne sais pas, Truman, c'est juste que…

— Doucement. C'est si facile. Viens. »

Et Truman lui ouvrit la porte, la prit par la main et lui fit passer le seuil de la chambre.

« Oh, je… laisse-moi, laisse-moi aller me changer, j'en ai pour une seconde, et si tu veux… tu as besoin d'un pyjama ? Je suis sûre que nous en avons, je vais sonner pour que… » Babe faisait les cent pas en allumant une cigarette. Ses mains tremblaient ; elle avait l'impression que sa peau était tendue à l'extrême, envahie par une sensation de chaleur, comme si une substance étrangère lui bouchait les pores, l'étouffant.

Truman secoua la tête. Il s'approcha d'elle, avec une expression on ne peut plus solennelle dans les yeux ; des yeux où ne brillait aucune lueur d'espièglerie, aucune arrière-pensée machiavélique. Ses grands yeux bleus étaient emplis d'autant de gravité que ceux d'un enfant. D'autant de sérieux que ceux d'un homme.

« Arrête. » Il lui prit sa cigarette pour l'écraser dans le cendrier sur la table de nuit près du lit immense de Babe.

Tremblante, elle resta debout devant lui. Les mains de Truman étaient posées sur ses épaules. Il passa un bras derrière son dos pour descendre la fermeture Éclair de sa robe, et le tissu s'affaissa, laissant son dos dénudé ; elle frissonna, glacée. Tandis que son jupon tombait à ses pieds, elle leva les mains pour se couvrir quand bien même elle portait toujours sa gaine, son soutien-gorge, sa culotte et ses bas.

Truman déboutonna sa chemise. Il ne la quittait pas des yeux ; il l'observait, attentivement, d'un air mélancolique. Comme s'il cherchait quelque chose. Babe ne savait pas quoi. Elle ne savait pas quoi faire, quoi dire, où regarder. Elle concentra son attention sur la poitrine de Truman, qu'elle avait déjà vue, bien évidemment : quand il nageait en s'amusant dans leur piscine ici ou à la Jamaïque, ou encore en septembre dernier lors de la croisière sur le yacht des Agnelli. Elle l'avait même enduite d'huile solaire, s'émerveillant de la douceur de sa peau, si différente de celle du torse de Bill avec ses touffes de poils clairsemés.

Mais, en cet instant, la poitrine de Truman ressemblait à celle d'un ange, si innocente, la peau si blanche, entièrement recouverte d'un fin duvet doré qui semblait l'éclairer d'une lueur éthérée. Ses biceps étaient étonnamment bien dessinés et, avec son visage boudeur, son regard rêveur, il aurait pu ressembler à un Adonis, si ce n'était ce ventre légèrement grassouillet. Il n'essaya d'ailleurs pas de le rentrer comme Babe le faisait, aspirant chaque centimètre de chair et de peau dans sa colonne vertébrale, contractant les fesses, serrant les dents, pour essayer de disparaître en fumée.

Truman l'entraîna sur le lit. « Chut. Attends-moi là », dit-il. Il enleva son pantalon et se retrouva en caleçon et chaussettes noires. À la vue de ses fixe-chaussettes rouges, Babe eut envie d'éclater de rire ; il dut le sentir car il les retira rapidement, exposant ses jambes musclées, parfaites, et, cette fois, Babe retint son souffle.

Truman entra dans la salle de bains ; elle se demanda pourquoi. Peut-être se faisait-il couler un bain ?

Il revint avec des cotons et de la lotion démaquillante.

« Regarde-moi », dit-il, en s'asseyant sur le lit à côté d'elle. « Regarde-moi, ne regarde que moi. Et laisse-moi te regarder, Babe. Te regarder toi, telle que tu es, très belle. Réelle. Toute à moi. »

Imbibant un coton de lotion démaquillante, il l'approcha de son visage. Elle aspira l'air à grandes goulées et, les yeux remplis de larmes, elle commença à protester, à s'agiter.

« Oh, Truman, non, non, je t'en prie, non…

— Si. »

Et il lui tamponna la joue droite, pour la nettoyer. Enlever le maquillage, enlever son masque. Mettant à nu… tout. Toute la laideur.

Elle le laissa faire mais tourna la tête, incapable de supporter l'expression qu'elle lirait dans ses yeux quand, finalement, il verrait tout ce qu'elle avait à cacher.

Elle sentit qu'il soulignait d'un doigt sa cicatrice, celle qui courait le long de sa mâchoire, avec tendresse, avec amour.

« C'est arrivé », dit-elle comme pour répondre à une question qui n'avait pas été posée, « quand j'avais dix-neuf ans. Un accident de voiture, avec un garçon. Tu sais que je ne me rappelle absolument pas son nom ? Nous étions en train de parler, il buvait à même une flasque quand, tout à coup, la voiture a fait une embardée et a percuté un arbre de plein fouet. C'est ce qu'on m'a raconté, après. Je ne me souviens de rien ; ça s'est passé si vite. C'est ce que les gens disent toujours, non ? Que ça s'est passé si vite ? Eh bien, c'est vrai. Nous roulions et soudain il y eut un bruit sourd, comme une explosion, et je me suis réveillée à l'hôpital. Mes parents – même mon père – étaient là, et mon visage était entièrement recouvert de bandages. Je ne pouvais pas bouger ; des harnais, des sangles, des tiges, des broches immobilisaient complètement ma tête et mon cou. Mes bras, même mon torse, étaient attachés au lit. Et ma mère n'arrêtait pas de se lamenter "Ton visage ! Ton visage ! Ton visage si parfait ! Que vas-tu faire maintenant sans ce visage ?" »

Babe déglutit avec autant de précautions qu'elle avait pris l'habitude de le faire à l'hôpital, en restant complètement immobile, prisonnière de son apparence, de son avenir. Truman avait cessé de lui nettoyer la joue et retenait sa respiration, la lotion démaquillante dans une main, le coton dans l'autre. Babe se retrouva à fixer du regard son petit ventre rond qui marquait un bourrelet au-dessus de la ceinture de son caleçon de soie à carreaux.

« Tu sais, ce fut la seule fois où mon père m'a accordé autant d'attention », dit-elle en riant. Un rire qui, même à ses oreilles, sonnait faux. « Pour la première fois de ma vie, mon père était avec moi jour et nuit, il avait fait appel aux meilleurs chirurgiens esthétiques, ceux qui avaient fait leurs armes pendant la guerre. Et tout ça pour mon visage. Peu lui importaient toutes ces années pendant lesquelles j'aurais tant voulu qu'il m'accorde son attention pour mes résultats scolaires, une blague que je lui racontais, ou tout simplement parce que je l'aimais. Et quand ce fut le cas, et que j'eus, enfin, toute son attention, ce fut seulement pour sauver mon visage. "Ma carte de visite", comme ne cessait de le répéter ma mère. Et je pensais – je le pensais vraiment – que si, une fois les opérations terminées et les bandages enlevés, je ne retrouvais pas le même visage qu'avant l'accident, ils ne m'aimeraient plus. Et qu'ils me laisseraient à l'hôpital pour toujours si je n'avais plus "ce visage".

— Babe chérie », fit Truman dans un souffle.

Et, finalement, elle le regarda dans les yeux, de beaux yeux remplis de larmes, de pitié et d'amour pour elle, pour ses cicatrices et le reste.

« Les opérations étaient si douloureuses. » Elle continua, suffisamment hardie maintenant pour tout lui raconter, absolument tout car elle savait qu'il ne l'abandonnerait pas, qu'il ne lui ferait aucun mal, peu importait à quoi elle ressemblait, peu importaient les défauts qu'elle lui confierait. Elle n'en avait jamais parlé avec ses sœurs, n'en avait jamais fait mention à Serge ni à Stanley, son premier mari, ni même, Dieu l'en garde, à Bill qui n'avait aucune patience pour les maux qui n'étaient pas les siens, qui ne se souciait jamais de la provenance de quoi que ce soit, sauf des tableaux qu'il collectionnait. « De petites opérations, une à la fois. De tout petits points de suture pour me recoudre. Certaines fois, sans anesthésie afin que ma peau ne se relâche pas et qu'ainsi les cicatrices soient presque invisibles. Je n'ai pas pu bouger pendant des mois ; je devais rester sur le dos, sans bouger, sans rire ni pleurer, rien, pendant qu'ils réparaient mon visage, mon visage si parfait. Et mes dents… » Elle hésita, ayant toujours tellement honte qu'elle cacha sa bouche d'une main. « Mes dents sont fausses, dit-elle simplement. Mes vraies dents ont toutes été arrachées.

— Oh, ma chérie !

— Au moins, je n'ai pas à m'inquiéter des caries », ajouta Babe en souriant. Puis elle ne sut plus quoi dire d'autre ; elle se sentait bizarre, à moitié dénudée, avec une joue maquillée et l'autre pas. Et elle ne portait toujours rien de plus que ses sous-vêtements.

Truman dut y être sensible car il finit de la démaquiller, balayant le reste de son masque. Exposant aux regards ses autres cicatrices. Celle près de sa lèvre supérieure. Une autre, toute petite, au coin de son œil droit.

Et quand il en eut terminé, il tourna vers lui le visage de Babe. Elle releva la tête et se prépara à affronter son reflet – sans ornement, intact – dans les yeux de Truman.

« Tu es belle, dit-il. Belle. Je ne vois pas les cicatrices. Je ne vois que toi. Babe. Parfaite – et pas seulement parce que tu es absolument ravissante sans tout ce maquillage. Regardez-moi ça, ces pommettes ! Ces yeux ! Mais ce qui te rend parfaite, c'est qui tu es, au fond de toi. Je t'aime, Babe. Je t'aime pour ça. Pour qui tu es, et non pour ton apparence. »

Babe se rendit compte qu'elle ne cachait plus de ses mains son torse à moitié dénudé ; elle n'avait plus cette sensation de froid, de mise à nu, de débraillé.

Elle était complètement détendue. À son aise, pour la première fois depuis l'enfance, juste dans sa peau à elle. Littéralement. Grâce à Truman.

Truman posa la lotion démaquillante et les cotons sur la table de nuit. Il éteignit les lumières et tous deux repoussèrent le couvre-lit et se couchèrent. Ils restèrent sur le dos, côte à côte, pendant un long moment, sans rien dire, même quand Truman attira la tête de Babe vers son épaule et qu'il posa un bras sur elle.

Babe retint sa respiration, écouta les battements de cœur de Truman, si vigoureux, si fiables. Elle l'entendit qui commençait à respirer profondément, et elle sut qu'il s'était endormi.

Mais Babe était bien réveillée. Malgré le sentiment de réconfort qu'elle éprouvait à être étreinte par quelqu'un en qui elle avait entièrement confiance, son corps se languissait d'autre chose. Elle savait qu'elle ne l'aurait jamais plus, pas de la part de Truman, et ce manque la piquait au vif ; toutefois, la douleur n'était pas aussi vive que le rejet que lui infligeait Bill, et qui lui était devenu si familier.

Et surtout, le moment présent la remplissait de reconnaissance. Car le lendemain, elle se maquillerait de nouveau, s'efforcerait de choisir la tenue parfaite, planifierait les jours, les semaines, les années à venir de Bill, vivrait en accord avec les attentes de sa mère, l'amour conditionnel de son père. « Ce visage » serait de nouveau le sien, celui qu'elle afficherait, derrière lequel elle se cacherait, telle une arme, qu'elle utiliserait, comme le faisait le soleil, pour amadouer, séduire, charmer et sidérer ceux qui ne pouvaient croire en sa perfection.

Mais il y aurait toujours une personne qui savait à quoi elle ressemblait, sans « ce visage ». Qui avait vu ses cicatrices et qui l'aimait quand même. Qui ne la blesserait jamais avec des mots, comme le faisait Bill, ou en étant absent, comme l'avait été son père.

Et cette personne, maintenant et à jamais, c'était Truman.

10

La situation avec les Paley devenait compliquée, songea Truman. Et intéressante ; oh, si délicieusement, si merveilleusement intéressante !

Truman avait toujours le souffle coupé quand il revoyait Babe après s'être absenté. Sa beauté ne pâlissait pas ; elle devenait juste plus raffinée à mesure que les années passaient. Son obsession à son égard continuait de le consumer, car il était avide de beauté tout autant que d'amour et de reconnaissance, et s'il pouvait tout avoir en un seul et ravissant, élégant emballage, alors que demander de plus ?

Et sa vulnérabilité, ses confidences émouvantes ; le souvenir de cette journée qu'ils avaient passée rien que tous les deux et de leur nuit partagée – quand, allongé près de la femme de William S. Paley, dans son lit, il l'avait connue plus intimement que son mari ne la connaîtrait jamais – aurait pu le faire pleurer, et le faisait d'ailleurs pleurer parfois. Il était sincère quand il lui avait dit qu'il aurait souhaité pouvoir l'aimer physiquement. Pourtant, même en le disant, une part de lui – cette part qu'il méprisait certains matins lorsque, après une soirée trop arrosée, il souffrait d'une gueule de bois et était plein de regrets – avait réprimé un fou rire en s'entendant déjà réinventer l'histoire afin de pouvoir la raconter à ceux qui aimaient ses histoires, plus particulièrement celles qui évoquaient les gens riches et célèbres, comme eux. Cecil, peut-être – Cecil Beaton, pour le peuple – ou Margaret – la princesse Margaret, pour la plupart des gens. Mais pour lui, ils n'étaient que Cecil et Margaret. Comme l'étaient Liz, Grace, Marlon, Marilyn, Audrey, Humphrey et Betty.

« Bon », commencerait-il, comme il le faisait toujours, de cette voix traînante du Sud qui ne manquait jamais d'hypnotiser, tel le son de la flûte d'un charmeur de serpents. « Vous n'allez pas *croire* ce qui m'est arrivé l'autre jour ! À moi, la reine des tapioles ! Une femme m'a proposé la botte – et pas n'importe quelle femme, attention. Mais la fabuleuse, la seule et unique, Babe Paley ! »

Oh, ce serait une histoire fantastique ! Il pourrait tout simplement s'en repaître pendant des semaines – des années, même ! Mais, en y pensant, un élan de loyauté à l'égard de Babe surgissait qui le mettait mal à l'aise, il était pris d'une envie de l'aimer et de la protéger – des sentiments si inhabituels qu'il avait peine à s'en débrouiller – et, d'une certaine manière, il savait qu'il ne pourrait jamais lui faire une chose pareille. Pas à Babe. Il ne pouvait pas la démasquer de cette façon, pas après qu'elle se fut dévoilée à lui en toute confiance. Il ne pouvait pas l'humilier en révélant sa vulnérabilité, son désespoir.

Mais Bill – bon, c'était une tout autre affaire. Et c'était là que les choses commençaient à se compliquer.

Il aimait bien Bill Paley, ce qui n'était pas le cas de la plupart des gens. Oh, bien sûr, Slim faisait toujours preuve d'une grande loyauté à son égard, quand les autres filles commençaient à critiquer le mari de leurs amies – cependant, Babe ne se prêtait jamais à ce jeu-là. Mais, oh mon Dieu, pauvre Slim ! Oh, la pauvre chérie – mais Truman ne pouvait se permettre de penser à elle maintenant. Non, Bill était le problème numéro 1.

Bill Paley était un caméléon rusé, il pouvait être chaleureux pour, l'instant d'après, devenir dangereusement renfermé et imprévisible. Il n'avait aucune patience, absolument aucune ! Et la manière qu'il avait d'aboyer ses ordres à Babe, quand il avait besoin de quelque chose, mettait Truman hors de lui. Truman savait combien Babe était héroïque, il savait à quel point elle désespérait d'être aimée et désirée ; et de voir Bill la traiter avec grossièreté, avec un tel manque de respect, éveillait en lui un sentiment de malaise on ne peut plus malvenu. En réalité, il en venait parfois à haïr Bill pour tout le mal, la négligence qu'il infligeait à l'exquise, la très chère Babe que Truman aimait. Et qui l'aimait en retour.

Mais ce n'était pas dans la nature de Truman de détester ouvertement les gens qui possédaient une fortune, avaient bon goût et étaient privilégiés. Et il lui fallait bien admettre que Bill possédait toutes ces cartes. La richesse. Eh bien, l'homme était à la tête d'un empire. Télévision, radio, maison de disques CBS ; il investissait dans des pièces à Broadway, il possédait des immeubles, il façonnait le goût des gens. Le bon goût ! Eh bien, pour un homme qui parfois était aussi mal dégrossi qu'un marlou de La Nouvelle-Orléans, il avait l'œil aiguisé en matière d'art et de beauté.

D'ailleurs, il avait choisi Babe, n'est-ce pas ? Rien que ça le grandissait aux yeux de Truman.

Le pouvoir. Revenons à cet empire. Sans compter les relations politiques ; il avait eu la confiance de Truman – l'autre Truman, le Président. Celle d'Eisenhower aussi. Son beau-frère, Jock Whitney, le mari de la sœur de Babe, était l'ambassadeur de la Grande-Bretagne. Mais le pouvoir dépendait toujours directement de l'argent. Bill Paley le savait.

Tout comme Truman le savait.

Quand Bill lui avait demandé de jouer… ce rôle, si particulier, Truman avait hésité la première fois. Au nom de sa loyauté à l'égard de Babe, il avait bredouillé, prétendant ne pas avoir compris la question. Bill s'était immédiatement rétracté, avait changé de sujet pour parler de boxe, un sport qui les amusait tous les deux.

Mais le soir d'après, il avait invité Truman à boire un verre au Links Club. Truman, toujours avide de pénétrer dans ces bastions cachés de la masculinité manifeste, avait accepté. Le Links Club était un vivier de testostérone en ébullition – cuir et boiseries, photos de scènes de golf au mur, du golf et encore du golf, des terrains de golf, des clubs de golf, des hommes en tenue de golf ridicule. Le lieu était composé de petites salles dans lesquelles on jouait en silence au backgammon ou passait des coups de fil à des courtiers en Bourse. Les boissons étaient, sans exception, fortes et pures, authentiques. Pas moins de trois cireurs de chaussures – tous des Noirs – attendaient patiemment juste à l'extérieur du hall d'entrée.

Truman repéra deux hommes qu'il avait rencontrés dans des clubs d'un tout autre genre, au fin fond de downtown. Il avait vu l'un d'eux danser avec un Portoricain basané, habillé comme Carmen Miranda, dans les back-rooms de l'un de ces clubs. Il vit cet homme pâlir à son entrée, mais il n'esquissa pas le moindre sourire, ni ne leva le moindre sourcil, pas plus qu'il ne ralentit le pas tandis qu'il suivait Bill dans un coin intime de la salle principale à la décoration écossaise cauchemardesque – avec ses boiseries sombres et une surabondance de tableaux représentant des hommes en kilt armés de clubs de golf en bois.

« Truman, j'ai besoin que tu me rendes un service.

— Tout ce que tu voudras, Bill », avait répondu Truman, le cœur serré. Personne ne refusait – ou prétendait ne pas comprendre – deux fois de suite ce que vous demandait Bill Paley.

Bill appuya sur une sonnette cachée sous la table et un serveur en livrée surgit d'une porte dissimulée derrière les lambris. Il commanda deux whiskies soda et pianota sur le plateau en acajou de la table ; les fauteuils en cuir patiné étaient confortables, avec de hauts dossiers qui donnaient une illusion d'intimité. Après que leurs verres leur avaient été servis, Bill avait siroté le sien avant de le reposer. Il vit immédiatement la trace humide dessinée par le fond du verre sur le plateau de la table et arbora un sourire espiègle de petit garçon.

« Babe et ses dessous-de-verre. À la maison, on en trouve des douzaines sur toutes les tables. Elle pense que je suis un plouc si je ne les utilise pas.

— Ah, les femmes ! » grogna Truman en faisant semblant de cracher par terre.

Bill s'esclaffa.

« Oui. Les femmes. À elles. » Et il leva son verre à leur santé. Truman fit de même. « Bon, venons-en au fait. Tu sais, cette petite blonde, cette Carol Machin-Chose, une de tes amies ? Je pense que cette fille est formidable. Je parie qu'elle est déchaînée au lit. J'aimerais bien en avoir la preuve. Tu peux m'arranger le coup ? »

Comme la première fois, Truman fut choqué par la franchise avec laquelle Bill exprimait sa requête. Pas de tergiversations, Bill ne tournait pas autour du pot, il allait directement au but. Mais, en même temps, Truman admira sa méthode de conduite. C'était un homme qui savait ce qu'il voulait et qui ne voyait pas l'utilité de perdre du temps pour l'obtenir.

« Bill. Je suis flatté que tu puisses croire que j'ai une quelconque influence sur les femmes, merveilleuses, qui font partie de ma vie.

— Arrête tes conneries, Truman. Tu veux ou tu ne veux pas ? Je peux les avoir toutes, tu sais. » Les jambes de Bill tressautaient nerveusement ; il était toujours agité, il en voulait toujours plus. Chez lui, il ne tenait pas en place et faisait les cent pas. Dans l'avion, il ne restait jamais assis tranquillement, il pianotait tout le temps, croisait et décroisait les jambes, marchait dans le couloir, pour attirer l'attention de Babe et de Truman. Il serrait et desserrait les mains, il grattait, frottait, faisait des gribouillis sur des blocs-notes.

« Dans ce cas, pourquoi tu ne lui demandes pas directement ? » Truman pensa qu'il lui fallait au moins avoir l'air d'être offensé. Sinon, Bill ne le respecterait pas.

« J'ai remarqué qu'être trop direct était de mauvais goût pour ce genre de choses. Les filles n'apprécient pas vraiment. Elles préfèrent être courtisées et penser alors qu'elles sont spéciales. Et il leur faut un peu de temps pour s'habituer à l'idée.

— Bill Paley. Le plus grand baiseur du monde. »

Narquois, Truman haussa un sourcil, et Bill éclata de rire.

« D'accord, d'accord. C'est juste que cette petite blonde me plaît. J'aime les blondes, c'est vrai. Je les aime bien roulées, bien en chair, blondes à la peau claire. Et drôles. J'aime bien qu'elles soient drôles, quand on est au lit.

— Pareil pour moi. On se ressemble beaucoup, tu sais.

— Quoi ? »

Bill fut tellement déconcerté qu'il en recracha presque sa gorgée de whisky et pâlit.

« Eh bien, les clubs, par exemple. » Truman pencha la tête et désigna la pièce autour de lui d'un grand geste. « Il y a certains clubs dans lesquels toi ou moi ne sommes pas admis. N'est-ce pas ? »

Les traits de Bill se durcirent, mais il acquiesça d'un signe de tête. Truman avait entendu parler du terrible fiasco après que Phil Graham avait voulu parrainer Bill pour qu'il devienne membre du prestigieux F Street Club à Washington ; Graham s'était alors entendu dire, en des termes sans équivoque possible, que le Club n'acceptait pas de membres d'origine israélite. Pas même ceux qui dirigeaient d'immenses empires médiatiques.

« Et nous aimons tous les deux avoir des partenaires qui s'amusent au lit. »

Une fois de plus, Bill acquiesça. Prudemment.

« Et nous aimons tous les deux Babe. Ou, tout au moins, moi je l'aime.

— Bien sûr que j'aime ma femme. » Bill sirota lentement son verre, le replaçant délibérément sur la trace humide. « Je ne veux pas que tu en fasses toute une histoire, ça n'en vaut pas la peine. Si tu ne veux pas, pas de problème. Mais on est amis, et entre amis, on se rend service.

— Il y a service et service.

— Écoute-moi bien. Vois les choses autrement. Si tu m'arranges le coup, que tu me trouves une gentille fille qui ne fera pas d'histoires – comme j'en ai malheureusement déjà fait l'expérience –, tout le monde sera content. *Tout le monde*. Et, d'une certaine manière, ça restera entre nous. Car je suis sûr que tu comprends que c'est important. De garder ça pour nous. Pour ne pas foutre la merde et se retrouver dans le pétrin.

— Oui, je comprends ce que ça a d'important pour… nous.

— Truman, tu as la tête sur les épaules. Tu connais des gens intéressants, en particulier des femmes sur lesquelles tu as beaucoup d'influence. Quant à moi, je suis très généreux ; je ne demande pas mieux que d'aider ceux qui me rendent service. Mais, bon, c'est comme tu voudras. »

Bill le couvait sournoisement des yeux. Il recula dans son fauteuil ; il observait Truman, froidement, sans ciller. Truman n'avait aucune idée de ce qu'il pensait.

Puis Bill se pencha vers lui et lui tapa sur l'épaule. « Je viens de penser à une autre ressemblance », dit-il avec un sourire complice. Et, malgré lui, ce sourire excita Truman ; que William S. Paley le considère comme son égal le ravissait. Son copain. Un vrai garçon. Le traumatisme de l'époque de l'école militaire, la vieille blessure de n'être jamais assez viril – mon Dieu, que c'était fatigant, non ? ces choses qui s'enracinaient, qu'on finissait par accepter, et dont on ne se débarrassait jamais, plus jamais ? Comme des squatteurs. Oui. Les traumatismes de l'enfance sont comme des squatteurs. Ils profitent d'une négligence, d'une faiblesse pour s'installer, à tel point que vous ne pouvez plus imaginer votre vie sans eux.

« C'est-à-dire ? demanda Truman dans un soupir mélancolique. Comment ça ?

— Nous sommes des collectionneurs tous les deux. Nous collectionnons les femmes. Toi et tes... comment tu les appelles déjà, Babe et ses amies ? Tes cygnes ?

— Ah, mais c'est là où nous sommes différents, répliqua Truman avec un sourire bien peu chaleureux.

— Pourquoi ?

— Je ne les traite pas comme de la merde. »

Bill, qui s'apprêtait à avaler une autre gorgée de whisky, se figea. Il resta assis une minute, une longue minute à vous glacer le sang, à regarder Truman fixement, ses yeux ne trahissant aucune émotion, aucune colère mais aucune amabilité non plus. Puis il se leva brusquement en disant qu'il avait rendez-vous pour dîner avec un sponsor, mais que Truman pouvait prendre son temps et rester un peu s'il le souhaitait. Et, soudain, il fut parti, après une brève mais vigoureuse poignée de main.

Truman le regarda partir ; Bill traversa la pièce en quelques rapides enjambées. Truman prit son temps pour terminer son verre. Aucun serveur aux regards lourds de sous-entendus insupportables ni aucun murmure choqué ne le dissuaderaient de rester. En cet instant précis, il faisait partie de ce club, il était là avec eux, des hommes qui dirigeaient des empires, qui frayaient avec des présidents et des rois. Des hommes qui avaient besoin de lui. Des hommes qui lui demandaient de leur rendre des services qu'on se rendait entre hommes.

Mais le rouge lui monta aux joues ; il se ridiculisait. Il ne voulait pas être comme eux, pas vraiment ; leurs vies étaient bien plus remplies de mensonges et de parts d'ombre que ne l'était la sienne. Il valait mieux qu'eux, oui ; il eut une folle envie de monter sur la table et de crier : « Oui, je suis un homosexuel ! Et j'ai envahi votre club, et vous n'y pouvez rien ! L'un d'entre vous a-t-il envie de prendre une photo, vous, des hommes obsédés par des clubs de golf géants et des petites balles ? »

Il rit sous cape, en souhaitant vivement, de toutes les fibres outrancières de son corps, pouvoir le faire.

Mais il ne pouvait pas – ou, plutôt, il *ne voulait pas.* C'était lui qui en décidait, pas eux.

Il prit vraiment son temps pour finir son verre, prenant plaisir à provoquer autour de lui un malaise grandissant. En sortant, il chuchota à l'oreille de l'homme qu'il avait vu danser avec le Portoricain : « Chéri, avec moi, ton secret est bien gardé. »

Mais il réfléchit à ce qu'il n'avait pas vraiment demandé à Bill Paley :

Et Babe dans tout ça ?

Était-ce la trahir que d'aider son mari à la tromper ? Eh bien, oui. En soi, c'était une trahison.

Mais Bill était aussi son ami. Bill tromperait Babe avec ou sans l'aide de Truman puisque c'était déjà le cas depuis des années. Babe le savait. Merde, la ville entière le savait !

Bill trompait Babe, et Slim trompait Leland et Gianni trompait Marella et Gloria trompait Loel et Loel trompait Gloria – et Loel avait trompé Gloria avec Pam Churchill, quand on y repensait – et Truman trompait, oui, il trompait Jack et Jack le trompait. Mais, dans leur cas, on ne parlait pas de tromperie car ils étaient tous les deux au courant des conquêtes de l'autre et en parlaient même en détail. Et pourtant, ils restaient tous ensemble. En majorité, tout le monde savait se tenir, ne faisait pas d'histoires et gardait ça secret, en dehors de leur cercle – ne chie jamais dans ta propre cour, lui avait un jour conseillé Slim, énigmatique, les yeux rouges.

À la fin de la journée, tout le monde rentrait chez soi ; on les voyait sortir dans le monde ensemble, et on les prenait en photo ensemble – *Mr et Mrs William*

S. Paley au Metropolitan Museum of Art, pour inaugurer l'ouverture d'une nouvelle aile. Car c'était ce qui importait, ce qui comptait.

Et si lui, Truman, pouvait rendre Bill heureux afin qu'il continue à rentrer chez lui retrouver Babe – qui serait anéantie si jamais il prenait une décision aussi démodée que demander le divorce, comme c'était apparemment le cas de Leland avec Slim –, alors Truman ne commettait-il pas une bonne action ?

Aider un autre homme n'était-il pas la preuve qu'il en était un lui aussi, un vrai ?

Ne faisait-il pas preuve d'une véritable amitié, et de loyauté à l'égard de Babe, en veillant au moins à ce que Bill n'attrape pas une chaude-pisse ? Et ne serait-il pas là pour elle, toujours, à chaque fois qu'elle aurait besoin d'une épaule pour pleurer, de quelqu'un pour ramasser et recoller, en une jolie mosaïque, les morceaux de son cœur brisé et le lui rendre comme un cadeau ? Un cadeau qu'elle chérirait à jamais et qui lui rappellerait Truman ; chaque jour ce cœur adorable battrait vaillamment et, jamais, au grand jamais, ne le blesserait lui, Truman, ou ne l'abandonnerait. Un cœur qui l'aimerait comme il méritait d'être aimé, enfin.

Oui. Oui, c'était ça. Il le faisait pour Babe.

Il téléphona donc à son amie de longue date, Carol Marcus Saroyan Saroyan (car elle avait épousé Bill Saroyan deux fois) Matthau et l'invita à déjeuner au 21. Après qu'ils eurent terminé leurs salades, il lui demanda : « Tu connais Bill Paley ? »

Carol, une blonde délicieuse, aux courbes appétissantes, à la peau laiteuse, avec ses grands yeux bruns de petite fille, frissonna. Elle et Truman étaient amis depuis l'enfance, deux enfants négligés par des mères qui s'accrochaient pour mettre un pied chez les gens de la haute à Manhattan. Carol était faite pour plaire aux hommes ; elle était destinée à recevoir chacune de leurs pensées les plus concupiscentes et les plus sentimentales aussi. Qu'elle se fût récemment mariée avec cet acteur pauvre – Matthau Machin-Chose –, plutôt qu'avec un homme riche, avait quelque peu contrarié Truman. Avec des atouts pareils, c'était un prodigieux gâchis, purement et simplement.

« Bill Paley ? répéta Carol avec une moue. Oui, je le connais. À peine. Il m'a coursée une fois autour d'une table.

— Tous les hommes ayant des pulsions sexuelles t'ont coursée une fois au moins autour d'une table, ma jolie.

— C'est vrai.

— Tu as dû lui faire de l'effet, car Bill m'a posé des questions à ton sujet. Il voulait que tu saches que tu es exceptionnelle. Son idéal, je crois que c'est comme ça qu'il l'a formulé.

— Et alors ? »

Carol toucha à peine au verre de Manhattan posé devant elle, sauf pour en sucer la cerise, à la manière de Lolita.

« Il serait très honoré si tu acceptais qu'il t'invite à dîner un soir. Bientôt. Rien que vous deux, évidemment. Un tête-à-tête tranquille.

— Il veut me séduire ?

— Eh bien, je ne suis pas sûr que Bill soit vraiment un séducteur, mon chou. Il est plutôt le genre d'homme à "lancer une offensive", je pense. Après tout, il est ami avec Eisenhower.

— Les hommes de la Seconde Guerre mondiale ! Ils ne cessent jamais de préparer de nouvelles batailles.

— Non, en effet. Mais pour en revenir à nos moutons, ma très chère Carol, je sais que tu es folle de cet acteur que tu as épousé – bien que, pour ma part, je ne comprenne pas pourquoi – mais je pensais que ce serait bien pour vous. Bill peut tirer des ficelles, bien sûr ; il a de l'influence dans le milieu. Et il s'est vraiment entiché de toi, on dirait. Tu es tout à fait son genre.

— Le genre femme mariée ?

— Idiote ! Non, blonde et bien roulée.

— Et lui, *il est marié* à Babe, bon sang ! Babe Paley ! Je ne lui arrive même pas à la cheville, regarde-moi ! »

Et Carol désigna d'un geste sa robe paysanne à froufrous, qu'elle aimait porter pour mettre en valeur sa féminité. Truman en avait eu assez d'essayer de lui faire porter des vêtements plus élégants ; il avait laissé tomber.

« Chérie, Babe Paley est la perfection. Et mon amie, mon ange le plus cher, et donc tu dois bien comprendre à quel point je suis peiné. Mais, de toi à moi, Babe et Bill – eh bien, ils ne sont pas vraiment intimes pour ces choses-là. Tu les connais, ces couples mariés de la haute ! Ils s'appartiennent. C'est dans leurs gènes.

— Non, Truman, je ne suis pas d'accord. Dis à Bill Paley d'aller… bon, dis-lui ce que tu crois qu'il devrait faire, mais moi je ne ferai pas partie de ses conquêtes. J'aime beaucoup Babe. Je *l'admire*.

— Oui, je me doutais bien que ce serait un problème, acquiesça Truman, tristement. La plupart des femmes que je connais l'admirent. Et ta très chère amie Gloria ? Gloria Vanderbilt ? Elle n'est pas exactement le genre de Paley mais elle pourrait faire l'affaire. Crois-tu qu'elle serait intéressée ?

— Truman, mon chéri, écoute-moi. »

Carol s'était levée ; elle attrapa son sac à main, laissant à Truman le soin de régler l'addition. Il faisait preuve d'une grande générosité envers ses amis de longue date, notamment ceux dont l'étoile ne brillait pas aussi haut que la sienne. Il était toujours heureux de payer.

« Oui.

— Ne joue pas au mac. Ça ne te va pas. Tu es trop petit pour ça. »

Truman tapa dans ses mains, ravi, et rejeta la tête en arrière en éclatant de rire.

« Oh, Carol, tu es divine ! »

Il riait encore tandis que Carol filait vers la sortie du restaurant. Mais le problème n'était pas réglé pour autant. Jusqu'à ce qu'il voie Pamela Churchill entrer dans la salle ; elle le repéra, assis tout seul à une table. Elle arbora son habituel sourire poli, laissant voir ses dents toutes neuves, grâce à la générosité de l'un ou l'autre de ses amants. Truman ne pouvait s'empêcher d'apprécier son teint de porcelaine anglaise ; en revanche cette robe ! Du satin, dans la journée ? Mon Dieu, cette femme n'était qu'une vulgaire poule déguisée en brebis – il avait du mal à croire qu'un homme puisse sérieusement penser à l'épouser. Elle avait été entretenue par tous les hommes importants de l'époque – Gianni Agnelli, Averell Harriman, un Rothschild ou deux. Même Paley l'avait entretenue pendant la guerre – tout au moins c'est ce que disait la rumeur –, quand il ne la partageait pas avec Ed Murrow. Et, maintenant, Leland Hayward…

Elle le vit, lui fit signe de la main, d'un geste digne de la reine d'Angleterre, et vint vers lui.

« Pamela ! Chérie ! Tu es divine !

— Oh, Truman, tu es adorable », murmura Pamela avec un accent anglais maniéré. Elle se lança dans son fameux numéro de charme ; elle battit des cils comme un agneau qui vient de naître, sourit comme une écolière, afin de lui faire croire qu'il était le seul homme au monde qui comptait pour elle.

Truman apprécia les efforts fournis ; il se devait d'admirer une femme qui se donnait autant de mal, tout en sachant très bien qu'il ne coucherait jamais avec elle. Pas plus qu'il ne lui offrirait de bijoux.

« J'étais sur le départ, ma chérie, mais je suis sûr que tu vas passer un moment merveilleux, n'est-ce pas ?

— J'ai rendez-vous avec Leland, ronronna-t-elle. Il ne peut tout simplement pas se passer de moi ! Le pauvre homme a été complètement abandonné par Slim, qui est une fille adorable, mais quelque peu frivole.

— C'est un homme sage », rétorqua Truman en agitant un doigt coquin en direction de Pamela. Elle gloussa, il paya l'addition, l'embrassa sur la joue et partit.

C'était un après-midi d'automne frais et pluvieux qui donnait à la Cinquième Avenue un air sordide et miteux, avec ses trottoirs luisants de pluie, tapissés d'une couche de pâte de papier, celle des vieux journaux mouillés, et d'ordures. Les gens marchaient vite, n'ayant qu'une envie, celle d'échapper à la pluie, et il ne cessait d'être bousculé par les passants, d'un coup d'épaule ou de parapluie. Mais il continua à marcher lentement, les mains dans les poches, la tête baissée, les lunettes embuées par la pluie. Arrivé au Waldorf, sa décision était prise ; il ôta son manteau, secoua la tête comme un épagneul mouillé, essuya ses lunettes et prit l'ascenseur jusqu'au dernier étage. Il frappa à une porte.

« Truman !

— *Big Mama !* Ma pauvre chérie ! »

Slim Hawks Hayward était affreuse à voir. Tout simplement affreuse. Elle avait maigri – à la hauteur des exigences que lui valait son surnom, pour la première fois depuis des années –, ce qui lui donnait l'air exténuée et non pas élégante et féline comme elle l'était dans sa jeunesse. Ses cheveux étaient décoiffés : filasse, ils n'avaient pas été teints récemment et l'on pouvait en voir les racines plus foncées. Elle ne portait pas de lunettes de soleil, comme elle en avait pris l'habitude à cette époque, où qu'elle aille, et il put voir ses yeux gonflés et injectés de sang.

« Allez, *Big Mama*, ne me dis pas que tu as pleuré, si ? À cause de ce fils de pute ? Quelle honte !

— Non, je n'ai pas pleuré. En tout cas, pas depuis le petit déjeuner. Mais au fait, entre.

— Ma chérie, il fallait que je te le dise. J'ai vu Pamela à l'heure du déjeuner. Évidemment, je l'ai complètement *ignorée*, elle est *morte* pour moi. Par loyauté à l'égard de ma *Big Mama* ! J'ai tout simplement ignoré cette chose. Morte et enterrée.

— Si seulement c'était vrai. »

Slim, vêtue d'une chemise d'homme beaucoup trop grande avec les initiales LH brodées sur la poche de poitrine et d'une salopette dans laquelle elle flottait, marcha en direction du canapé et attrapa la cigarette qui se consumait dans le cendrier.

« Oh, Slim ! » Voyant à quoi elle en était réduite, les yeux de Truman se remplirent de larmes. Vivre dans une suite du Waldorf et porter les vêtements de son futur ex-mari. Autant porter un cilice.

Slim avait toujours été la plus pétillante, la plus énergique de tous ses cygnes, tant elle avait de l'humour et tant elle aimait la vie. Elle l'avait accompagné, quand il était retourné en Union soviétique quelques années auparavant en pensant écrire un article qui serait un compte rendu de son voyage pour faire suite à *Les muses parlent*. Elle avait alors réussi à persuader, en dernière minute, Cary Grant de se joindre à eux. Cary Grant ! Slim Hayward ! Truman Capote ! Une bande de joyeux lurons !

Si ce n'était que Cary Grant se préoccupait trop d'être reconnu par les gens comme étant Cary Grant. Si quelqu'un ne s'arrêtait pas pour regarder à deux fois son célèbre minois, il n'hésitait pas à accentuer certains traits de son visage, à creuser sa fossette au menton, ou encore à se faire remarquer en parlant très fort avec cet accent cockney si particulier qui était le sien. À tel point que Slim et Truman ne purent s'empêcher de pouffer de rire tellement il était ridicule, et Cary Grant avait alors décidé de bouder pendant tout le reste du voyage. Puis il avait fini par descendre précipitamment du train en Finlande et était reparti pour Hollywood.

Mais Slim n'était pas orgueilleuse. Elle se moquait que Truman la voie au lever ou juste avant d'aller se coucher ; elle ne passait pas son temps à retoucher son maquillage. Il lui suffisait de s'envelopper d'un manteau de fourrure, de s'affubler d'une paire de lunettes de soleil pour affronter le monde tête haute, et elle ne cessait jamais de lui raconter des histoires.

Et Truman, comme la plupart des gens qui racontaient des histoires, adorait écouter, presque autant qu'il aimait raconter.

Slim lui avait raconté la fois où la femme de Hemingway – la dernière, celle que personne n'aimait – avait essayé de la noyer dans la piscine après que Papa l'avait draguée trop ouvertement. Elle lui avait raconté sa liaison sans lendemain avec Frank Sinatra – « Il a chanté quand il a joui. Je te le jure ! J'ai cru mourir de rire mais ça m'était égal. Il avait ce truc, tu sais, cette virilité de mâle sicilien. Et il m'a fallu lui dire qu'il était le meilleur de tous ceux que j'avais eus. » Elle lui avait raconté les auditions pour *South Pacific*, dont son mari Leland avait été le producteur, et la façon dont les gens leur avaient dit, le plus sérieusement du monde, qu'il ne fallait pas monter la pièce à Broadway parce que le spectacle était « sacrément trop bon et que personne ne comprendrait ».

Un jour, alors qu'ils avaient vraiment beaucoup trop bu, ils avaient décidé d'appeler Babe, un appel longue distance, pour lui raconter une histoire très choquante, pas du tout le genre d'histoires à raconter à Babe ; ils avaient demandé l'interurbain à l'opérateur, avaient attendu la communication – en buvant des shots de vodka – et quand Babe avait fini par être à l'autre bout de la ligne, Slim avait raconté, en bredouillant, incapable d'articuler, une histoire scabreuse selon laquelle elle avait un jour eu des relations sexuelles en ayant ses règles, et combien l'homme en avait été horrifié. Puis elle avait été prise d'un fou rire nerveux qui s'était terminé dans les pleurs ; Truman avait attrapé le combiné et raconté à une Babe choquée que Slim devait avoir ses règles, pauvre chérie, qu'il fallait lui pardonner et bisous, bisous, Bobolink, tu es la seule, l'unique, et tu me manques !

Il avait raccroché et supplié Slim de lui raconter cette histoire à nouveau.

À cette époque-là, Slim était la reine du monde. Suffisamment sûre d'elle et de son mariage pour laisser son mari à la maison pendant qu'elle voyageait. Suffisamment bête pour croire qu'elle pouvait avoir quelques aventures et les lui raconter, en croyant que c'était sans importance – une erreur fatale que Truman l'avait suppliée d'éviter. À peine avait-elle atterri qu'elle repartait et, cette fois-là, ce fut l'Italie avec Betty Bacall. Ivre, elle appelait ses amies au milieu de la nuit mais, parce que c'était Slim, peu importait ! Et elle tenait compagnie à Betty, elle la faisait rire, ce dont Betty avait besoin, car Bogie[1] était mort récemment.

Mais ce fut pendant ce voyage en Italie que tout dérailla. Et, maintenant, regardez-la.

« Slim chérie, je veux juste ne pas te quitter d'une semelle et m'occuper de toi. J'ai une excellente idée ! On va inventer un truc à propos de Pamela et répandre une rumeur ! Je pourrais inventer une maladie horrible ou quelque chose comme ça !

— Pourquoi pas une chaude-pisse ?

— Parfait ! »

Slim rit du bout des lèvres. Elle tourna la tête et Truman sut qu'elle pleurait.

« Babe est anéantie par tout ça, évidemment. Tu le sais, non ?

— Oui, oui. Babe vient tous les jours. Elle nettoie, me fait livrer à manger et s'assure que je prends un bain. Elle m'invite à Kiluna tous les week-ends et m'a dit que je pouvais aller à Round Hill en Jamaïque quand je voulais. Babe est… c'est Babe, quoi. L'amie la plus gentille que j'ai jamais eue. Et je ne la mérite pas.

— Tu ne lui en veux donc pas ?

— Oh non ! Comment pourrais-je lui en vouloir ? Elle a fait ce que je lui avais demandé – elle s'est occupée de Leland pendant mon séjour en Italie. Elle a fait en sorte qu'il ne se sente pas seul. Merde, quelle idiote j'ai été ! Quelle idiote je suis !

---

1. « Betty », pour Lauren Bacall. « Bogie », diminutif de Humphrey Bogart.

— Rappelle-moi ce que tu as dit à Leland, quand il t'a appelée ? C'était parfait, Slim ! Tellement bien vu, si vrai !

— Je lui ai dit, quand il a annoncé qu'il voulait divorcer, je lui ai dit : "Leland, personne *n'épouse* Pam Churchill !" Et c'est vrai ! Combien d'aventures cette grue a-t-elle eues ?

— Des dizaines, des centaines. D'où la chaude-pisse !

— Mais comment est-ce possible ? Mon mari. Le dernier des grands romantiques. Qui veut se marier avec cette salope. » Slim se releva, donna un coup de pied dans la table basse et se dirigea vers le bar. Elle ouvrit une bouteille de scotch, interrogea du regard Truman, qui acquiesça, et leur servit deux grands verres sans même prendre la peine d'y ajouter des glaçons.

« Babe n'avait pas d'autre choix que l'inviter. Pam était invitée par Jock et Betsey, et Babe avait besoin d'une femme en plus pour le dîner, ce soir-là, et Leland était là et donc…

— Je sais, je sais ! Mais ce n'est pas comme si Leland ne connaissait pas Pam ! Pourquoi ce soir-là, pourquoi ce dîner en particulier, je ne comprendrai jamais. Et elle était tellement charmante avec moi, quand Betty et moi étions en Europe ! Elle n'a cessé de m'envoyer des fleurs, de me téléphoner pour savoir si elle connaissait des gens à qui nous aurions aimé être présentées ! Et de me dire que c'était tout naturel de la part d'une amie – du moins de la part de celle qui se disait mon amie… »

Les mains de Slim se mirent à trembler et elle dut reposer son verre. Elle semblait au bord de la crise de nerfs, mais elle respira à fond, serra les poings, saisit de nouveau son verre et tendit le sien à Truman.

« Mais c'est comme ça. Certains diront probablement que je n'ai que ce que je mérite. Leland veut divorcer. Je ne vais pas discuter. Plus maintenant.

— Dans ce cas, venge-toi, rends-lui la monnaie de sa pièce. Prends un amant.

— Eh bien, tu le sais. C'est ce que j'ai fait. Sinatra. Peter Viertel. » Slim jeta un coup d'œil à Truman et se mordit la lèvre. « Et d'autres. Et, oui, j'imagine que – non, je *sais* que c'est la raison pour laquelle il a été sensible aux charmes de cette pute anglaise. Mais pour l'amour de Dieu, Truman – c'est ça le mariage, évidemment. Tu as des à-côtés pour assouvir tes besoins, mais tu *restes* marié, merde !

— Évidemment. À moins que tu ne sois qu'un pauvre type qui vient du Midwest, avec des chimères propres au Midwest selon lesquelles on se marie par amour. Rappelle-moi d'où vient Leland. Du Nebraska ?

— Mais je l'aime, *True Heart* ! Je l'aime vraiment ! C'est ça le truc ! J'aime cet homme et je pensais – oh, mon Dieu, oui, c'est ça ! »

Slim paraissait effondrée ; elle reposa son verre sans en avoir bu une gorgée.

« Quoi ? » Truman n'attendit pas la réponse ; il avala une grande lampée de scotch. Il était encore trempé après la saucée qu'il avait prise. Puis il grimaça ; ce n'était pas la bonne came habituelle, le Johnnie Walker Black. Il ne savait pas ce que c'était mais, stoïque, il réprima son dégoût devant *Big Mama* qui restait là, clouée sur place, comme si elle venait de se voir, complètement défaite, dans le miroir.

« Oh, mon Dieu. Je me suis mariée avec le dernier homme vieux jeu de New York, n'est-ce pas ? Ce salaud, ce pauvre idiot au cœur tendre ! Leland ne peut tout simplement pas imaginer de coucher avec une femme à moins de l'épouser. Même avec Kate Hepburn, maintenant que j'y pense. Leland voulait l'épouser, mais Kate a dit non, car elle voulait se concentrer sur sa carrière. Et maintenant, Pam. Il a couché avec elle et il faut donc qu'il l'épouse.

— Et j'ai entendu dire qu'elle ne perdait pas de temps. » Truman but une autre lampée de scotch et, d'un geste de la main, incita Slim à en faire autant. « Elle choisit des services en porcelaine chez Tiffany.

— Mon Dieu. De la porcelaine. Comme si c'était ce qui définissait le mariage – un service en porcelaine. De l'argenterie. Et au bout du compte, tout ça n'a aucune importance. Je me suis occupée de ses enfants, tu sais ! Ces pauvres gosses, les enfants de Maggie Sullivan, complètement paumés, bousillés. J'ai organisé sa vie. J'ai choisi ses chaussettes, ses chemises, j'ai donné des réceptions pour les soirs de première et je l'ai accompagné à toutes les auditions de tous ses spectacles, en veillant tard, j'ai commandé des sandwiches et du café quand ils passaient tous la nuit à essayer de finaliser les choses. C'est ça le mariage. Et il est en train de tout foutre en l'air. »

Les yeux de Slim se mouillèrent à nouveau et elle laissa même une larme couler le long de son nez aristocratique et finir dans son verre sans paraître le remarquer.

« Bon, maintenant, *Big Mama*, écoute *True Heart.* » Truman tapota le coussin du canapé près de lui. Slim s'assit. Elle lui donnait l'impression d'être une marionnette et lui le marionnettiste. À ce moment-là, il aurait pu lui faire faire n'importe quoi. Et il y comptait bien.

« Tu as compris ce qu'était le mariage. Le mariage, tel qu'on l'entend dans notre milieu. Cette petite idiote de Carol Matthau n'a pas compris – elle est adorable, mais elle s'est mariée par amour. Et non pour en tirer profit. Elle est exactement comme ce pauvre Leland. Mais tu es beaucoup plus intelligente. Et je me demandais si tu savais à quel point tu pouvais aider un ami ? Ou, pour être exact, un couple d'amis ?

— Quoi ? En quoi pourrais-je être utile à quelqu'un maintenant ? Sans Leland… je ne suis plus rien. Je suis une divorcée sans fortune. Marella et Gloria et C.Z. – elles ne vont pas mettre longtemps à me laisser tomber.

— Non ! Sinon, je les poignarderai en plein cœur ! »

Et Truman ne doutait absolument pas de le faire ; il défendrait *Big Mama*, qui l'aimait. Pas autant que l'aimait Babe ; non, il le savait. Slim paraissait toujours le regarder avec un léger soupçon. Slim était maligne ; Slim savait se protéger. Et elle ne l'aimerait jamais comme Babe l'aimait – d'ailleurs, elle n'avait pas autant besoin de lui que Babe. Et il n'avait pas autant besoin de Slim qu'il avait besoin de Babe. Et ils le savaient tous les deux, ce qui était réconfortant, sans l'être.

« *True Heart* », dit Slim dans un soupir mouillé de whisky. Elle tapota la main de Truman, avala une gorgée et eut le hoquet. « Je t'aime. Je t'aime vraiment. Raconte-moi une histoire. Quelque chose d'amusant. Remonte-moi le moral, car j'ai le cafard.

— Non, ce n'est pas vrai. » Soudain, Truman eut la nausée ; tous ces gens, avec leurs drames, leur égoïsme, les services rendus, le dégoûtaient. Il en eut assez de leur richesse et de leurs privilèges avec lesquels ils obtenaient ce qu'ils voulaient, avec lesquels ils l'avaient eu *lui*, avec lesquels ils l'avaient piégé à tel point qu'il se sentait lamentable, sale et sordide – encore plus que d'habitude.

« Qu'est-ce qui n'est pas vrai ?

— Tu ne m'aimes pas, *Big Mama*. Personne ne m'aime.

— Bien sûr que si ! Nous t'aimons tous !

— Non, ce n'est pas vrai. Personne ne m'aime – à part Jack, peut-être. Regarde-moi. Je suis une bête de foire pour toi, pour vous tous, n'est-ce pas ? Une distraction, un caprice, une bonne blague. Quelqu'un dont on se sert.

— Mais non, pas du tout. Qu'est-ce que tu racontes ? »

Truman se laissa aller contre le dossier du canapé et prit un coussin dans ses bras. Il leva les yeux vers *Big Mama* qui se tenait maintenant debout devant lui, sous le choc, perdue. Désespérée. Mais c'était une femme, elle s'en sortirait. Elle trouverait bientôt quelqu'un d'autre à épouser. Elle était coriace, *Big*

Mama était coriace. Aussi coriace que de la corne ; plus coriace que lui.

Plus coriace que Babe ; celle qui l'aimait, se souvint-il. À la pensée de ce qu'il avait fait – et de ce qu'il avait été sur le point de faire –, son estomac se souleva. Pour Babe, et pour elle seule, il était autre chose qu'un bouffon, qu'une passade – qu'un pédé.

« *True Heart*, de quoi tu parles ? J'ai dit quelque chose de mal ? Je suis désolée, je suis… je ne suis pas moi-même aujourd'hui.

— Non, Slim, non. »

Il soupira. C'était trop difficile de dire la vérité à ces gens-là, de leur parler honnêtement, sérieusement, et de ne pas se contenter de bons mots ou de reparties vachardes. Ils n'étaient tout simplement pas capables de le voir autrement ; il était trop petit, trop différent, trop maniéré pour être pris au sérieux. Seigneur, et aucun d'entre eux n'était un tant soit peu littéraire ! Non, il n'aurait jamais été admis dans leur cercle avec son seul talent ou sa sincérité. Il ne fit donc que hausser les épaules et adresser un pauvre sourire à *Big Mama*.

Et il décida, tout du moins pour ce jour-là, qu'il ne jouerait pas les rabatteurs pour Bill Paley.

« Bon, où en étions-nous ? » demanda-t-il en tapotant la main de Slim. « N'étions-nous pas sur le point de répandre une rumeur à propos de Pam ? »

Slim dégagea ses cheveux filasse de son visage – de profil, ses traits n'étaient plus aussi juvéniles et fermes qu'avant, la pauvre chérie ; finalement, elle allait en baver pour retrouver quelqu'un à son âge –, elle décrocha le téléphone et lui tendit le combiné.

« Tu t'en charges, *True Heart*. Ce sera plus crédible, si ça vient de toi.

— Oui », répondit tranquillement Truman, d'une voix traînante, qui se fit zézayante, théâtrale, intrigante. « Oui, *Big Mama*, petite chose bien avisée, rusée. Bien sûr. Bien vu ! Qui doit-on appeler en premier ? Qui aura le privilège… oh, attends une minute, je sais ! »

Il composa un numéro et lui fit un clin d'œil espiègle.

« Gloria ? Ma chérie ! C'est moi, Truman ! Tu es au courant pour Pam Churchill… »

Et Slim se mit à glousser.

Palm Beach, Floride

17 octobre 1975

C.Z. raccrocha.

C'était Truman, bien sûr. En pleurs, indigné, agressif, plein de remords.

« *Je ne comprends pas !* » avait-il crié. Il enrageait. Toutefois, après avoir repris son souffle, il avait lamentablement éclaté en sanglots. « Mais qu'est-ce qu'elles croyaient ? Je suis un écrivain ! J'écris d'après ce que je connais ! »

C.Z. l'avait laissé donner libre cours à sa colère, émettant de temps à autre des murmures et des petits bruits apaisants, ou des gloussements, comme elle l'aurait fait avec un enfant capricieux. Elle lui avait dit qu'elle ne le détestait pas, qu'elle comprenait, que les gens faisaient preuve d'une grande naïveté et que, oui, maintenant qu'il lui posait la question, l'écriture était impressionnante, sincèrement. Cette nouvelle était ce qu'il avait écrit de mieux.

« La Côte Basque 1965 » n'était pas ce qu'il avait écrit de mieux. En fait, C.Z. avait dû se retenir de rire en lisant le texte. Cette nouvelle n'était rien de plus qu'un divertissement. Des dialogues, des commentaires sur le vif, de méchants ragots. Rien à voir, pour le moins, avec son meilleur livre qui, pour elle, restait *De sang-froid*.

C.Z. ne prit pas la chose trop au sérieux. Elle n'avait jamais pris les choses au sérieux ; elle était née avec une cuillère en argent dans la bouche, mais l'avait recrachée dès ses premiers gazouillis en l'envoyant valser à travers la nurserie. Quand elle avait lu *De sang-froid*, il y avait presque dix ans déjà, elle, comme tous les autres cygnes de Truman, avait été stupéfaite, et, en compagnie de Truman, s'était trouvée intimidée, comme embarrassée. Car soudain, leur joyeux petit ami cancanier, leur faire-valoir, leur joujou, était devenu quelqu'un d'autre. Un géant, une vedette littéraire. Elle s'était demandé comment elle avait pu s'imaginer qu'ils regardaient le monde de la même manière, qu'ils pouvaient avoir les mêmes pensées, partager les mêmes vices, les mêmes plaisirs, les mêmes intérêts.

Truman avait tout simplement cessé d'être Truman. Pendant un temps, en tout cas.

Elle se souvenait de l'écriture de ce livre, du nombre d'années qu'il avait fallu pour le terminer. Pendant toute cette période, il avait toutefois continué à sortir, à les emmener danser au Peppermint Lounge quand leurs maris s'y refusaient. Il s'asseyait près du feu pour papoter avec elles. Certes, de temps à autre, son regard semblait se perdre au loin ; elle voyait alors ses lèvres bouger, puis il sortait un carnet pour y noter une idée. Et, le plus souvent, il avait des accès d'abattement, alors que tout le monde continuait à danser joyeusement autour de lui, comme autour d'un mât enrubanné. Cependant, il finissait toujours par reprendre ses esprits et se joindre de nouveau aux fêtards.

Puis le livre avait paru et tout le monde l'avait lu (et, cette fois, les cygnes le lurent vraiment, au contraire de ses autres livres) et le nom de *Truman Capote* commença à circuler, énoncé à voix basse, empreinte de respect, et toutes les personnalités de la télévision, de la presse écrite, de la radio – avec une certaine suffisance – voulurent l'interviewer. Truman était bien sûr déjà célèbre avant, et, à la sortie du film *Diamants sur canapé*, pendant l'écriture de *De sang-froid*, il avait été propulsé sous les feux de la rampe.

Au souvenir de la fois où elle avait vu le film avec lui, C.Z. éclata de rire, un rire rauque, sexy, qui jurait avec le ton pincé de sa voix traînante d'aristocrate. Ce n'était pas à la première – qu'il avait partagée avec Babe, bien sûr – mais plus tard, en matinée ; ils s'étaient faufilés au dernier rang d'une salle sombre, en se régalant de Cracker Jack. Pendant tout le film, Truman n'avait cessé de lui chuchoter à l'oreille des saloperies, un flot continu de commentaires vachards – *Audrey Hepburn est une petite chose assez mignonne, mais elle n'est pas ma Holly. Je voulais Marilyn Monroe pour ce rôle. Mais la pauvre Marilyn... personne ne voulait travailler avec elle. Oh, regarde... c'est vraiment affreux ce qu'ils ont fait à Mickey Rooney, non ? C'est scandaleux. Et il en fait des tonnes, c'est un crime – qu'il n'ait pas grossi d'au moins vingt kilos relève du miracle ! Patricia Neal –*

une femme merveilleuse, mais pourquoi ont-ils ajouté ce personnage à l'histoire ? Je pense que Fred est bien plus intéressant s'il n'est qu'un simple gigolo et qu'il ressemble ainsi à Holly. Maintenant, regarde bien cette scène dans laquelle Audrey doit chanter cette chanson Moon River *– bon, c'est plutôt un joli petit air, mais ce n'était pas celui qui est mentionné dans mon livre et qui – je dois le dire – était bien plus approprié. Mais regarde comme Audrey est nerveuse ; elle a les mains qui tremblent en tenant la guitare. On ne le voit pas trop dans le montage final mais, crois-moi, j'étais là le jour du tournage. Et, ma chérie, laisse-moi te raconter le mari d'Audrey, Mel…*

Elle avait dû y retourner, seule, ce coup-là, car avec Truman elle n'avait pas eu la possibilité de vraiment voir le film.

Donc, Truman était déjà célèbre avant, mais ce n'était en rien comparable à ce qui s'était passé après la publication de *De sang-froid.*

Et, après avoir compris qu'il avait accompli quelque chose de vraiment important et révolutionnaire en littérature, personne – pas même Babe – ne s'était senti vraiment à son aise en sa compagnie. C.Z. avait été la première à avouer qu'elle n'y connaissait rien en écriture ; elle savait juste qu'un auteur était quelqu'un qu'il fallait respecter et vénérer – et, avant *De sang-froid*, croyez-le ou non, elle n'avait jamais pensé à Truman comme à un auteur. Il n'était alors qu'un ornement, un bibelot de collection, dont on s'amuse, et qu'on apprécie sans l'admirer.

C.Z. ouvrit les portes qui donnaient sur une terrasse spectaculaire. Elle sentit la chaleur du soleil couchant baigner sa peau, en réchauffer chaque follicule et en ouvrir chaque pore. Elle inspira profondément, se souvenant de son père qui lui avait appris à respirer à fond quand elle était dehors afin de désencrasser ses poumons. Elle renifla l'air marin et le parfum sucré du jasmin en pots qui envahissait la terrasse. Le bleu de la piscine était plus bleu que celui de l'océan, qui n'était qu'à un jet de pierre de là, à l'autre bout de la pelouse si impeccablement entretenue que les brins d'herbe paraissaient coupants. Ce qui n'était pas le cas ; l'herbe était aussi tendre, aussi douce que l'eau de pluie, ce que d'ailleurs personne n'avait jamais compris étant donné combien l'herbe de Floride, dans les autres jardins, était drue et poisseuse.

Des jours comme celui-là – quand l'air bourdonnait d'insectes, que les fleurs étaient si abondantes que l'effet en était presque comique, le jardin ressemblant à un décor de cinéma pour un vieux film musical de la MGM – lui rappelaient sa jeunesse. Elle avait commis quelques erreurs, à cette époque-là, comme c'était le cas maintenant, semble-t-il, pour le pauvre Truman. Ou, plutôt, comme c'était déjà le cas pour lui depuis quelques années, depuis la sortie de *De sang-froid*. Oui, c'est exactement ça, trancha C.Z. ; c'est le moment où il avait commencé à merder.

Mais qui n'avait jamais merdé à un moment de sa vie ?

Pas elle. Comme elle avait été impatiente de prendre de la distance, en tant que jeune débutante, avec la vie de privilégiée qui était la sienne ! Elle se rappelait à quel point elle avait été hérissée de voir son nom inscrit au Bottin mondain – *Miss Lucy Douglas Cochrane*, alors que personne ne l'appelait ainsi ; depuis qu'elle était enfant, on l'appelait C.Z., parce que son imbécile de frère était incapable de prononcer *Sissy* –, un nom bostonien si respectable imprimé de cette façon lui avait donné l'impression d'être marquée au fer rouge ; comme si elle n'était qu'une bête d'élevage racée. D'une race spéciale, rare, certes – mais quand même. Elle s'était donc juré de faire tout ce qu'elle pourrait, n'importe quoi, pour être rayée du Bottin mondain, pour être différente, et pour se débrouiller seule, aussi brave qu'un pissenlit solitaire au milieu d'une pelouse parfaitement entretenue.

Elle s'était enfuie. Avec son argent, sa jeunesse bravache et sa beauté – à cette époque-là, elle avait tendance à beaucoup se regarder dans les miroirs, plus qu'il n'aurait fallu (et plus, elle devait bien l'admettre, que ne le faisaient ses amies). Ce qu'elle admirait le plus chez elle était son profil, un camée aux lignes parfaites, aux traits forts et délicats à la fois. Ses cheveux avaient toujours été blond platine (même si maintenant, en effet, elle les teignait). Elle était grande, tout en jambes, et elle en tira parti en apparaissant, dans les années 40, comme danseuse dans l'une des dernières revues des *Ziegfeld Follies* – oh, mon Dieu, papa et maman avaient été fous de rage ! Mais pas au point de la déshériter ; auquel cas, elle devait bien l'avouer, elle serait rentrée au bercail à toute vitesse. C.Z. aimait l'argent. C'est juste qu'elle n'aimait pas toutes les merdes prétentieuses qui vont avec.

Après les *Follies* – où elle avait aimé être tripotée par les soldats britanniques à l'entrée des artistes –, elle s'était envolée pour Hollywood ; elle avait pris quelques cours de comédie, avait décroché un contrat avec la Twentieth Century Fox – mais n'avait jamais obtenu aucun rôle. Elle n'était pas faite pour le cinéma, les projecteurs, les costumes, le maquillage et tout le reste. Elle avait l'impression que sa peau ne respirait plus ; elle avait l'impression d'être un imposteur et se sentait encore plus prétentieuse que lorsqu'elle n'était encore qu'une débutante. Par ailleurs, comme elle s'en rendit vite compte, être une vedette de cinéma requérait une certaine discipline. Elle avait été consternée de s'apercevoir que les fêtes se terminaient au plus tard vers vingt et une ou vingt-deux heures, car tout le monde devait rentrer pour se reposer suffisamment et apparaître frais et dispos devant les caméras tôt le lendemain matin.

Elle partit pour Mexico. Et là, ce fut un grand moment ! Des courses de taureaux, des nuits indolentes, étouffantes, au son de musiques festives, et tapissées de fleurs de bougainvillier aux couleurs vives même sous les étoiles. À traîner, danser, pêcher et boire, à se perdre, à se dépouiller de son enveloppe patricienne, de ses vêtements guindés et de ses chaussures en vachette pour des blouses et des jupes paysannes, et des *huaraches*, des sandales de cuir plates. Renonçant complètement à ce qu'elle était. C.Z. sourit en se penchant pour arracher un pissenlit effronté sur la pelouse. Elle se souvenait de ces semaines passées allongée sur le canapé poussiéreux dans l'atelier de Diego Rivera, qu'elle laissait balayer son corps d'un regard lascif tandis qu'il la peignait nue, la destinant à la postérité.

Le portrait était accroché dans sa maison en Floride, dans une pièce inhabitée. Car C.Z., horrifiée, avait découvert qu'elle ne pouvait pas complètement se dépouiller de son pedigree. Après toutes ces années nomades, elle s'en était retournée chez elle, pour retrouver le confort et la sécurité que procuraient l'argent, les privilèges, l'appartenance de classe ; elle avait épousé Winston Guest, un joueur de polo à la renommée internationale et détenteur d'une grosse fortune et d'un pedigree encore plus imposant, et elle avait repris la vie à laquelle elle était destinée depuis sa naissance. Elle en était plutôt heureuse, pensait-elle. Tant qu'elle pouvait encore – comme il se doit – s'amuser.

Mais, au moins, elle avait jeté sa gourme, elle avait fait les quatre cents coups, elle avait fait des folies. Elle ne pouvait pas en dire autant de toutes ses amies – Babe, par exemple. La pauvre n'aurait jamais su reconnaître un grain de folie qui aurait atterri dans son sac Louis Vuitton. Elle n'avait jamais eu l'occasion de faire des folies, se dit C.Z. C'était dû à quelque chose dans sa personnalité, quelque chose de fermé, de timoré. La seule folie de Babe, se demandait C.Z., n'avait-elle pas été de tellement s'enticher de Truman qu'elle en avait baissé la garde, pour la toute première et, probablement, dernière fois de sa vie ?

Oh, Truman ! Un vrai petit diable ! C.Z. se laissa tomber dans une chaise longue, perdue dans la contemplation de ses longs pieds fins, les orteils peints en rouge fuchsia. Merde ! C.Z. aimait bien Truman, et aurait continué même s'il s'était servi d'elle dans cette fichue histoire, ce qu'il n'avait pas fait. Mais il avait déraillé, il avait dépassé les bornes. Il avait toujours été dans la séduction, amusant, cancanier, sans toutefois jamais vraiment être méchant. Sa suffisance, son étonnante confiance en lui, son arrogance n'avaient jamais fait de mal à personne.

Jusqu'à *De sang-froid*.

Oui, tout partait de là, non ? Sa plus grande réussite. Son plus grand échec. Car la seule chose qu'il avait écrite depuis, c'était *ça* ; une petite nouvelle empreinte de méchanceté dans *Esquire* et qui, apparemment, sentait le soufre et attirait les foudres sur la petite tête enflée de Truman. Une histoire qui avait tué l'une des leurs, si l'on en croyait la rumeur. C'est tout au moins ce que Slim, furieuse, lui avait dit ce matin au téléphone, en lui demandant si elle l'avait lue.

« La Côte Basque 1965 ». Mon Dieu. Même le titre était affreux.

Bon, elle l'accueillerait chez elle quand il en aurait fini avec le tournage de ce film terrible en Californie, s'occuperait de lui, le cajolerait, le protégerait. Au moins pour un temps. Mais, pour lui, ce serait marche ou crève, comme ç'avait été le cas pour elle, et comme elle l'avait appris à ses enfants. Ce serait plutôt « crève », cependant, de l'avis de C.Z.

Il n'avait pas le pedigree, les bonnes manières. Il n'était pas un pur-sang. C'était dommage, mais c'était ainsi.

Elle secoua la tête, se leva et alla chercher le jardinier.

Le pissenlit n'était tout simplement pas à sa place.

11

Babe posa l'exemplaire dédicacé de *De sang-froid* que Truman lui avait donné d'une main tremblante la veille au soir, son corps tout entier vibrant sous le coup de la fierté, de la réussite et, peut-être, d'une légère peur ?

« Ma très chère Babe, j'espère vraiment que tu l'aimeras », avait-il murmuré en levant les yeux vers elle, d'un air solennel, après avoir daté sa dédicace, *Janvier 1966*. « Ton opinion compte plus que tout pour moi, sincèrement. »

Et elle avait été touchée, comme toujours ; elle avait été touchée et s'était sentie spéciale, indispensable et importante ; des sentiments qu'elle chérissait au plus haut point, qu'elle pressait contre son cœur, et dont elle était encore plus fière que de ses perles les plus fines.

Babe avait passé la nuit à lire. Quand l'histoire avait d'abord été publiée sous forme de feuilleton, en quatre parties, dans le *New Yorker* l'automne dernier, Truman l'avait suppliée d'attendre que le livre soit imprimé afin qu'elle puisse le lire d'une traite. Ce qu'elle avait donc fait ; néanmoins, avant de s'installer pour en commencer la lecture, elle avait d'abord fait le tour de la maison sur la pointe des pieds pour s'assurer que toutes les portes et les fenêtres étaient verrouillées, car elle savait que c'était le genre de livre, quand vous étiez seule la nuit, qui pouvait faire peur. Et si au début de sa lecture, ce fut bien le cas, cette peur fut vite balayée par sa fascination pour les personnages. Oui, les portraits des tueurs, Perry et Dick, étaient fascinants. Mais ce fut la description de l'une des victimes – Mrs Clutter, Bonnie – qui la marqua le plus.

Car d'après Babe, Bonnie Clutter était plutôt paumée. Fragile et névrosée. Incapable d'affronter le quotidien, rongée par le doute, l'inaptitude et la peur. Bonnie Clutter se terrait dans sa chambre, dormait toute la journée et ne s'occupait pas de son foyer, une tâche qui revint alors à sa fille, la pauvre Nancy, condamnée par avance. Mais le fait est que tout le monde à Holcomb, Kansas, était apparemment au courant ! Et tout le monde acceptait Bonnie telle qu'elle était, s'inquiétait pour elle, et personne ne paraissait réprouver Bonnie Clutter pour ce qu'elle était – pleurnicharde, fragile, déprimée, renfermée.

Tous ces traits de caractère qui avaient menacé Babe dans ses moments les plus sombres quand elle sentait qu'elle ne pouvait plus supporter Bill, son statut de personnalité très en vue, l'image qu'elle avait elle-même passé tant de temps à parfaire. Mais jamais, au grand jamais, elle n'avait succombé à la tentation de réagir comme Bonnie Clutter jusqu'à cette nuit où elle avait été assassinée : c'est-à-dire où elle avait laissé la folie, la dépression, la part d'ombre prendre le dessus.

Babe reprit le livre en main pour le feuilleter et y retrouver le cahier photos encarté ; on y voyait Bonnie Clutter dans ses bons jours. Une femme simple, malheureusement affublée de lunettes et tristement accoutrée comme Mamie Eisenhower, à savoir une jupe à fleurs, un large corsage agrémenté de pinces aux épaules, et un chapeau en dentelle peu flatteur perché sur ses boucles permanentées. Bonnie souriait, un sourire accompagné d'une charmante fossette. Elle avait l'air heureuse.

Mais le portrait qu'en avait fait Truman était tout sauf celui d'une femme heureuse ; une femme qui, un jour, avait expliqué à une amie qu'elle regrettait de ne pas avoir fini ses études d'infirmière quand bien même elle n'était pas douée pour ça, mais « juste pour prouver qu'elle aurait réussi quelque chose au moins une fois dans sa vie ».

Oh, comme Babe se sentait des affinités avec cette femme ! Elle avait un diplôme qui n'était que décoratif ; Gogsie avait décrété que toutes ses filles devaient être inscrites à Westover, une école privée pour jeunes filles, plutôt qu'à l'université. Et même si Babe avait été la meilleure de sa classe, ce n'était qu'une école privée. Ses années en tant que rédactrice de mode lui avaient donné le goût de ne pas se contenter d'être la personne fabuleuse, sensationnelle qu'elle était ; mais ç'avait été de courte durée. Elle était destinée au mariage, comme l'avait été Bonnie et comme l'étaient la plupart des femmes. Et là, au moins, Babe avait réussi, au sens selon lequel sa mère définissait la réussite : se marier avec un homme riche et désirable. Et, selon ces termes, Bonnie avait elle aussi réussi ; Herb Clutter, tel que décrit par Truman, avait été le mâle dominant de Holcomb, Kansas, un chef de file de la communauté.

Mais Bonnie n'avait pas pu assumer son rôle, elle n'avait pas réussi à faire face ; et même si Babe comprenait ça mieux que personne ne le soupçonnerait jamais – mis à part Truman –, elle n'avait pas baissé les bras, elle n'avait jamais cédé, elle ne permettait à personne de voir sa vie autrement que comme une réussite. Et, tout au moins, c'est ainsi qu'on se souviendrait de Babe ; pas comme la pauvre Bonnie qui était maintenant immortalisée comme quelqu'un de vaincu par son destin. Comment ses filles, celles qui avaient survécu, prenaient-elles la chose ? Bonnie Clutter savait-elle, d'une manière ou d'une autre, que Truman l'avait déshabillée, mise à nu ? Qu'il l'avait montrée telle qu'elle était vraiment ?

Mais Bonnie Clutter était morte. Alors, non, bien sûr que non, elle ne savait pas.

Babe frissonna, écrasa sa cigarette et en alluma une autre. Elle était seule à Kiluna ; Bill était à Los Angeles pour affaires. Les enfants étaient à l'école et même s'ils avaient été là, elle ne l'aurait pas su. Ils vivaient dans une aile séparée de la maison. Et donc, seule, Babe céda aux pensées les plus sombres ; un acte aussi coupable, pour elle – et dont on devait tout autant se cacher –, que de dévorer un gâteau entier, mais tout aussi satisfaisant. Et écœurant.

Ses enfants la pleureraient-ils, si elle mourait soudainement dans d'affreuses circonstances ? Babe ne se faisait aucune illusion ; elle savait que ce ne serait pas le cas, et que la faute lui en revenait. Elle était proche de son fils aîné, Tony, maintenant qu'il était adulte, mais ne l'avait jamais été quand il était enfant. Elle n'aimait pas beaucoup les enfants, il lui fallait bien l'avouer ; elle n'avait jamais été rongée par le désir de tenir des bébés dans ses bras ; elle ne supportait guère l'odeur et les saletés de l'enfance. Et, tandis que les enfants grandissaient, chacun avec ses problèmes – Amanda, et sa timidité maladive ; Bill Junior, hyperactif, qui avait peur de son père ; la pauvre Kate, tellement stressée qu'elle avait perdu ses cheveux quand elle était petite, une chose que Babe n'avait jamais vraiment acceptée, bien qu'elle et Bill aient eu recours à des spécialistes pour l'examiner et qu'ils lui aient fait faire les plus élégantes et discrètes des perruques –, Babe avait renoncé à s'occuper d'eux, incapable de les aider et de les modeler, au contraire de ce que sa mère avait fait avec elle. Elle était donc restée à l'écart de leurs vies en espérant que d'autres pourraient s'en occuper à sa place. Elle avait recruté les meilleures bonnes d'enfants, nounous, gouvernantes et les meilleurs professeurs particuliers, en leur faisant elle-même passer des entretiens, les traitant comme des membres de la famille, s'assurant qu'ils étaient bien rémunérés – elle avait même fait construire une piscine séparée pour eux, loin de la piscine familiale, afin qu'ils aient un peu d'intimité, un peu de liberté. Elle avait fait en sorte que ses enfants soient inscrits dans les meilleures écoles. Elle surveillait leurs relations, invitant leurs camarades à Kiluna ; elle avait veillé à ce que l'aile qui leur était dévolue fût équipée de tous les derniers jouets, électrophones, postes de télévision, jeux de toutes sortes. Quand ils étaient petits, elle avait mis un point d'honneur à leur rendre visite une fois par jour, en passant du temps avec chacun d'entre eux, à leur lire des histoires, à jouer à des jeux de société ou encore à applaudir leurs prouesses en natation ou en danse.

Et puis elle les avait abandonnés – quelle était cette phrase qu'avait écrite Truman ? Babe s'empressa d'attraper le livre qu'elle avait posé sur son lit ; c'est ça, elle avait trouvé. Bonnie parlait de son fils le plus jeune – *Et comment se souviendra-t-il de moi ? Comme d'une espèce de fantôme.*

Babe secoua la tête, alluma une autre cigarette. Elle n'aurait jamais pensé avoir autant de points communs avec une banale femme au foyer névrosée de Holcomb, Kansas.

Et pourtant, il ne faisait aucun doute que pour ses enfants elle n'était qu'un fantôme. Un fantôme merveilleusement habillé, un fantôme inaccessible. Elle les avait laissés se débrouiller afin de pouvoir s'occuper d'elle et de Bill. Et de pouvoir s'occuper de ses hôtes, de sa maison, ses jardins, ses vêtements, ses œuvres de bienfaisance. Et de pouvoir s'occuper de Truman ; elle lui avait ouvert son cœur comme elle ne l'avait jamais fait avec ses enfants, elle le savait, ils le savaient et, donc, elle se rendait compte que si on l'assassinait en pleine nuit comme on avait assassiné Bonnie Clutter – Bonnie Clutter, déboussolée, imparfaite, fragile ! – personne ne verserait la moitié des larmes qu'on avait versées pour elle.

À part Truman, bien sûr. L'épatant, le génial petit Truman. Qui avait écrit un grand livre, stupéfiant, qui faisait sensation et, maintenant, elle était en proie à une nouvelle peur – oh, elle avait peur de tout, n'est-ce pas ? Exactement comme Bonnie Clutter ! Prête à se retirer dans sa chambre pour ne plus jamais en ressortir. Ses parents ne l'avaient pas élevée dans la peur, mais elle était peureuse ; elle était constamment assaillie, rongée par le doute. Si seulement les gens savaient ! Mais Truman, lui, le savait ; il savait tout d'elle, il connaissait chacune de ses cicatrices les plus épaisses et chacune de ses blessures les plus sensibles, sauf que…

Il ne savait pas qu'elle était terrifiée à l'idée de le perdre.

Malgré l'éducation littéraire qu'elle avait reçue de lui – la lecture de Dickens, Proust, Faulkner – honnêtement, elle ne savait plus comment s'adresser à lui. Partager ses rêves et ses doutes avec cet homme extraordinaire paraissait absurde. Le taquiner, danser avec lui, échanger des confidences et des ragots – comment pouvait-elle bien continuer ? Maintenant qu'elle avait lu ce livre, ce livre qui n'était pas écrit par son âme sœur, par son confident, mais par quelqu'un d'autre. Par un homme – et elle avait cessé de considérer Truman comme tel. Il était devenu une extension d'elle-même : son analyste, son oreiller, son somnifère la nuit, son café du matin.

Le téléphone sonna et la sortit de sa rêverie. Babe courut presque vers son vieil appareil doré, un modèle français, posé sur sa table de chevet, sans attendre que le personnel réponde. Car elle savait qui appelait.

« Bobolink ! Ma chérie ! Alors, dis-moi ! Dis-moi ce que tu en penses ! »

Babe soupira presque de soulagement. Truman avait l'air juste d'être… Truman ! Son cœur, son âme sœur, son jumeau. Et non pas un grand homme de lettres.

« Truman, mon chéri, j'ai adoré. Je l'ai dévoré. Je suis en admiration devant ton talent – je l'ai toujours été, mais là ! Ça y est. Tu as ton chef-d'œuvre.

— Je sais ! »

Truman éclata de rire, et Babe aussi. Elle aurait aimé qu'il soit là avec elle, afin de voir son expression, même si elle savait ce qu'il en était – elle pouvait se représenter son visage rose, ses yeux plissés, son sourire espiègle, celui du chat qui vient de manger le canari ; il faisait de petits bonds de joie, sautillait d'un pied sur l'autre, elle n'en doutait pas. Truman était capable de se réjouir mieux que personne ; il s'abandonnait à son succès avec délice, ne faisait preuve d'aucune fausse modestie, ne l'attribuait pas aux autres ou à la chance, ou à quoi que ce soit d'autre que son talent. Comment ne pas aimer quelqu'un comme lui !

« Oh, Babe », continua-t-il, d'une voix emplie de bonheur, bredouillante, qui débordait de joie. « Je suis tellement, tellement heureux que tu penses ça ! Qu'est-ce que tu as préféré ? Dis-moi, je t'en prie. Tout le monde ne cesse de me dire que c'est Perry et Dick, mais surtout Perry. J'ai dépeint Perry à la perfection. Je voulais montrer ce qu'était l'âme d'un tueur, mais aussi comment un petit garçon blessé par la vie avait fait le mauvais choix.

— Oui, bien sûr. Perry est brillant. Je veux dire, son personnage, ce que tu en as fait.

— Mais ce n'est pas ce que tu as préféré, rétorqua immédiatement Truman. Je le sens.

— Non. C'est Bonnie. La pauvre Bonnie.

— Je savais que tu l'aimerais.

— Vraiment ?

— Oui. Parce que tu t'es identifiée à elle, ma Babe. Non ?

— Oui. » Babe rougit ; comment pouvait-elle se sentir embarrassée de la sorte, comme si on la passait aux rayons X à travers le téléphone ? « Oh, comment le sais-tu, Truman ?

— Parce que je *te* connais, ma chère. Je connais celle que personne d'autre ne peut voir, pas même Bill – surtout pas Bill –, car tu ne laisses personne voir qui tu es. Et personne ne le mérite ! Je connais la vraie Babe. La plus adorable de toutes. Et la plus seule de toutes.

— Peux-tu… aimerais-tu me rejoindre ? » Babe enroulait le fil du téléphone autour d'un doigt, aussi timide et tremblante qu'une adolescente. « Je suis seule ici. C'est ce que je voulais, afin de lire tranquillement ton livre et de pouvoir me concentrer. Mais maintenant, je… j'aimerais te voir, Truman. Si tu peux, bien sûr. Je sais à quel point tu dois être occupé.

— Oh, Babe, ma chérie, je ne peux pas ! J'ai des interviews pour la télévision, le croiras-tu ? Pas CBS, malheureusement. Mais Lee Bailey veut venir chez moi à Southampton pour me filmer.

— Oh… » Babe ne voulut pas avouer sa déception, elle ne voulait pas gâcher l'excitation évidente et, par ailleurs, méritée de son ami – elle ne voulait pas être Bonnie Clutter. « Oh, Truman ! C'est merveilleux ! Comment vas-tu t'habiller ?

— Eh bien, j'ai pensé mettre mon pull à col roulé en cachemire orange et un pantalon à carreaux. Quelque chose de coloré, mais pas trop. Qu'en dis-tu ?

— Ça me semble bien. » Babe s'abstint de lui confier qu'elle pensait que le pull serait parfait pour camoufler son ventre ; il avait grossi et s'était ramolli pendant l'écriture de son livre, de longues années à attendre que Perry Smith et Dick Hickock se retrouvent enfin condamnés à mort par pendaison afin qu'il puisse en écrire la fin. Tous les délais obtenus, les reports de leur exécution avaient poussé Truman à se laisser aller à boire et à manger, et à la paresse, tant il était découragé. « J'ai toujours pensé qu'un pull à col roulé était parfait en toute occasion ou presque.

— Et je pense qu'avant je vais me faire faire une manucure. Et un soin du visage. D'ailleurs, il faut que je file si je veux en avoir le temps.

— Oh, Truman, bien sûr ! Tu vas tout simplement être merveilleux devant les caméras ! Je suis impatiente de voir l'émission. Tu… tu voudras bien la regarder avec moi ? Je veux dire, tu voudras bien me laisser la regarder avec toi ?

— Babe, je te le promets. Je ne la regarderai avec personne d'autre, pas même Jack – que toute cette attention rend tout simplement furieux. Et jaloux. Pauvre chéri, c'est un si *bon* auteur. » Truman soupira, et Babe l'imagina en train de secouer la tête. « C'est dur pour lui de voir le succès que j'ai, surtout maintenant. Mais on ne peut quand même pas me demander de ne pas me réjouir à cause de lui, n'est-ce pas ?

— Bien sûr que non !

— Je savais que tu comprendrais, Bobolink ! Bon, il faut que je file. On se voit bientôt !

— Quand ? »

Mais Truman avait déjà raccroché.

Babe traîna dans la maison un certain temps, désœuvrée. Elle aurait pu aller parler au jardinier des nouveaux arbres qu'elle voulait voir plantés autour de l'étang au printemps, bien qu'elle ne puisse pas se promener dans le jardin ; on était en janvier. Même s'il n'y avait pas de neige, elle frissonna rien qu'en pensant aux branches dépouillées des arbres, aux tiges desséchées des plantes, aux tapis de feuilles mortes et aux plaques de verglas. Elle détestait vraiment New York en hiver ; depuis peu, le froid lui était devenu pesant. Il lui était plus difficile de reprendre son souffle dans l'air sec et glacé. Bill était à Los Angeles, et c'était la raison pour laquelle ils n'étaient pas partis en Jamaïque comme ils le faisaient habituellement.

Incapable de rester en place, Babe se dirigea vers son dressing, cette caverne d'Ali Baba, une succession de portants, de tiroirs tapissés, de compartiments secrets, de housses de vêtements qui renfermaient des trésors, de chaussures bourrées de papier froissé et rangées dans des sacs en tissu avec des codes couleur. Bonnie Clutter avait vécu en robe de chambre, chemise de nuit et épaisses chaussettes blanches.

Mais Babe Paley était là, debout au milieu de splendides vêtements griffés, entourée de superbes robes du soir, d'élégantes robes à porter en journée, de tailleurs de toutes les couleurs et toutes les matières, et elle décida, par un esprit de contradiction digne d'un enfant capricieux, d'aller en ville, chez Bergdorf, et d'acheter encore et encore. Car elle le pouvait, au contraire de Bonnie Clutter.

Parce que c'est ce que faisait Babe, après tout ; il s'agissait là de son occupation première. Faire des acquisitions. Elle se considérait parfois comme un conservateur de musée, si ce n'est que le musée, c'était elle, ses lieux de résidence, son mode de vie. C'était ce qu'elle avait appris à faire à Westover, et elle réussissait très bien. S'entourer de choses luxueuses et belles, s'en draper, était son métier, et c'était là un métier bien plus agréable que ceux qu'exerçaient la plupart des gens et, oui, elle y prenait plaisir ; c'était son exutoire, son plaisir suprême. Jusqu'à ce qu'elle rencontre Truman.

Mais Truman était occupé. Sans tarder, Babe se retrouva pelotonnée, avec une étole de cachemire sur les genoux, à l'arrière d'une berline noire équipée de sièges en cuir, d'un choix de magazines récents rangés dans un présentoir devant elle, d'un petit coffre en bois, par terre à ses pieds, contenant une carafe d'eau et une petite bouteille de champagne, avec de la musique classique qui s'échappait de haut-parleurs invisibles. Elle fut très vite loin de Long Island, arriva directement en ville, et fut déposée devant Bergdorf Goodman ; elle sortit de la voiture sans se soucier un seul instant de savoir où il faudrait la garer ni du coût du parking. Quelqu'un s'en occuperait pour elle.

Elle s'engouffra dans les portes à tambour de chez Bergdorf Goodman, sans s'arrêter pour s'émerveiller, comme d'autres le feraient, devant les sols et les murs recouverts de marbre ciré, les petites vitrines étincelantes qui ressemblaient elles-mêmes à des antiquités hors de prix – des armoires anciennes ou encore de petits cabinets à la française pour y ranger la porcelaine –, les plafonds imposants, les dorures, les lustres en cristal flamboyants, les sièges élégants – petits canapés, fauteuils, tabourets disposés un peu partout. Bergdorf était aussi familier à Babe et aussi luxueusement aménagé que n'importe laquelle de ses résidences.

« Oh, Mrs Paley ! » Un responsable d'étage s'approchait en se tordant les mains. « Mrs Hughes n'est pas là, aujourd'hui. Nous ne savions pas que vous alliez venir ! »

Mrs Hughes était sa vendeuse attitrée ; Babe, comme d'autres clientes privilégiées, avait son assistante personnelle pour ses achats, pour porter les paquets, faire des suggestions et des éloges.

« Ne vous tracassez pas, Mr Stevens. Je me sens plutôt d'humeur à improviser, aujourd'hui. Je crois que je vais juste faire un tour si vous le permettez ? Oui, c'est ça. Aujourd'hui je joue à la cliente ordinaire, je suis là en touriste, comme tout le monde ! » *Exactement comme Bonnie Clutter*, se dit Babe, tandis qu'elle souriait gentiment au petit homme inquiet debout en face d'elle, la sueur perlant à son front, craignant, de toute évidence, d'avoir commis une faute, et que la puissante Mrs Paley lui tienne rigueur de ne pas avoir été prêt à l'accueillir. Car il pouvait perdre son emploi pour beaucoup moins que ça.

Babe lui souriait, gentiment, pour le mettre à l'aise ; il ne faisait que son travail, s'assurer que des femmes comme elle se sentent privilégiées, choyées et qu'elles aient envie de revenir. Elle permit à Mr Stevens de prendre son manteau et le remercia.

« Bien sûr ! Et je vous en prie, n'hésitez pas à faire appel à moi si vous avez besoin de quoi que ce soit. » Mr Stevens la salua d'une révérence, recula, mais resta dans le champ de vision de Babe, et le resterait tout l'après-midi, comme elle le savait. Elle étouffa un soupir, mit ses lunettes de soleil – car elle attirait maintenant les regards – et émit brièvement le vœu d'être anonyme afin de pouvoir flâner, toucher, se décider, essayer, sans personne pour la saluer d'une révérence, pour prendre et porter les paquets. Ou l'envier.

Mais elle se languissait aussi de la présence de Truman ; même si, ensemble, ils auraient encore plus attiré l'attention. Souffrant d'un sentiment familier de vide intérieur, Babe résolut de le remplir. Elle se dirigea vers le salon réservé aux chapeaux, dans lequel le grand couturier Halston en personne – maigre, nerveux – fut très heureux de lui montrer plusieurs de ses derniers modèles ; elle s'assit en face d'un miroir orné de dorures tandis qu'il l'aidait à choisir, en posant délicatement les chapeaux sur sa coiffure sophistiquée. Il possédait le rare talent de faire des essayages sans décoiffer ses clientes. Babe souriait, supportant son bavardage obséquieux – « Oh, Mrs Paley, vous êtes divine quel que soit le modèle, mais j'aime tout particulièrement le turban rouge », ce avec quoi elle était d'accord, et le turban rouge agrémenté d'une broche ornée de pierreries fut promptement emporté pour être enveloppé, puis empaqueté dans un carton à chapeau. Babe remercia Halston avec effusion, le félicita sincèrement – cet homme était un artiste, c'était indéniable –, puis elle décida qu'elle avait besoin d'une nouvelle paire de mocassins blancs.

Elle alla au salon de chaussures – la partie du magasin la plus fréquentée –, débordant d'activité, empli du bourdonnement des papotages et des ragots des clientes comme des vendeuses ; toutefois, cet endroit grouillant de monde était divisé en petits espaces plus accueillants et intimes pour qu'on se sente comme chez soi, dans son propre dressing-room. Elle s'assit, quelqu'un lui apporta du thé servi dans une tasse en porcelaine anglaise Spode, et on lui montra des dizaines de mocassins en cuir blanc, avec des glands, avec des mors dorés, avec une semelle en cuir souple, avec une semelle en caoutchouc antidérapante, tous en cuir de vachette luxueux, souple, qui s'adaptaient immédiatement à ses longs pieds fins. Après mûre réflexion – en marchant avec attention, prenant en considération chaque pas, sans oublier de regarder attentivement dans les miroirs inclinés de quoi ses pieds avaient l'air –, Babe choisit trois paires de mocassins Ferragamo, du même modèle, ce qui lui permettrait d'en avoir une paire sur place à Kiluna Farm, mais aussi à Round Hill en Jamaïque et à Kiluna North dans le New Hampshire. Même si elle n'adhérait pas entièrement au mode de vie des Guinness – avoir la même garde-robe dans chacune de leurs résidences afin de ne pas avoir de bagages à porter lors de leurs déplacements –, elle eut le sentiment, dans le cas présent, d'être prévoyante. Les mocassins italiens étaient un produit de première nécessité tout comme l'était le pain. Elle faisait là preuve de bon sens.

Les chaussures furent, elles aussi, emportées pour être emballées et livrées à chacune de leurs destinations ; après avoir remercié la vendeuse, Babe poursuivit ses déambulations à travers le magasin, se sentant bizarre, légère, comme si elle flottait au-dessus du sol tel un ballon libéré de son attache.

D'ordinaire, Babe ne flânait jamais ; elle désapprouvait cette attitude parce que sa mère avait toujours désapprouvé une telle perte d'énergie. Babe prévoyait toujours ses achats, préparait une liste afin que son après-midi chez Bergdorf lui permette de retrouver une certaine plénitude, l'estime de soi et un sentiment d'accomplissement. Mais, ce jour-là, c'était différent. Elle se surprit, tant c'était inattendu, à attraper une robe – juste pour en toucher le tissu, la sensation de la soie sous ses doigts –, ou une ceinture – pour en sentir le poids dans sa main –, à prendre puis reposer, encore et encore, à toucher, toucher,

toucher – la soie, le satin, l'or, l'argent, le cristal, le cuir, la laine –, et elle savait qu'elle avait l'air ridicule. Du coin de l'œil, elle apercevait Mr Stevens, étonné, qui s'efforçait de ne pas la regarder. Babe Paley ne faisait jamais de geste vain, et pourtant, elle était là, à ne faire que ça, dessinant une ribambelle de gestes vains. Ses pieds, ses mains, son esprit, son cœur ne trouvaient pas le repos.

Truman. C'était à cause de Truman. Maintenant qu'elle s'était habituée à tellement compter sur lui, les choses qui, d'ordinaire, l'occupaient et l'amusaient ne l'occupaient ni ne l'amusaient plus. Depuis qu'elle le connaissait, elle n'était plus la même. Alors, que se passerait-il si elle le perdait ? Maintenant qu'il était propulsé dans la stratosphère de la célébrité ? Maintenant qu'il était invité sur des plateaux de télévision, qu'il apparaissait sur la couverture des magazines, et qu'il avait des admiratrices parmi les grands de ce monde, les débutantes et les vedettes de cinéma ?

Maintenant que, pour la première fois, il n'avait plus besoin d'elle autant qu'elle avait besoin de lui ?

Oh, à quoi bon, aujourd'hui, acheter quelque chose de nouveau, de conçu pour la rendre belle et désirable ? Truman adorait admirer les vêtements de Babe – il pouvait passer autant de temps qu'elle dans son dressing, à y faire joyeusement l'inventaire ; il était ravi de la regarder se préparer, se parer de ses plus beaux atours pour une soirée à la maison ou pour sortir, assis à ses pieds, applaudissant, s'ébaubissant, ne tarissant pas d'éloges, tandis qu'elle improvisait un défilé de mode.

Mais désormais Truman avait le monde à ses pieds. Et rien ne serait plus pareil. Elle s'était reconnue dans les pages de son chef-d'œuvre, dans cette femme au foyer du Kansas ordinaire – affreuse, même – assassinée.

Babe alluma une cigarette ; elle savait que, depuis quelque temps, elle fumait trop, une cigarette après l'autre. Son médecin, inquiet de sa toux persistante, lui avait suggéré de réduire sa consommation, mais c'était impossible.

« Babe, ma chérie ! »

Babe aspira vite une bouffée, avide de sentir la fumée dans ses poumons ; elle ferma les yeux en un plaisir presque sexuel, puis souffla avant de se retourner, un sourire chaleureux aux lèvres sans même savoir qui l'avait interpellée. Quand elle vit qu'il s'agissait de Slim, son sourire se fit encore plus radieux, car elle était sincèrement heureuse de la voir. Et surprise.

Il est vrai que lady Keith, nom sous lequel on la connaissait depuis son mariage avec un ennuyeux aristocrate anglais poussiéreux, avait un titre de noblesse. Mais les titres de noblesse dans leur petit monde se comptaient par douzaines, et plus particulièrement ces titres qui n'étaient appuyés d'aucune fortune. Et, malheureusement, il en était ainsi pour le titre que Slim avait épousé en hâte, afin de rebondir après son divorce d'avec Leland, quelques années plus tôt.

« Slim, ma chérie, je suis si heureuse de te voir ! Qu'est-ce que tu fais là ? Je veux dire, tu achètes quoi aujourd'hui ?

— Des bas et de la lingerie. Les Anglais n'y connaissent rien. Bon, il est vrai qu'ils sont très bien pour les bottes de cheval et les vestes de chasse, je dois leur accorder ça. Mais pour ce qui est des choses du boudoir, ça n'est tout simplement pas dans leurs cordes, ni même dans leur imagination.

— Boudoir ? demanda Babe d'un air étonné.

— Oh, Babe, pas avec mon mari ! Quel ennui ! Non, j'ai un rendez-vous tout à l'heure. »

Slim regarda son amie droit dans les yeux et Babe se sentit soulagée. Ce n'était donc pas avec Bill. Dieu merci.Slim ne lui ferait jamais une chose pareille, au contraire de certaines de ses soi-disant amies.

« Tu n'as pas besoin de me dire avec qui. » Babe tapota le bras de Slim. « Je suis tout simplement heureuse que tu trouves un moyen de t'amuser un peu. Kenneth est… eh bien, il est tellement anglais.

— Tu veux dire si ennuyeux et affreusement snob. Mais bon, je me suis mariée avec lui, et donc qu'est-ce que ça dit de moi ?

— Ça dit que tu ne t'es jamais remise de ta rupture avec Leland », répondit Babe.

Les yeux bleus de Slim se remplirent de larmes, son nez rougit, et elle hocha la tête, avant de se détourner pour jeter un coup d'œil sur une paire de gants marron en daim. « Quelle idiote j'ai été de tomber amoureuse de mon mari », murmura Slim en clignant vivement les yeux. « Parle-moi de Truman. Tu l'as vu récemment ? Le succès le rend-il insupportable ? » Et, soudain, Slim fut de nouveau elle-même, drôle et désinvolte ; elle glissa son bras sous celui de Babe, et toutes deux se dirigèrent vers l'ascenseur où

Slim ordonna à l'employé de service de les emmener à l'étage de la lingerie.

« Oui, avant-hier. Il m'a donné à lire un exemplaire de *De sang-froid*, et c'était phénoménal. N'est-ce pas, Slim ? Tout simplement stupéfiant, non ? » Malgré le tutorat de Truman – les montagnes de livres qu'il lui avait fait lire, et qui lui avaient plu (ceux de Jane Austen, par exemple), ou non (mon Dieu, comme l'œuvre de Proust l'avait rebutée, ce qui avait énormément déçu Truman) –, Babe n'avait toujours pas confiance en son propre jugement en matière de littérature, d'art ou de politique.

« Mon Dieu, oui. Il est brillant. Le livre est génial. Je n'ai pas pu le lâcher. Et il le sait, le petit diable. Mais je dois dire qu'il m'a rendu un grand service. Il veut que je m'occupe des droits cinématographiques, car il sait que je n'ai pas un centime à moi, ou devrais-je même dire un shilling ? Quoi qu'il en soit, c'est vraiment généreux de sa part.

— Oh, oui ! » Et Babe se sentit rayonner, elle était fière de Truman et heureuse pour Slim.

« Je me demande… », dit Slim, pensive, en remettant du rouge à lèvres rapidement avant que l'ascenseur ne s'arrête. « Je me demande s'il aura encore du temps à nous accorder, à nous les petites gens. Maintenant qu'il est devenu une grande et grosse vedette. Littéralement. Car il a grossi.

— Oh, Slim », fit Babe sur un ton réprobateur.

Mais elle ne dit rien de plus, et Slim, refermant son miroir de poche pour le glisser dans son sac, aperçut le pli sur le front de Babe.

L'ascenseur s'arrêta et elles se retrouvèrent à l'abri des regards dans un boudoir – aux lumières subtilement tamisées – rempli de dentelle, de satin et de soie. Des commodes anciennes aux tiroirs débordant de porte-jarretelles, de bas noirs en soie. Des armoires ouvertes sur un choix de peignoirs roses stupéfiants, bordés de fourrure de lapin teinte, de petits négligés transparents en fine dentelle, d'apparence aussi fragile qu'une toile d'araignée. Une malle entière de ce qui voulait ressembler à un trousseau de jeune mariée – des négligés en satin ivoire, avec les peignoirs assortis, des sous-vêtements en soie de toutes les nuances pastel, des liseuses en mousseline. Des pyjamas de coton délicat, de style masculin, étaient accrochés sur des cintres rembourrés et parfumés.

On trouvait là de nombreuses et discrètes jeunes vendeuses, se gardant bien de donner leur avis, guidant les choix, mesurant et servant.

« C'est pour moi », annonça Babe en glissant son bras sous celui de Slim. « Je n'arrive absolument pas à me décider aujourd'hui et je ne sais pas de quoi j'ai besoin. Je serais très heureuse de t'offrir quelque chose, Slim. Aujourd'hui, rien ne me ferait plus plaisir. Sincèrement.

— Non, Babe. Je ne peux pas accepter. » Slim secoua la tête avec véhémence. « Ça va très bien.

— J'insiste. S'il te plaît, Slim, je t'en prie. » Et Babe lâcha le bras de son amie ; dans ses yeux sombres était apparue une lueur de désespoir muet que Slim n'avait pas vue depuis longtemps, pas depuis que Babe connaissait Truman. « Je t'en prie, laisse-moi faire. C'est si important pour moi, tu comprends. D'aider, de quelque manière que ce soit…

— Je comprends. » Et Slim comprenait ; elle comprenait que son amie était paniquée, terrifiée, même si les raisons lui échappaient complètement. Babe était plus belle que jamais ; rien que la regarder était reposant, rafraîchissant. Ses pommettes sculptées, ses yeux sombres enfoncés dans leurs orbites ; les traits de sa mâchoire toujours aussi fermes, sa peau laiteuse et sans rides. Même ses cheveux, plus gris que noirs désormais, attiraient l'œil. Et elle était toujours aussi impeccable ; elle paraissait ne jamais prendre un gramme. Se laisser aller n'était pas dans sa nature, et elle en récoltait les bénéfices maintenant, au contraire de Slim qui, en un réflexe, se tripota le menton et sentit les chairs se ramollir et même trembloter légèrement.

Slim était-elle jalouse de Babe ? Elle était convaincue de ne pas l'être ; elle se disait que Babe était sa seule et unique amie, la seule avec laquelle elle ne s'était jamais sentie en compétition, tout simplement parce que la comparaison était impossible. Babe était d'une classe à part. Et Slim avait toujours entrevu ce que cela pouvait signifier de solitude, une existence que Slim n'avait jamais vraiment enviée. Aujourd'hui, elle s'en rendit compte avec beaucoup de soulagement ; Babe avait été ravie de la voir, mais Slim n'avait pas manqué d'apercevoir d'abord une vive lueur de peur dans les yeux de son amie.

« Alors, merci beaucoup, Babe chérie.

— Ah, très bien ! » Et Babe rayonna de joie ; elle parut se détendre. « Choisissons quelque chose de parfait pour toi.

— Oui, quelque chose de parfait. »

Slim suivit Babe, qui maintenant avançait d'un pas assuré à travers le département lingerie, son choix indéniablement exquis à chaque fois qu'elle décrochait un cintre ou attrapait quelque chose parmi une pile d'accessoires. Très vite, elle eut rassemblé un petit mais époustouflant assortiment de déshabillés exactement de la taille de Slim – mon Dieu, il fut un temps où elle faisait du 34 ! – et Slim se retrouva dans un salon d'essayage sophistiqué chargé de plus de mobilier qu'il n'en faut à un simple petit appartement.

« Ne regarde pas le prix sur les étiquettes », lui ordonna Babe d'une voix apaisante à travers la porte fermée. « Tu promets ?

— Promis », répondit Slim tandis qu'elle se regardait dans le miroir, se retournant pour se voir de dos, soulevant ses seins d'une main, et fronçant les sourcils en les voyant retomber à la place que leur assignait la femme d'une cinquantaine d'années qu'elle était. « Babe ?

— Oui, chérie ?

— Je ne pensais pas ce que j'ai dit tout à l'heure. Bien sûr que Truman aura encore du temps pour nous. Nous sommes ses cygnes, tu n'as pas oublié ? Je plaisantais. Il est toujours notre *True Heart.* »

Il y eut un silence avant que Babe ne murmurât : « Merci.

— Et maintenant... » Slim ouvrit la porte du salon d'essayage d'un geste grandiloquent, comme Claudette Colbert dans un film des années 30. Elle tourbillonna tout autour du petit salon dans lequel

Babe était perchée sur une chaise, dégustant une autre tasse de thé. Posant, cabotinant, Slim défila dans le plus raffiné – et le plus cher – des déshabillés, en soie blanche ornée de délicates fleurs noires brodées sur la poitrine et les bretelles ; un décolleté plongeant dans le dos s'arrêtait juste au-dessus de son coccyx, et la soie lui était aussi douce sur la peau que la caresse de deux lèvres fraîches. « Qu'en penses-tu ?

— Je pense que quel que soit l'homme à qui c'est destiné, il sera incapable de te résister une seule seconde.

— Alors, je le prends. Et merci, ma très chère amie. »

Slim courut vers Babe et jeta ses bras autour de son cou, l'embrassa sur la joue, puis s'en retourna dans la cabine d'essayage, les laissant toutes deux hors d'haleine et légèrement étourdies après ce contact physique inattendu.

Elles ne faisaient jamais une chose pareille, d'habitude. Dans leur petit cercle, l'amitié était modérée, un rien désabusée, distante.

Mais quelque chose chez Babe, ce jour-là – sa pâleur, son air perdu avant que Slim ne l'ait hélée, son hésitation à parler de Truman –, avait profondément touché Slim. En acceptant le cadeau de Babe, Slim eut le sentiment d'être celle qui donnait. Qui donnait à Babe quelque chose dont elle avait énormément besoin.

« Faisons en sorte que Truman ne nous oublie pas », recommanda Slim, d'un ton décidé, une fois que Babe eut payé. « Allons lui acheter le genre de cadeau qu'il aime. Quelque chose de clinquant, de tape-à-l'œil, et de si cher qu'il ne pourra pas l'ignorer.

— C'est une excellente idée. » Les yeux de Babe s'éclairèrent. « Quelque chose pour son nouvel appartement ; je sais exactement ce dont il a besoin… il a repéré d'adorables petites statues de lions chinois chez l'un des antiquaires de la Septième Avenue.

— C'est parti pour la Septième Avenue ! »

Quand elles sortirent de chez Bergdorf, la limousine de CBS les attendait déjà. Mr Stevens avait parfaitement rempli son rôle. Elles tendirent au chauffeur, qui les rangea soigneusement dans le coffre, leurs emplettes emballées de pourpre, la couleur signature de chez Bergdorf.

Elles s'installèrent sur la banquette arrière de la voiture et se firent conduire à deux pâtés de maisons plus à l'ouest.

« C'est amusant, parfois, de faire semblant, dit Babe.

— Qu'est-ce que tu entends par là ?

— Oh, aujourd'hui… Aujourd'hui, j'ai fait semblant d'être quelqu'un d'autre. C'était amusant, d'une certaine façon. De ne pas être moi, mais juste quelqu'un. Quelqu'un de normal. »

Slim se mordit la lèvre, observant son amie assise, heureuse, sur le siège en cuir somptueux de la berline. Elle regarda par la vitre ; elles étaient coincées dans un embouteillage, des gens les dépassaient d'un pas vif. En marchant, elles seraient arrivées plus vite que n'avançait la voiture.

« Babe chérie, dit Slim, dans un murmure, en prenant la main de son amie.

— Qu'y a-t-il ?

— Rien. Ne fais juste pas semblant trop souvent, je t'en prie. Je t'aime comme tu es. Et Bill aussi. Et c'est pareil pour Truman. »

Babe rougit et croisa les bras ; elle regarda dehors et ne dit plus un mot. Mais Slim vit une larme rouler sur sa joue, réfléchie par la vitre teintée de la limousine.

12

New York adorait les défilés.

Que ce soit pour célébrer des héros de guerre, des joueurs de baseball, des boxeurs, des présidents, ou encore les vacances. Des serpentins dévalaient des immeubles les plus hauts, des ballons géants ridicules flottaient au-dessus de Broadway Avenue pour Thanksgiving. Et le 4-Juillet, des feux d'artifice étaient tirés depuis la statue de la Liberté.

Mais il avait beau le désirer, en mourir, en brûler d'envie, Truman Capote ne pouvait pas organiser un défilé en son honneur. Ni ériger une statue, ni donner son nom à un parc, ni même louer la statue de la Liberté.

Après les défilés, les statues et les parcs, New York adorait les soirées. Les soirées vraiment grandioses. Les célèbres bals des Patriarches organisés par la seule et unique Mrs Astor, auxquels seuls les Four Hundred, « Les Quatre Cents » choisis par son petit chien de garde Ward McAllister, étaient conviés. Le bal costumé de Mrs Vanderbilt, en 1883, pour l'inauguration de sa nouvelle maison, celui auquel *la* Mrs Astor daigna se rendre, intronisant ainsi ces parvenus de Vanderbilt dans la haute société et les excès de l'âge d'or new-yorkais. La tristement célèbre soirée Louis XIV des Bradley-Martin, en pleine période de récession – l'une des pires de toute l'histoire de l'Amérique. Après ce scandale, les Bradley-Martin avaient jugé nécessaire de quitter le pays. Mais tous les invités avaient malgré tout pensé que c'était un moment formidable.

Plus récemment, il y avait eu les fêtes d'avant guerre, organisées par la légendaire et corpulente Elsa Maxwell, la coqueluche de la haute société de l'époque. Elsa inventa la chasse au trésor : des héritières dans leurs tenues de soirée accostant des vagabonds pour récupérer des restes de nourriture, des boîtes de conserve, ou tout ce qui se trouvait sur leur liste, hurlant de rire, s'enfuyant avec leur récompense. Des chasses au trésor dans la salle de bal du Waldorf Astoria, au cours desquelles des millionnaires jouaient méchamment des coudes pour des colifichets en fer-blanc et des sifflets en plastique.

Désormais, il y avait les galas de bienfaisance et les innombrables réceptions pour les premières, une presque tous les soirs pendant la saison théâtrale ; des femmes du monde et leurs maris réticents tirés à quatre épingles. Mais c'était toujours pour une bonne cause ! Et c'était du travail, en fait, un devoir à accomplir. Puisque chacune se devait d'y prendre part, aussi fatigant que ce fût, puisqu'il leur fallait prévoir leur garde-robe pour toute la durée de la saison, et passer des heures devant leur miroir pour s'assurer que chacune de leurs robes du soir était, quel que soit l'angle sous lequel on la regardait, on ne peut plus seyante, car il fallait bien le dire, on ne pouvait pas faire confiance aux photographes pour vous photographier sous votre jour le plus séduisant.

Mais pour être honnête, il n'y avait pas eu de fête réellement grandiose, de soirée costumée pour laquelle ça valait la peine de sortir le diadème de grand-mère, depuis des lustres. Et Truman avait décidé qu'il était de son devoir de remédier à cet état de fait.

Durant tout l'été – l'été 1966, cette époque bénie, il savait que c'était ainsi qu'il y repenserait plus tard, l'été de son apogée en termes de popularité, de réussite dans le monde littéraire et d'ascension sociale –, Truman fredonna un petit air de Cole Porter.

Well, didja evah, what a swell party, a swell party, a swellegant elegant party, this is…

Car Truman allait lui-même organiser une fête en guise de défilé. Une fête si grandiose, si select, que son nom ferait les gros titres de la presse pendant des mois. Ceux qui ne seraient pas invités pleureraient et quitteraient le pays, ou changeraient de nom pour ne pas être reconnus. Une soirée qui resterait dans l'histoire comme *le must*, la cerise sur le gâteau, le caviar sur un toast. Le diamant aussi gros que le Ritz.

Et donc, au cours de cette époque bénie, pendant tout l'été, quand Truman paressait au bord de la piscine dans les propriétés de ses amis, quand il se prélassait au soleil sur leur yacht en Méditerranée, et même quand, en de rares occasions, il était seul avec Jack, silencieux mais de compagnie agréable, sur la plage entre leurs deux maisons adjacentes à Southampton, il organisait, il préparait (quand il ne découpait pas des articles pour son album, ni ne donnait d'interviews ou ne posait pour des photographes). Il manigançait. Il avait toujours avec lui un petit carnet, tout simple, à la couverture noire et aux pages réglées, et il y notait des noms, en rayait d'autres, indéfiniment. Car il était tout à la fois Ward McAllister et *la* Mrs Astor et lui-même, Truman Capote, le géant de la littérature, l'arbitre des élégances, tout ça en même temps.

Il avait maintenant de l'influence. Et de l'argent.

Et donc, tandis que cet été-là il se prélassait sur le yacht des Agnelli – refusant de participer à leurs excursions épuisantes jusqu'à telle ou telle ruine, ricanant quand ils remontaient tous à bord, couverts de poussière et les pieds endoloris alors qu'il avait passé la journée à boire du champagne servi par des stewards basanés, à se baigner dans l'eau turquoise de la Méditerranée, en admirant le paysage de loin –, ou qu'il paressait au bord de la piscine de Babe, ou encore qu'il dansait avec Lee Radziwill (la sœur de Jackie[1], *don't cha know*, le nouveau spécimen de son petit troupeau de cygnes), Truman, en apparence, était toujours le même. Le même plaisantin, farceur, fantaisiste. Le même petit chien de salon, un petit pédé de poche, un bouffon.

« Je veux toutes vous remercier, vous dédommager », répondait-il, d'une voix traînante, quand on lui posait des questions sur son petit carnet de notes qu'il surveillait férocement ; en manière de plaisanterie, il disait qu'il le gardait dans un coffre-fort la nuit. « Vous avez toutes été si gentilles en organisant

1. Jackie Kennedy.

des fêtes pour moi, des dîners, des vacances même ! Marella, ton yacht, c'est une merveille ! Un palace flottant ! Alors, le moins que je puisse faire, c'est d'organiser une bonne petite fête en échange ! »

Oui, je veux vous rendre la monnaie de votre pièce, disait-il pour lui-même. *Je veux que vous sautiez dans le cerceau. Amusez-moi, amusez-moi ! Je veux que vous sachiez qui je suis maintenant et que vous ne l'oubliiez pas. Truman Capote. L'auteur très acclamé de* De sang-froid, *le livre dont tout le monde parle en cet été 1966. Le livre qu'aucune de vous, bande d'idiotes, n'aurait jamais pu écrire. Je ne suis pas seulement votre* True Heart, *votre invité préféré pour les dîners, votre alibi pédé. Je suis aussi puissant que vous !*

Et aussi fascinant. Et je mérite tout autant que vous les gros titres de la presse.

Et je suis infiniment plus intéressant.

Malgré tout, aussi riche fût-il, grâce aux ventes de son livre – suffisamment riche pour que les cendres de Nina/Lillie Mae tourbillonnent dans son urne, suffisamment riche pour quitter l'affreux Brooklyn et emménager à Manhattan dans un appartement stupéfiant du nouveau quartier de l'UN Plaza, un appartement que Babe l'avait aidé à décorer, avec une vue panoramique au sud sur l'East River, le Brooklyn Bridge et le bas de Manhattan ; suffisamment riche pour acheter une maison à Jack à Southampton, en son nom, et la lui offrir – c'était probablement le geste le plus généreux qu'il avait jamais fait, et rien que d'y penser, il en avait encore aujourd'hui les larmes aux yeux. Suffisamment riche pour organiser cette fête. Malgré tout, il ne l'était pas suffisamment pour s'acheter un yacht. Ou un avion. Ou encore des chaînes de télévision.

Et donc, il tenait sa langue et préparait cette soirée en jubilant, annonçant à tous ses cygnes que, bien évidemment, elles seraient toutes invitées – elles seraient les premières sur la liste des invités !

Malgré tout, il ne pouvait pas organiser une fête en son honneur. Ce serait bien trop vulgaire, même pour lui. Et il ne pouvait pas le faire en l'honneur de l'un de ses cygnes – mon Dieu, quelle bataille de plumes, de robes du soir et de bijoux ce serait ! Non, le mieux était d'organiser cette fête en l'honneur de quelqu'un d'autre, quelqu'un de plutôt insignifiant et d'ennuyeux ; quelqu'un qui serait loin d'être aussi sensationnel que lui s'il voulait, lui aussi, bénéficier des feux de la rampe. Quelqu'un comme Kay Graham.

Pauvre Kay !

Pauvre Kay, si simple, la femme de Phil Graham, un suicide, une tragédie. Pauvre Kay, qui restait seule à la tête d'une fortune et d'un journal, le *Washington Post*. Pauvre Kay de Washington D.C., cette petite ville sans aucun chic où les femmes ne s'habillaient pas pour sortir déjeuner, ne se faisaient pas coiffer par Kenneth, où les soirées étaient gâchées par des politiciens et autres gens sérieux, sinistres, qui parlaient plus qu'ils ne buvaient.

Pauvre Kay, que Babe lui avait présentée et que Truman avait tout de suite aimée en raison même de sa grande simplicité. Comme il avait été attiré par Alvin et Marie Dewey du Kansas qu'il avait rencontrés lors de son travail de recherche pour *De sang-*

froid (Alvin était l'inspecteur en chef, en charge de l'affaire) ; tout comme il était irrésistiblement attiré par les chauffeurs de poids lourds, les réparateurs d'appareils ménagers et les dockers idiots et musclés. Truman avait conscience de cette fascination pour les gens ordinaires qui dépassait presque celle qu'il avait pour les gens riches et célèbres. Dans les deux cas, il ne pouvait vivre sans. Il avait plus d'une fois quitté la table d'un dîner dans un penthouse de la Cinquième Avenue pour descendre sur les docks et draguer un camionneur.

Et donc, Kay. Kay, une femme démodée, qui faisait pitié et qui, ainsi en avait décidé Truman au cours d'une conversation téléphonique cet été-là, avait besoin qu'on lui remonte le moral.

« Non, vraiment, avait-elle répondu, déconcertée. Je vais très bien, Truman.

— Non, je ne crois pas. Je vais donner une soirée en ton honneur. Une petite fête, pour te rendre le sourire.

— Ce n'est pas la peine, mais si c'est le cas, j'en serai très honorée.

— Parfait. C'est donc décidé. Une petite fête entre amis chers. »

Mais à la fin août, cette petite fête intime avait pris de l'ampleur et concernait désormais cinq cents « amis chers ». Seulement cinq cents. Peut-être cinq cent quarante. Pas plus. Car la grande salle de bal du Plaza ne pouvait pas en accueillir plus. Et c'était le lieu qu'il avait choisi pour cette petite fête intime, destinée à remonter le moral de sa très bonne amie, la pauvre Kay Graham. Lui, Truman, donnait une soirée au Plaza ! Mama, Mama, *regarde-moi maintenant !*

« Bon, Marella, ne sois pas contrariée. Je ne pouvais pas faire de toi l'invitée d'honneur car toutes les autres seraient jalouses ! Mais j'ai besoin que tu organises un dîner préliminaire, ma chérie, si tu es d'accord. Je ne demande ça qu'à quelques-unes de mes amies les plus chères. »

« Bon, Slim, *Big Mama*, ma chérie ! Tu seras bien sûr tout en haut de la liste des invités, mais je ne pouvais pas faire de toi l'invitée d'honneur – tu imagines un peu combien La Guinness serait furieuse ? On sortirait les couteaux ! Les épées même ! Mais je réserve ma première danse pour toi, ma chérie ! »

« Bon, Gloria, ne sois pas furieuse. Tu ne pouvais pas être l'invitée d'honneur. Ce sera Kay Graham, pauvre Kay ! Mais tu le sais, non, ma chérie, qu'au plus profond de mon cœur tu es l'invitée d'honneur ? Et je te recommande de porter tes plus beaux bijoux parce que ça va être chic, très chic, et que tu seras la reine du bal, de toute façon ! »

« C.Z. ! Mon chou ! Qu'est-ce qu'on va s'amuser ! Je sais que ne pas être l'invitée d'honneur t'importe peu – tu connais Kay Graham, n'est-ce pas ? Pauvre Kay ! J'ai décidé qu'il fallait lui remonter le moral et elle sera donc le centre de l'attention, car elle en a besoin. Mais, honnêtement, qui va s'intéresser à elle, cette pauvre âme triste, alors que tu seras là, la déesse des déesses de tous les temps ? »

« Babe ! Bobolink, mon cœur ! Évidemment que j'ai tout de suite pensé à toi quand j'ai voulu donner cette soirée. J'adorerais le faire pour toi, en ton honneur, après tout ce que nous avons traversé ensemble ! Mais tu *imagines* un peu la réaction de Slim, la pauvre chérie ? Sa vie avec cet affreux lord anglais est déjà suffisamment triste comme ça. Mais je compte absolument sur toi pour m'aider pour l'organisation ! Et veux-tu bien être un amour et convier des invités à un dîner préliminaire ? Je ne demande ça qu'à quelques amies vraiment chères, afin que les invitées qui n'ont pas de cavalier n'arrivent pas seules. Ainsi tout le monde dînera ensemble et arrivera en masse ! »

Et, durant tout l'été, tandis qu'elles s'évertuaient à faire plaisir à leur chouchou, Marella, Slim, Gloria, C.Z., Babe l'exhibèrent, car il était encore plus demandé qu'avant, un trophée à la table du dîner, une plume intellectuelle pour orner leurs têtes parées de pierreries, toutes murmurant, toutes d'accord, se croyant spéciales et distinguées des autres, et supérieures à la pauvre Kay Graham. Cette chère Kay, si mal fagotée.

Truman ricanait et se frottait les mains en jubilant, machiavélique organisateur de soirée ; il faisait miroiter des merveilles tout en ne dévoilant pas ses plans, ravi de voir que tout Manhattan dansait à ses pieds, mourant d'envie d'être invité à ce qui déjà, au cours de cet été-là, s'annonçait comme le plus grandiose de tous les événements de l'automne à venir. Truman donnait quelques bribes d'informations à la presse. Il appelait ses amis célèbres et les ensorcelait de sa voix traînante, leur mettant l'eau à la bouche, ronronnant, « Alors : Tony, Tony Curtis, mon acteur préféré de tous les temps ! Tu seras à Manhattan en novembre, n'est-ce pas ? »

Tony Curtis, son acteur préféré de tous les temps (en tout cas, ce jour-là), réorganisa son emploi du temps pour se libérer. Et attendit une invitation qu'il ne reçut jamais.

« Carson, ma chérie ! Mon chou, mon auteur préféré ! Tu seras à Manhattan en novembre, évidemment ? »

Et Carson McCullers, qui, par le passé, avait été l'amie, le soutien d'un auteur encore inconnu qui s'appelait Truman Capote, attendit elle aussi. Jusqu'à ce qu'elle apprenne par Norman Mailer qu'elle n'était pas invitée. Elle annonça alors en grande pompe qu'elle donnerait elle aussi une soirée à la même date. Mais personne n'y prêta attention.

Tout au long de l'été, Truman prépara, organisa et mit au point la soirée. Finaliser la liste des invités était la tâche la plus difficile, et il passa autant de temps à se torturer les méninges à ce sujet qu'il en passait sur chacun de ses manuscrits. Il fallait que ce soit parfait. Un assemblage unique de personnalités glamour, riches, respectées, et de nouvelles et excitantes célébrités, car nous étions en 1966 ! Mille neuf cent soixante-six, et les Beatles faisaient fureur, la discothèque le Cheetah venait d'ouvrir et le *gogo dancing* y était à la mode, Andy Warhol lui-même organisait des soirées à la Factory, les jupes remontaient très haut sur les cuisses, les cheveux descendaient très bas dans le dos, et Frank Sinatra venait de se marier avec Mia Farrow !

Frank Sinatra. Mia Farrow. Truman griffonna leurs noms sur la liste. Avec celui de Lynda Bird Johnson – mais pas lady Bird Johnson, mon Dieu non ; il ne voulait pas que de tristes agents des services secrets, chargés de la protection du Président, débarquent en nombre au cours de la soirée. Candice Bergen. Henry Fonda. Les Windsor, pour la petite touche royale attendue.

Cecil Beaton. Henry Ford II. Le conseiller à la sécurité nationale du Président, McGeorge Bundy. Norman Mailer. Les Dewey et leurs amis du Kansas. Bennett et Phyllis Cerf, bien sûr. Le concierge de l'immeuble de son nouvel appartement. Jack.

L'auteur Margaret Truman – mais pas Bess ni Harry. Alice Roosevelt. Les Whitney, *naturellement*. Quelques Vanderbilt et Astor, au nom du bon vieux temps.

Devait-il inviter les Beatles ? Non. Mais Andy Warhol, certainement. Christopher, bien sûr – Christopher Isherwood. Et John Knowles. À un moment, il pensa même au jury du prix Pulitzer au grand complet, certain que *De sang-froid* remporterait le prix dans la catégorie non-fiction l'année suivante ; mais il renonça, comprenant que c'était trop intéressé, même de sa part.

Greta Garbo, Marlene Dietrich, Harry Belafonte et son épouse, Tallulah Bankhead – qui serait capable de se pointer toute nue. Mon Dieu ! Imaginez un peu la publicité ! Rudolf Noureev, absolument ! George Balanchine. On danserait, évidemment ; il ferait mieux, d'ailleurs, de s'assurer dès maintenant de la présence de Peter Duchin.

Betty Bacall. Pamela et Leland Hayward – et merde, évidemment qu'il lui fallait *les* inviter ; il ne faisait aucun doute que, désormais, Slim s'était remise de toute cette histoire ! Le chauffeur de taxi qui avait ramené Truman une nuit sans le faire payer car il s'était fait voler son portefeuille dans un boui-boui. Rose Kennedy. Ethel et Bobby, ses voisins de l'UN Plaza. Jackie, bien sûr. Même si Truman avait pris l'habitude de raconter, à qui voulait l'entendre, qu'elle n'était plus qu'une version travestie d'elle-même.

Pour chaque nom ajouté à la liste, deux en étaient barrés, pour peut-être les rajouter plus tard. Ou pas. Truman était Dieu. Un dieu non bienveillant. De vieux griefs refaisaient surface – et donc, bien évidemment, Carson McCullers ne serait pas invitée, la truie. Cette garce envieuse qui s'en était prise à lui depuis qu'il était devenu un auteur plus acclamé qu'elle ne l'était. Et oublions Gore Vidal, cette salope. Et Ann Woodward pouvait elle aussi laisser tomber l'idée d'être invitée, et pas seulement parce qu'elle était une meurtrière. Ils s'étaient récemment rencontrés lors d'une soirée chez les Windsor où les invités l'évitaient. Ann était donc seule, debout, un bras sur le manteau de la cheminée, à passer en revue la foule autour d'elle. Truman avait foncé droit sur elle.

« Tiens, tiens, mais on dirait Miss Bang Bang en personne », avait-il dit en guise de salut. « Rencontré des cambrioleurs, récemment ?

— Tiens, tiens, mais on dirait Truman Capote, ce connard de la littérature, ce banal petit pédé », avait bredouillé Ann en retour.

Elle était ivre. Ses yeux étaient vitreux, son rouge à lèvres avait débordé, et Wallis la surveillait d'un air mécontent, regrettant visiblement de l'avoir invitée. Mais, en société, certaines personnes commençaient à se sentir navrées pour elle, à la plaindre – elle était prisonnière des griffes dorées d'Elsie –, et elle avait repris sa tournée des grands-ducs.

Puis elle lui avait jeté son verre à la tête, haletante, les pupilles dilatées. Un sourire de triomphe grimaçant s'était dessiné sur ses lèvres barbouillées de rouge cerise. « Tu ne me la fais pas, toi, tu n'es qu'un petit pédé banal. Tu es aussi pitoyable que moi. Peut-être même plus.

— Tu vas le regretter », lui avait dit Truman, calmement, tandis que l'un des « chiens de garde » de Wallis l'éloignait et qu'elle continuait à caqueter.

Il avait déjà commencé à planifier sa revanche…

Mais ce serait pour plus tard. *Après*. Pour le moment, la seule chose qu'il souhaitait, qu'il pouvait faire, c'était organiser sa fête. Donner cette fête signifiait qu'il n'avait pas à s'inquiéter de ce qu'il écrirait dans le futur. Il s'était tué à la tâche, il était à sec, il avait gratté jusqu'à l'os, l'écriture de *De sang-froid* l'avait vidé. Au début, c'était peu de chose, un court article dans le *Times* au sujet d'une famille du Kansas assassinée qui avait piqué sa curiosité. Il avait alors pensé que ce pourrait être une bonne histoire pour le *New Yorker*, quelque chose au sujet d'un meurtre dans une petite ville – dont l'aspect aléatoire était choquant – et de ses conséquences. Il avait donc convaincu William Shawn, le rédacteur en chef, de l'envoyer dans le Kansas pour un reportage. C'était tout.

Dès l'instant où il avait posé les yeux sur Dick – Dick l'imbécile, le fanfaron – et Perry – le fascinant Perry, tellement charismatique – dans le minuscule palais de justice du Kansas, la nuit où ils avaient été arrêtés pour les meurtres de la famille Clutter, il sut qu'il tenait là plus qu'un reportage. Quelque chose qui deviendrait son chef-d'œuvre. Une étude de cas, un travail de journaliste avec le lyrisme d'un romancier. « En fait, j'ai inventé un nouveau genre littéraire. La littérature non romanesque », ne cessait-il de dire à qui voulait bien l'entendre, dès 1959, quand tout avait commencé. Il passa des semaines entières à Holcomb, dans le Kansas, à rassembler de la documentation, à interroger les gens du coin, à essayer de comprendre les Clutter – condamnés à périr –, à devenir intime avec l'inspecteur en charge de l'affaire, Alvin Dewey au visage impassible, et avec son adorable femme, Marie, à devenir encore plus intime avec les deux hommes suspectés de meurtre puis reconnus coupables, Dick Hickock et Perry Smith –, à comprendre ce dernier de mieux en mieux, mieux qu'il ne comprendrait jamais les Clutter.

Quand il était rentré à New York pour s'installer avec son carnet de notes et s'atteler à l'écriture, pour une fois ce fut facile. Le manuscrit coulait de source et il en parlait absolument à tout le monde. Très vite, tout le monde à New York en eut l'eau à la bouche et fut impatient de le lire ; il en lisait certains passages et en jouait certaines scènes au cours de soirées ou de dîners. Mais il y eut l'attente ; l'interminable attente de la fin qui le mit au supplice. *La Fin* – il était si impatient de l'écrire, mais c'était impossible, et ce le fut pendant des années, des années pénibles qui s'éternisaient tandis que Dick et Perry se voyaient accorder une succession de sursis et suppliaient Truman – leur seul espoir, leur chroniqueur – de les aider. Des années pendant lesquelles il ne pouvait rien faire d'autre que parler de cet opus grandiose, sans pouvoir le terminer, tandis qu'il était témoin du succès de Nelle Harper Lee qui remporta tous les prix littéraires avec l'histoire de *leur* enfance, *Ne tirez pas sur l'oiseau moqueur*. Nom de Dieu, quelle souffrance que d'être témoin du succès de Nelle, de Nelle plus que quiconque ! Nelle si maladroite et qui avait tant de mal à s'exprimer ! Et la peur – épouvantable, qui le réveillait en sursaut au milieu de la nuit, le cœur battant à tout rompre, le corps baigné d'une sueur poisseuse – que les gens se lassent, et de l'histoire et de lui. Il ne serait alors plus qu'un auteur comme les autres. Et non pas le plus grand de tous les temps.

Pour finir, il n'y eut plus de sursis, plus d'appels de dernière minute du gouverneur, et ils furent exécutés – oh, mon Dieu, oh, doux Jésus, oh, *mamma mia*. Ils l'avaient obligé à être là pour lui faire honte, Dick et Perry, mais aussi, oui, Nelle, qui l'avait aidé dans ses recherches, et William Shawn qui, avec ce qu'il payait Truman, voulait du sensationnel. Il était donc allé voir Perry et Dick une heure avant leur exécution. Ils étaient blancs comme un linge, tout en essayant encore d'être braves, désinvoltes, mais il ne faisait aucun doute qu'ils étaient terrifiés, les pauvres garçons ! Qu'avait ressenti Truman en leur parlant pour la dernière fois ? Il n'avait pas tout à fait conscience de ce qu'il se passait ; il n'était pas suffisamment courageux pour se rendre compte. Truman savait qu'il était, à bien des égards, un lâche ; c'était, pensait-il, l'un de ses traits de caractère les plus charmants. Ce soir-là – aux alentours de minuit, la nuit était noire, il pleuvait, il vécut un cauchemar horrible, à vous glacer les os, un cauchemar qui, il le savait, s'était inscrit au plus profond de lui-même et dont il ne pourrait jamais se défaire –, sa lâcheté et son courage, tout à la fois, l'avaient étonné. La lâcheté qui l'avait empêché, malgré leurs suppliques, d'aller voir Dick et Perry avant le tout dernier moment, quand il était trop tard pour qu'ils lui disent ce qu'il ne voulait pas entendre – il les avait abandonnés, il avait baissé les bras – il s'était servi d'eux. Mais, finalement, il y était allé, et son courage l'avait dépassé ; le courage de rester quand les deux assassins lui avaient demandé d'être là pour assister à leur fin – le rituel barbare, les derniers mots, les têtes recouvertes d'une cagoule, les genoux ceinturés, la corde agitée de soubresauts, puis, finalement, le silence, le calme sinistre, la respiration qui s'arrête, une personne en moins dans la grange immense bien que le nombre de corps reste le même. Une vie soustraite. Des vies gâchées, et, pour être honnête, pas si différentes de la sienne – des vies d'hommes qui avaient été abandonnés par leurs parents, traités comme des moins que rien, de la boue, de la moisissure. Des hommes qui avaient choisi le mauvais chemin quand lui avait pris le bon, et ce simple changement de direction, de vent, d'air, un pas après l'autre, était la seule chose qui séparait un assassin d'un artiste.

Mais il avait découvert qu'un assassin pouvait être un artiste. Et un artiste, un assassin.

L'examen de conscience, la réalité – épuisante –, le rôle de témoin, venir en aide à son semblable, et même à un assassin –, il devait tenir ça à distance. Il ne pouvait s'y attarder par peur des conséquences sur son travail qui était ce qui lui importait le plus. Ce chef-d'œuvre qu'il avait créé de toutes pièces, s'étonnant lui-même de la perfection de chaque mot, de la construction précise de chaque paragraphe. Ce livre était tout. Il devait l'écrire, ce qu'il fit, le dernier chapitre coulant de source, pour une fois, alors que d'ordinaire l'écriture de la fin était un supplice.

Et le résultat fut tout ce qu'il avait escompté, fut en tout point ce qu'il avait raconté à tout le monde – ses cygnes, les auteurs rivaux, le concierge de son immeuble, l'épicier du coin, sa famille loufoque, là-bas en Alabama, et même son bon à rien de père pleurnichard, toujours en quête d'attention. *De sang-froid* était un chef-d'œuvre et, cette fois, les critiques étaient d'accord. Et maintenant qu'il était arrivé en haut de l'échelle – qu'il était devenu cette flèche au sommet du clocher de la grande ville qui attirait à elle d'autres gens venus de terres de moindre importance –, il devait se réjouir de son succès. Car se réjouir du fruit de son travail était aussi sérieux que l'écriture elle-même.

Et donc, il allait donner une soirée. La plus élégante, la plus fantastique soirée de tous les temps.

En l'honneur de Mrs Katharine Graham

MR TRUMAN CAPOTE

VOUS PRIE D'ASSISTER

À UN BAL EN NOIR ET BLANC

LE LUNDI 28 NOVEMBRE

À PARTIR DE 22 HEURES

DANS LA GRANDE SALLE DE BAL DE L'HÔTEL PLAZA

Truman dirait plus tard que le matin où les invitations furent envoyées, il se fit cinq cents amis et cinq cents ennemis.

Seule l'une de ces deux affirmations était exagérée.

13

Une conférence au sommet. Un conseil de ministres. Absolument sensationnel. La veille de la soirée organisée par Truman, Betsey Cushing Roosevelt Whitney, accompagnée de ses sœurs, Minnie Cushing Astor Fosburgh et Barbara Cushing Mortimer Paley, se dirigeait droit vers la salle Palm Court du Plaza. La tête haute, elle y entra sans ralentir le pas, si ce n'est pour saluer d'un signe de tête quasiment imperceptible le maître d'hôtel empressé qui se précipita pour tirer une chaise à la table qu'elle avait choisie de son propre chef. Betsey Cushing Roosevelt Whitney n'attendait pas qu'on lui dise où s'asseoir, pas même au Plaza.

C'était l'heure du thé ; les trois sœurs étaient entourées d'adorables petites filles habillées de robes roses, des rubans assortis dans les cheveux, gants blancs et chaussures de cuir verni, et accompagnées de parents ou grands-parents indulgents. D'autres personnalités – moins célèbres – étaient là aussi, ainsi que des touristes qui ne pouvaient s'empêcher de regarder avec admiration ces trois femmes si élégamment vêtues, aux pommettes aussi remarquables que leur bonne éducation. Mais le trio ne leur prêtait aucune attention. C'était une réunion entre sœurs, un rituel qui datait de leur enfance. Autrefois, elles tenaient conseil pour savoir qui pouvait emprunter le ruban à cheveux de l'autre ou à quel cadeau d'anniversaire pour leur mère devait être destiné l'argent de leur tirelire. Mais en grandissant, tandis que leur beauté et leur élégance étaient modelées – tout comme leurs uniformes d'école avaient été choisis – par leur mère, leurs petites conférences s'étaient orientées autour de sujets plus sérieux, la plupart du temps sous la houlette de Gogs. La longue liaison de Minnie avec Vincent Astor, par exemple, avait été discutée, disséquée et il avait été décidé, au cours de l'une de ces réunions au sommet, qu'elle avait duré assez longtemps ; aussitôt, Vincent s'était retrouvé à faire sa demande en mariage. Et le désastreux mariage de Babe avec Stanley Mortimer avait pris fin, Dieu merci, après l'un de ces conclaves ; Gogs et ses filles avaient pesé le pour et le contre, et en avaient finalement conclu que Babe pouvait divorcer sans que sa réputation en souffre. Elle avait donc divorcé.

En revanche, il n'y avait pas eu de rencontre au sommet, quand Babe avait décidé de se marier avec Bill.

Le thé, lui aussi, était une constante depuis leur plus jeune âge ; autrefois, dans la grande maison des Cushing, à Brookline dans le Massachusetts, leur mère, Gogs, les avait initiées au rituel du thé l'après-midi, un rituel soi-disant familial mais qui, très vite, devint l'heure pendant laquelle on tenait salon en quelque sorte, un lieu où les membres les plus en vue du monde médical et universitaire pouvaient « passer ». Chaque après-midi, un assortiment alléchant de thés, de punchs, de petits sandwiches et de pâtisseries était déployé dans la pièce de réception, et une foule s'y pressait. Les sœurs Cushing grandirent en observant leur mère présider la table du goûter et virevolter d'un invité à l'autre pour s'assurer que chacun avait ce dont il avait besoin et se sentait à l'aise. Leur père, quoi qu'il en soit, était rarement là ; il était toujours en intervention chirurgicale.

Les filles observaient – et ce n'était pas pour s'amuser ; Gogs insistait pour qu'elles participent aux préparatifs bien avant qu'elles aient l'âge de prendre part à ces élégants après-midi. Elles observaient leur mère vérifier tous les détails, aussi infimes fussent-ils : l'état impeccable des tabliers portés par les jeunes domestiques irlandaises, le polissage ritualisé de l'argenterie, la disposition des cerises sur le dessus des petits gâteaux recouverts de glaçage rose.

On y écoutait souvent de la musique, de la harpe ou du piano, jouée par un étudiant de Cambridge recruté pour l'occasion. Dans d'autres foyers, même à Boston au cours de cette joyeuse époque que furent les années 20 et 30, on servait aussi des cocktails préparés dans des shakers en argent et accompagnés de biscuits au fromage, mais pas chez Gogs. Elle s'en tenait à la tradition : de la porcelaine, du thé anglais, servi avec du citron et du sucre, et de la crème épaisse pour les scones.

Vint le moment où Betsey Whitney, Minnie Fosburgh et Babe Paley furent en mesure d'organiser de tels après-midi dans leurs propres foyers, et elles ne furent pas en reste, mais pourquoi se cacher tout le temps ? L'heure étant venue d'une réunion au sommet entre sœurs, elles allèrent donc tout naturellement au Plaza, car leur mère les avait élevées pour qu'elles soient vues et admirées.

« Je crois que Mère n'a jamais pris le thé en dehors de chez elle, non ? » demanda Betsey en enlevant ses gants. Elle n'était pas l'aînée mais se comportait comme telle. Elle ressemblait à Babe en plus petite, et comme une image estompée : elle avait les mêmes pommettes, mais son teint était moins éclatant ; ses cheveux étaient plus clairs, ses yeux moins foncés, sa peau moins laiteuse. Cependant, Betsey avait une allure plus majestueuse ; elle était capable de regarder n'importe qui d'un air hautain, quand bien même elle était la personne la plus petite de tous les gens présents dans une pièce.

Minnie, l'aînée – et la plus gentille, ce sur quoi Babe insistait toujours –, secoua la tête. Minnie était la plus grande en taille, la plus terre à terre ; elle n'était ni aussi impérieuse que Betsey ni aussi peu sûre d'elle que Babe. Elle n'avait pas leurs yeux profondément enfoncés, bien qu'elle soit la plus mince. Elle aurait pu paraître godiche, dégingandée, si elle n'avait pas été la fille de Gogs.

Babe sourit tendrement. « Non, maman n'a jamais aimé sortir pour le thé, n'est-ce pas ? Elle a toujours été persuadée que c'était chez soi qu'on était le mieux. »

Un serveur s'approcha de Betsey – comment avait-il deviné que c'était elle qui décidait ? Il lui tendit un menu magnifiquement imprimé qu'elle repoussa d'un geste de la main. « Champagne, et thé Darjeeling. Un assortiment de petits sandwiches et de pâtisseries, mais sans gâteau de Savoie – je ne supporte pas le gâteau de Savoie. Et sans oignon sur les sandwiches. » Elle se tourna de nouveau vers ses sœurs alors que le serveur s'inclinait en se retirant, toujours avec empressement.

« Mais j'aime les oignons, moi », protesta Minnie. Le rouge lui vint aux joues tandis qu'elle poursuivait ce débat qui l'opposait à sa sœur depuis qu'elle avait dix ans et Betsey huit. « Ce n'est pas parce que tu n'aimes pas les oignons que je ne dois pas en manger.

— Les oignons ne sont pas convenables pour les dames. Tu veux avoir mauvaise haleine ? Maman ne t'a-t-elle rien appris ? »

Betsey secoua la tête et se tourna vers Babe pour s'assurer de son soutien.

Babe fronça le nez. « Personnellement, je n'aime pas les oignons, mais je ne vois pas pourquoi Minnie en serait privée si elle les aime.

— Je ne voyais pas non plus pourquoi Minnie devait divorcer d'avec Vincent, mais elle l'a fait, rétorqua Betsey sans même regarder sa sœur aînée ; elle l'ignorait tout simplement.

— Betsey, ne commence pas. D'abord je n'ai jamais voulu épouser Vincent. Et je ne pense pas qu'il avait envie de se marier avec moi. C'est Gogs qui l'a voulu et donc, naturellement, ça s'est fait. Je l'ai supporté aussi longtemps que j'ai pu et j'ai fini par lui trouver Brooke qui avait besoin, plus que moi, de son argent et de son nom. Puis il est mort et alors ? Qui s'en soucie ? Si on joue à ce jeu, pourquoi as-tu divorcé d'avec James ? Un Roosevelt n'était-il pas assez bien pour toi ?

— James ne voulait pas jouer son rôle de père pour ses filles. J'ai d'abord pensé à mes filles, comme maman l'a toujours fait pour nous. Je suis une bonne mère, Minnie. Évidemment, tu ne peux pas savoir ce que c'est. »

Betsey regardait maintenant sa sœur avec sévérité.

« Je vous en prie ! » Babe jeta des regards inquiets à chacune de ses sœurs. « Les filles, s'il vous plaît ! Pas ici ! Maman serait bouleversée !

— Babe, nous ne sommes pas en train de faire un scandale. » Betsey réprimanda sa petite sœur. « Nous n'avons pas élevé la voix. Tu t'inquiètes trop, comme d'habitude. Mais changeons de sujet. La fête de Truman a lieu demain. Et bien sûr, nous savons déjà toutes ce que nous allons mettre, non ? »

C'était, là encore, une de ces questions purement rhétoriques que Betsey se plaisait à poser à ses sœurs. Elles avaient toutes les trois coordonné leurs garde-robes des semaines auparavant, comme elles le faisaient toujours avant une soirée. Depuis les fêtes d'anniversaire de leurs amies d'enfance jusqu'à ce jour, pour le fameux Bal en Noir et Blanc de Truman –, les divines sœurs Cushing savaient comment s'habiller pour mettre leur trio en valeur. Babe était toujours la première à faire son choix, ce que Betsey avait toujours accepté à contrecœur, mais sans toutefois parvenir à changer cet état de fait ; c'était peut-être la seule chose dans sa vie pour laquelle elle avait fini par céder. Une fois que Babe s'était décidée, les deux autres s'habillaient selon un code vestimentaire complémentaire, mais unique en son genre, avec certaines couleurs dévolues à chacune. Babe, en bleu, avait l'air d'un ange ; c'était une vérité universellement reconnue. D'ailleurs, toutes les pierreries, dans leur multitude de couleurs, lui étaient réservées. Betsey était souvent en noir. Minnie s'en moquait et, en fait, demandait la plupart du temps à Babe de lui trouver quoi mettre, une tâche dont Babe était fière de s'acquitter, heureuse de pouvoir apporter son aide.

Pour ce qui était des bijoux, cependant, chacune d'entre elles se débrouillait ; Betsey avait l'argent des Whitney, Minnie avait ceux de la famille Astor en héritage. Babe était celle qui avait les bijoux les plus modernes, spécialement dessinés pour elle par de jeunes créateurs : Fulco di Verdura, Jean Schlumberger.

« Bon, cette fois, nous sommes toutes en blanc – il n'y a donc pas besoin de se coordonner, dit Minnie, visiblement soulagée. Couturiers ?

— Antonio Castillo, déclara Babe, même si Betsey le savait déjà.

— Dior, rétorqua Betsey.

— Balmain, annonça Minnie, tandis que les trois sœurs approuvaient leurs choix d'un hochement de tête.

— Les masques ? Pour le mien, j'ai demandé à Halston, dit Betsey.

— Pareil pour moi, dit Minnie.

— J'ai demandé à Adolfo de s'en occuper – en fait, je lui ai demandé d'en faire trois versions différentes, au cas où », avoua Babe, en baissant les yeux par modestie. « Je lui ai fourni des copies de certains de mes bijoux, et il fabriquera trois modèles de masque différents. Je choisirai celui qui me plaira le plus et il y ajoutera les vraies pierres.

— Oh, Babe ! » Minnie exprimait si ouvertement son admiration que son fin visage rayonna. « Oh, c'est tout toi, ma chérie !

— Oui, en effet, c'est très malin, admit Betsey en grinçant des dents.

— Tu me connais. » Babe haussa les épaules, avec un semblant de désinvolture même si elle se réjouissait de la jalousie de sa sœur. « Je n'aime pas trop laisser les choses au hasard. C'est de toute façon ce que maman m'a appris à ne pas faire. »

Elles se turent pendant que le serveur approchait près de leur table le chariot roulant rempli de petits sandwiches de la taille d'une pièce d'un dollar, d'appétissants biscuits sucrés et de petits-fours. Chacune d'elles esquissa un sourire approbateur et autorisa le serveur à la servir, mais quand il fut parti, aucun des sandwiches, des biscuits ou des petits-fours ne fut mangé. La dispute à propos des oignons avait été vaine, après tout.

« Et Truman ? » demanda Betsey, poursuivant l'ordre du jour. « Sommes-nous sûres et certaines qu'il a tout fait au mieux ? Babe ? »

Babe remua lentement la petite cuillère dans son thé. « C'est la fête de Truman, Betsey, ma chérie. Pas la nôtre. J'ai comme l'impression que tu l'as oublié.

— Oui, oui, bon – *Truman* ! Il n'a pas reçu la même éducation que la nôtre. Et il compte tellement sur nous, nous trois, en matière de goût. Ce nouvel appartement par exemple – c'est pratiquement toi et Minnie qui l'avez décoré pour lui, non ?

— Nous lui avons donné des conseils », dit Minnie décroisant, puis recroisant ses longues jambes gainées de bas en soie, alors qu'elle portait des chaussures plates, toutes simples, peu seyantes, ce que Betsey avait toujours désapprouvé. Car même si Minnie était tout à fait consciente de sa grande taille, ne pouvait-elle pas au moins porter des chaussures plus élégantes, comme celles de Babe ? « C'était plutôt amusant, n'est-ce pas, Babe chérie ? Mais je me pose des questions sur tous ces serpents à sonnette qu'il a choisis – tous ces spécimens empaillés. Il y en a trop, on se croirait au musée d'Histoire naturelle. »

Elle haussa les épaules.

« Je dirais que la métaphore est bien choisie, commenta Betsey en faisant la moue.

— Qu'entends-tu par là ? rétorqua Babe.

— Babe, ma chérie, je veux tout simplement dire que le petit Truman est une langue de vipère, tu n'es pas d'accord ? Il a un regard acéré sur le monde. Dieu sait qu'il a toujours été adorable avec toi, avec nous toutes. Mais ce n'est pas toujours le cas avec d'autres. Toute cette soirée, vraiment – je ne peux pas m'empêcher de penser qu'il aurait pu mieux s'organiser. Sans autant de publicité. Quoi ? Le *Herald* a publié la liste des invités. Des fuites ? Comment est-ce possible ? Qui la leur a communiquée ? Et maintenant, tous ceux qui ne sont pas invités ne peuvent pas prétendre l'avoir été et avoir refusé de venir. Le monde entier sait qui a été invité et, le plus important, qui ne l'a pas été. C'est plutôt… mesquin, tu ne crois pas ?

— Truman a un secrétaire qui a envoyé les invitations, répliqua sèchement Babe. Il n'était donc pas le seul à avoir accès à cette liste.

— Babe, ma chérie, ta loyauté, comme toujours, est touchante. » Betsey grimaça. « Espérons que demain soir ne sera pas un désastre car, bien sûr, les gens croiront que nous avons quelque chose à voir avec ça, même si ce n'est pas vrai. Surtout toi, Babe, vous êtes si proches tous les deux.

— Je ne crois pas qu'il faille s'inquiéter. Il va réussir son coup brillamment, je le sais. » Babe se sentit rougir, s'aperçut qu'elle avait légèrement haussé le ton et elle sirota son thé tout en lissant la jupe de son tailleur Chanel. « Je suis impatiente de voir ta tenue, Betsey. » Babe sourit d'un air serein à sa sœur. « Je sais que tu me l'as décrite, mais je suis impatiente de la voir sur toi. Jock portera-t-il un masque ? Je n'ai pas réussi à convaincre Bill !

— Non.

— Jim, oui ! s'exclama Minnie, radieuse. Il a passé des semaines à le dessiner lui-même.

— Évidemment, murmura Betsey en jetant un regard entendu à Babe. Ma chère, ça ne me surprend pas.

— À votre avis, que penserait Gogs de cette soirée ? » demanda Minnie. Pour sa mère, elle avait été la fille « à problèmes » ; elles s'étaient souvent affrontées en privé, bien qu'en public, Minnie, généralement, se soit toujours conformée aux idées de sa mère. Quant à Betsey, elle lui ressemblait tant qu'elles s'accordaient toujours. Babe avait toujours été si peu sûre d'elle qu'elle se serait bien gardée de discuter les opinions de sa mère, sauf quand elle avait épousé Bill – et ce fut quelque chose ! Minnie sourit au souvenir de l'invraisemblable stupéfaction de leur mère à l'idée que Babe puisse épouser un juif ! « Je me pose souvent la question de savoir ce que maman aurait pensé de Truman, dit Minnie.

— J'espère qu'elle l'aimerait autant que nous l'aimons, répondit doucement Babe.

— Non, impossible, déclara Betsey la raisonnable. Elle ne lui aurait pas fait confiance, elle se serait méfiée de lui. Et d'ailleurs, je la comprendrais. Mais il est vrai qu'il est amusant. À petites doses.

— Il est certain que maman n'aurait jamais approuvé cet étalage de publicité – des photographes pour la soirée ! Elle doit se retourner dans sa tombe ! Mais, discrètement, elle aurait découpé toutes les photos où l'on nous voit pour les mettre dans un album. Et elle aurait exigé que nous lui montrions nos robes du soir avant le bal ; mon Dieu, l'idée que nous puissions nous habiller seules, à nos âges ! »

Minnie rit, et une certaine tendresse se lisait sur son visage ; la force de la nature qu'avait été sa mère lui manquait. Gogs, aussi agaçante fût-elle, avait été la boussole, le gouvernail, le capitaine ; le vent fort qui poussait ses filles en direction du port où elles seraient en sécurité, le monde de la richesse et des privilèges. Et, Minnie dut bien l'admettre, même avec un soupir, c'était rassurant. Car elle était lâche ; elle savait qu'elle n'aurait jamais pu épouser un homme pauvre ; aucune des trois sœurs n'aurait pu. Babe, peut-être.

Le bruit, attendu, du bouchon de champagne les fit s'agiter sur leurs sièges ; le Cristal leur fut servi dans des flûtes, et Betsey fut la première à lever son verre pour porter le toast habituel.

« À Gogs !

— À Gogs », répétèrent ses sœurs en chœur.

Elles trinquèrent et, au bruit des verres entrechoqués, tout le monde dans la salle aux palmiers, une fois de plus, se tourna vers elles, leur jetant un regard d'admiration.

Trois très belles femmes – les sensationnelles sœurs Cushing. Honorant le Plaza de leur présence ; accordant à leurs sujets un bref aperçu de ce qu'elles étaient, riant toutes les trois, insouciantes, privilégiées, si raffinées qu'il était même impossible de les envier. Elles étaient tout simplement inaccessibles.

Elles quittèrent la salle, envoyant des baisers du bout des doigts, accordant un sourire de reconnaissance à quelques personnes soigneusement choisies tandis qu'elles se dirigeaient vers les limousines qui les attendaient.

Il leur fallait encore aller voir leurs robes du soir ; les essayer une dernière fois, au cas où une couture aurait lâché à la dernière minute ou que des sequins seraient décousus. Il leur fallait aussi ne pas oublier le code de leurs coffres afin de pouvoir y récupérer leurs bijoux. Il leur fallait s'assurer qu'un bon dîner serait prêt pour leurs maris, et qu'ils pourraient fumer un bon cigare, ce qui les mettrait de bonne humeur et les convaincrait peut-être de danser le lendemain soir – ou, tout au moins, de laisser les trois sœurs danser avec d'autres hommes sans faire d'histoires. Et, bien sûr, les trois sœurs devaient se coucher tôt, avec des rondelles de concombre sur les paupières, et un masque du visage spécial pour hydrater leur peau.

Car leur mère ne leur avait-elle pas appris à dormir dix bonnes heures la veille d'une fête ?

14

Le matin du grand soir, Kay Graham alla se faire coiffer. Habituellement, elle se contentait d'un simple shampooing et d'une mise en plis, mais cette fois-ci, elle s'inquiétait. Truman lui avait parlé des soins sophistiqués auxquels se livraient certaines de ses amies, les plus élégantes d'entre elles, ses cygnes, comme il les appelait – Marella Agnelli, Slim Keith, Gloria Guinness, Babe Paley. Kay les avait toutes rencontrées – en fait, elle avait fait la connaissance de Truman par l'intermédiaire de Babe, qui était si élégante, si parfaite, qu'à côté d'elle Kay se sentait mal fagotée, quelle que fût la robe qu'elle portait. Kay ne possédait pas le gène de l'élégance, de la sophistication, et elle le savait ; d'ailleurs, à Washington, c'était sans grande importance.

Mais à New York, cela en avait et, ce soir, elle serait en représentation – « Ma chérie, il faut que tu sois divine ! Tous les journaux enverront leurs photographes ! Les télévisions aussi seront là ! Tous les regards seront tournés vers toi, tu seras le centre de l'attention, Kay, ma chérie, ma précieuse amie ! »

Truman voulait simplement être gentil, elle le savait. Il était excité pour elle. Mais ses mots remplirent Kay de désespoir, de ce manque de confiance en elle qu'elle connaissait si bien. Honnêtement, elle aurait préféré pouvoir juste rester dans sa suite au Plaza et regarder la télévision ou lire un livre.

Mais c'était impossible et donc, prenant une grande inspiration, elle attrapa son sac et sortit en vitesse du Plaza vêtue très simplement – une robe de coton et des chaussures à talons plats. Elle ne s'était pas maquillée car elle ne se maquillait jamais. Mais elle avait prévu d'y remédier ce soir – mascara, rouge à lèvres.

Hélant un taxi, elle énonça l'adresse que lui avait donnée Truman lui-même ; en réalité, il avait pris rendez-vous pour elle. « Kay, merveilleuse lady, tu dois voir Kenneth. Personne d'autre, c'est *le* coiffeur ; il n'y en a pas d'autres. »

Kay avait évidemment entendu parler de Kenneth ; après tout, elle avait connu les Kennedy quand ils étaient à la Maison Blanche, et Kenneth coiffait Jackie. Et donc, elle se doutait bien que Kenneth, ce jour-là, le jour de la fête organisée en son honneur, serait probablement très occupé.

Mais rien ne l'avait préparée à la foule qui attendait devant le salon de coiffure. Rien ne l'avait préparée à un tel endroit ; à Washington, elle fréquentait un petit salon de coiffure, fonctionnel, au dernier étage d'un immeuble qui abritait des commerces de détail.

« C'est bien ici ? » demanda Kay au chauffeur, qui haussa les épaules et tendit la main pour être payé. Elle paya, descendit du taxi et ne put s'empêcher de s'arrêter net sur le trottoir et d'ouvrir de grands yeux ébahis, en bonne touriste qu'elle était.

Car devant une immense maison de ville en pierre calcaire, un bâtiment stupéfiant agrémenté de colonnes, d'un fronton et de fenêtres majestueuses, orné en façade d'une marquise jaune et noir, se trouvait une longue file de limousines, de voitures de maître et de taxis. Elle se demanda s'il se pouvait que le Président lui-même soit là car, à Washington, les seules fois où vous voyiez un tel attroupement, c'était lorsque le Président ou le vice-président était de sortie, accompagné de membres des services secrets.

On entendait rarement klaxonner ; les chauffeurs semblaient patients, résignés à attendre. Et, émergeant de sous la marquise, des femmes surgissaient en un flot continu saccadé. Superbes, sophistiquées, beaucoup mieux habillées qu'elle ne l'était, dans des manteaux de fourrure et des robes de grands couturiers ; par réflexe Kay croisa ses bras sur sa poitrine, ayant honte de sa robe toute simple et de son manteau de drap, affreusement consciente de ne pas porter de bijoux et de ne pas être maquillée. Et sur les têtes de ces femmes, des coiffures dignes de celles de Marie-Antoinette : des empilements de cheveux, le plus souvent des postiches, ornés de rubans, de plumes, de pierreries ou encore, parfois, des trois. Elles marchaient le cou bien droit, leurs coiffures protégées du vent et de la bruine de cette fin d'automne par de larges écharpes plastifiées ou des capuches ; cependant, chacune d'elles se précipitait sur la voiture qui l'attendait. Le défilé de voitures noires, qui avançait sans discontinuer, semblait sans fin.

Kay courut tête baissée pour traverser la rue, se réfugiant sous la marquise avant de passer les énormes portes en fer forgé. À l'intérieur, il lui fallut de nouveau s'arrêter pour embrasser du regard l'espace dans son ensemble, pour comprendre ce qui l'entourait, car ce n'était pas du tout un salon de coiffure et elle se demanda si elle ne s'était pas trompée d'adresse. Elle était dans un hôtel particulier ; une bonbonnière fantastique avec un grand escalier, des sols en marbre ciré, les signes d'une certaine époque révolue, plus fastueuse – mais les murs étaient recouverts de papiers peints fleuris aux couleurs vives, plus contemporains et, tout autour d'elle, Kay entrevoyait de petites alcôves discrètes aux plafonds ornés de tentures procurant une certaine intimité, des tabourets à la turque sur lesquels étaient perchées de jeunes manucures, des chaises d'antiquaire, des lustres, une enfilade de salles et de couloirs.

En montant lentement l'escalier, une main sur la rampe, Kay faisait de son mieux pour ne pas être emportée par le flot de manucures et de coiffeurs qui montaient et descendaient, la tension se lisant sur leur visage, la sueur perlant sur leur front, des ciseaux et des limes à ongles plein les poches. Quand elle arriva en haut des marches, elle donna son nom à une réceptionniste à l'air exténué, qui tourna rapidement les pages d'un épais carnet de rendez-vous.

« Graham ? Graham ?

— Oui, Mrs Katharine Graham.

— C'est ça. Vous avez rendez-vous avec Marco, l'un de nos nouveaux stylistes. Vous permettez que je prenne votre manteau ? »

Et la jeune femme fronça les sourcils en voyant le manteau usé en tweed.

« Merci », dit Kay en le lui tendant, et une fois de plus elle en eut honte. Car même la réceptionniste était mieux habillée qu'elle, avec une robe rose magnifique, coiffée selon la nouvelle mode, cheveux crêpés, des mèches effilées effleurant ses pommettes saillantes.

« Suivez-moi, s'il vous plaît, Mrs Graham. » Une autre jeune femme, aussi sophistiquée, avec des faux cils épais comme des chenilles, attendait Kay en haut d'une autre volée de marches. « Allez-vous à la fête ce soir ? La fête de Truman ? Nous sommes tellement débordés !

— Eh bien, oui, en effet. À vrai dire, je suis l'invitée d'honneur. »

Kay se sentit ridicule ; elle ne savait d'ailleurs pas pourquoi elle clamait une chose pareille. Elle se dit qu'elle en était fière, finalement.

« Comment ? » La jeune femme se figea sur place, Kay lui rentra dedans et une autre femme, vêtue d'une extravagante robe imprimée Pucci, se heurta à Kay. « Vous êtes l'invitée d'honneur ? Pour la soirée de Truman ? »

Kay sentit le rouge lui monter aux joues et, de nouveau, elle baissa la tête en prenant conscience des regards qu'on jetait sur son allure si simple, si peu sophistiquée. « Oui.

— Oh, non ! »

Kay releva la tête et se demanda ce qu'elle avait fait de mal.

« Pardon ?

— Oh, non, ce n'est pas possible ! Vous ne pouvez pas être coiffée par Marco ! Venez, venez, Kenneth lui-même va s'occuper de vous.

— Mais je ne veux déranger personne ; peu importe qui va me coiffer… »

La jeune femme parut estomaquée. Il en fut de même pour la femme derrière elle dans sa robe Pucci qui, après qu'elle l'eut bien regardée, s'avéra être la chanteuse et actrice Kitty Carlisle Hart.

« Mais bien sûr que c'est important ! Kenneth serait effondré à l'idée de ne pas pouvoir vous coiffer pour le bal ! »

Et donc Kay n'eut pas d'autre choix que suivre la jeune femme en haut d'un grand escalier monumental qui menait à une salle peinte en jaune vif, comme baignée de la lumière dorée du Saint des Saints. Et avant même de s'en rendre compte – sa robe toute simple avait disparu et elle était maintenant habillée d'un très beau poncho orange et rose –, elle se retrouva assise dans un fauteuil en cuir verni qui ressemblait à un trône, avec un jeune homme espiègle, habillé d'un costume et d'une cravate noirs – tel un banquier –, debout à ses côtés, les mains pleines de peignes, de brosses et d'énormes épingles à cheveux. Sur sa droite, était assise une très jeune femme elle aussi habillée d'un même poncho, probablement un mannequin, car son visage lui parut familier. Sur sa gauche, était installée une femme dont la tête était couverte pour moitié d'anglaises foisonnantes poudrées de blanc ; sur l'autre moitié, ses cheveux étaient teints en noir de jais et pendaient librement, en attente d'être coiffés.

Rose Kennedy, dont les cheveux venaient eux aussi d'être teints et qui attendait qu'on s'occupe d'elle, était assise en face et lui adressa joyeusement un signe de la main auquel répondit Kay, heureuse de voir un visage connu. Et pourtant, tandis qu'elle saluait en retour Mrs Kennedy, Kay eut l'impression d'être passée de l'autre côté du miroir. Elle n'avait pas l'habitude d'être choyée autant que l'était une Kennedy !

« Mrs Graham ! » Kenneth – Kenneth en personne ! Le créateur de la coiffure bouffante de Jackie Kennedy et du style décoiffé de Marilyn Monroe posa ses peignes et ses brosses et tapa dans ses mains, ce qui fit sursauter Kay. « C'est un honneur de vous coiffer. Quel masque allez-vous porter ? L'avez-vous avec vous ? Et votre robe ?

— Oh ! Non, je n'y ai pas pensé.

— Peu importe, dit gentiment Kenneth, avec une lueur de sympathie dans ses yeux espiègles. Décrivez-les-moi.

— Eh bien, les deux sont très simples, vraiment. Une longue robe blanche, avec des pierreries – grises, en hématite – autour du cou et sur les manches, et sur le masque aussi. Qui est blanc.

— Il faut une coiffure à la fois classique et chic, je pense. On va s'en occuper. Les cheveux seront brossés pour dégager le visage, fixés très simplement en arrière, et bien lissés sur les côtés, quelque chose d'élégant.

— Oh oui ! Merci ! »

À cet instant, Kay Graham aurait presque pu éclater en sanglots ; Kenneth paraissait savoir exactement ce qu'elle avait en tête. Les coiffures sophistiquées, les boucles en abondance, les postiches, les teintures bizarres qu'elle venait de voir, ce n'était pas pour elle.

« Je pense que ce sera ravissant, ma chérie », lui lança Rose de sa voix cassante à l'accent bostonien, et Kay hocha la tête avec enthousiasme. Elle s'autorisa enfin à se détendre et à être chouchoutée ; quelqu'un apporta un plateau avec de minuscules sandwiches, une flûte de champagne et une tasse de bouillon. Elle grignota, se fit faire les ongles, assise avec des bigoudis sous le séchoir le plus silencieux qu'elle ait jamais entendu, en regardant Kenneth faire des miracles avec les cheveux d'autres femmes et, quand elle sortit de sous le séchoir, elle ferma les yeux tandis qu'il s'occupait d'elle…

« *Voilà !** »

Kay rouvrit les yeux. Elle était ravie et sentit un grand sourire, un sourire rayonnant, qu'elle reconnut à peine – car il y avait bien longtemps, sincèrement, qu'elle n'avait souri ainsi –, s'épanouir sur son visage.

Mais elle était ravissante ! Oh, tout simplement ravissante, et quel dommage que Phil ne fût pas là pour la voir – mais non, elle ne pleurerait pas ; elle battit des cils pour chasser les larmes qui lui piquaient les yeux. Il avait été si séduisant, alors qu'elle était si ordinaire, et elle avait toujours perçu la différence, tandis que lui, dans ses bons jours, ne la voyait jamais. En revanche, dans ses mauvais jours…

Il n'était plus lui-même. C'était comme ça, un point c'est tout.

Mais maintenant, elle était si jolie ! Elle avait l'air si jeune, avec ses cheveux lissés, coiffés très simplement, même si elle ne serait jamais capable de refaire la même chose chez elle. Il fallait quelqu'un d'aussi talentueux que Kenneth pour la révéler à elle-même comme elle ne l'avait jamais été.

Kenneth n'eut pas besoin de lui demander ce qu'elle en pensait ; il vit les larmes dans ses yeux. Il chassa les siennes et poussa un soupir, le soupir de satisfaction d'un artiste après une journée de travail bien fait.

Puis une fois encore, il se tourna pour recommencer, et coiffer une très belle femme qui venait d'arriver. Marisa Berenson. Quelle apparition !

Kay Graham s'éclipsa, prenant soin de ne pas se décoiffer en renfilant sa robe, contente que la pluie ait cessé de tomber au moment où elle sortait ; elle était si inquiète de sa coiffure qu'elle évitait de tourner la tête. Mais il lui fallait se dépêcher de regagner le Plaza pour se changer et pour que sa fille, Lally, la maquille (car Kay ne savait vraiment pas comment faire), puis attendre que Truman – ce cher Truman, si gentil, si attentionné ! – frappe à sa porte et l'escorte en tant que cavalier, telle Cendrillon, au bal.

Jusqu'à maintenant, Kay n'avait ressenti aucune impatience. Mais maintenant, elle avait hâte d'y être.

Cet après-midi-là, Slim aussi était chez Kenneth, bien qu'elle ait raté Kay Graham. Elle n'avait pas non plus – grâce au talent d'organisation des membres du personnel de Kenneth – croisé Pamela Churchill Hayward, Dieu merci ! Mais elle ne pourrait certainement pas l'éviter pendant la soirée. Slim s'en remit aux mains expertes de Kenneth, sachant qu'il ferait en sorte qu'elle soit ravissante.

Elle avait hâte de se rendre à la fête, même si elle savait qu'elle verrait plus d'ex-maris et amants qu'elle ne le souhaitait. Mais une fête était une fête, et peut-être qu'une bonne bagarre éclaterait ce soir-là – Truman lui avait dit un jour que c'était là le signe que la fête était vraiment réussie.

Bien qu'elle se doutât que si c'était le cas ce soir-là, il ne serait pas de cet avis.

Truman était sur les nerfs. Le téléphone avait sonné tout l'après-midi dans sa suite du Plaza et il était épuisé ; les gens qui venaient du Kansas, des gens simples, adorables, qu'il avait rencontrés en faisant ses recherches pour *De sang-froid*, n'avaient pas cessé de l'appeler pour le tenir au courant de leurs aventures (ils s'étaient fait coiffer au salon de coiffure du Plaza, leurs masques leur avaient bien été livrés, et leurs tenues du soir repassées). Ils étaient aux anges d'avoir été invités à sa soirée et leur enthousiasme le touchait – en vérité, ce n'était rien de les avoir invités et de mettre ainsi un peu de couleur dans leurs tristes vies ! –, même s'il n'avait pas le temps, ce jour-là, de s'occuper d'eux. La direction du Plaza lui posait des questions de dernière minute en rafale, à propos des compositions florales, de points de détail à régler avec l'orchestre, et sur l'heure à laquelle il voulait que le buffet soit servi : à minuit ou après ? Et quant aux questions de sécurité, c'était un cauchemar, un vrai casse-tête ! On lui assura que ses invités apprécieraient certainement d'arriver par une entrée autre que l'entrée principale sur Grand Army Plaza de la Cinquième Avenue, afin que certains d'entre eux puissent échapper aux inévitables badauds et aux appareils photo.

Il y avait Kay, aussi, qui ne cessa d'appeler, pour lui proposer de l'aide, et aussi gentille, adorable fût-elle, il en fut agacé et finit par lui demander d'organiser un dîner léger dans sa chambre à elle, juste pour eux deux, un moment qu'ils pourraient savourer avant de descendre pour accueillir leurs invités. Car même s'ils se rendaient chez les Paley qui recevaient pour le premier dîner liminaire à la soirée, ils décidèrent d'y passer juste pour boire un verre avant de s'en retourner au Plaza et d'être les tout premiers sur place pour recevoir leurs invités.

Enfin, bon. Truman jeta un coup d'œil à tous les journaux qui s'empilaient en tas autour de lui ; tous mentionnaient la soirée à venir. Sa soirée ! La soirée de l'année ! De la décennie ! Du siècle !

C'était maintenant l'heure de s'habiller, et il se demanda si Jack se préparait lui aussi ; ce cher Jack, un ours mal léché, exaspérant, qui pensait que toute cette histoire était parfaitement ridicule, grotesque, sans compter toutes ces affreuses choses que les gens – ceux qui n'étaient pas invités – racontaient. « Quel gâchis, Truman, l'avait averti Jack. En tant qu'auteur, tu as maintenant une réputation à entretenir. La réputation d'un auteur *sérieux*. » Malgré tout, il avait promis de venir et, rien que pour cette raison, Truman l'adorait ; il espérait, en dépit de tout, que Jack viendrait. Il aimait se montrer avec lui – quand Jack se conduisait bien.

Il était presque sept heures du soir. C'était l'heure de descendre et d'aller chercher Kay. La pauvre petite Kay ! Mon Dieu, il espérait que Kenneth avait fait des merveilles avec ses cheveux : si quelqu'un le pouvait, c'était bien Kenneth. Il espérait vraiment qu'elle passerait une excellente soirée, qu'elle s'amuserait ce soir. Le suicide de Phil Graham avait été une tragédie, après qu'il avait souffert toute sa vie de schizophrénie. La pauvre Kay méritait d'être gâtée.

Après avoir jeté un dernier coup d'œil à son smoking dans le miroir, il tapota la poche dans laquelle il avait glissé son masque acheté dans un magasin bon marché – hommage à Holly Golightly ! Truman se dit qu'il était magnifique – même s'il n'était peut-être plus le petit faon, si svelte, qu'il avait été dans sa jeunesse ; il était un homme installé, désormais, installé dans la légitimité, la postérité. Peut-être un peu plus enrobé qu'il ne l'aurait souhaité, c'était vrai. Ses cheveux se clairsemaient, il n'y avait aucun doute, mais il avait investi dans des implants quelques mois auparavant et, jusqu'à maintenant, la ligne de combat tenait bon. Mais ses yeux étaient toujours aussi clairs et brillants, et il se souvint alors de la dernière fois où il avait organisé une grande fête, une fête absolument formidable. C'était à Monroeville quand il avait onze ans, sur le point de partir à New York, pour enfin rejoindre sa mère. Il avait organisé une fête d'adieu et, comme il avait invité quelques nègres du coin, le Ku Klux Klan était intervenu et en avait fait toute une histoire ; ce fut le scandale de Monroeville dont on parla pendant des années.

Oh, comme il espérait qu'il en serait de même ce soir !

Babe était dans la salle à manger de son appartement, si remplie de fleurs blanches d'un autre temps qu'on se serait cru dans un jardin anglais.

Babe ne s'était pas fait coiffer par Kenneth, car elle savait que le salon serait transformé en maison de fous et, selon Betsey qui lui avait téléphoné, c'était bien le cas. Elle avait donc fait venir un coiffeur à domicile, et était très satisfaite du résultat ; elle était belle à couper le souffle, elle était éblouissante dans sa robe blanche Castillo, un long fourreau sans manches, mettant en valeur ses bras ravissants, ses bracelets et ses bagues. Sa coiffure s'accordait parfaitement au masque en satin blanc qu'elle porterait, et qui ne laissait voir que ses yeux. Elle s'était regardée sous toutes les coutures, s'assurant qu'elle était parfaite, posant de côté devant le miroir à trois pans dans son dressing-room, se tournant et se retournant. Malgré son inquiétude, chaque image renvoyée était rassurante ; la robe était divine, le masque merveilleusement complémentaire, sans cacher ses yeux qu'elle avait soulignés d'un trait de crayon plus sombre que d'habitude et agrémentés de faux cils.

Elle avait aidé Truman tout au long des semaines précédant la soirée, émue aux larmes qu'il lui ait demandé de le faire. C'était sa soirée à lui, mais d'une certaine manière, elle voulait que ce soit un peu la sienne aussi : elle en était toute surprise et honteuse. Il avait dû s'en rendre compte, car il lui avait demandé conseil quand il avait fallu choisir la décoration de la Grande Salle de Bal du Plaza. Il avait d'abord voulu que les murs soient recouverts de draperies rouges, mais elle l'avait convaincu que cela susciterait un sentiment de claustrophobie, et il avait été d'accord avec elle. Ils avaient donc opté plutôt pour d'énormes compositions de fleurs rouges disposées sur chaque table, et avaient laissé la salle plus ou moins dans son magnifique état d'origine, les murs recouverts de miroirs dorés sans autre ornement, les lustres à découvert. « Les invités serviront de décor », lui avait-elle suggéré, et Truman l'avait serrée dans ses bras, une de ses étreintes spontanées, comme celles des enfants. Grâce à cet instant, elle avait retrouvé ce sentiment de parenté qui était le leur ; comme si elle lui appartenait. Et elle savait qu'il lui appartenait aussi.

Mais pour le reste, Truman avait tout organisé tout seul, mettant en évidence son rôle d'hôte. Il l'avait si rarement été, tout au moins à une telle échelle – même s'il était tout simplement brillant quand il s'agissait d'organiser un petit dîner intime, ordinaire, de toute dernière minute – et elle savait à quel point c'était important pour lui de pouvoir organiser cette fête. « Je te le dois bien, ma chérie, avait-il murmuré. Je vous le dois bien à vous toutes. Pour toute la générosité dont vous avez fait preuve à mon égard. »

Qui n'aurait pas été touché par une telle déclaration ? Par cette innocente, impulsive générosité ? Qui n'aurait pas été fier de lui, Truman Capote, qui avait atteint le sommet, auréolé de l'éclat d'un succès bien mérité ?

Pourtant…

Babe se sentait légèrement inquiète, tandis qu'elle mettait la touche finale dans la salle à manger, redressant un couteau, déplaçant un verre en cristal, ramassant quelques pétales de fleur. Ces derniers temps, elle se sentait souvent inquiète, déstabilisée ; elle avait l'impression de ne jamais avoir assez d'air dans les poumons. Elle était constamment essoufflée quoi qu'elle fasse, en faisant des emplettes, en parlant avec les domestiques ou encore tout simplement en lisant allongée sur son lit. Son estomac aussi était particulièrement sensible et se manifestait beaucoup trop souvent.

Le changement. Il y avait du changement dans l'air, voilà ce que c'était. Bill était toujours le même, probablement ; la considérant comme acquise, la traînant à ses côtés lors des réunions des actionnaires, la couvrant de bijoux et de vêtements, non pas parce qu'elle le souhaitait ni même le demandait, mais pour qu'elle lui serve de faire-valoir. Couchant à droite et à gauche, avec suffisamment de discrétion.

Les enfants étaient grands désormais ; la pauvre Kate aux nerfs malades en pension, comme l'était Bill Junior. Sa fille aînée, Amanda, s'était mariée avec un jeune politicien plein d'avenir qui s'appelait Carter Burden et, soudain, à la plus grande stupéfaction de Babe, les Burden étaient devenus, dans leur milieu, *le* couple à la mode de la nouvelle génération.

Babe était-elle jalouse de sa propre fille ? Elle se posait la question en toute honnêteté, et il lui fallait bien admettre que c'était le cas. Après tout, la jeunesse et la beauté étaient éphémères ; elle était certes dans la fleur de l'âge, mais la fleur se fanait, elle le savait, elle affrontait cette vérité la tête haute – se regardant, stoïque, dans le miroir tous les matins et tous les soirs, évaluant, prenant des notes. Elle essayait de mettre en valeur tous ses atouts tant qu'elle en avait encore ; ses cheveux étaient toujours aussi épais et soyeux, même s'ils grisonnaient, et que, par défi, elle refusait de les teindre – une autre de ces modes lancées par Babe Paley. Sa peau était encore ferme, bien tendue, grâce à ses nombreux allers et retours dans des spas et des salons de beauté, des masques du visage quotidiens, des massages, des traitements par courant électrique.

Et, peut-être, à une discrète intervention de chirurgie esthétique. Elle pouvait l'avouer, tout au moins à elle-même.

Elle était toujours aussi mince ; elle échappait aux classiques bourrelets ou au ventre rond de la cinquantaine, car elle s'adonnait à une nouvelle forme d'exercices appelée Pilates – une nouvelle méthode de torture qui consistait à pousser, tirer et s'étirer. Et, bien sûr, elle ne portait que de très beaux vêtements et bijoux, avec goût.

Mais les années 60 n'avaient plus rien à voir avec le bon goût, non ? Elle n'était pas certaine de pouvoir s'adapter à ces temps nouveaux ; Babe n'avait jamais cédé à la mode, mais ce n'était plus suffisant. Et si elle n'était pas la plus élégante, la plus parfaite de toutes, alors qui était-elle ?

Truman était celui qui pouvait répondre à cette question ; il avait toujours été le seul à pouvoir le faire. Et malgré les craintes qu'elle avait eues lors de la sortie de *De sang-froid*, il ne l'avait pas vraiment abandonnée, ni elle ni aucune de ses amies ; il s'était plutôt mêlé encore plus entièrement à leur cercle, en riant plus fort et en racontant des histoires encore plus scandaleuses – « Oh, Babe, tu ne sais pas ce que cet horrible Gore Vidal a dit de moi ? Bien évidemment, je l'ai fait boire au déjeuner, donc ça n'a plus vraiment d'importance » –, en dansant encore plus (tourbillonnant, secouant les bras et les jambes dans tous les sens, les yeux fermés, le visage rouge écarlate, ses mèches de cheveux éparses collées par la sueur), se faisant plaisir de toutes les manières possibles. Mais ce n'était plus pareil ; et les moments où ils n'étaient que tous les deux n'en étaient que plus précieux parce que plus rares.

Truman buvait aussi beaucoup trop ; elle ne lui en avait pas encore parlé, même si elle sentait qu'il le faudrait, à un moment ou un autre. Depuis peu, un martini avant le déjeuner ne lui suffisait plus ; il en buvait deux, trois, et enchaînait avec un verre de brandy, avant de poursuivre avec des cocktails dans l'après-midi.

Devait-elle, ou non, lui en parler, si elle l'aimait vraiment, comme c'était le cas ? Ils s'étaient toujours dit la vérité. Mais la vérité n'était pas toujours agréable à entendre.

Babe se mordit la lèvre et retourna dans la fabuleuse chambre de son fabuleux appartement sur la Cinquième Avenue, un penthouse de vingt pièces, fabuleusement décoré par Billy Baldwin et Sister Parish avec les habituels murs tapissés de tissu, les tentures au plafond, des meubles d'antiquaires hors de prix et des tableaux de valeur – et le précieux Picasso de Bill *Jeune garçon au cheval*, accroché à une place de choix dans l'entrée : c'était la première chose que l'on voyait en sortant de leur ascenseur privé. C'était un appartement magnifique et Babe en était fière, de la même manière qu'elle était fière de sa silhouette, de son visage, de ses vêtements et de ses bijoux. C'était de l'apparat, pour le prestige, ce n'était qu'une façade ; sa silhouette, son visage et l'appartement également photographiés et enviés.

Mais hors de ces murs décorés avec goût, tout changeait ; Babe avait l'impression d'être déjà une relique au même titre que la magnifique commode Louis XVI dans le couloir. Précieuse et convoitée – par une certaine personne, en tout cas. Une personne qui regardait en arrière, vers le passé, et non pas vers l'avenir.

Oh, Babe ! Arrête ces conneries – elle manqua presque d'éclater de rire, tant elle fut surprise par cette petite voix qui l'interpellait et qui la secouait pour en finir avec ses questionnements morbides. *Regarde-toi ! Tu es magnifiquement habillée, tu es sur le point de te rendre à la soirée de l'année, de voir toutes tes amies, de faire partie de la grande soirée de Truman. Qu'est-ce qui ne va pas ?*

Puis elle entendit la sonnerie de l'interphone, suivie des pas de Bill qui quittait sa chambre, du majordome qui alla ouvrir et, enfin, des cris de Truman : « Oh, c'est merveilleux ! Tellement parfait ! Babe ! Babe, viens ici tout de suite et laisse-moi me régaler les yeux en te regardant, magnifique créature ! »

Alors Babe fut de nouveau heureuse. Elle rajusta la bretelle de sa robe, arrangea le collier – fleurs de diamants et de rubis – sur sa gorge et sortit en hâte de sa chambre pour accueillir son ami. Sûre d'elle, sereine, des papillons dans le ventre à l'idée d'être la plus belle, celle qui serait la plus photographiée de la soirée.

La plus aimée par celui qui comptait le plus pour elle.

Les Dewey étaient à la noce. Sans jeu de mots.

Dès l'instant où Truman était arrivé au Kansas plusieurs années auparavant, une si étrange créature avec sa veste de velours, ses longues écharpes qui traînaient dans son sillage et ses mocassins Gucci, leur univers avait été complètement chamboulé. Au début, bien évidemment, le destin tragique des membres de la famille Clutter, qu'ils avaient très bien connus, les quatre victimes, avait été la cause de ce chamboulement. Ce mois de novembre 1959 fut un mois terrible, celui des incertitudes et de la peur ; et Alvin, en tant qu'inspecteur au service du Kansas Bureau of Investigation, était à la poursuite des meurtriers vingt-quatre heures sur vingt-quatre. À son arrivée, Truman – ce New-Yorkais considéré comme un étranger dont tout le monde se méfiait car il n'était de toute évidence là que pour se faire du fric, écrire une histoire sur eux et, probablement, se moquer d'eux – les avait exaspérés ; la première fois qu'il avait demandé à Alvin de lui accorder un entretien, il avait proclamé gaiement : « C'est sans importance pour moi que le crime soit ou non élucidé », et Alvin avait dû faire un effort surhumain pour se retenir de gifler ce petit pédé. Car pour *lui*, c'était d'une grande importance ; il fallait qu'il attrape les meurtriers, il lui fallait résoudre l'affaire et faire honneur à ses voisins pour qu'ils retrouvent la paix. C'était son *boulot*.

Mais, avec le temps, Truman, accompagné de son amie Nelle Harper Lee, avait su séduire les Dewey ainsi que les autres habitants de Holcomb et Garden City, Kansas ; et même quand tout fut fini et qu'il fut de retour à New York, alors qu'il n'avait plus vraiment besoin de les voir, il était resté en contact avec eux. On aurait dit qu'il avait besoin d'eux, bizarrement ; il était fasciné par leur simplicité et, en même temps, il y avait en eux quelque chose qu'il enviait. Marie préférait penser que c'était leurs solides valeurs, telles que leur pieuse confiance en leurs terres et en leur prochain, qui le fascinaient. Alvin, lui, pensait que Capote les considérait comme des pièces de collection ; des gens étranges, différents, simples, à la voix nasillarde, qu'on époussetait de temps à autre pour les installer sur une étagère à côté des gens de la haute, où ils ne pouvaient donc que se faire remarquer.

Mais la générosité de Truman balaya tous les doutes et toutes les craintes que les Dewey avaient pu nourrir à propos de son attachement. Il leur offrit le voyage à Hollywood, où des stars de cinéma leur rendirent hommage – Natalie Wood avait dansé avec Alvin lors d'une soirée organisée par le producteur Dominick Dunne ! Steve McQueen s'était assis aux pieds de Marie, pour qu'elle lui donne quelques recettes de cuisine. Et Truman les faisait venir régulièrement à New York, leur obtenait des billets pour des spectacles à Broadway et demandait à des gens comme les Paley d'organiser des soirées pour eux. Il les avait même invités à dormir chez lui dans son nouvel appartement, dans cet immeuble magnifique à l'architecture moderne près des Nations Unies.

Et maintenant, il les avait invités à cette soirée ! Ils n'étaient encore jamais venus au Plaza et ils ne purent qu'être ébahis ; cet endroit n'avait rien à voir avec le célèbre Muehlebach de Kansas City, l'hôtel le plus luxueux qu'ils aient fréquenté. Non, le Plaza était un palace, et la salle de bal était digne d'un conte de fées, avec ses lustres en cristal, ses fleurs en abondance, le parquet de la piste de danse, et les murs recouverts de miroirs dorés. Il y avait même un petit orchestre – Truman avait chuchoté « C'est Peter Duchin ! », mais pour eux, ce nom ne signifiait rien. Et les gens – les gens ! Marie ne pouvait faire autrement que s'asseoir et admirer les robes du soir. Elle était plutôt contente de la sienne, qu'elle avait achetée chez Bergdorf Goodman – oh, elle n'en avouerait jamais, au grand jamais, le prix à Alvin ! Elle allait garder la boîte. À voir ces magnifiques smokings noirs et ces robes du soir blanches tourbillonnant autour de la salle, et ces bijoux, des vrais, ce n'était pas du toc, qui réfléchissaient la lumière des lustres, et les masques, ornés de plumes et de sequins – on avait vraiment l'impression d'être dans un film.

Et où que votre regard se posât, vous voyiez quelqu'un de célèbre ! Lauren Bacall ! Joan Fontaine, tellement énorme à l'écran mais si menue en personne ! Margaret Truman et Alice Roosevelt Longfellow et Lynda Bird Johnson, échangeant des confidences sur ce que c'était que de vivre à la Maison Blanche !

Et, bien évidemment, des Vanderbilt, des Astor et des Whitney en si grand nombre que les Dewey n'essayèrent même pas de les reconnaître tous. Et les amies de Truman qui étaient toujours si gentilles – les Paley, les Guinness, les Agnelli, qui toutes lui firent des compliment sur sa robe et sa coiffure. Ils avaient dîné chez les Paley avant le début de la soirée et avaient été stupéfiés par leur appartement situé dans l'un de ces immeubles luxueux avec vue sur Central Park. Ils avaient un vrai concierge, un ascenseur privé, et un Picasso, rien que ça, accroché dans le couloir ! On avait l'impression d'être dans un musée, mais grâce à la gentillesse de Babe, ils s'étaient sentis à l'aise. Bill et elle formaient un couple si élégant ! Ils étaient tous les deux si grands, si séduisants, et ils semblaient entièrement dévoués l'un à l'autre mais... Bon, Marie ne pouvait réellement croire ce que Truman lui avait raconté à leur sujet.

En vérité, Truman adorait la choquer, il adorait lui raconter des anecdotes grivoises à propos de ces gens riches et célèbres qui étaient ses amis. Et donc, Marie ne savait pas si elle devait croire ce que Truman lui avait raconté sur les Paley, qu'ils ne dormaient pas ensemble, que Bill avait de nombreuses aventures avec d'autres femmes et que Babe, plus d'une fois, avait eu envie de le quitter. Oh, Marie adorait écouter les ragots de Truman ; il avait une telle façon de le faire qu'elle avait le sentiment d'être sa meilleure amie et de faire un peu partie de son monde à lui. Et il était si drôle : il fronçait les sourcils et il dramatisait les situations en chuchotant des choses tout simplement horribles ! C'était donc peut-être vrai ce qu'il racontait sur les Paley ! Mais elle espérait bien que non ; tenez, Babe lui avait prêté un collier pour la soirée ! Et Bill avait eu la gentillesse de les présenter devant les caméras de CBS installées devant le Plaza ; Bill et Babe les avaient conduits à l'intérieur afin que Marie et Alvin soient eux aussi photographiés au milieu de la foule ; les éclairs des flashes l'avaient presque aveuglée ! En arrivant, ils étaient tombés sur Truman et Mrs Graham qui accueillaient les invités en riant et les avaient gardés près d'eux pendant une éternité jusqu'à ce que Babe entraîne Marie dans les vestiaires, où elles purent mettre leur masque, arranger leurs cheveux, avant de retrouver les hommes et d'entrer dans la Grande Salle de Bal resplendissante de lumière.

Alors qu'Alvin était content de rester simplement assis dans le rôle du spectateur, Marie voulait maintenant danser. Elle regardait la piste de danse avec envie ; Truman déambulait au milieu de la foule, serrant des mains. La plupart des masques avaient été retirés – au début, ce fut un spectacle stupéfiant, tout simplement stupéfiant, que de voir toutes ces admirables créations ; quelqu'un qui répondait au nom de Billy portait un masque avec un casque qui ressemblait à une licorne ! Mais très vite, les gens s'en étaient débarrassés – et les tables paraissaient jonchées des cadavres d'un somptueux zoo. La fête battait son plein, et Marie tapait du pied, elle se trémoussait, sous le regard désapprobateur d'Alvin auquel elle répondit par un sourire de défi.

« Je m'en moque, Alvin Dewey ! Je veux danser. C'est un bal, non ? »

Un jeune homme qui passait près d'elle l'entendit, tourna les talons, lui tendit la main, et avant même qu'elle s'en rendît compte, on la fit tournoyer au rythme d'un fox-trot pendant que l'orchestre jouait *The Way You Look Tonight,* tournant encore et encore jusqu'à ce qu'elle redresse brusquement la tête : ils étaient le point de mire de nombreux regards – ce jeune homme, au regard sombre et intense, avec une lueur espiègle dans les yeux, et elle, la simple petite Marie Dewey du Kansas, sur son trente et un, tous deux tournoyant au milieu de la Grande Salle de Bal du Plaza !

Quand la danse fut terminée, tout le monde applaudit, le jeune homme lui attrapa la main et elle esquissa une révérence, en gloussant, avant de retourner s'asseoir et d'avaler une grande lampée de champagne, tandis qu'Alvin lui lançait des regards noirs, tripotant le nœud de sa cravate et grommelant à propos de certaines personnes qui se donnaient en spectacle.

Le lendemain matin, Marie Dewey apprit que le jeune homme qui l'avait fait danser d'une main experte n'était autre que Rudolf Noureev.

Gloria Guinness avait mal au cou. À la tête aussi. Car elle portait un collier de diamants si lourd – les pierres étaient de la taille de petits œufs de caille – qu'elle savait déjà, comme elle le racontait sérieusement à ses amies, qu'elle devrait rester couchée toute la journée du lendemain afin de recouvrer ses forces.

Ce que, sans qu'on sache très bien pourquoi, Truman trouva hilarant. Il rit, et ne cessa de rire tout en se précipitant pour raconter à tout le monde ce que Gloria avait dit.

Elle plissa les yeux, tira une longue bouffée de sa cigarette et sourit à Bill et Babe, Gianni et Marella.

Elle passa froidement en revue les robes de soirée de ses amies et décida que la sienne était la plus élégante de toutes, un simple fourreau de soie aux manches discrètement agrémentées de pierreries, mais rien de spectaculaire. Babe – qui avait, elle aussi, choisi une robe Castillo, sachant pertinemment que celle de Gloria avait été créée par lui – en avait un peu trop fait, se dit-elle, en ce qui concernait la coiffure et le masque. Il paraîtrait qu'elle avait demandé à ce qu'elle puisse avoir trois masques différents, au cas où. C'était du Babe tout craché.

Gloria avait ôté son masque presque dès le début de la soirée ; car pourquoi cacher son merveilleux visage ? Babe, en revanche, avait-elle remarqué, avait gardé le sien beaucoup plus longtemps, par loyauté à l'égard des recommandations de Truman, mais elle aussi avait fini par découvrir son visage. Comme la plupart des invités. Car, malgré les fortunes que ces masques avaient coûtées – tous les modistes de la ville avaient été débordés de travail –, personne n'avait eu envie de cacher son célèbre visage.

Gloria se retrouva à regarder avec insistance les jeunes femmes, ces créatures ravissantes, éthérées, qui n'étaient pas décorées de bijoux énormes mais qui semblaient néanmoins être les coqueluches des photographes. La fille de Ronald Tree, Penelope, était attifée comme pour une parodie de fête d'Halloween, en short noir et collants noirs transparents, à peine recouverts par des pans de tissu découpés qui laissaient voir son ventre nu. Elle était coiffée de cheveux postiches. Ces cheveux raides qui pendaient mollement sur ses épaules ressemblaient à des algues. Un triangle noir entourait chacun de ses yeux. Elle ressemblait à un vampire.

Pourtant, Richard Avedon se pavanait avec elle, prêt à l'applaudir. Pareil pour Cecil Beaton. Le bruit courait que Penelope Tree faisait sensation ce soir-là, et qu'elle était la nouvelle icône de la mode.

Gloria baissa les yeux sur ses mains ; elles étaient veineuses. Les bagues en or ou en diamants, aussi nombreuses fussent-elles, n'y changeraient rien ; ses doigts étaient d'ailleurs alourdis par les bijoux. Elle était encore très mince et, si elle le voulait, elle pouvait porter les vêtements à la mode chez les jeunes, tels que la mini-jupe ou les petites robes courtes sans manches. Mais il lui fallait désormais fournir de gros efforts. Envolés les jours anciens où il lui suffisait – elle l'avait d'ailleurs fait quand elle avait débarqué tout d'abord à Paris – de trouver un reste de tissu en jersey, d'y découper quelques trous, de coudre un ourlet, d'y ajouter une ceinture, pour avoir l'air sensationnelle.

Non, désormais, c'était un vrai travail, être belle requérait de la discipline, des jours, des semaines d'efforts pour être aussi merveilleuse qu'elle l'était ce soir. Elle n'avait pas mangé de la semaine, afin de pouvoir enfiler sa robe du soir. Elle n'était pas sortie pendant deux jours, elle était restée allongée pour se reposer. Elle s'était fait faire un soin du visage deux semaines auparavant, et avait dormi avec des rondelles de concombre sur les yeux les trois nuits précédentes. Elle s'était fait longuement masser dans la journée et était restée assise pendant près d'une heure sous l'un des séchoirs de Kenneth l'après-midi même.

Elle était magnifique. Pour une femme de cinquante-quatre ans. Mais Penelope Tree avait probablement passé une nuit blanche, s'était probablement habillée à la dernière minute et, malgré tout, c'était elle la reine du bal.

Vieillir, c'était tout simplement l'enfer.

Elle était trop fatiguée pour ce genre de soirée, se dit-elle sombrement. Elle avait passé sa vie à se réinventer. Après avoir été une danseuse de cabaret mexicaine, une gamine des rues, elle était devenue la maîtresse d'hommes célèbres, s'était mariée à plusieurs reprises en gravissant l'échelle sociale – avec des hommes toujours plus riches – jusqu'à ce que, finalement, elle gagne le gros lot, l'héritier d'une immense fortune anglaise. À chaque étape de sa vie, elle fut connue pour son allure, son élégance, sa grâce. Elle avait couché avec des nazis pour sortir indemne de la guerre ; elle avait même, une fois ou deux, servi d'intermédiaire à certains de leurs sympathisants. Et c'est ainsi qu'elle avait rencontré Loel Guinness pour la première fois.

Elle avait fait ce qu'elle devait faire pour survivre, mais se rendit compte que survivre n'était pas assez. Elle voulait une plus importante récompense pour être arrivée tout en haut de l'échelle. Et elle revendiquait cette ascension, assise au sommet d'une fortune, avec de l'argent liquide, des yachts, des voitures, des avions, des robes Balenciaga, et des bijoux si impressionnants qu'ils auraient dû avoir été exposés autrefois dans un musée, et l'avaient probablement été, ou, tout au moins, le seraient certainement un jour.

Elle avait réclamé cette fortune et l'avait gagnée à force de volonté, certes, mais surtout grâce à son allure et à sa jeunesse. Qu'allait-elle faire une fois que ce serait fini, que la jeunesse et la beauté auraient disparu ? Une fois que les Penelope Tree, les Jean Shrimpton, toutes les Twiggy du monde prendraient la relève ? À quoi servirait-elle, alors ?

Gloria sourit, tandis que Babe lui chuchotait quelque chose à l'oreille ; mais elle n'avait pas vraiment écouté. Néanmoins, elle se pencha un instant vers son amie, et les deux femmes échangèrent un regard complice, plein de sympathie et de compréhension, de regret et d'envie, de résignation, et de tant de tristesse que Gloria sentit son cœur se serrer et sa tête lui faire encore plus mal.

Puis elle se tourna vers la salle, jeta un coup d'œil à la piste de danse maintenant pleine de jeunes gens qui bondissaient dans tous les sens sur une musique très forte.

Elle ne reconnut personne.

Jack Dunphy avait décidé de ne pas s'amuser.

Il méprisait ce genre de chose, ce qu'avait fait Truman, cette piètre mascarade frivole qu'il avait passé tant de temps à organiser quand il aurait dû écrire. Jack exécrait l'idée de dépenser tant d'argent, de l'argent que, certes, Truman avait gagné et qu'il pouvait dépenser comme il l'entendait, mais Truman ne se souvenait-il pas que, récemment encore, il était sans le sou ? Il aurait mieux fait d'économiser.

Mais, plus que tout, Jack détestait les gens que Truman avait invités – toute cette poudre aux yeux, ce clinquant, ces bavardages ; mon Dieu, le bruit lui causait des élancements dans les oreilles, l'orchestre, les rires déments et les cris de reconnaissance –, des courtisans, des hypocrites que Truman collectionnait au même titre que tous ses foutus presse-papiers anciens qui envahissaient tout l'espace. Bon, Truman avait son appartement à lui maintenant, où Jack ne lui rendait pas visite autant qu'il l'aurait souhaité. Et donc, les presse-papiers remplissaient l'espace que Jack, autrefois, avait rempli.

Il aimait encore Truman. Il l'aimerait toujours. Il aimait son énergie, son ambition et ses petits gestes attentionnés, touchants. Il aimait sa vivacité d'esprit. Ses obsessions morbides que peu de gens connaissaient – ses humeurs sombres et pessimistes que seul Jack était autorisé à voir. Jack se doutait bien que Babe elle aussi connaissait cette facette de Truman, mais cela importait peu car Babe était une femme. Et Jack aimait bien Babe ; il aimait bien sa gentillesse, sa générosité, cette sensation d'incertitude profonde sous cette ravissante apparence.

Mais Truman n'était plus le Truman que Jack avait rencontré au début des années 50, quand ils étaient tous deux jeunes, pauvres et ambitieux. Truman avait réussi maintenant. Jack rechignait à reconnaître que Truman était de ceux que le succès bousillait, mais il soupçonnait que c'était le cas. Truman avait toujours donné à voir une personnalité complexe faite de concentration intense quand il écrivait et de l'impulsivité d'un enquiquineur écervelé quand il n'écrivait pas. Malheureusement, l'enquiquineur était souvent donné vainqueur désormais.

Jack prit un verre – ce qui était rare, car il ne buvait guère ces derniers temps – et s'assit seul à une table, en observateur. Truman s'était vanté de sa liste d'invités et avait déclaré que c'était là le chef-d'œuvre d'un conservateur de musée, un mélange brillant de gens et de catégories sociales – la haute société, Hollywood, Broadway, le monde littéraire, des artistes, des danseurs et des gens simples, ordinaires, comme l'étaient les Dewey. Mais Jack ne put s'empêcher de rire ; personne ne se mélangeait. Ceux qui venaient de Hollywood restaient assis entre eux, pareil pour les gens de Broadway – le compositeur et parolier Alan Jay Lerner, ce connard, jacassait avec le compositeur Stephen Sondheim tandis que le metteur en scène Hal (Harold) Prince les regardait, silencieux – et, bien sûr, les cygnes de Truman se déplaçaient toutes ensemble, bégueules, en une seule et même formation serrée, tournant leurs dos parés de bijoux à toutes celles qui n'avaient pas plusieurs millions de dollars sur leur compte en banque.

Et Truman – regardez-le ! Jack avait honte, vraiment ; il en avait l'estomac retourné et ce n'était pas juste l'effet du bourbon. C'était un gâchis, un gâchis honteux, et Jack savait, même si Truman, lui, ne le savait pas, qu'il n'y aurait pas de retour en arrière, que cette soirée signait la fin de quelque chose. La fin de Truman Capote, l'écrivain sérieux, et Jack avait envie de dégueuler. Il travaillait, il ne cessait de travailler, autant que Truman, mais ses romans ne remportaient aucun succès, malgré le soutien et la loyauté de Truman. Et Truman, qui avait écrit ce que Jack pensait vraiment être un grand livre, prenait maintenant un autre chemin ; Jack savait qu'il n'aurait plus jamais la force d'âme de se remettre à l'ouvrage, de revenir à la réalité, c'est-à-dire à l'écriture.

Truman voulait être aimé et, désormais, il l'était – ou, tout au moins, c'est ce qu'il croyait –, cinq cents personnes parmi les gens les plus célèbres du monde l'aimaient, et il avait écrit le livre qu'il était destiné à écrire, alors donc, à quoi bon continuer à travailler ?

Jack connaissait trop bien Truman. Et ce qu'il savait le rendait malade, il savait ce que cela signifiait pour Truman mais aussi pour eux deux, car ils ne seraient plus jamais les mêmes lorsqu'ils seraient ensemble, simplement heureux de passer leurs journées seuls, isolés du monde, à écrire, cuisiner, se faire la lecture. Cette époque-là était révolue. Ce foutu bal marquait la fin de leur relation, Jack et Truman, Truman et Jack.

Jack reposa son verre. Il se leva, s'étira, conscient d'être sacrément séduisant en smoking, même s'il détestait en porter – Truman avait tremblé, craignant que Jack ne vienne en bleu de travail, avec la chemise qu'il mettait pour aller pêcher. « S'il te plaît, Jack, viens. Ce ne sera pas la même chose sans toi, et je veux te montrer. Je t'en prie, mon chéri, ne me mets pas dans l'embarras ! »

Tandis que la musique changeait – Peter Duchin savait très bien anticiper l'atmosphère de la salle, passant doucement de la musique moderne à des morceaux plus classiques, plusieurs ayant été écrits par certains de ces distingués invités –, Jack se pencha en avant, toucha ses orteils du bout des doigts, étira ses mollets d'ancien danseur.

Puis il repéra Betty Bacall assise à l'une des tables ; peu de temps auparavant, l'actrice s'était fait remarquer au cours d'une danse endiablée avec le chorégraphe Jerome Robbins, qui avait la réputation d'être un sacré salaud. Jack n'avait jamais dansé pour Robbins – il avait dansé pour Agnes de Mille dans la production originale de *Oklahoma !* –, mais il avait entendu un tas d'histoires à son sujet, on disait qu'il était radin, tyrannique, un sacré fils de pute. Ce qui n'incitait pas Jack à l'apprécier ni à être courtois avec lui.

Jack s'approcha de Betty, lui tendit la main ; elle lui sourit de son sourire de chat, plissa les yeux d'un air entendu et le retrouva sur la piste de danse.

Elle se laissait habilement guider, improvisait quand il improvisait, tandis qu'ils glissaient avec grâce au rythme de *The Days of Wine and Roses*, dirigé par Henry Mancini en personne : Peter Duchin avait réussi à l'amadouer pour qu'il joue de la baguette sur sa propre composition musicale. Ils étaient tous les deux grands, sveltes, un couple élégant ; on aurait dit que leurs corps étaient faits l'un pour l'autre, cette danse, cette soirée, ce moment de pure élégance, rien que pour eux.

À la fin de la chanson, Jack sentit un regard familier, aussi chaud qu'une caresse, se poser sur sa nuque. Il se retourna et il regarda Truman, debout de l'autre côté de la salle, dans les yeux ; il vit qu'ils étaient remplis de larmes.

Jack, galant, le salua de la tête, et Truman répondit en posant une main sur son cœur.

Puis Jack raccompagna Betty Bacall à sa table, lui baisa la main et s'en alla.

Truman lui manquait déjà.

Frank Sinatra était en colère.

Putain, pourquoi était-il venu au bal de cette fiotte ? Il n'en savait foutre rien. Ouais, bon, il savait pourquoi. Mia. Mia voulait venir, elle disait que ce serait amusant, qu'il y aurait plein de gens qu'il connaissait, qu'il fallait absolument en être. Et donc, il avait cédé – il avait porté un putain de masque, tout au moins pendant cinq secondes, avant de l'arracher après qu'un petit con dans la foule devant l'hôtel avait crié : « Salut, Frankie Batman ! » Il avait rassemblé quelques personnes acceptables, comme Leland et Pam Hayward, Bennett Cerf et son épouse, Claudette Colbert, cette vieille dame à la grande classe, et avait réquisitionné une table, avait tendu un billet de cent dollars à un serveur et commandé trois bouteilles de Wild Turkey, tout en regardant Mia qui dansait, heureuse, avec les jeunes.

Frank Sinatra, inutile de le préciser, ne dansait pas. Il n'avait dansé qu'en de rares et mémorables occasions, dans des films, quand il était beaucoup plus jeune et qu'il avait faim.

Il évita Betty Bacall ; leur histoire avait tourné au vinaigre. Comme avec Slim Hawks Hayward Keith, l'ex-femme de Leland. Ce n'était pas son monde, il n'était pas chez lui ici, il n'aimait pas ces trucs sophistiqués de pédé, comme les miroirs dorés et ces putains de masques ridicules. La salle était trop grande, bondée de monde, il y faisait trop chaud, il y avait trop de gens dont il n'avait rien à foutre et qui n'en avaient rien à foutre de lui, et ça, c'était une chose que Frank Sinatra ne supportait pas, vraiment pas.

Mais Mia. Mia voulait venir, elle était jeune et idéaliste ; et regardez-la, en train de danser le twist ou je ne sais quoi, ce truc où on lance les bras en l'air comme si on était sur le point de faire une crise d'épilepsie, en se trémoussant et en tortillant du cul. Selon lui, ce n'était pas ce qui s'appelait danser. Putain, qu'est-ce qu'il croyait en se mariant avec une gosse comme elle ? Toutefois, même en cet instant, il ne pouvait pas la quitter des yeux.

Il regarda sa montre. Deux heures du matin. Il n'était pas trop tard pour être encore debout, mais beaucoup trop tard pour être encore là, à la soirée costumée d'un gamin idiot. Qui s'habillait encore ainsi ? Pas lui, c'était plus que sûr. La prochaine fois que Mia voudrait aller à un truc pareil, elle pourrait… eh merde ! La prochaine fois que Mia voudrait aller à un truc pareil, il refuserait. N'y pense même pas, ma fille.

« Allez, on s'en va », dit-il en s'adressant aux Cerf et aux Hayward. Claudette secoua la tête, réprima un bâillement et ramassa son sac et ses gants. « Foutons le camp de cette taule et allons chez Jilly. »

Chez Jilly, il était comme chez lui ; un piano-bar, sombre, étroit, avec une arrière-salle tranquille, là où il avait une chaise qui lui était réservée – personne d'autre que lui n'avait le droit de s'y asseoir – à une table qui, elle aussi, lui était réservée et où il pouvait pérorer, s'amuser, être admiré, idolâtré, et plus particulièrement par Jilly Rizzo lui-même. Là où tous les regards étaient tournés vers lui, et non pas vers une petite fiotte huppée qui zézayait.

Frank n'avait pas besoin d'appeler pour réserver. Il savait que Jilly serait ouvert pour lui. C'était toujours le cas. Il était chez lui.

« Oh, Francis, non, ne pars pas maintenant ! » Truman était devant lui, tordant ses petites mains molles. « Reste, reste, s'il te plaît. Tu sais comment ça se passe, dès que quelqu'un comme toi s'en va, la soirée est finie. Me fais pas ça !

— Désolé, Truman. C'était sympa. Mais je fous le camp d'ici. »

Frank claqua des doigts, Mia arriva en sautillant, lui prit le bras, quelqu'un alla chercher leurs manteaux et il quitta la salle à grandes enjambées. Derrière lui, Truman le suppliait encore de rester.

Mais pas question. Frank Sinatra s'était ennuyé, il avait donc claqué des doigts et était parti.

Et, soudain, la fête était terminée.

Truman cacha sa déception et papillonna d'un groupe à l'autre. Tout le monde était sur le départ. Il acceptait les compliments exagérés, ne se gênant pas pour s'exprimer lui-même d'une voix stridente et demander : « N'était-ce pas grandiose ? C'était divin, n'est-ce pas ? »

Et tous acquiesçaient, oui, en effet, c'était divin. Truman, tu es merveilleux. Tu es le meilleur. Une soirée grandiose comme il n'y en avait jamais eu, une fête dont tout le monde parlerait le lendemain, le surlendemain, le lendemain du surlendemain.

Et quand il raccompagna Kay, épuisée mais heureuse, dans sa chambre, il se leva sur la pointe des pieds pour l'embrasser sur la joue et lui dit, sur un ton péremptoire : « Maintenant, dors bien, jolie poupée, et fais de beaux rêves, imagine les gros titres dans les journaux demain matin ! » Il s'en retourna vers sa suite, tourna la lourde clé dorée dans la serrure et se jeta sur le lit aux draps ouverts en laissant échapper un gros soupir.

Il se sentit vide, soudain. Disparu le sentiment de bien-être, de triomphe, de réussite. Envolé, comme Sinatra s'était envolé à la fin de la soirée, sans même un regard en arrière. Il se sentit vidé, abattu, vaincu.

Mal aimé.

Allons, qui pourrait bien chasser ce sentiment ? Il tendit le bras pour attraper le téléphone et appeler Babe, mais sa main heurta la bouteille de vodka posée sur la table de nuit.

Il s'en saisit, se réjouit de la sensation de fraîcheur que lui procurait la bouteille dans sa main moite, tandis qu'il se servait un verre en tremblant. Il renversa la tête en arrière, savourant la boisson qu'il garda un instant en bouche, retardant le plaisir aussi longtemps qu'il put avant d'avaler, la brûlure, le coup de fouet du liquide qui descend dans la gorge, encore et encore, jusqu'à ce qu'il soit dans les vapes et qu'il revoie le bal, comme il l'avait rêvé. Il gloussa en repensant au masque à tête de licorne de Bill Baldwin, à la tenue bizarre de Penelope Tree dont il serait probablement grandement question dans les journaux du lendemain, à la précieuse réflexion de Gloria à propos de ses bijoux trop lourds, et à la déclaration de Marie

Dewey, essoufflée, selon laquelle elle allait coller dans un album chaque article de presse mentionnant la soirée. Les remerciements de Kay, en pleurs, une main posée sur son épaule tandis qu'ils se souhaitaient bonne nuit et qu'elle murmurait : « C'était une adorable attention dont je ne méritais pas la moitié. »

Le sourire de fierté de Babe à l'instant même où elle était entrée dans la salle de bal, le cherchant de ses yeux sombres au regard grave, un sourire d'approbation, aimant, toujours si aimant.

Il pleurait. Il but un autre verre, s'allongea, ferma les yeux et laissa tomber ses chaussures.

« Raconte-moi une histoire », murmura-t-il, les paupières lourdes, la peau brûlante, ses vêtements étaient trop serrés, son cœur battait trop fort à ses oreilles. La chambre se mit à tourner derrière ses yeux fermés, à tourner doucement, comme un manège et non pas une tornade. « *Mama*, raconte-moi une histoire. »

Il s'endormit avant de se rendre compte que *Mama* n'était pas là.

15

Mon Dieu, c'était une soirée à nulle autre pareille ! Quelle nuit, c'est le moins qu'on puisse dire !

Tout le monde était là, absolument tout le monde. Mon Dieu, tous ces gens – des vedettes de cinéma, des hommes politiques, tous les gens qui comptent. Ils étaient tous là.

La musique était divine. La nourriture, parfaite. Les danses, oh, les danses ! Voir tous ces gens célèbres danser le twist ! Glisser sur la piste comme Ginger et Fred valsant !

Et mon cher, si vous saviez ce que les gens disent. J'ai été submergée de coups de téléphone ! Tout le monde veut être cité. Et cette Penelope Tree, quelle déesse. Un jour, elle fera la une de Vogue.

Et vous ! Vous, vous étiez absolument merveilleux. C'est ce que tout le monde dit. Personne ne pourra jamais en faire autant. Si tant est qu'il y ait encore des gens pour penser organiser une fête – j'aurais tendance à croire que tout le monde y a renoncé ! Ils ont tous baissé les bras et battu en retraite. « À quoi bon, maintenant ? », c'est ce qu'ils disent tous.

C'était tout simplement magique, une soirée comme il n'y en a jamais eu. Je n'aurais voulu manquer ça pour rien au monde. Vous êtes la coqueluche de New York, le roi du monde.

« Oui, n'est-ce pas ? » Truman ouvrit les yeux. Diana Vreeland le regardait en souriant ; agitant les griffes rouges au bout de ses doigts, elle passait en revue tous les journaux qui mentionnaient la soirée et qui incluaient des photos de Truman et de ses célèbres amis.

« Oui. Truman, vous avez réussi.

— Je suis heureux que vous ayez été là, vraiment ! Sans mon adorée femme-dragon, la divine Mrs Vreeland, la soirée aurait été un véritable fiasco !

— Comme je vous le disais, je n'aurais raté ça pour rien au monde. »

Truman se leva, ils s'embrassèrent, et il sortit en sautillant du bureau de Diana chez *Vogue*, saluant tout le monde sans exception d'un geste de la main, telle la reine en personne.

Diana continua à sourire pendant un certain temps, puis elle se rassit.

Dieu merci, il ne s'était pas rendu compte qu'elle n'était pas venue au Plaza. Elle venait de perdre son mari, Reed – comment Truman avait-il pu penser qu'elle aurait envie de faire la fête ? Elle était donc passée chez les Paley pour assister au dîner auquel elle avait été invitée. Mais quand vint le moment de partir, elle avait pris un taxi pour rentrer directement chez elle.

Et Truman n'en avait rien su.

« Norman Mailer faisait le tour de la salle en cherchant la bagarre. Il a fait ça toute la soirée ! D'abord avec George Bundy[1], puis avec George Plimpton, et ensuite avec tous les George, et enfin avec tout le monde.

— Oh, c'était divin ! Je l'ai vu et j'ai pensé : *Norman, grâce à toi, la fête est réussie !* Mais il a gardé sur lui un imperméable très sale pendant toute la soirée – j'ai bien l'impression qu'il ne prend jamais de bain, qu'en penses-tu ?

— Quand il se baigne, c'est dans les larmes de jalousie qu'il verse en pensant à toi, *True Heart*. Bon, dis-moi la vérité, maintenant. » Slim leva un sourcil et se laissa aller contre le dossier du canapé de la suite de son hôtel. « Pamela n'était-elle pas affreuse ?

— Si, absolument. Bouffie, gonflée, on aurait dit une oie gavée, si tu vois ce que je veux dire. Toi, mon chou, tu étais ravissante. Tout simplement ravissante. Quel dommage que Kenneth n'ait pas pu venir.

— Mais pourquoi ? Je me serais ennuyée à mourir si mon mari avait été là. Alors qu'en vérité, j'ai passé une soirée délicieuse.

— Il m'a semblé que Gloria avait le visage un peu figé. Elle s'est fait faire un petit ravalement récemment ?

— Non, répondit Slim, tout en hochant la tête. Bien sûr que non. »

Truman éclata de rire. « *Big Mama*, tu es une crème !

1. McGeorge Bundy a été conseiller à la sécurité nationale des présidents John Kennedy et Lyndon Johnson de 1961 à 1966.

— Babe, évidemment, était magnifique.

— Comme toujours. Tu sais ce que je dis. Babe Paley n'a qu'un défaut, elle est parfaite. À part ça, elle est parfaite.

— N'est-ce pas ? Mais je l'adore, bien sûr.

— Moi aussi, plus que n'importe qui d'autre au monde – à part toi, *Big Mama* ! Mais n'était-ce pas une soirée fabuleuse ?

— C'était une soirée grandiose, *True Heart*. Vraiment grandiose. Tu as vu les journaux ?

— Oh, ces vieilles histoires... » D'un geste dédaigneux de la main, Truman mima l'indifférence, mais ses yeux brillaient. Il avait l'air légèrement bouffi et fatigué, ce matin, pensa Slim – mais bon, qui ne l'était pas ? Elle-même n'avait pas voulu se regarder dans le miroir. Mais ce matin, être bouffi et fatigué étaient des marques de noblesse ; seuls celles et ceux qui avaient dansé toute la nuit à la fête de Truman – et qui avaient regardé les autres danser – avaient été là où il fallait être.

« Kay s'est-elle amusée ?

— Comme jamais. Redis-le-moi. Quel a été le meilleur moment pour toi ?

— Quand Tallulah Bankhead a montré sa touffe à Cecil Beaton. Pauvre Cecil, j'ai bien cru qu'il allait tomber raide.

— Oh, c'est insensé ! Tellement impensable ! Et je n'ai pas vu ça ! Mais c'était grandiose, n'est-ce pas, ma *Big Mama* adorée ?

— Grandiose ! Tout ce qu'il y a de plus grandiose ! »

Truman l'embrassa et s'en alla. Slim attrapa les journaux. Elle avait habilement caché ceux qui ne célébraient pas la soirée ; ceux qui laissaient entendre que si Truman avait pu donner une soirée aussi fabuleuse, c'était grâce au massacre d'une famille du Kansas et que c'était épouvantable.

Ceux qui se demandaient si, maintenant qu'il était devenu aussi célèbre, aussi mondain, Truman écrirait un jour de nouveau quelque chose de bien.

Truman avait gardé le meilleur pour la fin.

Il entra dans l'appartement, passa devant le Picasso, et se jeta dans les bras de Babe. Elle était resplendissante, fraîche, maquillée, et il s'émerveilla une fois de plus de sa discipline, de sa dévotion à l'égard de sa plus belle création, à savoir elle-même, une femme extrêmement raffinée.

« Bobolink ! Personne ne m'est aussi précieux que toi ! Dis-moi, dis-moi tout !

— Oh, Truman, c'était merveilleux. »

Babe s'exprima calmement, sérieusement, sans rien du ton exagérément joyeux de lendemains de fête propre aux autres, et peut-être que Truman le remarqua, ou peut-être pas.

« Oui, n'est-ce pas ? » Il soupira, retira ses chaussures et ils s'installèrent tous les deux sur un canapé. Il posa sa tête sur les genoux de Babe, ses pieds chatouillant un coussin de velours. Le thé attendait d'être servi, et elle avait préparé un vase de muguets rien que pour lui – elle avait su, comment en douter de la part de cette femme parfaite, que tout le monde lui enverrait des fleurs ce matin, des fleurs et des cadeaux, des mots de remerciement et des télégrammes. Elle avait donc gardé le bouquet de muguet – *leur* fleur, celle qu'on faisait livrer à l'autre quand on le soupçonnait d'avoir le cafard – pour le lui donner directement. Babe était la personne la plus attentionnée qu'il connaisse.

« Truman, je suis sincère. Je n'étais jamais allée à une pareille soirée. Tu as réussi, tu as été merveilleux et j'ai eu le privilège d'être là.

— On ne voyait que toi, tu étais époustouflante, bien sûr ; tout le monde t'enviait. On vient juste de parler de toi avec Slim – tu as eu les oreilles qui sifflent ? Toi, mon adorée, tu étais une fleur rare au milieu d'une foule tape-à-l'œil. Non pas que les autres n'étaient pas ravissantes, elles l'étaient, même si Slim… la pauvre. Qu'est-ce qu'on va faire avec elle ? Elle a perdu toute son élégance. Elle l'a tout simplement perdue.

— Je pense qu'elle était ravissante, Truman, répliqua Babe en le réprimandant gentiment. Je t'ai entendu le dire.

— Bien sûr que je le lui ai dit ! C'était la moindre des choses ! Mais toi, ma Babe adorée, tu étais unique. Tu l'es toujours.

— Tu es gentil. »

Babe rougit, baissa la tête, et Truman lui prit la main. On disait à Babe Paley combien elle était belle des dizaines de fois par jour. Mais elle ne le croyait que lorsque cela venait de Truman.

« Maintenant, dis-moi – dis-moi tout. Tout ce qui était merveilleux hier soir. Raconte-moi une histoire,

Mama. » Truman ferma les yeux, se blottit sur les genoux de Babe et sourit par anticipation.

Et Babe, qui n'avait jamais raconté d'histoires à ses enfants pour les endormir quand ils étaient petits – car elle devait toujours se préparer pour sortir dîner à l'heure du coucher, et elle avait besoin de temps, bien évidemment, pour être parfaite afin que peut-être Bill la remarque, et, tout au moins, qu'il soit fier de l'avoir à son bras –, prit une grande respiration et commença :

« Il était une fois une soirée merveilleuse, un pays enchanté, empli de lumières, de fleurs, et de gens, l'un d'eux plus particulièrement, le plus merveilleux, l'hôte… »

Et très vite, Truman s'endormit. Et Babe était heureuse, ce vide douloureux à l'intérieur d'elle rempli de gratitude et de satisfaction, et elle continua encore et encore, à raconter de sa voix basse, apaisante. Un conte intemporel, celui d'une rencontre dans un avion, de vacances passées ensemble, de confidences partagées, de secrets, de peurs, d'espoirs et de rêves avoués, jusqu'à la veille, et le matin même, et l'avenir, eux deux, ensemble, toujours, se faisant confiance, s'aimant, car ils n'avaient qu'eux sur qui compter, non ? Les enfants avaient grandi, ils étaient beaux et chacun réussissait à sa manière. Mais Truman resterait toujours le même.

Il l'aimerait toujours. Et il lui permettrait de l'aimer.

Et elle lui raconta donc d'autres histoires, des histoires qu'elle n'avait jamais racontées à personne, des histoires vraies car Babe ne savait pas mentir. *« J'ai eu une aventure*, chuchota-t-elle, mais tu le savais, non ? Tu l'avais deviné depuis longtemps. Ce fut la seule fois, car je n'avais pas suffisamment de courage pour ça. Pourtant, Bill continue à coucher avec tout le monde, sauf moi, et je te l'ai dit si souvent déjà, c'est toujours la même rengaine mais, d'une certaine manière, c'est la seule chose dont je suis sûre, la seule chose sur laquelle je puisse compter en fait, et, crois-le si tu veux, je m'y suis habituée. Je vieillis, et Bill aussi, et donc je ne pense plus à le quitter, car qui voudrait de moi, maintenant ? Où irais-je ? Qui voudrait de lui ? Vieillir signifie avoir moins de choix, c'est ce que j'ai découvert. Non pas que j'en aie eu beaucoup quand j'étais plus jeune. Mais quand j'étais plus jeune, je me reconnaissais. Maintenant, quand je me regarde dans le miroir… bon, mais quand je me regarde dans tes yeux, je me reconnais encore. Et c'est ça l'amour, non ? Truman ? »

Elle se pencha sur lui ; il avait la bouche ouverte, ses joues roses dégonflées tandis qu'il ronflait doucement. Et donc elle murmura : « Truman, tu sais quoi ? Bill ne peut plus me faire du mal. Mes enfants non plus. Mais toi, toi tu pourrais. Tu es la seule personne dans ma vie qui a ce pouvoir. Je ne sais pas comment tu ferais, mais c'est vrai. Et ça me fait peur. Juste un peu. Mais ça me rend heureuse aussi, car ça veut dire que je t'aime, vraiment. » Et elle sourit, car avoir Truman endormi sur ses genoux était un don du ciel, quelque chose de précieux ; personne ne pouvait se vanter de l'avoir à soi ainsi. Babe savait qu'il avait fait sa tournée avant de venir la voir ; elle savait que c'était dans sa nature. Son approbation ne lui suffisait pas, ne lui suffirait jamais ; l'amour d'une seule personne ne serait jamais suffisant pour Truman. Et c'était ce qui les différenciait, car elle, elle n'avait besoin que de l'amour de Truman. Lui avait besoin du monde entier.

Pourtant, c'était ses genoux à elle qu'il recherchait ; c'était dans ses bras qu'il s'endormait, et elle chérissait cette confiance, son repos enfantin. Pour une fois, Babe se sentait en paix, tranquille. Le dîner de Bill pouvait ne pas être préparé, la couturière, qui devait raccommoder la robe qu'elle portait la veille au soir, ne pas avoir été appelée, la masseuse, avec qui elle avait rendez-vous, ignorée. La soirée de Truman s'estompait, disparaissait au royaume des illusions. Mais cet instant-là était réel, plus précieux, plus enchanteur qu'aucun conte de fées.

Et dehors, le monde tournait, tournait encore – le manège élégant des années 50 et du royaume de Camelot tournait de plus en plus vite, sa machinerie vacillante –, menaçant d'exploser en un ouragan psychédélique porteur de changements. Mais Truman ne se réveillait pas pour autant. Rien ne pouvait le sortir de ses rêves. *Chut, reste sage. Mama est là. Mama est de retour.*

Mama n'aime que moi.

La Côte Basque,

17 octobre 1975

« Le soleil, annonça Slim en grignotant une olive, est passé derrière la grand-vergue, c'est l'heure de l'apéro. Prenons un verre.

— Le soleil est presque couché, rétorqua Gloria, et nous avons déjà passé la journée à boire. Et bon sang, c'est quoi une vergue, de toute façon ? »

Slim éclata d'un rire bruyant, les épaules secouées et les lunettes de guingois.

« Quoi ? » grogna Gloria.

Pam était silencieuse. Trop silencieuse. Complètement pétée, se dit Slim, qui la regardait en plissant les yeux. Marella marmonnait dans sa barbe en italien.

« Tu as un yacht, et tu poses la question ! s'exclama Slim en pointant Gloria du doigt, le souffle court.

— Et alors ?

— Une vergue est une partie d'un bateau, une pièce de bois ou je ne sais quoi pour porter la voile. Tu ne sais pas ça !

— J'emploie des gens pour ça », rétorqua froidement Gloria, en exagérant la tonalité anglaise de son accent. Puis elle marmonna dans sa barbe : « *Besa mi culo, puta !* Va te faire foutre, salope.

— Quoi ?

— Rien.

— Papa avait l'habitude de dire ça, fit Slim, songeuse. C'était l'une de ses expressions favorites. "Le soleil est passé derrière la grand-vergue", ça veut dire : c'est l'heure de l'apéro.

— Oh, ça suffit, Slim. Oui, on a compris. Tu étais la muse de Hemingway. L'obsession de Papa. L'amour frustré de Papa. Et C.Z. était la muse de Diego Rivera, et Babe est celle de Truman. Merde, et moi, de qui suis-je la putain de muse ? »

Gloria jeta son rond de serviette dans son assiette et chacune retint son souffle pour voir si l'assiette allait se casser. Non.

« Mon Dieu, Gloria ! Calme-toi ! On ne veut pas que la Gestapo arrive !

— Oh, ça aussi, tu vas le remettre sur le tapis, c'est ce que tu veux ? Hein, c'est ce que tu veux ? »

Gloria était prête à cracher au visage de Slim ; elle redressa la tête, savoura la salive dans sa bouche, sentit le sang mexicain bouillir dans ses veines, la poussant à faire ce qu'elle s'était empêchée de faire toute sa vie – agir, ressentir, aimer, vivre, détester – cracher, *Dios mío* ! Cracher aux pieds de cette *puta* !

Elle sentit la main de Marella sur son bras, une main apaisante ; après tout, Gloria était une princesse, et il fallait calmer sa cour.

« Chut, Gloria, chut. Nous ne sommes pas en colère les unes contre les autres, chuchota Marella, incroyablement raisonnable. Nous sommes en colère contre Truman, tu t'en souviens ?

— *Bastardo,* enfoiré. *Pendejo,* trou du cul. *Puto.* »

À peu près calmée, Gloria avala sa salive, but le verre de cognac que lui tendait Slim – d'où ça sortait ? Elle ne l'avait pas commandé – et alluma une autre cigarette.

Le nuage de fumée au-dessus de leur table était invraisemblable, même pour La Côte Basque. On aurait dit le brouillard de Los Angeles à cette époque-là de l'année. La fumée d'un feu de forêt. Un monstre de film d'horreur.

Mais aucune d'elles n'en semblait incommodée ; elles toussaient, c'est tout, et agitaient leurs mains comme pour chasser la fumée, tout en allumant cigarette sur cigarette.

« Pourtant, le bal était grandiose, dit Pam à voix basse, songeuse. Vraiment grandiose, non ? L'une des dernières fois où l'élégance a été de mise.

— En effet, acquiesça Marella.

— Tout est parti à vau-l'eau après ça, non ? » demanda Gloria.

Question purement rhétorique.

Toutes un peu défaites – leur rouge à lèvres avait débordé, le maquillage avait coulé, les coiffures s'effondraient, telles des glaces qui fondent au soleil –, les cygnes hochèrent la tête.

« Que s'est-il passé ? Qu'est-il arrivé à notre monde ? Qu'est-il arrivé à Truman ? Que nous est-il arrivé ?

— Nixon. Nixon est arrivé, répondit Slim à la question de Gloria.

— Le Vietnam. Puis Nixon, corrigea Marella.

— Peu importe. Les choses ont changé. Nos filles sont devenues ce que nous étions, les plus belles des femmes de la haute. Sauf qu'elles ne voulaient pas être nous, n'est-ce pas ? »

Slim avait la voix enrouée.

« Tout comme nous ne voulions pas être comme nos mères, fit remarquer Marella.

— Mais pourquoi pas ? Nous sommes mieux que ne l'étaient nos mères ! Nous étions – nous sommes – magnifiques ! » lança Gloria en un cri, un cri d'angoisse, de perte, de regret.

Slim lui tapota la main et commanda un autre verre de cognac.

« Nous sommes vieilles, marmonna Slim, d'une voix lasse. Sacrément vieilles. Truman nous a aidées à nous sentir plus jeunes, pourtant, non ? Pendant un temps. Et puis il… nous a abandonnées. Il a disparu pour fréquenter la bande du Studio 54, Liza et compagnie. Et il a commencé à sortir avec ces affreux bonshommes – vous vous souvenez du réparateur de climatiseurs ?

— Oh, mon Dieu. Je l'avais oublié, celui-là. Ou, tout au moins, j'avais essayé, pérora Gloria. Il s'appelait comment, déjà ?

— Danny. Danny quelque chose. Je n'ai jamais compris que Truman ait pu être obsédé par lui – il était tellement idiot, celui-là. Tout en muscles, mais bête comme ses pieds, pas du tout à la hauteur de Truman. Vous vous souvenez quand Truman l'a emmené en Europe ? Il l'a invité dans les meilleurs restaurants, et ce pauvre idiot était si malheureux, il ne voulait manger que des hamburgers et des pommes de terre au four. Pourtant, Truman s'entêtait à croire que ce bon à rien était l'amour de sa vie. Il était fou amoureux et a eu le cœur brisé quand le bon à rien en a eu finalement assez. C'est le moment où j'ai commencé à me sentir mal à l'aise avec Truman. J'ai essayé, j'ai essayé d'être la même amie pour lui, mais quelque chose ne tournait pas rond chez lui, vous n'êtes pas d'accord ? Et tout ça a commencé après le bal. »

Slim tendit son verre de cognac à Gloria.

« Ces derniers temps, je m'étais même sentie désolée pour lui, pour toutes les fois où il a eu le cœur brisé par tous ces hommes idiots qui profitaient de lui avant de le quitter. Enfin, jusqu'à maintenant, ajouta Gloria.

— Oui. Il m'a parfois fait de la peine, c'était un crève-cœur pour tout le monde – pour Babe aussi, je le sais. Mais il a dépassé les bornes.

— Dépassé les bornes ? s'offusqua Gloria en s'adressant à Slim. Il a tué cette femme. Il aurait pu tout aussi bien lui mettre lui-même ces pilules dans la main !

— Et il a lavé le linge sale des Paley en public, leur rappela Pam. Et ça ne se fait pas, si on veut rester… pur, si je puis dire.

— Il a lavé le linge sale *taché* des Paley en public, si on veut être exactes, répliqua Gloria, d'un air songeur. Du linge taché, taché de sang, d'après cette histoire. Truman le décrit de manière tellement explicite ! Il n'était pas dans ses habitudes d'être aussi vulgaire. »

Les autres hochèrent la tête. Le décolleté de Pam était si profond que Slim se pencha pour y glisser une serviette de table. « Par respect pour les enfants, ma chérie.

— Évidemment, c'est d'abord Bill qui a trahi Babe. Et qui, apparemment, a tout raconté à Truman. Comme n'importe quel homme. Un homme imprudent, vaniteux. Oh, pourquoi on fait ça ? hurla Gloria. Pourquoi on supporte ça, pourquoi on supporte ces hommes-là ? Ces hommes qu'on a épousés quand nous étions jeunes, belles et désirables, même si *eux* ne l'étaient pas ?

— L'argent », répondirent en chœur Marella et Slim.

Pam fronça son nez couvert de taches de rousseur ; parler d'argent était si grossier, mais tellement américain. Pourtant, elles avaient raison.

« Pourquoi tu poses la question ? ajouta Slim.

— Parce que… eh merde ! »

Gloria haussa les épaules. C'était donc le revers de la médaille ? Mariée à un affreux vieux schnock qui lui offrait des choses, certes – mais qui gardait les bijoux de valeur dans un coffre, les lui donnant seulement lorsque l'occasion lui paraissait appropriée. Les Guinness avaient plusieurs maisons, des yachts, des domestiques, portaient les vêtements les plus chics, mais désormais personne ne s'en souciait, personne ne se retournait pour la regarder, dans ses robes du soir de chez Givenchy ou ses tailleurs de chez Balenciaga. Parce qu'elle était sacrément vieille, et coincée avec un homme qui pétait au lit ; et elle ne trouverait jamais personne d'autre, elle ne pouvait plus l'échanger contre un autre, plus maintenant, et la seule chose à laquelle elle pouvait s'attendre, c'était de perdre ses dents, d'avoir recours à la chirurgie esthétique plus souvent, de porter des chaussures orthopédiques et non plus des Ferragamo, de se battre avec le flacon de teinture (*Dios mío*, les racines de ses cheveux devenaient grises en moins d'une semaine, maintenant), et tout l'argent du monde n'y changerait rien, il n'empêcherait ni les ravages du temps ni les regrets.

Et c'était là le secret, le miracle réalisé par Truman, comprit-elle soudain. Truman leur avait fait oublier cette réalité des choses. Il les avait amusées. Leurs maris ne voulaient pas leur parler. Elles avaient fini par en avoir assez de se parler entre elles, ces célèbres créatures, car c'était toutes les mêmes. Blonde, brune, grande, petite, européenne, californienne, toutes les mêmes ; seule leur apparence était différente. Et elles passaient leur vie à cultiver cette différence, s'efforçant de briller, d'être celle qui se ferait le plus remarquer. Mais la nuit, elles enlevaient leurs diamants, leur robe du soir, et se couchaient dans des lits vides, résignées à n'être que des femmes. Des femmes avec une date de péremption.

Alors, Truman avait surgi au milieu d'elles et, soudain, les ragots étaient devenus délicieux, les distractions plus nombreuses. Il s'était assis sur les lits de chacun de ses cygnes en murmurant à chacune combien elle était belle, précieuse, combien il lui était dévoué, qu'elle était la seule qui comptait, et même si elles savaient toutes qu'il disait la même chose à chacune d'entre elles, peu leur importait. Car, derrière leur beauté, elles étaient toutes sacrément seules.

Et le bal, ce bal en Noir et Blanc grandiose, pour lequel elles avaient été d'une extrême élégance, si exceptionnelles, si enviées, à leur apogée. Tous ceux qui étaient là avaient été à leur apogée – New York était alors à son apogée.

« Plus personne ne s'habille pour sortir déjeuner de nos jours », se plaignait Gloria en regardant autour d'elle. Enfin, si. Les dames d'un certain âge, comme elles, portaient encore des robes, des chapeaux, des gants, des chaussures cirées. Mais les femmes en tailleur-pantalon étaient désormais admises pour dîner à La Côte Basque, au Colony et au Plaza. Et dans des restaurants moins exclusifs, les hommes et les femmes portaient le plus souvent des jeans, parfois déchirés, des chaussures de tennis et des polos de sport. En public.

« Vous savez quoi ? Ce qui est drôle, c'est que ce Danny, le réparateur de climatiseurs, n'aurait pas été invité au bal de Truman à l'époque, fit remarquer Slim. Mon Dieu, nous étions toutes si belles, n'est-ce pas ? Les robes du soir, les masques. C'était amusant sur le moment, un jour comme un autre pour nous, mais maintenant, je ne sais pas… ça ressemble à un rêve perdu, vous ne trouvez pas ?

— Tout est perdu. Truman donne et Truman reprend, marmonna Gloria. Et maintenant, il va pouvoir tout se permettre.

— Non. C'est *nous* qui reprenons. Je parie tout ce que vous voudrez que ce petit morveux a essayé de nous téléphoner toute la journée. Eh bien, j'ai donné pour instructions à ma femme de chambre de dire à Mr Capote que lady Keith n'était pas disponible. *Sine die*.

— Oui, j'ai fait pareil, renchérit Gloria en hochant la tête, de même que Marella.

— Je me demande ce qu'il va faire, sans nous – et surtout sans *elle* ? Il ne le savait pas, mais il a besoin de nous. Plus que nous n'avons besoin de lui.

— Slim ! » Gloria leva son verre en guise de toast. « C'est probablement la chose la plus sensée que je t'ai entendue dire de toute la journée. Tu as sacrément raison. Écoutez. » Gloria posa son verre et demanda l'addition. « Soyons vraiment cruelles. Nous allons rentrer chez nous, nous reposer, puis nous habiller et nous allons sortir en ville toutes ensemble, comme si de rien n'était, comme si tout allait bien. Comme si ce salaud n'existait tout simplement pas. Je vais demander à ma secrétaire d'appeler Suzy Knickerbocker et Liz Smith pour le leur faire savoir – et, bien évidemment, elles le raconteront à Truman.

— C'est une sacrée bonne idée, Gloria. » Slim se leva pour attraper son sac. « Sauf que… eh bien, sans elle, on sent que quelque chose ne va pas. »

Et une fois de plus, elles se tournèrent vers la chaise vide.

« Oh, ce n'est pas juste, pas elle. On ne vaut rien, toutes autant que nous sommes, assises autour de cette table. On s'est toutes fait des crasses, on a toutes eu nos mauvais moments. » Slim se rassit. « Mais Babe jamais. Elle n'a jamais dit du mal de personne, elle n'a jamais fait de mal, ni dit de vacheries.

— La vie est injuste, lui rappela sèchement Gloria. Tout le monde le sait. Si la vie était juste, c'est nous qui serions riches et nos maris ressembleraient tous à Paul Newman. Allez, on y va, j'insiste. On a besoin de se remonter le moral. Et plus important encore, on a besoin de montrer à cette petite merde qu'on se fout de ce qu'il dit, ou fait – ou écrit. Babe comprendrait.

— Oui, *mamacita.* » Slim se releva et réprima un rot. « Oh, j'aimerais tellement que Papa soit encore là ! On pourrait monter dans ton avion et partir pour Cuba. Ce serait formidable, non ?

— Pour l'amour de Dieu, arrête tes conneries avec Hemingway. Je ne suis pas Truman. Il m'en faut plus pour m'impressionner », dit Gloria d'un ton brusque en tendant plusieurs billets de cent dollars au serveur.

« Je crois que c'est ce qui va me manquer le plus chez lui, dit Slim tandis que les quatre femmes se levaient en chancelant.

— Quoi ?

— Truman. Ça va me manquer de ne plus avoir quelqu'un à qui raconter mes histoires. Pensez ce que vous voudrez, mais Truman savait écouter.

— Et en profiter, ne l'oublie pas. Sans nous, il n'aurait rien eu à écrire. Il nous a volé nos histoires. C'est un voleur, un profiteur. Et un assassin, au cas où tu l'aurais oublié.

— C'est un conteur. » Slim secoua la tête. « Tout comme Papa... »

D'un seul regard de ses yeux de braise, Gloria l'arrêta net. Les autres les suivirent, la tête haute, adressant des sourires à la ronde. Elles s'arrêtèrent dans les toilettes pour femmes pour réparer du mieux qu'elles pouvaient les dommages causés par l'alcool et le temps ; les coudes écartés, la poudre volait autour d'elles, les tubes de rouge à lèvres brandis comme des épées. Juste au cas où il y aurait des photographes à l'extérieur du restaurant.

Ce qui fut le cas. Le *clic* familier, tendre ; le flash adoré, plus intime, plus caressant qu'un baiser. Les respectueux « Mrs Guinness ! Regardez par ici ! », « Lady Keith, un sourire, s'il vous plaît ! ».

Mais soudain elles sentirent un souffle d'air frais. Une autre porte s'ouvrit. Un couple – la femme coiffée d'un chapeau mou, vêtue d'un pantalon pattes d'éléphant, l'homme maigrichon drapé d'un manteau de fourrure et vêtu d'un pantalon à rayures – émergea du restaurant ; ils étaient là debout, timides, sur le trottoir à quelques mètres d'elles. Les photographes se précipitèrent.

« Bianca ! Mick ! Mick Jagger ! »

Oubliés, les Cygnes.

Vive le roi.

16

C'était une époque bénie, la pire des époques…

Le Manhattan de la fin des années 60, le début des années 70.

Ce fut la pire des époques.

Quand le bal est fini, juste après l'aube[1]…

Avaient-elles su, le lendemain de la fête de Truman, que rien ne serait plus jamais comme avant ? Non, elles n'en avaient rien su. Certaines d'entre elles, plus tard, prétendraient le contraire ; et diraient que, alors qu'elles dansaient encore, elles s'étaient senties un peu comme Néron jouant de la lyre pendant que Rome brûlait. Par ailleurs, dans les jours et les semaines qui suivirent la fête, quelques journaux et magazines s'interrogèrent sur la signification de l'événement, le comparant aux fêtes de Marie-Antoinette avant la Révolution.

1. *After the Ball* est une chanson populaire écrite en 1891 par Charles K. Harris. La musique est une valse à trois temps. Dans la chanson, un vieil homme explique à sa nièce pourquoi il ne s'est pas marié. Il avait vu la femme qu'il aimait embrasser un autre homme lors d'un bal et avait refusé d'écouter ses explications. Des années plus tard, après qu'elle fut morte, il découvrit que l'homme était le frère de cette femme.

Mais en vérité, quand la joyeuse et somptueuse compagnie quitta le bal, que les femmes enlevèrent leurs chaussures de danse, donnèrent leur parure à nettoyer ou à réparer (ou qu'elles durent la rendre si elles avaient été assez peu malignes pour avoir dû emprunter la leur), elles se dirent tout simplement qu'elles s'étaient amusées comme des folles. Et qu'elles espéraient que cela se reproduirait.

Mais Manhattan, dans les années 60 et 70, disait : « Non. Pas question. C'est après vous que j'en ai. »

Des grèves – grèves des transports (que ni Truman ni ses cygnes ne remarquèrent), grèves des éboueurs (qu'ils remarquèrent ; bon sang, les ordures s'entassaient jusqu'au ciel, même sur la Cinquième Avenue. L'air était fétide, tout était sale et, quand le vent soufflait, des ordures s'élevaient vers les cieux, tels les confettis puants d'un défilé macabre de serpentins. Personne ne pouvait sortir sans un mouchoir parfumé plaqué sur le nez).

Des émeutes – après l'assassinat de Martin Luther King Jr. (quel homme charmant, vraiment ; certaines d'entre elles l'avaient rencontré à Washington. Sa mort bouleversa Kay Graham), Harlem explosa, non pas que Babe, Gloria, Slim, Marella ou Pam soient jamais allées à Harlem, remarquez bien. Mais quand même, elles entendaient les sirènes toute la nuit, elles ne sortaient plus de leurs penthouses par peur de… quelque chose. Puis ce fut au tour de Bobby Kennedy, et Truman pleura, pleura tellement ; ils étaient voisins avec Bobby sur l'UN Plaza, et ils avaient bu quelques verres ensemble, même si Truman avait toujours eu l'impression que Bobby considérait que se lier d'amitié avec un homosexuel était un devoir civique. Mais, quand même, il avait pleuré à l'annonce de sa mort, et avait écrit à la pauvre Rose Kennedy une magnifique lettre de réconfort qu'elle garderait – il le savait – précieusement, comme il le disait à tous ceux qui voulaient l'entendre.

Puis ce furent les émeutes de Stonewall, et le Village grouilla soudain de drag-queens et d'homosexuels ; étonnamment, Truman n'avait guère d'opinion sur le sujet, même si Babe, Gloria, Slim, Marella et Pam le regardèrent avec sympathie au cours de ces quelques jours. Mais Truman continuait comme si de rien n'était ; il ne s'était pas senti obligé de descendre dans la rue pour manifester avec les autres homosexuels, ni d'être au premier rang pour engager le combat avec les forces de l'ordre. Et quand elles lui demandèrent s'il était déjà allé au Stonewall Inn, il avait froncé le nez et s'était exclamé : « Certainement pas – pas dans cet endroit-là. »

Et les crimes. Le crime, la saleté et la crasse : les marques de fabrique du Manhattan des années 60 et 70. Bien évidemment, les cygnes et consorts pouvaient s'échapper, et elles le firent chaque fois que c'était possible. Mais quand même, elles devaient être à New York de temps en temps, pour se faire les porte-parole du bon goût et continuer à endosser leur rôle au cours des soirs de première, des galas de charité et autres. Mais le crime était à leurs portes ; on n'était plus en sécurité le soir dans Central Park, avec toutes ces agressions, les passages à tabac et les coups de couteau. Times Square – oh, Times Square ! Pour Slim plus particulièrement, qui avait connu l'âge d'or de Broadway, c'était un crève-cœur de voir des devantures vides, des putes perchées sur leur tabouret à chaque coin de rue, des revendeurs de drogue traînant dans l'embrasure des portes, les flics faire leur ronde, de pauvres boutiques crasseuses vendre des sextoys, des poupées gonflables et de la lingerie en latex.

Les gens changeaient, eux aussi. Les bonnes manières se perdaient. Plus personne ne s'habillait pour sortir. Les jeunes hippies ne tenaient pas la porte aux dames. Le whisky n'était plus une drogue à la mode ; désormais, on fumait de l'herbe, on sniffait de la coke et on prenait du LSD.

Quelques-unes d'entre elles, sur les vives recommandations de leurs thérapeutes, essayèrent le LSD. Pendant quelque temps, c'était la chose à faire – se rendre à une fête, prendre de l'acide, rester allongée sur des coussins de velours en regardant le plafond, en attendant de découvrir les secrets de l'univers. Mais le lendemain matin, c'était infernal ; de plus, ces dames n'aimaient pas en constater les conséquences sur leur peau et, donc, elles arrêtèrent.

En revanche, Truman, non. Truman, au cours des années qui suivirent la publication de *De sang-froid*, après ce bal formidable, quand il avait été au sommet de sa gloire, devint bouffi, moins discipliné. Il se levait tard, traînait dans des coins de la ville où il n'avait jamais traîné avant, ramenait chez lui des hommes auxquels il n'aurait jamais accordé un seul regard avant. Aucun de ses cygnes n'avait jamais compris ce qui s'était passé entre lui et Jack. Elles savaient seulement que leur relation n'avait plus rien de sexuel – en tout cas, Truman s'était fait un plaisir de les en informer ! Et elles furent surprises de s'apercevoir que Jack leur manquait, cet homme bourru, dépourvu d'humour, et dont l'impolitesse frisait l'inconscience (il avait un jour traité Loel Guinness de nazi, et si tout le monde savait que c'était vrai pour les deux Guinness, personne ne le leur avait jamais dit en face !). Mais elles devaient bien reconnaître que Jack exerçait sur Truman une bonne influence, lui procurant un certain équilibre ; il lui servait de garde-fou, pondérait son excentricité ; il donnait du lest aux errances désinvoltes de Truman. Même s'ils étaient encore liés, d'une certaine manière – ils prenaient parfois des vacances ensemble, à Verbier, en Suisse, ou dans leurs maisons de Long Island –, ce n'était plus comme avant. Truman avait changé. Il était plus instable ; certaines, déloyales, tout au moins lorsqu'elles n'étaient pas avec Babe, le disaient.

Or Gloria, Babe, Marella, Slim et Pam n'avaient pas changé. Elles tenaient bon, elles s'accrochaient à leurs vies disciplinées, à leur certitude partagée selon laquelle la sophistication et l'élégance n'étaient pas rien ; qu'elles étaient tout, dans le monde qui était le leur. Elles s'habillaient certes un peu différemment ; Gloria fut la première à porter des tailleurs-pantalons Pucci en public, et les jupes de Babe se firent imperceptiblement plus courtes. Quand il ouvrit son propre salon et qu'il lança la mode des robes chiffons, des robes caftans longues, en jersey, et aussi des robes dos nu ou qui laissaient parfois une seule épaule dénudée – toujours de bon goût, mais relevant légèrement d'une mode plus jeune –, elles se précipitèrent toutes chez Halston, leur chapelier qui faisait autrefois des miracles chez Bergdorf.

En revanche, elles s'accrochaient à leurs styles de coiffure avec une étrange dévotion ; si leurs jupes n'étaient plus aussi ajustées, ne requérant plus le port de la gaine (même si elles continuaient à en porter, bien sûr), leurs coiffures restaient figées. Les cheveux longs filasse des hippies ou les coupes à la garçonne de Vidal Sassoon, ce n'était pas pour elles. Elles étaient toujours impatientes de se rendre deux fois par semaine chez Kenneth, des rendez-vous dont elles semblaient vraiment dépendre ; elles trouvaient refuge dans la musique apaisante du salon, les tasses de thé, les flûtes de champagne, les coiffeurs en costume et cravate à l'image de Kenneth lui-même. Elles y étaient choyées mais, plus important, elles y étaient encore prisées. Dans certaines maisons fiables de New York dans lesquelles on voyait peu de jeunes femmes, les Babe, Marella, Gloria de Manhattan se sentaient encore désirées et désirables. Elles gardèrent donc ces coiffures qui nécessitaient une mise en plis, de la laque, et de dormir avec un filet à cheveux ou des bigoudis. Des coiffures qui, au contraire du reste de Manhattan, étaient insensibles au vent du changement qui soufflait sur la ville.

Mais Truman, oh, Truman ! Comme il avait changé ! Il fallait voir comment il avait tragiquement adopté les modes suivies par les jeunes générations (il n'avait certes jamais porté de longs colliers de perles hippies faits à la main, mais, mon Dieu, il portait de ces costumes aux allures de caftan ! Sans parler de ces vestes de style Nehru !). Et les querelles qu'il provoquait ! Évidemment, lui et Gore Vidal ne s'étaient jamais beaucoup aimés mais, désormais, ils en étaient arrivés aux poursuites judiciaires (Truman ne cessant de raconter une histoire qu'il affirmait tenir de Gore lui-même, selon laquelle Bobby Kennedy, lors d'une soirée à la Maison Blanche, l'avait empoigné avant de le traîner jusqu'à la porte et de le jeter dehors ; Gore le poursuivait en justice pour diffamation). Et il avait toujours eu une relation d'amour/haine avec Norman Mailer, qui se transforma en haine, pure et dure, quand Norman Mailer reçut à la fois le Pulitzer et le National Book Award pour *Les Armées de la nuit* – des prix que Truman n'avait pas gagnés pour *De sang-froid*. Truman accusait donc Mailer de rapine littéraire, un vol caractérisé de ce que Capote avait fait le premier et en plus brillant : avoir écrit un « roman de non-fiction ».

Et ce qu'il racontait à propos de Jackie Susann ! Que l'auteur de *La Vallée des poupées* était un « camionneur travesti » – et même si c'était bien vu, cette remarque était cruelle à entendre. Surtout lors du *Tonight Show*.

Truman. Invité du *Tonight Show*. Interviewé par Johnny Carson sur la côte Ouest, Dick Cavett sur la côte Est. Truman était devenu hollywoodien, rendez-vous compte. Le monde entier lui appartenait ; il était partout et nulle part, auteur itinérant. Il était à Rome, il était en Suisse, il était à Palm Springs, il était à Venise. Il était en couverture de *Time*, il écrivait des articles pour *Rolling Stone*. Il gobait de l'acide avec les Who.

En revanche, pour autant qu'on le sache, la seule chose qu'il ne faisait pas, c'était écrire son prochain livre.

« Alors, sur quoi travaillez-vous maintenant, c'est quoi votre prochain livre ? lui demandait Johnny, lui demandait Dick, lui demandait le monde entier.

— C'est génial. Mon chef-d'œuvre ; ça s'appellera *Prières exaucées*, d'après une citation de sainte Thérèse d'Avila – *Il y a plus de larmes versées sur les prières exaucées que sur celles qui ne le sont pas*. N'est-ce pas génial !? Un compte rendu tragicomique de la société, des personnages réels. J'ai été aux toutes premières loges, et si vous saviez ce que j'ai vu, mes chéris ! Je suis un Proust des temps modernes.

— Quand aurez-vous fini ?

— Oh, bientôt, très bientôt. Tout est là. » Et Truman se tapotait la tête, maintenant dégarnie, se tordait les mains couvertes de bagues, retroussait ses lèvres en un petit sourire suffisant et, tel un gros tas de lard, changeait de position sur son siège. « J'ai passé des années à observer ce monde-là. Des années ! »

Pelotonnée dans un fauteuil rembourré, un fume-cigarette en ébène vide entre les doigts, Babe regardait Truman à la télévision. Elle mourait d'envie de s'emparer d'une cigarette et de l'allumer, mais elle avala sa salive, respira aussi profondément qu'elle le put, but une gorgée d'eau, mâcha plutôt un glaçon.

Sans savoir comment, elle rata le dessous-de-verre sur lequel elle voulait poser son verre en cristal ; il se brisa alors en heurtant bruyamment la table et répandit de l'eau partout. Babe, surprise, poussa un petit cri.

« Quoi ? Babe, qu'est-ce qui se passe ? » Bill se précipita immédiatement à ses côtés, s'agenouilla à ses pieds en levant les yeux vers elle. Elle fit une grimace et éclata de rire.

« Rien. J'ai renversé de l'eau, c'est tout. »

Bill parut soulagé ; il passa une main dans ses cheveux gris, désormais clairsemés, et il souffla. « J'ai cru… j'ai cru que… peu importe. Je vais chercher un torchon. » Il se retourna pour voir ce qui se passait sur l'écran de télévision. « Truman ? Qu'est-ce qu'il fabrique ?

— Oh, toujours la même chose, j'en ai peur. Il perd son temps, à parler encore de son livre. Bill, tu crois qu'il en a écrit le moindre mot ?

— Non, je ne crois pas. C'est un beau parleur, mais il manque de discipline. Et ce n'était pas le cas avant. C'est sacrément dommage.

— Oui, en effet. »

Babe reporta son regard sur l'écran ; Truman rabâchait encore la même histoire, une histoire qui avait fait rire Babe de nombreuses fois, en compagnie de toutes ses amies. « Bon… », commença-t-il, d'une voix exagérément haut perchée, prenant un air inspiré. Ces derniers temps, elle avait remarqué à quel point il semblait chercher à devenir une caricature de lui-même, en prenant un air affecté servi par des mimiques subtilement étudiées, le zézaiement, la voix traînante et les gestes efféminés. À l'époque où elle l'avait rencontré, tout ça n'apparaissait que comme des points de détail d'un portrait plus complexe, mieux dessiné. Désormais, il n'était plus que le portrait vivant d'un personnage – efféminé – du caricaturiste Hirschfeld.

« Bon », continua-t-il, en s'agitant sur son siège, sur le plateau de ce tapageur *Tonight Show*, en levant les yeux au plafond, ce qu'il faisait toujours quand il était sur le point de raconter un « bobard », comme il se plaisait lui-même à le dire. « J'étais au restaurant, tranquillement assis, quand une femme vint vers moi pour me demander un autographe. Je le lui accordai en m'enquérant de savoir où je devais signer. C'est alors qu'elle découvrit ses seins… » Et là, Truman fit une pause, roula les yeux, et donna la possibilité à Johnny Carson de provoquer les rires attendus du public.

« Je sais ! Quoi qu'il en soit, j'ai signé. Pourquoi pas ? » Encore des rires. « Mais son mari, qui fulminait dans son coin, s'approcha et il, euh… sortit son *truc*, et dit : "Signez *ici*." En baissant la tête, je lui ai rétorqué : "Bon, je ne vois pas comment c'est possible, à moins d'y écrire seulement mes initiales." »

Le public était déchaîné, Johnny Carson, rouge écarlate, riait tellement qu'il en avait les larmes aux yeux.

Babe et Bill échangèrent un regard entendu.

« Il l'a mieux racontée, la première fois où j'ai entendu cette histoire, dit Bill.

— C'est si vulgaire. » Babe secoua la tête et éteignit la télévision avec la télécommande. « Je ne comprends pas pourquoi il éprouve le besoin d'être aussi vulgaire.

— Il l'a toujours été, jusqu'à un certain point. Sauf quand tu étais là.

— Oui, mais il y avait des limites qu'il ne franchissait pas. Récemment, en revanche… oh, tous ces hommes ! »

Babe frissonna en pensant à cette succession d'hommes, camionneurs, banquiers, réparateurs de climatiseurs qu'elle avait vus défiler, sans qu'ils aient été invités, à Kiluna, et avec lesquels il débarquait comme il l'avait fait autrefois avec Jack. Mais Jack, bien que rustre, était un homme convenable, intéressant et incontestablement amoureux de Truman. Mais dernièrement, ces hommes… en particulier ce John O'Shea – un banquier ! Un banquier issu de la classe moyenne qui humiliait Truman, le dénigrait en racontant à tous ceux qui voulaient l'entendre à quel point il était nul au lit – Babe ne savait tout simplement pas quoi penser ou quoi dire. Elle ne pouvait pas juste leur demander de partir, et elle faisait donc ce qu'elle avait toujours fait. Elle souriait, était polie, elle s'intéressait à eux, les nourrissait, s'assurant que, sous son toit, ils étaient bien traités. Puis elle laissait Truman pleurer sur son épaule quand ils le quittaient après n'avoir eu de cesse de lui briser le cœur, semblait-il. Dan avait été méchant avec lui, le traitant de tantouze, avant d'aller retrouver son horrible femme. Bob avait dit qu'il était épouvantable au lit. John, quant à lui, avait proclamé qu'il n'était qu'un écrivaillon.

« Je ne sais pas quoi faire pour l'aider », murmura-t-elle. Elle jeta un coup d'œil sur la table près d'elle, envahie de flacons de médicaments, et soupira. « Si quelque chose m'arrivait, qui s'occuperait de Truman ?

— Rien ne va t'arriver, se dépêcha de dire Bill. Tu reçois les meilleurs soins possibles. Le docteur a dit que si tu arrêtais de fumer, tu vivrais longtemps encore, et je vais m'en assurer. »

Babe sourit. Elle rajusta sa perruque car, même maintenant, elle ne voulait pas que Bill la voie sans qu'elle soit à son avantage. Cependant, à l'intérieur d'elle quelque chose s'était cassé quand le médecin lui avait dit que ce qui raréfiait l'air dans ses poumons, ce qui pompait son énergie, ce qui provoquait des rêves agités et rendait chaque pas aussi difficile qu'une longue marche en montagne, était le cancer. Quelque chose s'était effondré, réveillant toute cette laideur fétide qu'elle avait passé sa vie à étouffer.

Babe pouvait mettre en mots des sentiments et des émotions qu'elle n'avait jamais été capable d'exprimer auparavant – grâce à tous les livres que Truman lui avait donnés à lire. Mais aucun ne lui avait donné autant de vocabulaire que le diagnostic de « tumeur maligne ».

« Viens, allons te mettre au lit, dit Bill en se penchant vers elle pour l'aider à se relever.

— Laisse-moi tranquille, dit Babe sèchement. Je suis parfaitement capable de m'en sortir toute seule.

— Veux-tu que je dorme avec toi ce soir, au cas où tu aurais besoin de quelque chose ?

— C'est intéressant que tu me proposes ça maintenant, comme si j'en avais quelque chose à foutre du sexe. »

Bill se mordit la lèvre et accepta la colère de son épouse. Il la regarda se diriger à petits pas, mais avec un air de défi, vers la salle de bains, la tête haute ; elle lui ferma la porte au nez.

Quelque chose s'était cassé à l'intérieur de William S. Paley aussi, ce jour affreux au Mount Sinai Hospital, quand le plus réputé des cancérologues les avait reçus tous les deux afin de leur faire part de son diagnostic.

Le choc. Le choc à l'état pur. Comment une chose pareille pouvait lui arriver à lui.

À Babe, plutôt. À Babe.

Bon sang, pas à lui.

Il était plus vieux que Babe. Beaucoup plus vieux ; plus vieux qu'il ne l'avouait en public. Quand le diagnostic tomba, en janvier 1974, et qu'on enleva à Babe un tiers de son poumon, il avait soixante-douze ans et elle cinquante-huit. Bill Paley, bien qu'il fût hypocondriaque, était un homme qui n'avait jamais pensé à la mort – pas à la sienne, en tout cas. Mais il n'avait jamais imaginé vieillir seul. Il n'avait jamais imaginé que Babe ne serait plus là pour s'occuper de tout, comme elle l'avait toujours fait.

Il n'avait jamais imaginé qu'il devrait se retourner sur son passé en ayant des regrets, des remords – honte, même – car sa ravissante épouse allait peut-être mourir.

Après avoir quitté le bureau du médecin, ils rentrèrent directement chez eux, dans leur appartement de la Cinquième Avenue. Babe était allée dans sa chambre pour se reposer. De tous ses amis, elle avait appelé Truman en premier ; elle avait dû lui téléphoner avant de s'étendre car Bill, silencieux dans son bureau, la tête dans les mains, un verre de scotch auquel il n'avait pas touché posé devant lui, fut sidéré de voir arriver un Truman très pâle, en larmes, qui lui passa un bras autour des épaules, le réconfortant, le consolant comme il ne l'avait jamais été de sa vie.

« C'est toi que je devais venir voir d'abord », lui chuchota Truman à l'oreille, berçant cet homme qui était plus fort que lui, même si Bill ne pleurait pas. « Je sais que Babe est forte. Mais toi, mon cher ami, tu vas être celui qui aura le plus de mal à envisager ce qu'il faudra faire. »

Et Bill dut admettre que Truman avait raison ; Babe était forte, elle saurait gérer cette crise – avec la même grâce, la même beauté et cette même discrétion dont elle avait toujours fait preuve pour tout le reste. Mais Bill ne savait absolument pas comment réagir face à un ennemi que l'argent ne pouvait pas vaincre. Il ne savait absolument pas affronter la vie sans quelqu'un pour satisfaire tous ses besoins ; une vie sans Babe, à qui il avait si souvent fait du tort.

« Je suis vraiment un salaud », avait-il dit à Truman, cet après-midi-là. Il souhaitait tellement être absous pour tous les péchés qu'il avait commis qu'il les confessa tous. « Tu ne peux pas savoir quel salaud je suis. J'ai baisé avec tout le monde, ici même dans notre appartement, dans tous nos lits, toutes nos maisons. Sans jamais me soucier de Babe. Je savais ce que je voulais, et je l'obtenais. Mon Dieu, une fois… une fois, j'ai bien cru que Babe s'en rendrait compte car la femme, euh, avait foutu le bordel. Du sang ! Tu sais, ces trucs qu'elles ont une fois par mois. Babe devait rentrer, c'était l'époque où nous avions encore notre appartement au St Regis, et je ne pouvais donc pas envoyer les draps sales dans une laverie et les récupérer à temps ; alors j'ai frotté ces taches comme un forcené, comme si j'étais lady Macbeth, putain ! Je n'avais aucune possibilité de faire sécher les draps… mais j'ai eu l'idée de les glisser dans le four de la cuisinière, jusqu'à ce que je puisse les remettre dans le lit, encore humides, certes, mais j'étais pris de court, et j'ai fini par m'endormir. Et tu sais quoi ? En arrivant, elle n'est pas venue me déranger. Je me suis réveillé et me suis aperçu qu'elle n'était même pas là car, m'ayant vu dormir dans des draps mouillés, elle avait pensé que j'avais de la fièvre ou quelque chose comme ça et elle m'a laissé un mot pour me dire qu'elle partait à Kiluna pour que je sois tranquille. Je suis vraiment un salaud. Un salaud complètement nul, et, maintenant, elle est malade et c'est tout ce que je mérite. Mais elle, elle ne l'a pas mérité.

— Non, en effet. » Truman parlait d'une voix dure et Bill plongea son regard dans des yeux bleus qui n'étaient pas grands ouverts en signe d'approbation obséquieuse, comme ils l'étaient toujours. Cette fois, les yeux de Truman étaient d'un bleu glacial et, de fait, Bill frissonna. « Tu es un beau salaud, Bill. Je t'aime bien, je t'ai toujours bien aimé, mais je n'ai jamais aimé la manière dont tu traitais Babe. Mais je ne vais pas en rajouter et te rendre les choses encore plus difficiles. On dirait que tu es assez grand pour le faire tout seul. Et, d'ailleurs, tu dois cesser de pleurnicher, et être là pour elle. Elle mérite au moins ça.

— Je sais, je sais. »

Bill se libéra du bras de Truman, se leva et lui servit un verre ; ses mains tremblaient en attrapant la pince à glaçons. Au bruit bienheureux que firent les glaçons dans le verre, les deux hommes se détendirent ; une fois que Truman eut son verre en main, tous deux soufflèrent.

« Comment va-t-elle ? demanda Truman après avoir avalé une bonne lampée.

— Elle est calme. Elle n'a pas dit un mot de tout le trajet de retour à la maison. Que t'a-t-elle dit à toi ?

— Elle m'a dit :“Viens, je t'en prie. C'est le cancer.” C'est tout.

— Alors vas-y, va la voir. Je sais qu'elle a besoin de toi, tu lui fais plus de bien que moi, il en a toujours été ainsi, et Dieu sait si j'ai jamais compris pourquoi, mais maintenant ça m'est égal. »

Truman finit son verre et le reposa sur la table en acajou.

« Je lui fais du bien parce que je l'aime.

— Moi aussi, murmura Bill. C'est drôle comme il faut qu'une chose pareille se produise pour vous le rappeler.

— C'est drôle comme ça ne devrait pas être le cas. »

Truman laissa Bill, et traversa le fabuleux duplex sans, pour une fois, s'arrêter et s'extasier sur les meubles magnifiques, les lustres en cristal, les *objets** précieux regroupés comme des natures mortes sur les meubles cirés. Quelle importance avaient ces choses-là pour les Paley désormais ? À part procurer à Babe un fabuleux décor à sa maladie, et peut-être à sa mort ?

Et cet après-midi-là, Truman frappa à la porte de la chambre de Babe, doucement, ne sachant pas, pour la première fois, comment il serait accueilli. Il était terrifié, bien qu'il ait honte de l'avouer ; terrifié à l'idée de ce que – de qui – elle pouvait devenir. Est-ce que la maladie viendrait à bout de sa beauté, cette maladie affreuse qui la rongeait de l'intérieur ? Il se détesta de penser une chose pareille, mais il était suffisamment honnête pour admettre que c'était le plus grand atout de Babe, ce qui le séduisait le plus chez elle, même encore maintenant, après des années d'amitié, d'intimité et de confidences. Elle était si ravissante que la regarder était reposant. Et Truman aimait tant la beauté.

« Entre », dit-elle, égale à elle-même, semblait-il. Et il entra.

Babe faisait les cent pas dans sa chambre somptueuse – des tentures orientales aux couleurs vives sur les murs, pour les rideaux et le dessus-de-lit. Des tableaux d'une valeur inestimable étaient accrochés aux murs et pourtant c'était la seule pièce de tout l'appartement qui ne ressemblait pas à un musée. Elle l'avait personnalisée avec des photos encadrées – toutes ces photos où l'on ne voyait qu'eux deux, Truman et Babe, en des temps plus heureux ! –, et des babioles achetées dans des boutiques de rien du tout, de simples bazars, mélangées à des pièces de collection achetées chez les antiquaires de la Troisième Avenue. Et cette vieille fleur blanche en papier, maintenant sous verre comme si elle venait de chez Tiffany et non pas d'un petit marché en Jamaïque.

Truman la reconnut et eut les larmes aux yeux ; des larmes qu'il chassa avant que Babe ne les voie.

« Bon, c'est le cancer, dit Babe sans ambages, sans trace d'auto-apitoiement dans sa voix. Le cancer. Ils vont m'enlever un morceau de poumon.

— Oh, Bobolink !

— Il faut que j'arrête de fumer », dit-elle tandis que sa main attrapait une cigarette pour l'allumer. Comme par défi, elle aspira une longue bouffée. Puis elle l'écrasa brutalement. « La dernière. »

Elle ouvrit un porte-cigarettes en or filigrané rempli de L&M, souleva la fenêtre – laissant entrer les bruits de la ville, les klaxons de voiture, les couinements des freins, les sirènes de police dans le lointain –, et en vida le contenu. Les cigarettes tourbillonnèrent dans l'air. Puis elle referma la fenêtre d'un geste brusque.

« Oh, fit-elle, paraissant soudain effondrée. J'aurais dû les garder au cas où. C'est du gâchis.

— Babe ! »

Truman ouvrit les bras, s'approchant d'elle, mais elle refusa de s'y blottir. Malgré sa pâleur, elle était comme d'habitude, peut-être un peu plus animée, comme pleine de vitalité ; comme si le tableau prenait enfin vie.

« Non, non, ça va. Vraiment. Je n'ai pas peur. Je suis juste en colère. En colère contre moi-même pour avoir laissé une chose pareille arriver. En colère contre ces fichues cigarettes. Et, pour tout dire, en colère contre Bill, même si je ne sais pas vraiment pourquoi.

— Si, tu sais pourquoi.

— Oui. Évidemment. Et tu le sais. Comment va-t-il ? J'imagine que tu viens de le voir.

— Il est paumé. Bourrelé de remords, si tu veux le savoir. Il a très peur pour toi.

— Je doute que ça l'oblige à garder sa queue dans son pantalon. »

Babe porta sa main à sa bouche ; elle ouvrit grand les yeux. Et éclata de rire.

Truman en fit autant. Et ils se retrouvèrent tous les deux installés sur une chaise longue, enlacés, la tête de Babe reposant sur la poitrine de Truman. Étrange, pensa-t-elle, à quel point elle appréciait les bras étonnamment puissants de Truman autour d'elle, alors que d'habitude, c'était elle qui le tenait dans ses bras. Sauf lors de cette nuit, cette précieuse nuit où elle avait mis son cœur à nu pour lui ; elle avait toujours été celle qui console et lui son confident.

« Ça va aller, fit Truman d'une voix apaisante.

— Peut-être pas.

— Non, peut-être pas. Mais quand même, tu ne sais pas. À l'heure actuelle, tu n'en sais rien.

— Tu sais à quoi je n'arrête pas de penser ? Je n'arrête pas de penser qu'on se souviendra de moi seulement comme de la femme qui, un jour, a noué son foulard à l'anse de son sac à main, lançant une nouvelle mode. »

Ce qui fit rire Truman ; il se souvenait de ce jour-là. Alors qu'ils sortaient de l'un de leurs restaurants préférés, Babe avait trouvé que l'air était étouffant, elle avait donc retiré le foulard bariolé qu'elle avait autour du cou pour en faire un nœud autour de l'anse de son sac Hermès, d'un geste désinvolte.

Un photographe – il y avait toujours des photographes qui l'attendaient, qui les attendaient, quand ils étaient tous les deux ensemble – avait pris une photo qu'un magazine avait publiée, et toutes les femmes, de Manhattan, New York, à Manhattan, Kansas, s'étaient empressées de nouer leur foulard autour de l'anse de leur sac à main.

« On se souviendra de toi pour beaucoup, beaucoup plus que ça, lui garantit Truman.

— J'en doute. On ne se souviendra de moi que pour mon apparence, la façon dont je m'habille. Ça m'a toujours suffi – c'était ce que je voulais quand j'étais plus jeune. J'ai travaillé dur pour ça, cultivant mon image auprès des photographes, mendiant auprès des grands couturiers et des créateurs de mode les vêtements que je ne pouvais pas m'offrir. C'était à la fois pour qu'on se souvienne de moi et pour prendre un homme dans mes filets. Un homme riche. Les deux grands principes selon lesquels ma mère m'a éduquée. » Et, pour la première fois, Truman décela une vraie amertume dans la voix de Babe tandis qu'elle parlait de sa mère. « Mission accomplie mais, maintenant, maintenant que je suis… que je suis confrontée à *ça*, je suis horrifiée. J'ai gâché ma vie. Et c'est pourquoi je suis en colère.

— Et que tu puisses penser ça me met en colère. Babe, ta manière de vivre, la manière que tu as de cultiver ton image, d'entretenir tes maisons, ce n'est pas du gâchis. En tout cas, pas pour moi. Je sais qu'il n'y a pas que ça, chez toi, mais ne pense pas que ces choses comptent pour rien.

— Dis-moi, exigea Babe, dis-moi la vérité. Aurais-tu eu envie de me connaître si je ne ressemblais pas à ce que je suis ?

— Non. »

Babe grimaça ; il n'avait pas hésité une seule seconde. Mais elle lui en fut reconnaissante. Truman était le seul qui lui disait la vérité. Toujours.

« Mais, enchaîna Truman, en changeant de position, étirant les jambes – bien qu'elles ne puissent s'accorder à la longueur de celles de Babe –, qu'y a-t-il de mal à remarquer la beauté ? Quel mal y aurait-il à ce que l'attirance qu'on éprouve pour quelqu'un soit d'abord suscitée par les seules apparences, si ça permet d'aller au-delà, comme ce fut le cas pour nous ? Tu aurais eu envie de me connaître si je n'avais pas été célèbre ? Si je n'avais pas eu l'air intéressant ? Différent ?

— Je ne sais pas, répondit Babe en haussant les épaules. J'imagine que non.

— Et tu vois ce que nous aurions raté ? »

Babe hocha la tête. Puis elle ferma les yeux, pour la première fois, lui sembla-t-il, depuis que le médecin avait dit « cancer ». Et c'est maintenant qu'elle se sentit lâcher prise, tomber, tomber au cœur d'une spirale, celle de la peur, de l'incertitude ; la nausée, un goût froid, métallique dans la bouche, sa très belle chambre tournoyant derrière ses paupières closes. « Tu seras là, n'est-ce pas ? Lors de mon opération, pendant les traitements ? Tu ne m'oublieras pas ?

— Bien sûr que non ! À chaque étape, je serai là à tes côtés.

— Bien. »

Et Babe s'était autorisée à se détendre, et même à somnoler ; elle s'était réveillée plus tard, seule, et avait rejoint Bill et Truman dans le salon où ils dînèrent simplement, installés devant la cheminée, rien que tous les trois. Elle aurait presque pu se persuader que tout était exactement comme avant.

Mais Truman n'avait pas été là à chacune des étapes de sa maladie. Il avait continué à mener sa vie et à poursuivre ses amours désastreuses ; il avait continué à entretenir sa célébrité, sans cesser de l'appeler cependant, de lui envoyer des bouquets de muguet et des petits mots gentils pleins d'esprit.

Mais pour la première fois depuis qu'ils étaient amis, il n'était pas là quand elle avait besoin de lui.

Avec ses amies, ou en public, Babe était comme d'habitude, elle donnait à voir un visage calme, parfaitement maquillé. Après l'opération, et la radiothérapie au cours de laquelle elle perdit ses cheveux – mais Mr Marc, son dévoué coiffeur (elle avait arrêté d'aller chez Kenneth depuis plusieurs années, tout simplement parce qu'au contraire de Mr Marc, il ne se déplaçait pas à domicile), avait fabriqué les fabuleuses perruques de Babe Paley –, elle continua à mener une vie normale. Elle recevait comme d'habitude, était présente aux comités de bienfaisance, sortait déjeuner. Slim, Gloria, Marella et C.Z., et même Pam, étaient très gentilles et ne faisaient jamais allusion à sa maladie. Babe leur en était reconnaissante. Mais elle était malade. Cette chose repoussante, répugnante dont on ne devait pas parler, et qui ne pouvait être endurée qu'en privé, mais qui entachait tout – la table au restaurant La Grenouille, les fleurs à Kiluna, les bijoux chez Van Cleef, les chaussures chez Bergdorf – d'une horrible couche d'inquiétude. Parfois, au cours d'une conversation, les gens se surprenaient à évoquer le futur en sa présence – « Hier, je me suis demandé si nous aurions encore vraiment besoin de notre yacht dans cinq ans » –, alors, ces gens en bonne santé s'arrêtaient net, se sentant coupables et, après avoir eu le manque de tact de penser aux cinq années à venir – quand Babe, elle, ne pourrait peut-être pas s'offrir ce luxe –, des regards de mise en garde étaient alors échangés.

Ou bien encore, son essayeuse chez Bergdorf pouvait se rendre soudain compte de sa minceur ; elle prenait alors une grande inspiration, des épingles à la bouche, et s'éloignait rapidement, les larmes aux yeux. Babe se disait alors *Comme c'est drôle. Être mince quand on est en bonne santé est satisfaisant. Mais quand on est malade, ça devient tout autre chose.*

Tout le monde était si attentionné ! Tout le monde avait à cœur son bien-être, demandant à ce que le thermostat du chauffage soit mieux réglé si elle avait trop froid, donnant des coups de pied de dégoût dans le mobilier si jamais elle montrait d'une manière ou d'une autre que tel coussin était trop dur ou trop mou.

Elle surprenait souvent son image dans le miroir et s'émerveillait de ce qu'elle voyait ; toujours la même, d'une beauté calme, habillée de ses habituels vêtements faits sur mesure, parée de bijoux ostensiblement élégants. Mais elle n'était plus la même ; elle avait l'impression de devoir constamment tout retenir, de marcher comme un œuf à la coquille coupée en deux et dont les deux moitiés auraient été recollées, une démarche rigide, tournant la tête tout doucement. Elle était un œuf ; un Fabergé, peut-être, mais sa cicatrice – une profonde entaille violette au travers de sa poitrine – ne paraissait jamais devoir suffisamment se refermer pour contenir ce qui était à l'intérieur d'elle. Elle se demandait, chaque fois qu'elle faisait un mouvement brusque, si une part d'elle, quelque chose d'essentiel, n'était pas en train de s'échapper.

Et toujours les questions, la terreur : la rémission était-elle définitive ? Ou bien le cancer était-il toujours là, tapi, reprenant des forces, prêt à l'assaillir de nouveau ?

La réponse lui fut donnée un an plus tard, en janvier 1975. Une autre tumeur, à l'autre poumon. Ses amies ne pouvaient plus cacher leur désarroi ; elles éclataient en sanglots à chaque fois qu'elles la voyaient. Bill ne la laissait jamais seule une minute et, au lieu de l'en remercier ou d'être touchée par ce dévouement – enfin, après toutes ces années –, elle en était agacée et ne s'y trompait pas : c'était la reconnaissance, trop tardive, de tout ce qu'elle avait fait pour lui. Une reconnaissance suscitée par la culpabilité. Et la peur. Une peur égoïste. Pour lui-même.

Et Truman. Son Truman. Qui échappait à tout contrôle.

Qu'arriverait-il à Truman quand elle ne serait plus là ? Car elle n'en avait plus pour longtemps. Babe avait un secret. Elle avait mis de côté quelques pilules dans un minuscule pilulier marocain sur sa coiffeuse.

Et si jamais la douleur devenait trop insupportable, que rien ne pouvait plus la soulager, elle les avalerait. Et s'épargnerait, ainsi qu'à tous ceux qu'elle aimait, l'horreur d'une mort lente.

Pour le moment, les médecins parlaient encore de guérison ; ils prenaient encore soin de formuler leurs pronostics optimistes sous forme d'euphémismes. « Nous avons toutes les raisons de croire que vous serez encore là pour longtemps, très longtemps. » « Nous nous rapprochons tous les jours de la guérison, et vous avez encore de beaux jours devant vous, Mrs Paley. » « Si j'étais vous, je ne m'inquiéterais pas ; les chances que vous soyez renversée par un camion sont plus grandes que celles de mourir de ça. »

Babe sortit de la salle de bains. Bill était parti, Dieu soit loué. Elle ferma la porte de sa chambre et put enfin se démaquiller, retirer son foutu dentier, qui était encore plus mal adapté qu'avant maintenant qu'elle avait perdu du poids, et enlever sa perruque, qui lui pesait comme du plomb, et parfois lui donnait l'impression d'avoir un animal à fourrure sur la tête, étouffant. Les jours où il faisait chaud, c'était infernal, mais elle ne pouvait se résoudre à porter un turban. Pas encore.

Babe se regarda dans son miroir de courtoisie ; sans maquillage, sa peau semblait toujours aussi lisse et jeune, bien qu'un peu cireuse, et elle se demanda si c'était là le résultat des traitements. Elle gloussa : « Babe Paley découvre un nouveau traitement magique pour la peau ! » Elle pouvait voir les gros titres, des hordes de femmes faisant la queue pour profiter de la radiothérapie afin de pouvoir lui ressembler.

Ses cicatrices étaient toujours là, les cicatrices que seul Truman avait vues ; de ses doigts elle suivit le tracé de celle sur sa joue gauche, sentit la peau plus épaisse à cet endroit.

Puis elle passa la main sur son crâne. Son crâne chauve, avec seulement de toutes petites mèches à la base, des petites mèches qu'elle ne pouvait se résoudre à couper ou raser. Les cheveux étaient fins, comme ceux d'un bébé. Comme décolorés, cependant ; très blancs.

Elle se regarda pendant un très long moment ; son visage squelettique, ses joues creuses, ses yeux noirs agrandis, sa tête nue. Elle n'avait même plus de sourcils. Bizarre, songea-t-elle, pétrifiée devant ce visage étrangement, horriblement fascinant que lui renvoyait le miroir. Vous venez au monde seule, sans dents, sans cheveux. Et c'était ainsi que vous quittiez le monde.

Seule.

Mais Babe Paley ne pleura pas. Elle souhaita seulement, pendant quelques affreuses secondes emplies de rancune, que sa mère puisse voir son visage tel qu'il était maintenant.

17

Truman s'allongea sur une méridienne, un bloc de papier à lettres posé sur son ventre rebondi, un stylo à la main. Page après page ce n'étaient que notes jetées sur le papier, mots raturés et griffonnés dans la marge – *blessure grave au cerveau… Kate McCloud – Mona Williams ?… Et Audrey Wilder chantait… Gloria… Carol… La Côte Basque.*

En haut de la première page, souligné, *Prières exaucées.*

Un jour, Bennett Cerf avait dit qu'aucun de ses auteurs n'était capable de faire monter la sauce comme Truman ; l'éditeur adorait la manière dont il commençait à parler d'un livre longtemps avant de l'avoir terminé. Il n'avait, à l'égard de son travail, aucune des réticences habituelles à en livrer un aperçu que possèdent la plupart des auteurs. En parler donnait une réalité à ses idées, même s'il n'avait pas encore écrit un seul mot de son prochain livre ; il était donc heureux d'y faire sans cesse allusion.

Et depuis des années déjà, c'est ce qu'il faisait pour *Prières exaucées.* Il en était presque arrivé à se convaincre lui-même qu'il avait écrit ce fichu truc.

Plus tôt dans sa carrière, il avait toujours commencé une histoire par le début et écrit selon un ordre chronologique. Mais cette fois, il s'était dit qu'il allait créer un patchwork, un magnifique, exceptionnel patchwork composé de points de vue brillants, de commentaires caustiques, de remarques acerbes, de personnages mémorables. La manière dont il allait coudre ensemble chaque morceau restait à définir, bien sûr, mais Truman était confiant ; il savait qu'il s'en sortirait.

Enfin bon, possiblement. Peut-être.

Il attrapa un verre rempli de vodka, bien qu'il ne fût que dix heures du matin. Depuis quelque temps, la vie était laide, les choses avaient tourné au vinaigre. Il sentit les larmes lui monter aux yeux tandis qu'il sirotait l'alcool à petites gorgées, sachant que ce serait sans effet sur lui – tout au moins, pas encore ; c'était la raison pour laquelle il avait commencé si tôt car, désormais, il lui fallait plusieurs verres pour le rendre heureux. Le monde était si affreux qu'il ne supportait pas de l'affronter à jeun.

Et pourtant, le monde avait été si beau ! Il n'y avait pas si longtemps encore, d'ailleurs, lors de sa fête grandiose, merveilleuse, quand tout avait été parfait – magique, avec la musique, l'odeur des fleurs, le mélange grisant de centaines de parfums. Il avait été heureux, aimé, triomphant.

Désormais, le monde puait, c'était un trou à rats, et s'il était toujours une étoile, une célébrité, il frissonnait parfois devant sa propre laideur, son image devant les caméras, tellement bouffi, l'air dans les vapes, sans parler des histoires qu'il racontait et qui, bien que drôles et scandaleuses, n'en étaient pas moins écœurantes. Il le savait, mais il aimait sacrément la gloire et l'attention des médias qui traînaient dans son sillage comme l'une de ses fameuses écharpes en soie ; il en avait besoin, car c'était une protection contre le sordide qui le guettait, à chaque instant, dès qu'il baissait la garde. Ou qu'il oubliait de boire un verre.

Comment le monde en était-il arrivé là ?

Le Vietnam, bien sûr. Mon Dieu, quel merdier. L'effondrement des barrières, raciales, sexuelles, sociales, dont il aurait dû se réjouir, mais ce n'était pas le cas : il ne trouvait là aucune beauté. Quand les barrières furent abolies, il ne resta que le chaos, l'excès, des odeurs nauséabondes et des tissus en lambeaux, tout allait à vau-l'eau, sans que personne s'en inquiète.

La laideur avait toujours été là, il le savait bien ; et d'ailleurs ne le savait-il pas mieux que personne ? Les histoires derrière les histoires ; les compromis et les sacrifices qu'il avait faits, que ses cygnes avaient faits, toutes, tout au long de leur vie. Le côté sordide, l'abjection qu'elles s'efforçaient de cacher au monde. Il se souvint de ces vacances en Italie, rien que lui, Babe et Bill, ce merveilleux moment qu'ils avaient passé ensemble – un moment semblable à une étoile de Noël scintillante –, protégés par leur argent et leurs privilèges, séjournant dans les meilleurs hôtels, adulés, adorés. Bill acheta, acheta, acheta encore ; c'était l'époque où les Paley meublaient leur nouvel appartement sur la Cinquième Avenue, et Bill était dans l'une de ses phases où il était affamé, avide d'acquisitions. Il y avait en lui un vide qu'il ne pouvait pas combler mais il se tuait à vouloir le faire, et il dépensait sans compter dès qu'il le pouvait, achetant des dorures, des meubles ou des objets anciens, des tentures de la Renaissance, des tapis florentins. Ils mangèrent et burent ce qu'il y avait de meilleur. Truman était fasciné par Babe et Bill, et se trouvait gâté par la vie, surtout après que Babe l'eut emmené faire des emplettes et lui eut offert les plus élégants mocassins italiens, écharpes en soie et chapeaux de paille qui fussent…

Une nuit, alors qu'ils étaient invités chez un prince quelconque, Babe et le prince avaient dansé ensemble des heures durant ; Truman était trop fatigué et Bill ne dansait jamais. Comme tant d'hommes qui avaient réussi, il évitait tout ce qui pouvait le faire paraître frivole. Quand ils rentrèrent tous les trois à l'hôtel, dans leur suite – car, bien évidemment, ils réservaient toujours une suite composée de trois chambres afin de ne jamais se quitter –, Bill, le divin Mr Paley, devint grotesque, monstrueux. Il jeta à travers la suite tout ce qui lui tombait sous la main – d'abord ses chaussures, puis sa ceinture et, enfin, tout ce qu'il trouva –, et cracha d'horribles accusations concernant Babe et le prince, quand bien même Babe lui fit remarquer que le prince était homosexuel, ce que confirma Truman. Il n'en tint pas compte et se contenta de hurler : « Je connais ce genre de types, je les connais, ces types qui disent qu'ils sont des fiottes et qui tripotent votre femme » et, déchaîné, il continua de crier et de tout saccager jusqu'à ce que Babe et Truman s'enferment dans l'une des chambres, le cœur battant. Toutefois, la situation était si ridicule, si hilarante, qu'ils éclatèrent de rire, tout en essayant d'étouffer leurs voix car un homme enragé n'aime pas être pris pour un imbécile – c'est comme jeter de l'huile sur le feu. Ils finirent par se détendre et s'allonger tous deux sur le lit en attendant que Bill se calme ; ce faisant, Truman s'endormit. Quand Bill cessa, et que seul un silence inquiétant résonna de l'autre côté de la porte, Babe réveilla Truman d'un baiser, doucement ; pourtant, il sursauta, paniqué, de la sueur perlant sur son front. La porte verrouillée lui rappela toutes les fois où sa mère l'avait enfermé dans une chambre d'hôtel pour sortir avec ses amis en le laissant seul. Tout seul.

Si ce n'est que cette fois il était avec Babe. Et le lendemain matin, quand ils émergèrent chacun de leurs chambres adjacentes, lavés et magnifiquement habillés pour sortir – un trio privilégié, heureux, resplendissant –, l'envie se lisait sur tous les visages qu'ils croisèrent. Ils étaient les seuls à savoir ce qu'ils avaient laissé derrière eux, dans leur suite, cette laideur qu'il incombait à la femme de chambre de faire disparaître.

Avec amertume, il se dit qu'il était payant de donner de gros pourboires. C'était l'une des choses que les Paley lui avaient apprises.

Mais Babe était malade, désormais, si malade que la puissance brute de sa beauté, de sa gentillesse, de sa compassion, ne suffisait plus à améliorer les choses, à rendre le monde meilleur. Elle était fragile et irritable, malade, très malade, tellement malade qu'il en avait le cœur déchiré et envie de vomir, comme la nuit au cours de laquelle les pauvres Perry et Dick avaient été pendus. Mon Dieu, ces garçons, ces pauvres garçons au regard implorant, accusateur

– mais il n'avait rien pu faire pour eux ! Il avait essayé, vraiment ! Et il n'y avait rien qu'il puisse faire pour Babe, n'est-ce pas ? À part l'appeler, lui envoyer des fleurs, des cartes et tenter de la faire rire.

Et Bennett était mort. Mon Dieu, il l'avait presque oublié. Bennett Cerf était mort et Random House était sans cesse sur son dos pour ce putain de livre qu'il leur promettait depuis des années. Ils n'auraient jamais fait une chose pareille avant ; étant donné son talent, ils n'auraient jamais insisté pour qu'il respecte la date de remise du manuscrit. Bennett l'avait protégé. Comme Babe l'avait fait elle aussi. Désormais, plus personne ne voulait le protéger.

Le monde était répugnant, la beauté s'effaçait, se fanait, et ce n'était pas seulement l'outrage des ans. Si ? Non, car son talent lui filait entre les doigts, il pouvait le sentir qui lui échappait, et l'angoisse qui en résultait était comparable à une maladie, une danse de Saint-Guy. Il lui fallait sortir dans le monde et parler, parler, briller, faire des étincelles, raconter et chanter, chanter, chanter sans cesse pour gagner son souper[1], car s'il y avait une seule chose sur laquelle il pouvait compter, ce n'était pas son talent d'écrivain mais celui d'amuseur. Danse, petit singe, danse[2]

1. *Chanter pour gagner son souper* est un chant de travailleurs écossais.

2. *Dance, Monkey, Dance !* est une expression populaire aux États-Unis pour exprimer le désir d'une personne d'en voir une autre, ou de voir un animal, faire un numéro de cirque, danser ou, tout simplement, faire le pitre pour divertir. Le plus souvent, il s'agit d'humilier la personne à qui l'on demande de « faire le singe ».

dans ton caftan, ton tee-shirt noir Rolling Stones trop serré, rentré dans ton pantalon de cuir, raconte des histoires, raconte toutes les histoires que tu connais car c'est ce qu'ils meurent tous d'envie d'entendre, non ? Entendre la vulgarité, le sordide, renifler l'aspect miteux des choses que même Holly Golightly dans ses périodes de Plus Grand Dénuement, de Cafard le plus Noir, aurait trouvé répugnant.

Et sois honnête, Truman, *baby doll.* Raconter toutes ces histoires – tous ces secrets délicieux, décadents –, c'est ce qui t'amuse le plus, de toute façon. Et c'est ce que tu fais le mieux.

C'est ce que tu es. Le serpent caché dans l'herbe, un serpent à sonnette… sinon, pourquoi collectionnerais-tu les serpents ? Cette histoire de mocassin d'eau qui t'aurait mordu – mon Dieu, il n'avait pas raconté cette histoire depuis des années, mais elles y avaient toutes cru, n'est-ce pas ?

Ce qu'elles ne savaient pas était qu'il avait mordu le mocassin en premier.

Toutefois, il devait *écrire* quelque chose, car c'était ce qu'il était aussi. Un écrivain génial, un génie littéraire. Et non un plagiaire merdique comme Mailer qui, même si sa pauvre vie en dépendait, était incapable d'écrire un livre original. Truman se servit une autre vodka, dans un simple verre à eau. Il ne se souciait même plus de l'élégance des détails, tels que la rondelle de citron vert ou encore un vrai verre à vodka rafraîchi par de la glace.

Il était aussi grossier que n'importe qui. Pire même.

Il avait écrit un peu. Des petites vignettes, exploitant cette idée qu'il avait depuis une dizaine d'années déjà, celle de dresser un portrait épique, proustien, de la société. Certaines choses étaient bonnes, d'autres merdiques. Oh, peut-être que tout était merdique – Truman n'était plus capable d'en juger, désormais. La vérité était qu'être publié de nouveau le terrifiait, à cause du succès grandiose remporté par *De sang-froid*.

Les couteaux étaient affûtés ; on l'attendait au tournant, comme toujours. Mais *Esquire* venait de lui faire une offre faramineuse pour publier une nouvelle. Une seule. Et s'il réussissait, peut-être d'autres suivraient. Il pouvait le faire ; il avait commencé sa carrière en publiant des nouvelles, et non des romans, ni des épopées ou de grandes œuvres. Rivalisant avec Proust.

Doucement. Tout doucement.

Il attrapa son stylo, tourna une feuille et commença à jeter sur le papier l'une des meilleures histoires qu'il connaissait ; de ces histoires qu'il n'avait pas inventées, et c'était ce qui les rendait encore plus croustillantes. Il était capable de les raconter mieux que les personnes concernées. Et pour quelle autre raison les lui aurait-on racontées si ce n'était pas pour qu'il les utilise ? Oh, ses cygnes pouvaient bien être faussement pudiques et apeurées en disant : « Bon, *True Heart*, ne t'avise surtout pas de répéter ce que je vais te dire ! », avant de lui raconter quelque chose de particulièrement divin, et il pouvait bien jurer, « Croix de bois, croix de fer, si je mens je vais en enfer », qu'il n'en ferait rien.

Personne n'était sincère à ce jeu-là. Personne ne pouvait l'être. Sinon, pour commencer, ses cygnes ne lui auraient jamais raconté leurs histoires.

Elles ne l'auraient jamais mis dans le secret.

La première histoire parut donc dans *Esquire* en juin 1975. « Mojave » de Truman Capote – un extrait publié en couverture, avec la mention « la suite page 38 ».

Tennessee Williams déclara que c'était ce que Truman avait écrit de mieux depuis « Miriam », la nouvelle qui avait lancé sa carrière en 1945. Tous les critiques l'acclamèrent ; tout le monde s'extasia et s'exclama : « Il est de retour », et en redemanda : « Encore, encore, encore ! »

« Bien, disait Truman de sa voix traînante. Donc, vous avez aimé ça ? Peut-être que la prochaine fois, je vous donnerai un aperçu de mon nouveau roman ! Ce sera grandiose, vous savez, ce que j'ai fait de mieux jusqu'à maintenant ! Peut-être que je vous en donnerai un avant-goût. »

Quelqu'un à Manhattan, au cours de cet été 1975, reconnut-il les protagonistes de cette œuvre de fiction ? Qui aurait reconnu Sarah Whitelaw, la femme dévouée – presque à la façon d'une geisha – de George, et qui est la narratrice de la majeure partie de l'histoire, l'histoire à l'intérieur de l'histoire ? Quelqu'un avait-il remarqué que Sarah masse les pieds de George pendant qu'il parle, et que cette scène en apparence intime est en réalité dépourvue d'amour, et qu'il ne s'agit de rien de plus qu'un simple arrangement ? Et que Sarah, avec ses cheveux « couleur tabac », ressemblait terriblement à Babe Paley ?

Si certains s'en étaient rendu compte, personne n'y fit allusion. L'histoire en elle-même était trop bonne, peut-être ; ils furent tous trop éblouis par l'écriture de Truman et n'y virent que du feu. Et personne n'accusa jamais Bill Paley d'être aussi narcissique que le George Whitelaw de l'histoire.

Babe la lut, en même temps que Slim, Marella, Gloria, C.Z. et Pam ; toutes lui envoyèrent des télégrammes de félicitations et se pâmèrent d'admiration. Peut-être que Truman n'était pas dans un aussi triste état qu'elles l'avaient toutes redouté. Il écrivait de nouveau, après tout ! Et malgré son caractère explicite – le langage ! les scènes de sexe ! –, l'histoire était bonne. Ou, tout au moins, c'était ce qu'affirmaient les critiques.

Cependant, après en avoir terminé la lecture, quand Babe referma les pages du magazine, un léger et inquiétant sentiment de malaise gronda en elle. Mais ce n'était qu'une petite secousse comparée au tremblement de terre qui agitait ses pensées face à sa santé défaillante, avec d'autres opérations à subir, des procédures chirurgicales barbares, son corps sondé, piqué, irradié – un corps autrefois admiré, habillé par de grands couturiers, devenu un objet de recherche scientifique ; des médicaments qui lui donnaient des maux de tête, des médicaments pour soulager ces maux de tête, des médicaments qui lui coupaient l'appétit. Elle économisait ses forces, désormais. Elle restait allongée pendant de longs moments jusqu'à ce qu'elle puisse se lever et, avec précaution, et de grandes souffrances, se maquiller ; ses intentions étaient tout autres maintenant, il ne s'agissait plus seulement de cacher et de mettre en valeur, mais de se transformer complètement. Elle avait l'impression d'être Lon Chaney : l'homme aux mille visages. Elle était experte en l'art de transformer une vieille femme malade en une quinquagénaire à la beauté toujours rayonnante.

Elle émergeait alors, impeccablement maquillée, sa perruque ajustée, vêtue de superbes vêtements, tous les accessoires parfaitement pensés, des bijoux choisis avec soin afin de ne pas attirer l'attention sur ses poignets, son cou et ses doigts décharnés – ces jours-ci, elle portait beaucoup de broches fantaisie, comme celle qu'elle préférait, dessinée par Verdura et qui représentait un gros bourdon en corail, aux ailes de diamants étincelants –, et sortait déjeuner avec ses amies, souriant aux photographes comme si de rien n'était, assurant au monde, son monde, que, oui, Mrs Paley allait bien, je vous remercie.

Parce que dire la vérité au monde n'était tout simplement pas une option possible. Et ne l'avait jamais été ; elle avait une image à cultiver. Elle et Bill. Monsieur et Madame.

Donc non, Babe ne fut pas troublée outre mesure par « Mojave », mais fut heureuse que son ami – car il était toujours son ami, malgré la distance, les distractions qui le détournaient d'elle, malgré sa maladie – se soit remis au travail.

Mais Truman et elle étaient-ils aussi proches qu'avant ?

Babe aurait répondu oui, sans hésiter. Truman aurait déclaré : « Bien évidemment, j'aime Babe plus que n'importe qui au monde, elle est ma très chère, *très chère* amie ! » Mais c'eût été une affirmation reposant sur le passé, et non le présent. Pour ni l'un ni l'autre, le présent n'était reconnaissable ou acceptable ; elle était trop malade, il était trop dans l'autodestruction. Comme tant d'autres, ils avaient choisi de ne pas se reconnaître dans le miroir, mais plutôt sur de vieilles photos, dans les vieux albums et les souvenirs communs.

L'été 1975 bénéficia d'une paix relative. Saigon était tombé en avril, la guerre était donc terminée. Nixon était parti depuis presque un an. On parlait déjà des cérémonies du bicentenaire ; les cygnes étaient associées à de nombreux comités chargés de l'organisation des galas prévus.

Slim avait divorcé d'avec son triste lord anglais, était sans le sou, mais se débrouillait quand même pour profiter de la vie et s'amuser, en scrutant les choses à travers ses énormes lunettes ridicules, et en vivant à l'hôtel ou dans les maisons de campagne et sur les yachts de ses amies. Toutes lui exprimaient leur sympathie, bien qu'une fois Babe eût choqué Truman en disant : « Slim n'a jamais vraiment réussi, n'est-ce pas ? » Et Truman avait parfaitement compris ce qu'elle entendait par là ; Slim avait gâché ses atouts, n'avait jamais vraiment fait un bon mariage – ou, plutôt, n'avait pas été capable de *garder* le bon époux –, elle avait soixante ans maintenant et, c'était triste à dire, appartenait définitivement à la catégorie des « vieilles excentriques ».

Marella et Gianni étaient toujours mariés ; au cours de ces dernières années, Marella avait pris ses distances avec Truman, discrètement, se cachant derrière ses robes de princesse, sans plus jamais l'inviter à lui rendre visite ni à dîner. Et donc, bien évidemment, il racontait à qui voulait bien l'entendre les aventures de Gianni avec de jeunes starlettes italiennes. Il ne se souciait même pas de savoir si ce qu'il racontait était vrai ou non ; il le racontait, c'est tout. Et les gens buvaient ces histoires comme du petit-lait, ils en redemandaient ! De la même manière qu'ils avaient gobé ce qu'il avait commencé à raconter à propos d'Ann Woodward, cette truie – qui continuait à traîner en périphérie de son monde, surgissant dans les soirées ici et là, bourrée comme un coing. Il avait aussi commencé à raconter qu'elle était déjà mariée quand elle avait épousé Billy, pauvre Billy qui était mort, et qu'elle était donc tout aussi bigame que meurtrière.

Mais bon, cela aurait pu être vrai ! Et c'est ce qui rendait toute l'affaire bien plus intéressante – car plus personne ne s'offusquait vraiment de ce que cette femme n'ait pas été punie pour meurtre –, et c'était tant pis pour elle ; il n'avait jamais oublié qu'elle l'avait un jour traité de « banal petit pédé ».

Gloria et Loel continuaient à se réjouir de la compagnie de Truman, quand il n'était ni ivre ni dans les vapes ou qu'il ne ramenait pas avec lui l'un de ces garçons trouvés sur les docks. Ce qui, en fait, signifiait… qu'ils n'appréciaient plus jamais vraiment sa compagnie ; pas plus qu'il n'appréciait la leur. Mon Dieu, ce qu'ils étaient devenus ennuyeux, Loel avait l'air d'avoir mariné dans de la saumure, et Gloria était obsédée par l'idée que sa beauté se fanait, à tel point qu'elle ne sortait jamais de sa chambre avant trois heures de l'après-midi, quand la lumière du jour l'avantageait.

C.Z. était égale à elle-même : irrévérencieuse. Toutefois, à certains moments, elle devenait curieusement bégueule, à moins que Truman ne lui fasse remarquer : « Oh, ma chérie, revoilà Miss Boston Brahmane. A-t-elle oublié qu'elle avait un portrait d'elle nue, peint par Diego Rivera, accroché quelque part dans le bar de son sous-sol ? » Tout comme Babe, elle prétendait s'inquiéter de lui, mais ne s'en souciait plus à peine l'avait-il quittée. Quand elle se retirait du monde pour écrire un autre livre de jardinage ou pour sentir l'odeur de ses chevaux, il lui sortait alors complètement de l'esprit. Cependant, chaque fois qu'ils se rencontraient, elle l'accueillait toujours avec un sourire radieux.

Lady Pamela Digby Churchill Hayward était maintenant Mrs Averell Harriman – nom de Dieu, ce que Harriman était vieux, plus vieux que Mathusalem, mais il avait tellement d'argent ! – et se réinventa une fois de plus. Elle recevait maintenant à Washington, reine démocrate avec des goûts républicains. Elle prétendit ne pas posséder de « poste de télévision », et elle regrettait donc de rater un grand nombre des formidables apparitions de Truman à l'écran. Toutefois, elle était toujours ravie de l'inviter à ses dîners et soirées de collecte de fonds, s'il promettait de bien se tenir. Ce qu'il faisait parfois.

Les vieilles habitudes ont la vie dure. Surtout chez les gens riches.

Tout de suite après la publication de « Mojave », *Esquire* sollicita Truman pour qu'il leur donne plus. Et c'est ce qu'ils eurent : plus.

« Qu'est-ce que tu dis de ça ? N'est-ce pas tout simplement savoureux ? Brillant, dans tous les sens du terme ? » Et Truman tendit à Jack ce qu'il avait écrit. Ce cher Jack, qui ne connaissait pas le succès et était amer ; Truman l'aimait encore, il l'aimerait toujours, même si Jack, ces derniers temps, pouvait à peine se résoudre à poser ses yeux sur lui, tant il était vaseux et bouffi à cause de l'alcool qu'il avalait à longueur de temps, dès dix heures du matin. Pourtant, ces deux-là ne pourraient jamais vraiment couper les liens qui les unissaient. Et ils avaient confiance dans l'opinion de l'autre.

« Truman, fit Jack, agacé, après avoir lu l'histoire. Tu es sûr de toi ?

— C'est-à-dire ? Ce n'est pas bon ? »

Truman, étendu sur un matelas pneumatique dans la piscine, laissait traîner une main rougeaude, potelée, dans l'eau fraîche. Il en était à son cinquième « verre de sunshine[1] » – un grand verre de vodka avec un soupçon de jus d'orange.

« Pour être honnête, non, ce n'est pas bon. Ce n'est pas ce que tu as fait de mieux, mon garçon.

— Je connais quelqu'un qui est j-a-l-o-u-x, chantonna Truman, en tapant sur la surface de l'eau à chaque lettre énoncée.

— Tu sais très bien que ce n'est pas vrai. Si, c'est vrai. En effet. J'ai toujours été jaloux. » Le regard

1. L'auteur utilise ici les guillemets pour faire référence à l'expression familière « *sunshine in the glass* » : pisser dans le verre de jus de pomme de quelqu'un dès qu'il a le dos tourné (*sunshine* en référence à la couleur des rayons de soleil).

de Jack croisa celui, triomphant, de Truman qui ne cilla pas. « Et tu le sais. Mais tu sais aussi que je n'ai jamais laissé ma jalousie entacher mon admiration professionnelle envers ton travail. »

Truman fit la moue et but une autre gorgée de vodka. « Je sais », fut tout ce qu'il trouva à dire.

« Mais ce n'est pas très bon. En plus, ça n'a rien de franchement sulfureux en soi. Truman, ne crois-tu pas qu'ils vont être bouleversés ? Tous tes bon Dieu de cygnes ? Plus particulièrement les Paley ? Ne seront-ils pas furieux ?

— Nan. » Truman ferma de nouveau les yeux et tourna son visage en direction du soleil, sans se préoccuper des risques de brûlure. « Ils sont tous idiots. Ils ne se reconnaîtront jamais. De plus, je suis très malin ; j'ai utilisé quelques noms précis et connus, afin de les mettre sur de fausses pistes.

— Si tu le dis, répliqua Jack. Mais, à ta place, j'y réfléchirais à deux fois.

— C'est inutile. De toute façon, même s'ils se reconnaissent, ils s'attendaient à quoi ? Ce sont eux qui, en premier lieu, m'ont tout raconté. Même après *De sang-froid*. Même après que je leur ai dit, à ces crétins, que j'écrivais un livre sur leur monde, la haute société.

— Et Babe ? »

Truman mit ses lunettes de soleil et frappa la surface de l'eau pour s'éloigner sur son matelas.

« Réfléchis bien, Truman, d'accord ? Promets-moi d'y réfléchir. »

Ce qu'il ne pouvait pas avouer à Jack, c'est qu'il ne pouvait pas se permettre de réfléchir. Il avait promis une deuxième histoire à *Esquire*, et il n'avait rien d'autre à leur donner ; il n'arrivait plus vraiment à écrire, la peur de la page blanche le paralysait, il ne parvenait pas à rassembler ses pensées et, s'il y avait quelqu'un à qui il ne pouvait pas l'avouer, c'était bien Jack. Jack qui était tombé amoureux de lui car il était écrivain ; c'était la raison de leur rencontre, deux artistes sérieux lors de leurs premiers moments d'intimité, le matin, quand ils étaient encore au lit, ensemble, ivres de se découvrir – tels les conquérants du Mexique après y avoir planté leur drapeau afin de revendiquer leur découverte –, se disputant en blaguant pour savoir qui, dans leur relation, était Virginia et qui était Leonard Woolf.

Non, il ne pouvait l'avouer à Jack. Il envoya donc son histoire au magazine, le premier acompte (seulement ?), avait-il dit à son éditeur, de son nouveau livre, *Prières exaucées*.

L'histoire avait pour titre « La Côte Basque 1965 ».

18

Ce matin-là, au réveil, Ann Woodward se sentait mal.

Elle se sentait toujours mal, mais ce matin du 9 octobre 1975, comparé à la veille, le ciel lui parut encore plus gris, l'air plus froid, et respirer était plus que jamais un gâchis. Elle avait mal à la tête ; elle avait mal à la tête depuis si longtemps que ne pas en souffrir serait pire. Son mal de tête lui servait de compagnon. L'un des rares dont elle pouvait se vanter.

Les maux de tête, l'ostracisme, la mise en cage – car elle était véritablement un animal en cage, une cage dorée dont les barreaux avaient été scellés à la perfection par sa belle-mère, Elsie. La nourriture lui était distribuée au compte-gouttes. Les rayons de soleil étaient rationnés. Sa vie était une prison.

Ses fils, dont elle avait été privée, étaient élevés par Elsie ; et, en vérité, qui pouvait en vouloir à sa belle-mère ? Ce n'était pas comme si Ann était une bonne mère, elle le savait, mais, quand même, qu'on lui ait retiré ses enfants était douloureux. Ses fils non plus ne lui appartenaient plus.

Alors, Ann se leva, prit une pilule ou deux – pourquoi pas ? Elle ne savait même plus avec certitude à quoi elles servaient ; elle alla chercher son courrier et trouva, dans une enveloppe en papier kraft, un exemplaire du numéro d'*Esquire* à paraître avec, en couverture, une photo de l'acteur Rich Little en imperméable froissé. L'un des gros titres annonçait : « *Enfin le nouveau roman de Truman Capote,* Prières exaucées. *Un premier aperçu.* » Cette annonce était entourée et accompagnée de quelques mots écrits à la main : « *Tu auras peut-être envie d'y jeter un coup d'œil.* »

La première réaction d'Ann fut de rire et de jeter le magazine à la poubelle. Bon sang, pourquoi aurait-elle envie de lire le dernier livre de Truman ? Elle le méprisait ; et il la méprisait. Elle ne savait pas pourquoi, si ce n'est qu'il avait raconté à quelqu'un, qui le lui rapporta, qu'elle l'avait un jour traité de banal petit pédé. Apparemment, il en avait pris ombrage, ce qui était bizarre. Beaucoup de gens le traitaient de pédé, et il était pédé, non ? Alors pourquoi donc aurait-elle envie de lire cette pitoyable histoire ?

Mais Ann pensa à cette journée qui l'attendait ; au néant sans fin, un gouffre béant avec, peut-être, une visite pénible d'Elsie, cette vieille garce, ou sinon un appel téléphonique, ce qui permettrait à sa belle-mère de dire à tout le monde « qu'elles étaient toujours proches, pourquoi en serait-il autrement d'ailleurs ? ».

Eh bien, pour commencer, avait envie de lui dire Ann, *parce que j'ai tué votre fils.*

Ce qui était vrai. C'était un fait. Ann avait tué son mari, Billy. Billy Woodward, le fils d'Elsie.

Parfois, prononcer son nom résonnait bizarrement. C'était le nom d'un étranger désormais, il était parti depuis si longtemps. Mort, mort, mort… d'une balle provenant du fusil qu'elle avait eu entre les mains. Ann n'avait jamais prétendu le contraire.

Quant à la part accidentelle de la chose…

Oui, c'était un accident. Elle n'avait pas eu l'intention de le tuer, pas vraiment. Non, ce n'était pas un accident. Elle avait eu la ferme intention de lui faire peur, ou de le blesser ou de faire quelque chose, en tout cas, qui la libérerait, qui provoquerait le divorce, à la suite duquel elle obtiendrait des dommages et intérêts. Billy était pédé, lui aussi. C'était vrai. Personne ne le savait, sauf Ann. Elle avait essayé d'utiliser cet argument pour faire pression et demander le divorce mais il n'avait pas cédé. « Personne ne te croira », lui avait dit ce salaud, cette nuit-là, après une autre dispute, des coups, et une bagarre dans le vestibule devant sa chambre, alors même que leurs fils dormaient à l'autre bout de la maison.

Ann était allée se coucher avec un fusil à côté d'elle. Qui n'aurait pas fait la même chose ? Et c'était d'ailleurs ce que Billy avait fait lui aussi. Ou, tout au moins, c'était ce qu'elle avait raconté à la police quand elle était arrivée. Et, en effet, quand ils avaient fouillé la chambre de Billy, ils avaient trouvé un revolver près de son lit.

Elle avait entendu un rôdeur. Tout le monde était au courant pour les rôdeurs ! Elle avait entendu marcher sur le toit, le chien aboyer, et quand elle avait ouvert la porte de sa chambre, elle avait vu une silhouette dans l'entrée. Elle avait tiré, ne pensant qu'à ses fils, ses précieux garçons qu'elle se devait de protéger, non ?

Ce n'était pas sa faute si Billy s'était levé pour aller pisser.

C'était ce qu'elle avait raconté à la police. Sur les conseils de son avocat. Et de ceux d'Elsie.

Et c'était ainsi que sa vie en enfer avait commencé, un enfer encore plus terrifiant que ne l'avait été son misérable mariage. Elsie avait fondu sur elle, elle avait soudoyé tout le monde, mis Ann sous clé pour ne la sortir qu'en de rares occasions, racontant à tout le monde qu'il s'agissait d'un terrible, terrible accident, tout simplement. Évidemment qu'elle croyait sa belle-fille ! Et évidemment qu'elles pleuraient ensemble la mort de ce pauvre Billy, trouvant de la consolation dans les souvenirs qu'elles avaient de lui.

Quand elles étaient seules toutes les deux, cependant, Elsie était tout sauf cette charmante dame de la haute société ; elle crachait à longueur de temps le venin refoulé contre « cette autre femme », qui n'était autre que sa belle-fille. Elsie avait-elle jamais vraiment pleuré son fils ? Ann ne l'avait jamais su. Il lui fallait rester assise, subir des flots d'injures avant qu'on la batte froid et qu'une voiture vienne la chercher pour la raccompagner chez elle où elle resterait enfermée jusqu'à la prochaine fois, quand Elsie voudrait bien la sortir pour « sauver les apparences ».

Puis quand Elsie eut épuisé toutes les horreurs qu'elle pouvait lui dire de sa voix coupante, modulée, elle avait envoyé Ann en Europe avec pour instructions d'y rester, sinon… Bon, Ann y resta, au moins pour un temps, mais l'Europe était tellement vieille et ennuyeuse, sans compter que personne, là-bas non plus, ne voulait avoir affaire à elle ; elle finit donc par rentrer. Elsie l'enferma de nouveau dans la cage qui était la sienne, sans plus se soucier de la sortir afin de calmer les ragots mais, à ce moment-là, peu importait. Personne ne se souvenait plus de toute cette affaire. La haute société avait la mémoire courte. Mais, pour autant, personne ne souhaitait la voir. Le téléphone ne sonnait jamais. Elle ne recevait aucune invitation.

Elle n'avait jamais voulu rien d'autre que s'amuser un peu. Quand elle était encore dans le Kansas, là où elle était née, elle s'était mariée une première fois pour les émotions fortes, puis elle avait fui le salaud qu'elle avait épousé. Elle était alors arrivée à New York où elle avait fait partie de compagnies de spectacles, se faisant sauter à la sortie des artistes, avant de ferrer un gros poisson, de trouver un bon parti, le vieux Bill Woodward qui, ensuite, la refila à son fils Billy. Qu'elle épousa. Fin des réjouissances.

Car être riche, comprit-elle, n'était pas si amusant. Être riche signifiait qu'elle était censée se comporter différemment ; l'argent, le statut social s'accompagnaient de nombreux filets dorés. Elle devait s'habiller selon certains codes, se comporter selon certaines règles – la bienséance, comme ne cessait de le rabâcher Elsie. Le bon goût, ma chère, le bon goût. C'était ça l'important.

Les autres dames y parvenaient – regardez Babe Paley, avec sa voix calme, son port de reine, ses gestes posés, emplis de grâce et d'élégance. Mais Babe n'était pas drôle du tout ; Ann ne l'avait jamais vue danser en public, rire avec abandon, ni trop boire ni arborer un trop large sourire. Quel plaisir y avait-il à avoir de l'argent si l'on ne pouvait s'amuser ? Ann, en fin de compte, ne pouvait jouer le jeu.

Vous savez qui d'autre était incapable de jouer le jeu ? Capote. Ce saligaud efféminé. Il pouvait bien se donner de grands airs, organiser cette fichue fête à laquelle elle n'avait pas été invitée, non qu'elle se fût attendue à l'être, mais quand même. *Elsie* avait été invitée, elle.

Mais Capote ne réussissait pas mieux qu'Ann à être riche ; pas plus qu'elle, il ne pouvait cacher ses origines, sa vraie nature. Tous deux étaient des ordures, de la racaille, ou peut-être pire encore.

La seule différence était qu'aucune des Babe Paley de ce monde ne le savait, en ce qui le concernait *lui*, car il n'avait pas appuyé sur cette foutue gâchette.

Pas encore, en tout cas.

Nom de Dieu, la journée promettait d'être encore un succès. Ann tripota la dentelle déchirée de son déshabillé et gémit. Il lui faudrait en quémander un autre à Elsie et, à l'idée d'avoir à ramper sur les genoux tout le restant de sa vie, à devoir sans cesse quémander, pour sauvegarder les *apparences*…

N'était-il pas l'heure de boire un coup ? Ou d'avaler d'autres pilules ?

Ann se servit un grand verre d'alcool – du bourbon, sans glace – et s'installa dans un fauteuil avec le magazine.

Elle pouvait tout aussi bien lire ce que cette tantouze avait écrit. Ce ne pouvait être pire que les histoires qu'elle se racontait, tous les jours sans fin de cette vie sans fin, qui ne valait rien, et qu'elle vivait à peine.

Quand on la trouva le lendemain, le verre était vide. Le magazine encore entre ses doigts froids, tout raides.

19

Los Angeles, 17 octobre 1975

Truman était aux anges. Lui, Truman Streckfus Capote, la Petite Déception de *Mama*, était la vedette d'un film ! Enfin, après tant d'années ! Après avoir vu – tandis qu'il n'était encore qu'un petit garçon – Shirley Temple se trémousser, séduire et tracer son chemin vers la gloire en faisant des claquettes. Oh, mon Dieu, quand il pensait à cette fois où il avait enfilé une vieille robe appartenant à Sook, dansant pour sa maman, dans la cuisine de Monroeville… C'était à l'occasion de l'une des rares visites que *Mama* leur rendait. Sook adorait le laisser se déguiser avec ses vieilles frusques et, cette fois-là, il était affublé d'une robe en soie jaune agrémentée de volants en dentelle déchirée. Sook l'avait raccourcie avec des épingles afin qu'il ne se prenne pas les pieds dans l'ourlet, elle avait branché l'électrophone, et il avait dansé en faisant des claquettes et en zézayant, imitant Shirley Temple ; c'était le spectacle de sa vie. *Mama*, inutile de le préciser, n'en fut pas amusée ; en fait, elle était sortie de la pièce en courant et, de la cuisine, Truman l'avait entendue vomir dehors.

Eh bien maintenant, regarde-moi, *Mama* ! Je suis une vedette de cinéma !

Neil Simon lui avait demandé – l'avait supplié ! imploré ! – de jouer le rôle du méchant dans son dernier film, *Un cadavre au dessert*. « Ce que Billie Holiday est au jazz, ce que Mae West est aux nichons… Truman Capote l'est au grand Thespis[1] ! » claironnait-il à la ronde.

Et c'était vrai ! Peut-être.

Et s'il était honnête avec lui-même – ce qui n'était pas dans ses habitudes, mais parfois, on change, ne serait-ce qu'un peu –, être acteur n'était pas facile, même s'il n'avait qu'à interpréter un personnage qui lui ressemblait, et jouer à être Truman Capote comme on le lui avait recommandé. Toutefois, il devait utiliser des mots écrits par quelqu'un d'autre, des mots qui n'étaient pas les siens ; car Neil Simon n'avait pas vu d'un bon œil l'idée que Truman puisse réécrire son rôle, même après qu'il lui eut rappelé qu'il avait écrit de très bons scénarios dans le passé. Et donc, oui, Truman bredouillait parfois – notamment quand il avait oublié sa réplique. Et, oui, il gardait les yeux baissés au sol pour y voir les marques entre lesquelles il *devait* se déplacer, pour ne pas être hors-champ ; bon sang, comment pouvait-il à la fois rester dans le champ sans regarder ces marques et se souvenir des mots de quelqu'un d'autre ? Mais le

1. Thespis d'Icarie (VIe siècle avant J.-C.), poète et dramaturge de la Grèce antique, est considéré comme le plus ancien tragique grec et le premier acteur.

réalisateur ne semblait pas comprendre à quel point cette situation était compliquée.

Et il travaillait à des heures indues ! C'était étrange mais il ne se souvenait pas de s'être levé dès l'aube quand il travaillait sur *Plus fort que le diable* avec Bogie et Huston, de vrais génies du cinéma, pas comme ce tâcheron de réalisateur. Il devait arriver au studio à six heures tous les matins, même pour attendre jusqu'au soir, habillé, assis dans sa caravane. Et l'éclairage sur le plateau chauffait plus que les flammes de l'enfer ; pour couronner le tout, les autres acteurs – Maggie Smith et David Niven, entre autres –, au contraire de Bogie autrefois, ne paraissaient pas trouver drôles les histoires qu'il racontait.

Le téléphone sonna. C'était Liz Smith, qui l'appelait depuis New York. New York ! Oh, comme New York lui manquait ! Il poussa un petit cri dans le combiné, heureux d'entendre une voix connue.

« Liz ! Mon ange, mon sauveur ! Je suis tellement content d'avoir de tes nouvelles ! Devine un peu ce que Maggie Smith, cette amateur, m'a dit l'autre jour. Bon, ça reste strictement entre nous, bien sûr – sauf si tu penses qu'il faut que ça se sache –, mais…

— Truman, te rends-tu compte de ce qui se passe ici ? demanda Liz, en l'interrompant d'une voix laconique à l'accent texan prononcé.

— Non, de quoi parles-tu ?

— Eh bien, *Esquire* est en kiosque depuis ce matin.

— Oh ! Bien sûr ! J'avais presque oublié ! Dis-moi, dis-moi… n'est-ce pas brillant ? Prodigieux ? La chose la plus stupéfiante que tu aies jamais lue ?

— Eh bien, certes, c'est stupéfiant. Tu as entendu ce qui est arrivé à Ann Woodward ?

— Non, que s'est-il passé ? Qu'est-ce que Miss Bang Bang a encore fait ?

— Elle s'est suicidée, Truman.

— Non ? ! »

Truman s'assit. Oh, c'était formidable ! Il n'avait rien entendu d'aussi formidable depuis des lustres.

« Truman, la rumeur dit qu'elle avait un exemplaire du magazine *Esquire* entre les mains. Il était ouvert aux pages de ton histoire, "La Côte Basque 1965".

— NON !!! » Truman n'essaya même pas d'étouffer un cri d'excitation ; pensez donc à la publicité ! *Oh, merci, Ann Woodward, espèce de tueuse, de salope homophobe.* « Oh, Liz, vraiment ? Tu n'es pas en train de me raconter des histoires, n'est-ce pas, ma chérie ?

— Truman, répondit lentement Liz, je crois que tu ne comprends pas très bien. »

Et Liz entreprit de l'informer du scandale, là-bas à Manhattan ; on était témoin de cris et de scènes d'hystérie dans les penthouses, les restaurants, chez Bergdorf. Son nom était sur toutes les lèvres – car ses amies, ses cygnes, n'étaient pas aussi stupides qu'il l'avait cru ; elles s'étaient reconnues et avaient reconnu leurs histoires. *Tout le monde.* Et elles avaient pris plaisir à annoncer à Miss Smith que plus jamais Truman Capote ne viendrait fouler le marbre de leur seuil.

« Quel bonheur ! » Truman ne cessait de pousser des cris de ravissement. « C'est merveilleux ! Un rêve devenu réalité !

— Slim, Gloria, Marella – elles ont toutes juré que tu ne serais plus jamais invité. Jackie O., apparemment, s'est retirée dans sa chambre avec ses sels. Gloria Vanderbilt enrage, parle de te poursuivre en justice.

— Oh, ce ne sont que des mots ! Elles sont dépitées, c'est tout. Elles changeront d'avis dans quelques jours – c'est ce qu'elles font toujours. Je suis tout simplement trop célèbre et amusant pour qu'elles me laissent tomber ! Mais, Liz, dis-moi, vraiment, ma chérie – c'est un vrai scandale ? Un divin, merveilleux scandale littéraire, comme au bon vieux temps de Hemingway et de Fitzgerald ?

— Pour le moins, lui confirma Liz. Truman, tout le monde est furieux, tous ceux qui sont dans cette histoire ! Et Ann – eh bien, tu as réussi à provoquer de la sympathie pour elle chez toutes celles et tous ceux qui, avant ton histoire, la détestaient. C'est un joli tour de force.

— Comment s'est-elle suicidée ?

— Capsules de cyanure.

— Écoute, ma chérie, ce n'est pas moi qui suis allé lui acheter ces capsules, alors pourquoi m'accuser ?

— Pour avoir écrit cette *histoire*, Truman. Ce passage, qui concerne Ann… dans lequel tu exhumes un passé sordide, et où tu ajoutes qu'elle n'avait jamais divorcé d'avec son premier mari. Est-ce que c'est vrai ?

— C'est possible.

— Bon, toujours est-il que tout le monde pense que c'est ignoble, une infamie, et que c'était inutile, pour le moins. Mais cette histoire sur les Paley… c'est le bouquet. Le coup de grâce.

– Mon histoire n'a rien à voir avec les Paley, répondit bien sagement Truman.

— Truman, arrête tes conneries ! Un juif, un gros ponte, un magnat des médias coureur de jupons – marié à une femme ravissante, gentille, la plus belle de toutes –, et qui ne peut s'empêcher de sauter sur tout ce qui bouge, incapable de garder sa queue dans son pantalon ?

— Ma chérie, lis cette histoire comme bon te semble. C'est ça la grande littérature : ça permet à chacun d'interpréter ces choses à sa guise.

— La grande littérature ? » fit-elle.

Et Truman perçut le doute désabusé dans la voix de Liz.

« Oui, ma chérie, ma reine des commères. » Et Liz perçut le fiel condescendant dans la voix de Truman.

« Toujours est-il que les Paley sont injoignables – ce sont les seuls qui ne veulent pas me parler. Slim, quoi qu'il en soit, est furieuse ; elle menace de te poursuivre elle aussi en justice.

— Oh, ma *Big Mama* chérie, elle ne fera jamais une chose pareille ! Elle n'est pas assez bête. Slim est trop maligne pour faire une chose pareille ; elles le sont toutes. Qu'est-ce qu'elles croyaient, de toute façon ? Elles me prenaient pour qui ? Je suis écrivain ! Tout ça sera vite oublié. Mais pas trop vite, j'espère !

— Bon, je vais écrire un article sur toute cette affaire pour le *New York* magazine.

— Oh, c'est merveilleux ! Formidable ! En quoi puis-je t'être utile ?

— Je t'appellerai. »

Truman raccrocha et, de joie, tapa dans ses mains. Oh, formidable, c'était formidable ! Hollywood ne savait peut-être pas quoi faire de lui – il savait déjà que le film serait un four et qu'il ne crèverait pas l'écran, loin s'en fallait. Mais New York savait qui il était ! Il s'imaginait entendre, de l'autre côté du pays, des millions de voix qui criaient son nom – *Truman, Truman, Truman !*

Il regarda ses genoux qui s'entrechoquaient, et pensa : *Comme c'est bizarre*. Puis il se laissa tomber sur une chaise, passa sa langue sur ses lèvres, et attrapa l'indispensable verre de vodka.

Il se frotta le front sur lequel une veine avait commencé à battre. Il décrocha le téléphone et composa certains numéros. Encore. Et encore.

« Je suis désolée, Mrs Agnelli est sortie. »

« Je suis désolée, lady Keith n'est pas disponible. »

« Je suis désolée, Mrs Guinness est partie. »

« Je regrette, Mrs Harriman n'est pas là. »

« Je suis désolée, Mrs Paley se repose. »

Il raccrocha, but encore, regarda la pendule ; il se concentra sur la trotteuse qui égrenait les secondes, un tic-tac régulier, et il décida d'avaler une petite gorgée de vodka à chaque seconde, jusqu'à ce qu'il ait la tête qui tourne et qu'il s'arrête. Une heure était passée, et il composa de nouveau les mêmes numéros de téléphone.

« Non, Mrs Agnelli n'est pas encore rentrée. »

« Non, lady Keith n'est pas disponible. »

« Non, Mrs Guinness n'est toujours pas revenue. »

« Non, Mrs Harriman n'est pas encore rentrée. »

« Non, Mrs Paley se repose encore. »

Deux heures de passées ; deux verres de vodka en plus, sans glaçons, et Truman tremblait de la tête aux pieds, la poitrine oppressée, comme s'il étouffait. Il avait l'impression d'avoir le visage congestionné, de plus en plus violacé, pas besoin de se regarder dans le miroir pour savoir que c'était vrai. Il se voyait tel un monstre violet, bouffi ; il but un autre verre et recommença à téléphoner.

« Mrs Agnelli a demandé que vous cessiez d'appeler. »

« Lady Keith vous dit d'aller vous faire foutre. »

« Mrs Guinness souhaite que vous ne rappeliez plus. »

« Mrs Harriman aimerait que vous cessiez d'appeler. »

« Mrs Paley est… ne répondra plus à vos appels. »

Truman se mit à pleurer ; il se laissa tomber de sa chaise, se jeta sur le tapis. Il piqua une colère qui le submergea, telle une hallucination venue du temps de son enfance, il s'y noya et, de nouveau, il était tout seul, tout seul dans le noir, et la porte était fermée à clé, et *Mama* était partie ; quand reviendrait-elle ? Et si elle ne revenait jamais ? Et s'il mourait ici, tout seul ?

Il vomit sur l'épaisse moquette à poils longs de l'appartement de mauvais goût qu'il avait loué à Beverly Hills ; son estomac souffrait de spasmes, sa gorge le brûlait tandis qu'il dégueulait, un ignoble liquide teinté de rose, partout sur la moquette blanche et, très vite, son visage fut couvert de bile dans laquelle il se roula, se vautrant dans la honte.

Il s'évanouit.

20

New York, 17 octobre 1975

Le même jour, un peu plus tôt dans la matinée, Babe posa le magazine. Ou, plus exactement, il lui glissa des mains et tomba sur le tapis.

Elle avait la bouche sèche et tremblait de tout son corps. Elle eut la curieuse impression de tomber, bien qu'elle fût assise, le dos bien droit, dans un fauteuil. Elle regarda ses pieds, qui étaient solidement plantés sur le sol. Pourtant, elle avait du mal à distinguer nettement les contours de la pièce, elle se sentait comme lestée par une force de gravité si tangible que tout le reste lui paraissait flou.

Quand elle avait entendu les rumeurs au sujet d'Ann la semaine précédente – disant qu'elle avait avalé des capsules de cyanure –, elle n'y avait pas cru. Même quand Elsie avait dit à Slim, lors de la veillée mortuaire : « Eh bien, Ann a tué Billy, et maintenant Truman a tué Ann. Et donc, j'imagine que c'est fini », Babe n'y avait pas cru.

Qu'une femme, même aussi misérable, autodestructrice qu'Ann Woodward, puisse mettre fin à ses jours à cause d'une histoire ? Une histoire écrite par Truman ? Babe ne pouvait le concevoir. Car Truman écrivait de la fiction ou de la non-fiction sérieusement documentée, comme *De sang-froid*. Pourquoi Ann Woodward se suiciderait-elle à cause de quelque chose qu'il aurait écrit ?

Maintenant, Babe comprenait l'humiliation, la trahison. Car être humiliée et trahie lui était familier.

Mais ce qui ne l'était pas – et qui était inconcevable –, c'était d'être humiliée et trahie par Truman.

Elle resta assise sans bouger un long moment, les oreilles sifflant des rumeurs de tout New York de l'autre côté de la fenêtre. Elle finit par boire une gorgée d'eau afin de retrouver une voix claire. Elle ne voulait pas se permettre d'avoir la voix chevrotante ; elle ne fondrait pas en larmes. Elle était Barbara Cushing Mortimer Paley – la fille de sa mère, après tout. Quand finalement elle sentit le calme l'envelopper, comme un châle de soie posé sur ses épaules, elle décrocha le téléphone.

« Slim ? Slim, tu as lu le nouveau numéro d'*Esquire* ? Avec la nouvelle de Truman ?

— Non. » Slim n'était pas bien réveillée, et Babe se rendit compte qu'il était encore très tôt. Mais, après une nuit agitée et sans sommeil, elle avait eu un besoin pressant de lire cette histoire avant toute chose, et avait donc demandé à sa femme de chambre d'aller acheter le nouveau numéro du magazine *Esquire*, qui venait tout juste de sortir des presses.

Elle avait alors trouvé étrange que Truman ne lui en ait pas envoyé un exemplaire comme il le faisait toujours. Mais elle s'était souvenue qu'il était en Californie pour préparer une brève apparition dans un film. C'était absurde, quand on y pensait – Truman jouant dans un film ! Mais tant de choses étaient absurdes ces derniers temps.

« Slim, sors tout de suite pour l'acheter. Puis lis-le et appelle-moi. Appelle-moi tout de suite après.

— Babe, est-ce que ça va ?

— Fais ce que je te dis. »

Babe raccrocha, se mordit la lèvre, ramassa le magazine et relut la nouvelle. Ce n'était pas facile ; la lecture lui arracha des grimaces que même la description du carnage dans *De sang-froid* ne lui avait pas arrachées. Les macabres blessures de la famille Clutter n'étaient rien comparées à ce qui suintait des pages de la dernière nouvelle de Truman.

Et le pire – pire que tout –, c'était que dans chaque mot Babe pouvait entendre la voix de Truman. Dans chaque mot, chaque expression, chaque inflexion. Comme s'il était assis à sa table, au cours d'un dîner, ou qu'ils aient été tous rassemblés sur la terrasse de Round Hill, ou encore tous les deux blottis avec Slim, dans l'un des pavillons du jardin de Kiluna, tordus de rire – avec une bouteille Thermos remplie de martini qu'ils avaient sortie en douce de la maison, en riant comme des collégiens délurés. Et qu'elles aient écouté Truman parler, parler, parler encore, raconter des choses scandaleuses, rien que pour elles. Rien que pour *elles*.

Pas pour le monde entier.

Babe parcourut rapidement des yeux la première partie de « l'histoire » – ce n'était pas ce qui importait, pas vraiment. Ce n'était que le résultat d'une plume empoisonnée : des griefs jetés sur le papier, une vengeance, une mascarade. Elle passa vite, retint sa respiration en lisant la description d'un déjeuner typique à La Côte Basque, raconté par lady Ina Coolbirth, cancanière, vacharde – et qui ressemblait beaucoup, dans son langage et ses manières, à Slim Keith, « une nana solide et fringante » mariée à un aristocrate anglais ennuyeux. Et qui, au fil de l'histoire, parle de plus en plus fort, et devient de plus en plus ivre.

Lady Ina passe en revue et critique méchamment la clientèle du restaurant, une assemblée de femmes riches et célèbres – Jackie Kennedy décrite comme une caricature d'elle-même, la princesse Margaret si ennuyeuse que les gens s'endorment en l'écoutant, Gloria Vanderbilt, si écervelée et déjantée qu'elle ne reconnaît pas son premier mari quand elle le croise.

Mais c'est là qu'apparaît « Ann Hopkins », et toute l'histoire scabreuse des Woodward est couchée sur le papier par la plume de Truman, pour que tout le monde au fin fond de l'Iowa – là où personne n'avait jamais été concerné par cette histoire – s'en régale. Babe sursauta légèrement à la lecture du passage dans lequel lady Ina se demande, à propos d'Ann et de sa belle-mère, « De quoi parlent-elles, quand elles sont seules en tête à tête ? ». Car un jour, il y a longtemps, Slim avait posé exactement la même question. Devant Truman.

Mais ce fut quand Truman – ou plutôt lady Ina – commença à raconter l'histoire de Sidney Dillon que Babe eut la nausée. Elle dut se rendre dans la salle de bains, appliquer une compresse d'eau fraîche sur son front et boire encore un peu d'eau, avant de pouvoir continuer.

L'histoire d'un homme, « dirigeant de conglomérats financiers, conseiller des présidents ». Un juif, insistait-on dans l'histoire ; un homme envieux. Un homme dont l'épouse du nom de Cleo est « la plus belle créature vivante au monde ». Un homme qui a de nombreuses aventures avec d'autres femmes.

Une, en particulier, au cours d'une nuit sordide, une liaison sans lendemain, où il était question de draps tachés de sang, d'une *shiksa* blonde effrontée avec qui il voulait coucher pour une seule et unique raison : compenser la vulnérabilité qu'il éprouvait à se savoir juif et se venger des milieux protestants qui lui interdisaient l'accès à leurs clubs. Se venger de la manière la plus écœurante, la plus sordide qui fût.

Babe laissa de nouveau tomber le magazine au moment où le téléphone sonna.

« Babe ? »

C'était Slim, hors d'haleine, circonspecte.

« Oui.

— Je l'ai lu. Je suis… je suis horrifiée. Hors de moi. Ce crétin ! Comment a-t-il osé me faire dire de telles vacheries ? Comment a-t-il osé me mettre au centre de cette histoire – "lady Ina", mon cul. Il aurait aussi bien pu écrire "lady Keith" !

— As-tu lu le passage au sujet de cet homme ? Sidney Dillon ? »

Il y eut un silence puis Slim finit par répondre dans un murmure : « Oui.

— Qui est ce type ? Qu'est-ce que tu en penses ?

— Je ne sais vraiment pas.

— Vraiment ?

— Je n'en ai pas la moindre idée.

— Je ne suis pas sûre de savoir qui est la femme, dans l'histoire, qui est censée être la maîtresse. En revanche, je crois savoir qui est l'homme. »

Slim ne répondit pas tout de suite. Puis elle recommença à bredouiller de plus belle : « Je suis si furieuse, je tuerai ce salaud, je le tuerai, attendons de voir, quand tout le monde aura lu ça – et Ann Woodward ! La pauvre Ann Woodward ! Il l'a tuée, Babe, voilà comment ça s'est passé. T'es au courant qu'on l'a retrouvée avec le magazine entre les mains ? Il l'a poussée au suicide, Babe ! Et, pour ce faire, il m'a utilisée !

— Oh, Ann ! » L'estomac de Babe se souleva de nouveau ; elle était atterrée d'avoir oublié Ann, et ces garçons qui avaient perdu leur mère, désormais orphelins. « Je… je ne sais plus, Slim. Je ne sais pas comment il a pu faire ça… Pourquoi ? Je suis désolée, ma chérie, qu'il t'ait ainsi utilisée. Qu'il nous ait toutes utilisées. Je… il faut que je te laisse. Je suis désolée.

— Babe ? Est-ce que ça va ? Tu veux que je vienne ?

— Non, ça ne va pas. Mais je préfère être seule. »

Babe raccrocha, elle n'avait jamais eu autant envie de fumer de toute sa vie. Et elle fumerait – que les médecins et leurs ridicules inquiétudes aillent au diable ! Elle allait mourir, de toute façon. Alors, quelle importance si elle fumait de temps à autre ? Mais elle avait jeté toutes ses cigarettes et interdit de fumer à tout le personnel. Et elle ne pouvait pas envoyer quelqu'un en acheter, ce serait une requête trop désespérée.

Alors elle jeta un coup d'œil au petit pilulier rouge marocain. Elle enfouit son visage dans ses mains ; elle se souvint comment Bill avait trouvé les pilules et combien il était devenu blanc de peur et de colère quand elle lui avait fait part de ses intentions – des intentions si raisonnables, avait-elle pensé à ce moment-là. Mais maintenant, maintenant que la pauvre Ann avait fait la même chose, et la manière dont les gens en parlaient… Babe frissonna. Bill avait eu raison de les lui confisquer, lui distribuant lui-même les médicaments dont elle avait besoin. Elle devait penser à ses enfants et leur épargner – ainsi qu'à son époux – cette humiliation. Elle devait empêcher que tout le monde parle d'eux, comme c'était désormais le cas des pauvres garçons d'Ann.

Mais Truman n'avait pas vraiment été gentil, n'est-ce pas ? Et Bill – elle attrapa le magazine et entra d'un pas décidé dans la chambre de Bill ; il était au travail, bien sûr. Elle jeta le magazine sur le lit où il ne pouvait que le voir. Puis elle repartit dans sa chambre, s'affala sur son lit dans une position disgracieuse, le visage enfoui dans l'oreiller sur lequel elle savait que son maquillage laisserait des traces irrécupérables, mais peu lui importait. Elle se moquait de tout, rien ne lui importait plus désormais.

Elle ressentit une douleur dans la poitrine, un vide et, pour une fois, ce n'était pas le souvenir de ce qu'on lui avait enlevé – ses poumons, son avenir ; non, en cet instant, c'était le souvenir de ce qui avait été excisé avec plus de précision que n'aurait pu le faire le scalpel du chirurgien. La seule personne sur laquelle elle pensait pouvoir compter pendant le temps qu'il lui restait – allez savoir combien.

Les souvenirs qu'elle portait en elle, de cet âge d'or, d'une communion, d'un cocon filigrané construit rien que pour eux deux ; cette petite table, si intime, petite mais suffisamment grande pour eux deux. Truman. Et Babe.

Il ne l'avait pas aimée, finalement ; il s'était servi d'elle, comme il s'était servi des autres. Pour lui, elle n'avait d'importance que comme matériau – oh, non, ce n'était pas vrai, ce ne pouvait être vrai ! La seule personne en qui elle avait eu suffisamment confiance dans sa vie pour se dévoiler, mettre à nu ses cicatrices et le reste, c'était Truman.

Et maintenant, il n'était plus là. Tout avait disparu. Ne lui restait plus que le vide de son existence.

Après tout ce temps passé ensemble, toutes les confidences partagées, les peurs avouées, comment pouvait-il ne pas l'avoir comprise du tout ? Il avait été le seul à voir à quel point elle s'efforçait désespérément de cacher ce que sa vie avait de désagréable, ce qu'il y avait de désagréable dans sa vie et celle de son époux ; pour être à la hauteur des attentes qu'on lui avait imposées depuis la naissance. Truman, et lui seul, savait à quel point elle était terrifiée d'être percée à jour.

Sauf par lui.

Alors, comment pouvait-il ne pas comprendre que révéler la vraie nature de Bill, c'était l'exposer elle aussi ? Il l'avait humiliée au-delà de ce qui était concevable, au-delà même de ce dont Bill était capable.

Car Bill, quelles que soient ses fautes, ne racontait pas d'histoires. Bill ne savait pas se servir des mots pour blesser et dévoiler la vérité. Désormais, toutes les femmes au foyer, depuis le Maine jusqu'en Californie, liraient son histoire, l'histoire de Babe Paley – la femme qu'on voyait dans les magazines de mode, la quintessence de ce à quoi elles aspiraient –, et verraient qu'elle avait des défauts, qu'elle était laide et incontrôlable ; elles verraient tous les défauts qu'elle s'était évertuée à combattre sa vie durant afin d'être une charmante fille comme il faut, la fille parfaite, Babe la Petite Merveille.

La parfaite petite fille à son papa ; le grand espoir de sa maman.

Babe roula sur elle-même, s'enveloppa de ses bras pour être plus à l'aise et commença à se bercer. Elle entendit le téléphone sonner. Elle savait qui c'était, mais elle ne bondit pas sur ses pieds pour répondre, comme elle l'avait toujours fait. Et elle sut qu'elle ne le ferait jamais plus. De chaudes larmes lui montèrent aux yeux et elle se mit à sangloter, à pleurer la perte de quelque chose de si profond qu'elle fut étonnée que le monde, à l'extérieur, semble continuer, comme si de rien n'était.

La perte de confiance, la perte du bonheur ; la perte d'elle-même.

La perte d'un cœur pur, *True Heart*.

Quand Bill la rejoignit pour dîner dans sa chambre – désormais, la plupart de ses repas lui étaient servis sur un plateau, elle était à peine capable de se nourrir, bien qu'elle fasse de son mieux pour que le palais de Bill continue à se délecter –, il fut tout d'abord silencieux. Babe croisa les bras et le regarda sans ciller, pendant qu'il poivrait longuement son steak. Puis il finit par lever la tête.

« Je l'ai lu, dit-il.

— Et ?

— Si jamais je revois ce petit pédé encore une fois, je lui foutrai un coup de pied au cul qui l'enverra jusqu'à Dixie.

— Et ?

— Je suis désolé. » Bill reposa le moulin à poivre avec un soupir. « Je suis désolé, Babe. Je suis désolé pour tout. Je suis désolé que tu sois malade. Je suis désolé d'être un salaud. Je suis désolé d'avoir rencontré Truman Capote un jour et de lui avoir permis de monter dans mon avion. Je ne suis rien d'autre que désolé, tout le temps, à chaque instant de la journée.

— Très bien. »

Pour tous les deux, le sujet était clos. Ils dînèrent en silence. Et ils ne reparlèrent jamais ensemble d'horreurs, de trahison, d'erreurs… ni de Truman Capote. Plus jamais.

Fin de l'histoire.

21

Le lendemain matin, Truman arriva sur le plateau de tournage avec la bouche si sèche qu'il pouvait à peine articuler les quelques lignes de son texte franchement atroce, mais personne ne parut le remarquer ; en fait, le réalisateur avait déjà renoncé, et à Truman et à ce film. Il avait tout simplement baissé les bras et il filma ce qu'il put, ce qui n'était pas beaucoup. Truman fut dispensé de rester sur le plateau, et il passa l'après-midi à écrire des télégrammes pleins d'esprit et à les envoyer.

Son téléphone ne cessait de sonner et il répondait, avec un sourire narquois bien étudié : « Truman Capote, assassin littéraire », ce qui ne manquait jamais de provoquer un rire. Et donc le téléphone sonnait encore et encore. Il reçut des appels de chroniqueurs mondains, des agents de Dick Cavett et de Johnny Carson, de vieux « amis », tels que Mailer, lui demandant, hypocrites, s'il tenait le coup ; des appels du rédacteur en chef du magazine *Esquire*, qui jubilait à propos du nombre de numéros vendus : « Vous allez nous donner une autre histoire à publier, n'est-ce pas, Truman ? Très bientôt ? »

Mais Babe n'appelait pas. Pas plus que Slim, Marella, Gloria ou Pam ; il n'avait personne avec qui s'extasier et se rengorger, personne pour lui dire qu'il était tout simplement le meilleur : « *True Heart*, sincèrement. Bon sang, mais comment fais-tu ? » Il avait réussi à joindre C.Z. la veille au soir et avait éclaté en sanglots, tellement soulagé d'avoir quelqu'un – *d'important, de connu, et de cher* – qui réponde au téléphone, qu'il put à peine exprimer clairement sa joie, et la satisfaction d'être invité à Palm Beach pour qu'elle lui témoigne de la sympathie et qu'il puisse s'épancher – non, bien sûr que non, pour célébrer plutôt – sur son épaule dorée.

Il avait ensuite regardé l'heure ; neuf heures du soir à New York. Et merde, pourquoi ne pas réessayer une fois encore ?

Il composa le numéro des Paley et, au dernier moment, il eut la brillante idée de demander à parler à Bill. Et, ô joie ! On le lui passa directement ! Son cœur battait si fort à ses oreilles qu'il craignit de ne rien entendre. Mais la voix de Bill lui parvint : « Allô ? » Il paraissait parfaitement calme, il répondit sur un ton neutre. Comme si tout était normal.

« Bill ! Mon chéri, c'est moi, Truman !

— Oui ?

— Alors, tu l'as lu ?

— Quoi ?

— Mon article, ma nouvelle dans *Esquire* ! Qu'est-ce que tu en penses ? J'ai hâte de savoir ce que tu en penses, évidemment – tout le monde est si évasif !

— Je l'ai commencé, Truman, mais je me suis endormi. Et quand je me suis réveillé, quelqu'un l'avait déjà jeté.

— Je peux t'en envoyer un autre exemplaire, tu sais…

— Non, ce n'est pas la peine. J'ai beaucoup de soucis en ce moment. Ma femme est très malade. »

Et Bill avait raccroché.

Sa femme ! Pas Babe – comme s'ils n'avaient pas partagé le même rêve, comme si elle n'était pas sa plus chère amie au monde. « Ma femme ». Comme si Truman ne savait rien d'elle.

Oh, les garces ! Toutes des garces ! Et il était heureux, très heureux, tellement heureux de les avoir épinglées ainsi. Regardez où il en était de sa carrière ! Regardez comme de plus en plus de gens le reconnaissaient dans la rue !

« Je n'arrive tout simplement pas à comprendre », disait Truman, en soupirant tristement, à Jack, Liz Smith, C.Z., à tous ceux qui, à cette époque, voulaient encore bien répondre à ses appels, mais qui n'étaient jamais ceux à qui il voulait parler, en fin de compte. « Ils savaient que je suis écrivain. Ils savaient que je me souviendrais de tout. Que croyaient-ils ? Et Babe ? Je pensais vraiment qu'elle était plus futée. Plus avisée. N'a-t-elle pas compris que je l'aime énormément, même si Bill ne l'a jamais aimée ? Et, désormais, le monde entier sait quel salaud il est. Je l'ai fait pour elle ! Ne le comprend-elle pas ?

— Tu l'as fait pour toi, Truman », lui répondit Jack, sans rien ajouter. Et jamais, pas une seule fois, il ne lui dit : « Je t'avais prévenu. »

« Bon, et alors ? Et si je l'avais fait pour moi ? Il faut bien que je m'occupe de moi, non ? Personne ne l'a jamais fait. »

Et il se prépara. Il prit rendez-vous pour un soin du visage, une manucure, il renouvela sa garde-robe et acheta un billet d'avion pour rentrer sur la côte Est, amorçant sa descente sur New York tel un monarque. Avec de grands airs, il accorda des interviews, coopéra avec Liz Smith pour son article – « Truman Capote a des ennuis » –, il alimenta le scandale qui enflammait l'opinion, dansant plus frénétiquement à mesure que les flammes montaient plus haut. Il déjeuna à La Côte Basque, accompagné de photographes ; il adressa un sourire diabolique à l'appareil photo, tout en brandissant son couteau et sa fourchette. Et quand *Esquire* publia un autre récit, Truman, jubilant, posa pour la couverture du numéro habillé en noir, se limant les ongles avec un talon aiguille.

Truman contre-attaque ! Un autre extrait de Prières exaucées.

Et c'en fut fini de *Prières exaucées*. Il n'avait plus grand-chose d'autre à écrire, et il savait, désormais, qu'il n'écrirait plus jamais. Mais il n'en dit rien à personne, pas même à Jack.

Son téléphone sonnait, il n'arrêtait pas de sonner. La plupart du temps, il s'agissait de gens avides de lui raconter à quelles soirées il n'était pas invité.

« Peu importe, disait-il à tout le monde. Je pensais organiser moi-même une autre soirée, vous savez, encore plus fastueuse que mon célèbre Bal en Noir et Blanc ! Et, cette fois, je n'inviterai aucun de ces vieux dinosaures, ces vieux cygnes. Cette fois, mon chou, ce sera uniquement les gens *fabuleux* ! »

Mais il ne donna pas d'autre bal. Car, curieusement, la seule image qu'il pouvait en projeter était la sienne, tout seul dans une salle de bal vide, tenant à la main un ballon, et un seul.

« Qui a besoin du Plaza, de toute façon ? » lançait Truman à Johnny, à Dick, à tous ceux qui l'écoutaient encore, malgré tout. Voyons ! Le disco, c'est ça qui était dans le vent ! Quelle époque excitante, absolument divine ! Truman Capote et le Studio 54 – très vite, les deux noms furent associés, il faisait partie des meubles au même titre que Halston, Liza ou Bianca. Il dansait à en avoir les yeux révulsés tandis que les flashes des appareils photo crépitaient pour d'autres ; il avait des rapports sexuels dans des caves avec des inconnus en sueur, de jeunes étalons qui ne cachaient pas leur dégoût devant ce corps bouffi, délabré, mais que l'évocation de quelques noms célèbres et la cocaïne à volonté suffisaient à acheter. Il se disait qu'il était là où il fallait être ; il était ici et là, il était dans le vent et non pas exclu ; il dansait, tourbillonnait, virevoltait – au sommet du monde, *Mama* !

Il n'était donc plus invité à passer de longs étés sans fin à être dorloté sur le yacht de Gloria, ni à satisfaire tous ses caprices avec Babe, Gloria, Loel et Bill suspendus à ses lèvres, l'applaudissant, l'adorant. Et alors ?

Mrs Vreeland l'excluait donc de ses élégants dîners, bien qu'à l'occasion elle déjeune encore avec lui à son bureau, quand personne n'était dans les parages. Et alors ?

Alors il passait trop de nuits dans les vapes sur son canapé en velours, les images fantômes de l'écran de télévision vacillant sur ses paupières closes. Et il rêvait de Babe – il rêvait qu'il était allongé près d'elle dans son lit, sans la toucher, ni la posséder, mais avec un tel sentiment d'appartenance réciproque qu'il se réveillait en sanglots, terrifié, craignant d'être dans l'une de ces chambres d'hôtel de son enfance fermées à clé, son pouls s'accélérant, la peau recouverte d'une fine couche de sueur, la bouche si sèche qu'il ne pouvait crier, malgré le désespoir qui remontait de son ventre jusqu'à sa gorge, et battait à ses tempes.

Et alors ?

Parfois, il croisait d'autres cygnes. Elles ne pouvaient pas l'empêcher d'assister au gala annuel du Met, même si elles avaient essayé. Un jour, il avait fait l'expérience atroce de se retrouver dans le même ascenseur que Gloria chez Bergdorf ; elle ne l'avait pas vu en montant. « Bonjour, Truman », dit-elle d'une voix glaciale, et ce fut tout. La Guinness se détourna de lui et tout ce qu'il put en voir était son profil altier, son visage aux traits si fins perché sur son cou magnifique. Ses yeux lançaient des éclairs, tous les muscles de son cou étaient tendus à l'extrême, et elle ne dit pas un mot de plus. Il descendit à l'étage suivant et reprit un ascenseur qui le reconduisit au rez-de-chaussée, d'où il sortit en courant pour aller se laisser tomber sur les bords de la fontaine Pulitzer – les jets d'eau éclaboussèrent son costume de lin –, incapable de se rappeler ce qu'il était venu faire chez Bergdorf. Il mit ses lunettes noires et se faufila dans le lobby du Plaza, filant tout droit vers l'Oak Room

Bar où il but six martinis avant de devoir être porté jusqu'à un taxi.

Un jour, il envoya un télégramme à Slim – Big Mama, *j'ai décidé de te pardonner.* Voyons voir si elle allait pouvoir résister à ça ! *Big Mama*, avec son sens de l'humour, son amour pour son *True Heart* ?

Mais il ne récolta que le silence. Partout où il allait dans Manhattan – et il hantait les lieux qu'il aimait toujours autant, Tiffany, le Plaza, Bergdorf et le 21 ; pour dire la vérité, il détestait le Studio 54. Il y faisait trop chaud et la musique lui faisait mal aux oreilles –, il ne rencontrait que des regards indifférents. On le battait froid, on l'ignorait. Cette posture, « battre froid » en société, consacrée par l'usage et qu'il avait si souvent pratiquée…

Il se rendit compte que jamais Babe n'en avait usé. Non, Babe avait toujours été trop gentille pour battre froid qui que ce soit. Il avait entendu dire que son état de santé ne s'améliorait pas. Il décrochait son téléphone des dizaines de fois par jour pour lui parler. Mais il reposait le combiné avant que ce ne soit possible.

Et, un jour, il la revit.

22

Il était une fois une vieille femme qui vivait dans une chaussure[1]...

Non, ce ne pouvait pas être elle, cette femme qu'il vit un jour à l'heure du déjeuner au Quo Vadis. Non, il était impossible que ce fût sa Bobolink, pas cette créature si frêle, terriblement vieillie, si maigre que ses vêtements, pour la première fois de sa vie, ne paraissaient aucunement élégants. Aucun vêtement, aussi bien coupé fût-il, aussi cher fût-il, ne pouvait faire oublier que cette femme, désormais, ne pouvait rien porter d'autre qu'une blouse d'hôpital.

Malgré tout, c'était Babe ; sa beauté transparaissait, vaillamment, sous le masque grimaçant de la souffrance. En la voyant, Truman, qui déjeunait seul – aucun de ses nouveaux « amis » ne se levait avant trois heures de l'après-midi –, eut le cœur qui battit la chamade. Car pour la première fois depuis des mois, il se sentit serein, parfait et beau. Aussi beau qu'il l'avait été autrefois... quand il était avec elle.

---

1. Charles Perrault, *Les Contes de ma mère l'Oye.*

« Bonjour, Babe. » Il se leva, sa serviette de table dans sa main moite.

Babe se figea ; elle était avec sa sœur Betsey, qui toisa Truman de haut comme si elle voulait le manger. « Bonjour, Truman », répondit Babe sans le regarder. Aucune trace sur son visage de ce sourire enchanté, heureux, auquel elle l'avait accoutumé dès qu'ils se retrouvaient.

Il était une fois…

« Je… Babe, je l'ai fait pour toi », dit-il, même si elle ne semblait pas désireuse de savoir quoi que ce soit à son sujet – à part peut-être ce qu'il était en train de manger. « Je ne l'ai fait que pour toi. Et je pensais que tu devais le savoir. »

Babe baissa ses yeux si beaux ; il vit ses épaules trembler avant qu'elle ne se ressaisisse. Quand elle releva la tête, pour le regarder, elle était de nouveau elle-même ; *sa* Babe, Babe la Magnifique. La seule femme – bon sang, la seule personne –, comprit-il, secoué, qu'il ait jamais aimée.

Encore plus que *Mama*.

Le regard de Babe, pendant un bref instant, se fit compréhensif, complice ; elle savait. Un savoir qu'il avait été le seul à partager, un code secret entre deux amis. Son regard était chaleureux et reconnaissant.

« Je sais », murmura-t-elle, en aparté. Ses paroles n'étaient destinées qu'aux oreilles de Truman. Il dut se pencher pour l'entendre. « Je sais. Merci. »

Il n'était pas certain d'avoir bien entendu ; toutefois, il pensa que c'était le cas – *mon Dieu, faites que ce soit vrai, pour des siècles et des siècles, Amen.*

Mais elle était déjà partie, entraînée par sa sœur ; toujours aussi élégante, bien que marchant très lentement, chaque pas réfléchi, un défi à l'existence. Elle se tenait droite, impressionnante ; elle ne se retourna pas une seule fois vers lui. Et donc, il ne fut pas si sûr d'avoir bien entendu, après tout.

« Babe ? » appela-t-il en chuchotant. Et ce fut comme avant ; il était sûr qu'elle l'entendrait malgré le vacarme que faisaient les gens en riant, en bavardant, et qu'elle s'arrêterait, le repérerait, viendrait vers lui et l'emmènerait avec elle.

Ce ne fut pas le cas. Il fit demi-tour sur lui-même, à l'aveuglette, et il sentit des regards insistants, désapprobateurs le brûler. Ses oreilles bourdonnèrent au son des persiflages, des commentaires railleurs et méprisants.

Truman se laissa retomber sur sa chaise, renversant un verre d'eau et envoyant valser les couverts qui atterrirent en douceur sur la moquette épaisse. Les battements de son cœur se firent plus lents, mais ses poumons semblaient mettre les bouchées doubles ; il avait froid, il avait la peau moite, il secouait la tête dans tous les sens, aussi impuissant que s'il dérivait dans une eau stagnante. Mal aimé.

Et, à sa plus grande surprise, il éclata en sanglots, des sanglots incontrôlables, débraillés. Il répétait, chuchotant en un cri étouffé qui venait de son cœur en lambeaux qu'avant cet instant il n'avait jamais cru posséder : « Babe, Babe, Babe. » Le maître d'hôtel l'attrapait déjà par le bras ; il le releva et l'accompagna à la sortie du restaurant en essayant de le cacher à la vue des autres clients. Le propriétaire marmonna quelque chose au sujet de l'addition, mais Truman s'en moquait.

Il savait qu'il ne la reverrait jamais.

23

Et ils vécurent heureux pour toujours…

Qui vécut heureux ? Bon sang, qui ? Les jours où elle se sentait suffisamment solide pour s'indigner, Babe voulait savoir. Car elle ne le savait pas. Vraiment pas. La vie n'était pas un conte de fées, quoi qu'ait pu lui raconter sa mère. Elle n'avait pas de prince charmant pour l'embrasser et mettre fin à ce cauchemar.

Elle avait eu un prince charmant, un jour.

Et ce n'était pas cet homme grand et costaud, maintenant voûté, les épaules s'affaissant sous le poids des regrets, les cheveux gris clairsemés, qui s'asseyait près de son lit pour lui tenir la main et pleurer sans retenue. Non, Bill n'était pas son prince charmant ; l'avait-il jamais été d'ailleurs ? Une fois, peut-être, quand il lui avait promis le salut par l'argent, un fabuleux partenariat destiné à être envié de tous. Alors, peut-être. Quand l'argent et les privilèges étaient ce qui comptait pour elle ; quand elle était encore la fille de sa mère.

Mais, par la suite, elle en avait rencontré un autre. Un prince aux cheveux blonds, son grand amour. Ils s'étaient confié leurs secrets, ils avaient mis leur âme à nu, et devaient vivre heureux ensemble pour toujours. Ils en avaient même parlé ; car il était plus que probable qu'elle quitterait Bill et qu'ils pourraient donc vivre tous les deux ensemble, devenir l'un de ces vieux couples attendrissants qui se tiennent encore la main, qui dansent encore ensemble le soir venu, quand les ombres s'allongent, tandis qu'un électrophone grinçant joue la *Tennessee Waltz*.

C'était l'histoire qu'ils se racontaient, quand la toute première histoire, celle de leur rencontre, ne leur avait plus suffi ; quand le futur leur parut plus proche que le passé. Mais pas moins merveilleux.

Et maintenant elle se mourait, et Bill était celui qui restait. Truman ne pouvait pas être à ses côtés et lui tenir la main, bien qu'elle en ait très envie. Quand elle n'était plus elle-même, quand elle divaguait, quand les médicaments ne pouvaient plus la soulager, terrifiée à l'idée de ne plus pouvoir respirer et de suffoquer, il lui semblait qu'elle réclamait sa présence à grands cris. Elle souhaitait la présence de Truman comme elle avait souhaité celle de son père quand elle était petite, quand elle avait peur, quand elle savait que quelque chose de menaçant et de terrifiant paraissait sur le point de surgir, et qu'elle était trop petite pour faire face.

Mais elle ne pouvait pas avoir Truman, elle n'aurait pas Truman. Truman l'avait trahie, avait trahi Bill, avait trahi la famille que Bill et elle représentaient. « On se serre les coudes. On ne lave pas son linge sale en public. La famille d'abord, la famille et rien d'autre. » Les mots de sa mère étaient plus forts que tout le reste – les sentiments, l'envie, le désir. La compassion.

Car il y avait autre chose que Babe savait au fond de son cœur.

« Nous l'avons trahi », avait-elle dit à Slim, un jour où elle allait plutôt bien et qu'elle était capable de rester assise, appuyée contre ses oreillers, vêtue de l'une de ses très belles vestes d'intérieur en satin matelassé, afin de recevoir de la visite pendant quelques précieuses minutes. Un de ces jours où les médicaments n'engourdissaient pas ses sens, au point de n'avoir aucune idée de la date ou de l'heure, de ne plus savoir si elle avait cinq, vingt-cinq ou encore cinquante-cinq ans, si elle était Alice qui traverse le miroir ou bien Tweedledum ou encore Tweedledee ; et si elle était en bonne santé ou malade.

« Mais enfin, de quoi parles-tu, Babe ? » Slim était assise sur une chaise près du lit de Babe ; ses mains tremblaient, ne sachant comment s'occuper sans la sacro-sainte cigarette. Babe avait toujours insisté pour que ses invitées soient traitées comme au bon vieux temps, mais la plupart étaient trop polies pour fumer en sa présence.

Donc, à la place, Slim se pencha sur ses ongles manucurés et fronça les sourcils en regardant Babe. « Mais enfin, que veux-tu dire, Babe ?

— Je pense… je pense qu'avant tout, il nous a mises à l'épreuve, il nous a mises à l'épreuve pour être sûr que nous l'aimions. Que nous l'aimions vraiment. Car l'amour vrai, le grand amour pardonne tout, sans conditions. Et nous l'avons déçu. Nous ne l'aimions pas véritablement.

— Ne dis pas de bêtises. Tu l'as aimé, véritablement.

— Oui. Ou peut-être que non. Pas assez. Peut-être que je n'ai jamais pu aimer quelqu'un véritablement. Peut-être que j'en suis tout simplement incapable. »

Les yeux de Babe étaient secs, sa voix faible mais assurée. Elle ne cherchait pas la sympathie, comprit Slim. Elle ne faisait qu'établir tranquillement un fait. Pour arriver à cette conclusion, elle avait dû endurer les pires tourments. Ces derniers temps, Babe endurait ceux de l'enfer ; mais peut-être les avait-elle endurés toute sa vie sans jamais rien en laisser paraître. Car, bien évidemment, Babe Paley n'aurait jamais avoué que sa vie n'était pas tout ce qu'il y avait de plus enviable.

« Je pense que tu te trompes, Babe. N'essaie pas de lui trouver des excuses. Ce salaud ne le mérite pas.

— Si, il le mérite. Nous le méritons tous, Slim. Un jour, tu comprendras. »

Babe s'allongea et ferma les yeux ; Slim se demanda si elle devait partir.

« J'ai tout organisé, tu sais », murmura Babe en rouvrant les yeux, le regard encore plus grave et sérieux maintenant qu'elle voyait au-delà.

« De quoi tu parles ?

— Mes obsèques. La réception, après. J'ai choisi le menu. Les fleurs, tout. Je ne pouvais pas laisser ça à Bill ou à mes enfants. Ils n'auront pas à s'en soucier. J'ai laissé des instructions à ma secrétaire, mais je voulais que tu le saches, toi aussi. Elle a tous les détails. Les traiteurs, les fleuristes ont déjà été informés.

— Mon Dieu, Babe. »

Slim tremblait. Babe sourit et tendit une main, que Slim attrapa, la vue brouillée par les larmes.

« Ça va, Slim. Je voulais m'en occuper. Ça me semblait… ça me semblait bien. C'est mieux ainsi. Je suis fille de médecin, tu t'en souviens ? Je sais ce qui est en train de se passer et ce qui va se passer. Je ne me fais aucune illusion quant à la mort. Nous faisons ce que nous devons faire, ce qui est juste et important, quand nous sommes vivants. Après, il est trop tard. »

Slim inspira profondément, la gorge encombrée de phlegme, et se mit à tousser. Une bonne quinte de toux la secoua, et il lui fallut avaler un verre d'eau. Quand la toux se calma, tandis qu'elle avait mal à la poitrine et qu'elle en avait les larmes aux yeux, elle vit que Babe riait, en silence.

« C'est moi qui suis censée tousser comme ça », la taquina-t-elle, avec dans l'œil cette étincelle de malice si rare chez elle ; cette étincelle de malice que Truman avait si souvent allumée, à la surprise et pour le plus grand plaisir de tous. « Pas toi !

— Tu vas me manquer, s'exclama Slim sans réfléchir, avant de poser une main devant sa bouche, horrifiée d'avoir laissé échapper une chose pareille.

— Je sais. » Babe hocha la tête et parut soulagée que Slim ait pu dire ça. « Mais ça va aller, Slim, tu vas tenir le coup. C'est une chose dont je suis sûre ; tu es une survivante. »

Slim quitta Babe, après lui avoir embrassé une joue maquillée, à la peau douce et hydratée, en lui chuchotant : « Dors un peu, ma chérie. »

Mais tandis qu'elle s'éloignait, et qu'elle s'arrêtait en chemin pour voir Bill, effondré dans un fauteuil devant la porte de la chambre de Babe, et l'embrasser lui aussi – le prendre dans ses bras comme si cet homme grand, svelte, était un enfant, et le serrer sur sa poitrine pendant quelques minutes tandis qu'ils se murmuraient des mots apaisants, absurdes –, elle se demandait ce qu'avait voulu dire Babe.

« Tu es une survivante », avait dit Babe, d'une voix dénuée de l'émotion qui transparaissait dans les pleurs que Slim avait versés en entendant ces mots.

Que voulait-elle dire ? Slim pensa qu'elle ne le saurait jamais ; elle frissonna de peur. Elle se tourna vers Bill, pensa lui poser la question, mais sut que ce n'était pas le moment. Bill était un homme brisé, une telle charge de culpabilité pesait sur lui qu'elle aurait suffi à écraser l'Empire State Building. Inutile d'en rajouter. Elle n'était pas ce genre de femme ; ce genre de femme qui reprenait à son compte la tragédie de quelqu'un d'autre.

Quand ce serait fini, elle aurait le temps de se poser la question. Beaucoup trop de temps. Trop de temps sans Babe, sans Truman, sans gentillesse ni élégance et, oh, mon Dieu, sans les rires.

Une fin de vie sinistre, pleine d'ennui.

Babe se réveilla un matin en sachant que c'était la dernière fois qu'elle se réveillait ; émerger des ténèbres lui avait demandé trop d'efforts, et elle ne se réjouissait plus du retour à l'état conscient ni de la lumière d'un rayon de soleil ; un jour encore à rester allongée comme un spécimen, avec sa famille pour veiller sur elle, à compter chaque bouffée d'air qu'elle pouvait encore avaler.

Elle fit signe à l'infirmière qui comprit ; elle lui apporta un plateau avec son maquillage, un petit miroir posé sur un pied et, pour la dernière fois, Babe se maquilla, tranquillement, selon le même rituel qui avait toujours été le sien quand elle se regardait dans le miroir, en commençant d'abord par le fond de teint appliqué avec une petite éponge, d'une main tremblante désormais – entre ses doigts diaphanes, l'éponge pesait aussi lourd qu'une pierre, bien qu'elle ne la sente pas vraiment car ses extrémités étaient froides et engourdies. Cependant, en voyant le visage ravagé qui se reflétait dans le miroir, elle ne cilla pas ; elle savait qu'elle pouvait dissimuler les dégâts causés par la maladie, et en révéler encore la beauté, laisser le papillon sortir de sa chrysalide une dernière fois. Elle dut s'arrêter un instant et prendre de longues inspirations à travers son masque à oxygène ; elle devait se reposer entre chaque application de maquillage, après avoir mis le fond de teint, puis le fard à joues, puis l'anticernes, sans oublier l'ombre à paupières, en multiples couches habilement mélangées, et, enfin, un trait de crayon pour lequel, au prix d'une incroyable détermination qui la fit grimacer et serrer les dents, elle parvint à calmer le tremblement de ses mains suffisamment longtemps afin de le dessiner parfaitement, un trait droit et lisse ; elle reposa enfin le crayon en soupirant et eut l'impression d'avoir gagné une bataille, la dernière bataille. Elle était prête.

Ils pouvaient tous entrer, Bill, Tony, Amanda, Bill Junior et Kate, la petite fille chauve que sa mère avait du mal à regarder, tant ses propres défauts physiques étaient visibles sur cette enfant. Kate était maintenant une jeune femme en colère, et Babe pressentait qu'elle n'avait pas envie d'être là, qu'elle ne pouvait pardonner à sa mère de l'avoir délaissée ; Babe ne pouvait lui en vouloir. Qui la veillerait sur son lit de mort importait peu à Babe, mais elle savait que Kate le regretterait si elle n'y était pas. Babe se souvint avoir été assise près du lit de sa mère quand Gogs était morte ; et même si elle s'était sentie parfaitement détachée, voire pleine de ressentiment, elle avait été là.

Elle avait fait ce qu'il fallait faire.

« Où est Truman ? » Elle entendit clairement ces mots mais, comme elle était trop fatiguée pour parler, ils avaient dû venir du cœur. Elle était si épuisée maintenant, exténuée, lasse de tout. Ils étaient tous là, mais elle ne s'était jamais sentie si seule. Pas depuis… avant.

Personne ne lui répondit, et Babe se demanda si quelqu'un avait entendu sa question. Elle n'aurait pas dû la poser ; elle ne le voulait pas. Elle ne devait pas leur montrer à quel point elle avait besoin de lui. Car ce moment appartenait à sa famille, son mari, ses enfants. Elle les voyait, à travers ses paupières qui clignaient ; leurs yeux étaient rouges, leurs visages figés. Elle les sentait se presser autour d'elle, lui tenir les mains, lui effleurer l'épaule, mais ce n'était pas assez, elle avait froid, elle partait à la dérive, elle était seule, si seule.

Puis elle ne fut plus rien.

Bill resta des heures assis à tenir la main de sa femme. Les enfants entraient et sortaient, s'assoupissaient puis se réveillaient mais ils restèrent avec lui. Bill Paley, magnat des affaires, président du conseil d'administration, roi des ondes hertziennes. Il resta assis, en tenant la main frêle et froide de sa femme, longtemps après qu'elle avait arrêté de respirer.

Elle était toujours aussi belle. Comme un Modigliani, une sculpture italienne, taillée dans le marbre.

Elle était morte en le haïssant, il le savait. En le haïssant et en aimant Truman.

Mais elle lui avait accordé le rôle privilégié de l'époux endeuillé ; en le couvrant, une dernière fois, lui et ses péchés. Sans entacher l'image qu'il voulait avoir aux yeux du monde, sans laisser voir qui il était vraiment.

Et ça, c'était Babe, pensa-t-il. Arrangeant sa vie au mieux, de bonne grâce, avec courtoisie et intelligence, jusqu'au bout.

24

Truman lut l'annonce de sa mort dans le *Times*. « Barbara Cushing Paley est morte à soixante-trois ans. Chef de file de la mode pendant trois décennies ; symbole du bon goût et de l'élégance. »

Il ne put s'empêcher de sourire ; elle aurait certainement été contente. Car bien qu'elle prétendît le contraire, Bobolink se délectait de son image, elle avait travaillé dur pour y parvenir ; bien plus dur qu'il ne l'avait jamais fait pour aucun de ses livres. Tous les jours, chaque minute de chaque heure avait été consacrée à parfaire son image, à entretenir le mythe – ce qu'il avait d'ailleurs toujours admiré chez elle, même quand Jack ou d'autres dénonçaient cette obsession comme superficielle et vaine.

« Vous ne comprenez pas », disait-il toujours, prenant sa défense. « C'est une artiste, comme vous, comme moi. Elle consacre sa vie à créer de la beauté. C'est juste que le résultat, c'est elle-même plutôt qu'une toile, une sculpture ou encore un poème. Qu'y a-t-il de mal à ça ? »

Ils n'avaient jamais rien compris, ses amis artistes, les auteurs, ses pairs, ceux qu'il avait rencontrés au tout début à Yaddo, de tristes sires, si sérieux, qui ne pouvaient s'offrir un déjeuner au Quo Vadis à moins que leurs éditeurs paient ; ses « contemporains », comme ils voulaient absolument qu'on les appelle. Mais ils n'avaient pas non plus compris Truman. Ils étaient jaloux, voilà tout. Envieux. Verts de jalousie, vert émeraude.

Il savait que Babe se mourait. Ne s'était-il pas résigné à ce qu'ils ne se réconcilient jamais ? Ne s'était-il pas résigné, comme un petit garçon stoïque et bien gentil ? N'avait-il pas cessé d'appeler, d'envoyer des télégrammes, ne l'avait-il pas laissée mourir en paix ?

Il avait su qu'il ne serait pas invité aux obsèques et il avait décidé de passer la journée chez lui, à réfléchir tranquillement, au milieu de toutes ces choses qu'elle lui avait offertes au cours des années, des presse-papiers anciens pour sa collection, une peinture, un bibelot, le tapis oriental dans le vestibule, les boutons de manchettes en rubis, ces petites choses ridicules mais attentionnées qui l'amusaient, comme cette écharpe imprimée d'Elvis miniatures avec une guitare car, un jour, Truman avait roulé les yeux et grommelé : « Ce gars-là, qui vient de Memphis, me file la trique ! »

Mais, le jour venu, il fut d'abord incapable de sortir du lit. Il se sentit écrasé par un désespoir qui l'emporta sur ses bonnes intentions. Il vit d'ailleurs ses bonnes intentions s'envoler par la fenêtre ; de petites choses ridicules, qui ne pesaient rien, flottant dans les airs, chassées par le rhinocéros assis sur sa poitrine.

Il avait tendu la main pour boire un verre ; la bouteille de vodka était posée sur sa table de nuit.

Très vite, il eut assez bu pour avoir la force de repousser le rhinocéros, de s'habiller, se drapant dans une cape noire d'opéra. C'est alors que dans un coin de son tiroir, une tache de couleur attira son regard. C'était la fleur en papier orange qu'il avait achetée sur ce marché, en Jamaïque, en ce jour merveilleux, quand il était avec elle, que le temps était magnifique, le ciel d'un bleu azur, le soleil appétissant, l'expression d'un rêve doré, que tous les gens souriaient de leurs dents blanches étincelantes, que l'air sentait le jasmin et le parfum de Babe – qu'est-ce que c'était déjà ?

Ah, oui. « Vent Vert », cette fragrance végétale, cristalline.

Et c'est d'une main tremblante que Truman attrapa la fleur à la couleur maintenant passée et aux bords abîmés. Il l'épingla sur sa cape de ses gros doigts maladroits : il se piqua l'index et suça les gouttelettes de sang. *Insipide*, pensa-t-il, sans plus de curiosité. *Mon sang n'a aucun goût. Je l'ai dilué dans l'alcool au point de lui faire perdre toute saveur.*

Il se dirigea en chancelant vers la porte d'entrée, monta dans l'ascenseur et atterrit dans les bras du concierge. Il marmonna qu'il avait besoin d'un taxi.

« Pour aller où ? demanda le concierge.

— À Manhasset.

— Long Island ?

— Où d'autre ? »

Le concierge haussa les épaules, décrocha le téléphone et, cinq minutes plus tard, un taxi arrivait devant la porte. Truman tendit une liasse de billets au chauffeur et lança en croassant : « Église épiscopale de Manhasset. »

Le chauffeur empocha l'argent et ils se mirent en route ; de temps à autre, il jetait un coup d'œil dans le rétroviseur, pas tout à fait sûr que son passager fût Truman Capote. Le visage bouffi, la peau rose, toute pâle, le chapeau noir extravagant, la cape d'opéra, la fleur flamboyante – c'était bien là l'attirail d'une tantouze. Mais ses yeux étaient cachés derrière des lunettes noires rondes, et donc il n'était pas sûr.

« Hé, vous êtes Truman ? »

Il ne pouvait pas résister, il fallait qu'il sache.

« Ouiiii, couina Truman. Ouiiii, en effet.

— C'est bien ce que je pensais ! »

Et le chauffeur de taxi ne dit plus rien pendant tout le reste du trajet, sauf quand Truman lui demanda de s'arrêter devant un magasin de spiritueux et qu'il répondit : « Pas de problème. » Il attendit pendant que Truman entrait en titubant à l'intérieur du magasin, pour en ressortir tout de suite après avec une bouteille de vodka.

« Continuons », ordonna Truman. Ce qu'ils firent.

« C'est quoi toutes ces voitures ? » fit le chauffeur quand ils arrivèrent finalement près de l'église, dans une rue bordée d'arbres et encombrée de limousines, de voitures de maître et de taxis. « C'est pour un mariage ?

— Non. »

Truman demanda au chauffeur de s'arrêter et d'attendre ; puis il descendit de la voiture, la bouteille toujours à la main. Il jeta un coup d'œil furtif autour de lui ; on eût dit qu'il enfonçait la tête dans sa cape, comme une tortue, et il se cacha derrière les branches d'une glycine. Le chauffeur de taxi baissa sa vitre ; il faisait chaud en ce mois de juillet 1978, et il se demandait comment Truman pouvait supporter cette lourde cape.

Truman, bien à l'abri, les observait tandis qu'ils se rassemblaient tous sur le parvis de l'église, s'étreignant, faisant semblant de s'embrasser, se tamponnant les yeux. Il vit Diana, la divine Mrs V., dans une robe brodée à manches longues au col Mao rouge, sensationnelle ; il reconnut Betty Bacall, Kay Graham, Kenneth en personne et, bien sûr, tous ses cygnes, Slim, Marella, Gloria, Pam et C.Z. Ces salopes. Ces créatures magnifiques. De quoi parlaient-elles ? Pleuraient-elles Babe ?

Le regrettaient-elles comme lui les regrettait ?

Le haïssaient-elles comme il les haïssait ? D'être tellement stupides, d'une bêtise tellement stupéfiante qu'elles n'avaient pas compris qui il était, en fin de compte ?

« Je vous ai toutes fait exister », dit-il à voix basse, les mots sur sa langue aussi acides que son sang avait été insipide. « Vous n'étiez qu'un matériau. Et je vous ai bien eues. Je vous ai toutes bien eues. »

Tandis qu'il les regardait s'embrasser et secouer leurs têtes magnifiques – mon Dieu, le turban que portait Gloria était à se damner, de là où il était il pouvait même voir le bijou de la taille d'un œuf d'autruche qui y était accroché –, c'était comme pour son bal, comme un recommencement, avec les mêmes personnes, si ce n'est que, cette fois, tout le monde était en noir. Un bal noir. Et il était blackboulé, c'était lui la boule noire[1]. Truman gloussa et reprit une gorgée de vodka ; son estomac était comme une cuve de lave gargouillante, un bouillonnement débordant, et il eut un renvoi, qu'il réprima, la main devant sa bouche – bien qu'il fût de l'autre côté de la rue, invisible derrière la glycine.

Il vit le cercueil sortir de l'église, suivi par Bill, les mains croisées devant lui, la tête baissée. Truman l'observa attentivement pendant un moment, applaudissant en silence sa performance. Cet homme avait réellement l'air effondré, il fallait bien le lui accorder. Mais il se demanda si ce salaud allait lever une fille lors de la réception qui suivrait les obsèques.

Puis Truman oublia Bill et fit le vœu de ne plus jamais penser à lui, *Big Bill*, le Grand Manitou. Il concentra son attention sur le cercueil, très petit, couvert de fleurs, que des hommes – qu'il ne put identifier de là où il était, probablement des cousins et des neveux de Babe – portaient sur leurs épaules.

---

1. Jeu de mots *black ball / blackballed*. Le verbe « blackbouler » est étrange car composé du mot anglais *black* (noir) et de « bouler », verbe français qu'on retrouve dans un sens argotique dans l'expression « envoyer bouler » pour « rejeter, repousser ». Ce mélange de langues vient d'une traduction partielle du verbe anglais *to blackball* qui date de 1770 et qui signifie « voter contre l'admission d'une personne dans un club ou un cercle en plaçant une boule noire (*black ball*, en anglais) au lieu d'une blanche dans l'urne ». Car c'est bien de la méthode d'admission de nouveaux membres dans une confrérie que vient ce mot : les membres en titre votaient au moyen de boules blanches (avis positif) ou noires (avis négatif) pour accepter ou non les candidats.

Seul le cercueil retenait son attention ; à l'intérieur reposait le meilleur de lui-même qui, il le savait, serait enterré. Bientôt ce serait l'automne, puis l'hiver, la neige tomberait, recouvrant toutes les traces de la seule bonne chose qui lui fût jamais arrivée. Il perçut des bruits qui venaient de loin à l'intérieur de lui, des gémissements, des chansons tristes, des berceuses chantées d'une voix cassée, tandis qu'il se balançait d'avant en arrière, se rendant enfin compte de son amour perdu, une idylle brisée à la fin tragique dictée par le destin et la maladie.

Ce n'était pas sa faute à lui pas plus que ce n'était sa faute à elle. C'était simplement le cosmos qui avait décidé de les séparer, comme tous les amants célèbres. Roméo et Juliette. Tristan et Iseult.

Truman et Babe.

Et, désormais, c'était l'Enfer. Il n'avait pas été invité, elle ne lui avait pas demandé de venir lui dire au revoir, et c'était donc toujours la même chose, la même vieille rengaine qui jouait encore et encore, toujours la même, il n'était pas *assez*, il n'était pas un homme ; pour elle, il n'était pas assez, il ne lui avait pas suffi, en fin de compte. Il n'avait suffi à personne. Regardez-le, planté là, pleurant toutes les larmes de son corps, se pissant dessus, s'étouffant en avalant de la vodka. Ses sanglots le suffoquaient. De nouveau tout seul. Encore. Et à jamais.

Truman regardait la scène tandis qu'on glissait le cercueil dans le corbillard ; l'un des porteurs vacilla légèrement mais tint bon et se retrouva presque entraîné, lui aussi, à l'intérieur du fourgon mortuaire. Puis on referma les portes, tout ce beau monde remonta en voiture – sur le siège arrière, derrière leurs chauffeurs – et le cortège s'éloigna. Truman restait là, frigorifié malgré le soleil, un vide terrifiant dans lequel quelque chose de froid et de fragile brinquebalait, peut-être était-ce son cœur, à moins que ce ne fussent les éclats de verre de sa dernière bouteille de vodka. Il ne savait ce qu'il devait faire en cet instant ; il était Vivien Leigh à la fin d'*Autant en emporte le vent*, une garce en larmes, pleine de remords.

Oh, Rhett ! Que vais-je devenir ?

« Dure journée, hein, Truman ? »

Truman cligna les paupières, plissa les yeux ; le chauffeur de taxi était juste devant lui.

« Tu ne connais pas ton texte, mon chéri.

— Quoi ?

— Rien.

— On rentre, d'accord, Truman ? Vous n'avez pas l'air très bien.

— Toi non plus », rétorqua Truman, sans méchanceté cependant.

Il avait le hoquet, secoué par l'alcool et le chagrin, et il laissa le chauffeur l'installer dans le taxi.

« Rentrons, mon pote. »

Tandis que le taxi jaune faisait demi-tour dans la rue maintenant vide, Truman s'affala contre le dossier de son siège, pris d'un malaise, étouffant soudain et baigné de sueur ; il enleva sa cape noire et, ce faisant, écrasa complètement la fleur de papier. Il ferma les yeux et s'endormit.

Il ne les rouvrit qu'une heure plus tard ; ils étaient sur la Cinquième Avenue.

« Dis-moi, roucoula-t-il, en se frottant les yeux, tu es célibataire ? »

Leurs regards se croisèrent dans le rétroviseur, et Truman lut dans les yeux du chauffeur la lueur d'intérêt qu'il avait aperçue tout au long de sa vie chez les hommes qui se persuadaient d'être hétérosexuels et qui, soudain, se voyaient proposer la botte par des gens célèbres.

Mais le chauffeur de taxi arbora un sourire contrit et répondit : « Non.

— Dommage », répliqua Truman en fermant de nouveau les yeux.

Il se résigna à être seul, maintenant, et à jamais.

Puis il reprit une gorgée de vodka. Car c'est ce que *Mama* aurait voulu.

« Je m'attendais à moitié à ce que Truman se pointe », dit Pamela à voix basse. Et bien que tout le monde se penchât vers elle pour l'entendre, cette fois personne ne fut aguiché par sa poitrine car, en cette circonstance solennelle, Pam l'avait recouverte de dentelle noire italienne.

« S'il s'était pointé, Bill l'aurait viré. » Gloria sirotait l'excellent vin que Babe avait choisi pour l'occasion, son vin blanc préféré, le pouilly-fumé de Ladoucette.

Elles étaient à Kiluna, entourées de la présence de Babe. Dans chaque fleur, chez chaque serveur en veste blanche, dans chaque serviette de table pliée avec soin, dans chaque note de musique qui sortait des haut-parleurs extérieurs, et même dans le pépiement des oiseaux, les senteurs de freesias, de lis, de roses – elle était là.

Les femmes étaient assises ensemble ; leurs maris entouraient Bill, un cercle silencieux de gardes du corps fortunés, des hommes de pouvoir, le protégeant de quelque chose, une chose qu'aucun d'entre eux ne pouvait définir. Néanmoins, Bill était menacé ; ils le sentaient.

Et s'ils avaient été capables de réfléchir, de faire preuve de lucidité, ils auraient vu que cette menace était féminine. Des femmes inquiètes étaient déjà là, à lui tourner autour, à faire son siège, en attendant de pouvoir adresser un mot de sympathie à cet homme, devenu veuf, et de lui assurer qu'elles étaient là pour lui et qu'elles seraient ravies de le consoler de son chagrin au cours d'un dîner tranquille, rien qu'eux deux, un soir quand il en aurait envie.

« Je crois que Babe aurait peut-être aimé que Truman soit là », dit Slim aux autres qui, choquées, sursautèrent. « Oui, vraiment. Savez-vous ce qu'elle a dit avant de mourir ?

— Rien au sujet de Truman, en tout cas pas à moi. Tu sais, je l'ai vue juste la veille, dit Gloria sèchement.

— Et moi, la veille au soir, fit remarquer Pamela.

— J'étais à Palm Beach, dit C.Z. d'un air triste. Mais je lui ai téléphoné en fin de soirée.

— Quoi qu'il en soit, les interrompit Slim, elle m'a dit qu'elle avait trahi Truman et non l'inverse.

— Non ! s'exclamèrent en chœur les quatre autres.

— Si. Elle a dit qu'il pensait que nous l'aimions et que si nous l'avions vraiment aimé, nous lui aurions pardonné. Elle a dit qu'il avait essayé de nous mettre à l'épreuve, pour voir si nous l'aimions malgré tout. Et nous l'avons laissé tomber.

— Je n'ai jamais dit que je l'aimais ! » Gloria était consternée, elle se mit à trembler. « Comment ose-t-il ? Il était amusant, c'est tout. Amusant, pendant un temps. Talentueux, oui, bien sûr, il l'a été un jour. Mais plus maintenant. Et, sans vouloir dire du mal des morts – elle se signa avec véhémence –, Babe est... était idiote, une idiote au cœur tendre, d'avoir pu croire le contraire. Il nous a trahies. Un point c'est tout !

— Vous savez ce que j'en pense », ajouta C.Z. de sa voix traînante. Et, en prévision de ce qui allait suivre, toutes se raidirent, car elles savaient. « Vous êtes les seules responsables. Pas Truman. Je pense qu'il est follement amusant – enfin, plus maintenant, mais autrefois, oui, il m'a d'ailleurs emmenée un jour à ce truc du Studio 54, ce qui était excitant, même si je n'y retournerai pas –, mais le fait est que je ne lui ai jamais raconté quoi que ce soit d'important. Rien. Ça restait toujours léger et drôle entre nous, il ne pouvait donc pas se servir de ce que je disais. Et vous auriez dû en faire autant. »

Slim vit les muscles du cou de Gloria se crisper, tandis que ses doigts jouaient nerveusement avec les couverts, et elle lança un rappel à l'ordre d'une voix sifflante : « Les filles, n'oubliez pas pour quoi nous sommes ici. Nous sommes ici pour Babe. *Pour elle*. Je n'aurais pas dû parler de tout ça. Peu importe. »

Gloria se leva de table, s'étira un peu, debout sur la pointe des pieds. Mais un de ses genoux lâcha, et elle se laissa tomber sur sa chaise.

« En un certain sens, c'est Babe qui a de la chance », dit-elle en regardant fixement le fond de son verre à eau, prenant conscience que les nuages commençaient à envahir le ciel, prêts à cacher le soleil.

« Oh, Gloria ! Qu'est-ce que tu racontes ? demanda Marella en secouant la tête.

— Elle n'avait que soixante-trois ans. Quand elle est partie, sa beauté était encore plus ou moins intacte. » Gloria sourit d'un air contrit. « Elle ne deviendra jamais vieille ; horriblement vieille. »

Personne ne dit rien, mais elles baissèrent toutes les yeux sur leurs mains, puis regardèrent celles de leurs amies et, tandis qu'autrefois ces regards étaient destinés à comparer les pierreries, les bracelets, désormais il s'agissait de comparer les veines, les rides et les taches de vieillesse.

« Combien de temps croyez-vous que Bill tiendra avant de se remarier ? » C.Z. accompagna cette question d'un mouvement de la tête en direction de Bill entouré de ses amis et de ses enfants. Il avait l'air hagard ; il mangeait une portion d'un plat d'exception commandé par Babe, mécaniquement, sans le plaisir enthousiaste d'autrefois.

« Pas longtemps, répondit Gloria.

— Je pense qu'il restera seul, dit Slim, d'un ton de défi. Je pense qu'il se débrouillera bien, même seul. Il va toutes nous surprendre.

— Non, insista C.Z. en secouant la tête. S'il y a un homme qui ne peut rester seul, c'est bien Bill Paley. Je remercie Dieu que mon Winston soit mort avant moi. Il n'aurait pas pu rester seul, lui non plus. Ces hommes-là – des hommes tellement concentrés sur une seule chose, leur projet, une chose importante, grandiose – ne peuvent pas rester seuls.

— Je me demande combien de temps Truman va encore tenir le coup. Car, quoi qu'on pense de lui, je suis sûre et certaine qu'il est dévasté par la mort de Babe, dit Pam, d'un air songeur, répondant d'un haussement d'épaules au regard accusateur de Slim.

— Pas longtemps, rétorqua C.Z. avec un soupir de sincère inquiétude. Vous l'avez vu, récemment, à la télévision ? Il est en train de se laisser mourir, tout simplement. C'est comme s'il voulait mourir, avec tout l'alcool, la coke et les pilules qu'il s'enfile.

— Eh bien, c'est une manière comme une autre de partir, rétorqua Gloria. Et ce n'est pas si mal. S'il a vraiment décidé de se tuer à petit feu. Après son suicide social et avoir poussé quelqu'un au suicide – pauvre Ann ! –, qu'est-ce qu'on en a à foutre que tout ça le conduise lui-même au suicide ? Parfois, il faut savoir partir au bon moment. Il faut savoir accepter que vos jours sont comptés. Les jours passés au soleil. Nos jours sont comptés, c'est fini pour nous. Avec Babe partie, c'est maintenant bel et bien fini. Le monde n'est plus le même. »

Slim regarda Gloria en plissant les yeux ; Gloria, apparemment, était de celles qui prenaient à leur compte la tragédie des autres.

« La ferme, Gloria. Tu es d'humeur morbide, aujourd'hui. Comme nous toutes. Je ne sais pas vous, mais moi j'ai l'intention de vivre éternellement. »

Slim alluma une cigarette, grimaçant à l'idée qu'elle n'avait plus à penser à Babe quand elle fumait. « Pour ce qui est de Truman, riposta-t-elle – en inhalant avec un sentiment de pure extase, les yeux clos –, il est comme un serpent… non, plutôt un cafard. Il nous enterrera toutes. »

Puis elle ouvrit les yeux ; ils étaient pleins de larmes.

« Mais merde, on s'est bien amusées en ce temps-là, non ? Quand nous étions jeunes ? »

Les cygnes hochèrent la tête, toutes perdues dans leurs pensées. Et, à leur plus grande surprise, c'était essentiellement à Truman qu'elles pensaient ; le jour des obsèques de Babe, c'était à Truman qu'elles pensaient. Truman autrefois. Truman, ses jambes fines croisées, assis à leurs pieds, comme un petit garçon, ses yeux bleus émerveillés grands ouverts, ses cheveux dorés balayant son front ; Truman qui lisait ses nouvelles au 92 Y, le centre culturel de l'Upper East Side sur la 92e Rue, leur mascotte, leur petit animal de compagnie devenu grand soudain, génial, survolté, un bijou de plus à ajouter à leur collection.

Truman et Babe dansant au crépuscule à Kiluna, ce sourire radieux d'une beauté émouvante sur le visage de Babe, une étincelle dans ses yeux que personne n'avait encore jamais vue, tandis qu'elle tournoyait avec un total abandon en se glissant dans les bras de Truman ; tous deux se contentant l'un de l'autre, si sereins, que n'importe qui d'autre, les regardant, se sentait comme un voyeur. Cependant, personne ne pouvait détacher son regard du couple qu'ils formaient.

C'est de ça que se souvenaient les cygnes en buvant le vin et en mangeant la nourriture choisis par

Babe pour la dernière fois. Truman et Babe. La part d'ombre et la lumière ; l'élégance et l'impudence. La beauté et l'intelligence, le cœur et l'âme.

Ensemble.

La Côte Basque,
1984

« Bill, mon très cher.

— Slim. »

Ils s'embrassèrent dans le vide, puis se laissèrent guider par le maître d'hôtel jusqu'à l'une des tables visibles depuis la rue.

Le restaurant n'avait guère changé depuis la mort de Henri Soulé en 1966, l'année du bal organisé par Truman. Les fresques marines peintes sur les murs étaient toujours là, le linge de table était toujours aussi raffiné, les tables croulaient toujours sous les fleurs, un budget qui, selon la rumeur, s'élevait à des milliers de dollars par semaine. Le chef était nouveau, mais on y mangeait toujours la cuisine française traditionnelle qui mettait l'accent sur la crème et le beurre.

Bill Paley et Slim Keith prirent place à une petite table *à deux**. Instinctivement, ils rentrèrent le ventre, se redressèrent et balayèrent subrepticement la salle du regard. Ils furent déçus.

Car très peu de leurs pairs étaient présents ; le restaurant était rempli d'hommes d'affaires qui passaient leurs notes de frais sur le compte de leur entreprise. Bill, bien évidemment, en connaissait certains et les salua d'un signe de tête, tandis que Slim se détendait et relâchait son souffle. Elle alluma une cigarette.

« Bon sang, où sont-ils tous passés ? » demanda Slim. Mais c'était une question de pure forme. Elle le savait.

Ils vieillissaient, certains étaient morts. Même le duc de Windsor était mort avant Babe. Wallis vivait maintenant en France et, paraît-il, était folle à lier, enfermée et sous la surveillance de ses domestiques.

Certes, Marella et Gianni bourlinguaient toujours sur leur yacht, mais passaient de plus en plus de temps en Italie, dans leur palais, comme des dieux oubliés, réfugiés sur le mont Olympe. C.Z. s'occupait toujours de ses jardins, avait publié plusieurs livres de jardinage et restait toujours aussi flegmatique, égale à elle-même. Slim la voyait de temps à autre quand C.Z. venait à Manhattan pour participer à des comités de bienfaisance, sa beauté blonde de Bostonienne aiguisée par le grand air, le visage tanné ; elle ressemblait donc au genre de matrone de sa caste qu'elle jurait avoir toujours détesté, mais auquel elle ne s'était jamais vraiment efforcée de ne pas ressembler. Car si pour s'amuser, par jeu et en souvenir de Diego Rivera, C.Z. s'était toujours habillée comme une débutante, désormais, telle une figure de proue ornée de perles, elle s'habillait de cachemire et de tweed.

Quant à Gloria… La Guinness, comme l'avait surnommée Truman…

Ah, Gloria…

« Qu'est-ce que tu en penses, Bill ? » Slim se tourna vers son compagnon, qui était maintenant très voûté, plus mince que ne le justifiait sa silhouette longiligne. Ses cheveux étaient très clairsemés, et il avait un appareil auditif à une oreille.

« Quoi ? » Il monta le son de son appareil.

« Tu en penses quoi, pour Gloria ? Tu penses qu'elle l'a vraiment fait ? Qu'elle s'est suicidée ?

— C'était une crise cardiaque, non ? »

Comme la plupart des hommes de son âge – quatre-vingt-trois ans –, sa voix était plaintive, aiguë et forte. Rien à voir avec l'aboiement autoritaire auquel elle avait un jour ressemblé.

« C'est ce que Loel a dit, en tout cas. Mais l'une de ses domestiques – eh bien, c'est juste qu'elle était si abattue, si déprimée, toutes ces dernières années. » Gloria était morte en 1980 ; seulement deux ans après qu'elle avait envié Babe d'avoir tiré sa révérence à temps.

« Je ne crois pas qu'elle se soit fait la malle ainsi. » Bill fit signe au serveur et commanda du vin. « Pas Gloria. Pourquoi aurait-on envie de mourir ainsi ? Surtout elle.

— Parce qu'elle était très belle, répondit Slim, avec calme. Autrefois.

— Toi aussi. Et tu l'es encore, pour certains. »

Bill sourit, et elle aperçut l'homme qu'il avait été, l'homme qu'elle avait connu pendant plus de cinquante ans ; l'homme qu'il était quand elle l'avait rencontré la première fois, avant qu'il n'épouse Babe, lors d'une partie de pêche avec Papa. Si elle fermait les yeux, elle pouvait le voir tel qu'il était à cette époque-là, entièrement bronzé, le teint éclairé par ce sourire d'une blancheur aveuglante. Et ses mains, elle s'en souvenait si bien ; c'était la première chose qu'elle avait remarquée chez lui. Ses mains, si grandes, toujours ouvertes, tendues avec avidité. Qui en voulaient toujours plus.

« Arrête », rétorqua Slim, en repoussant d'une tape la main qui lui attrapait maintenant le genou. « Nous sommes trop vieux pour ça.

— Nous ne l'avons pas toujours été. Nous pourrions monter à l'appartement, comme nous en avions l'habitude. »

Bill souriait et, soudain, il eut l'air d'avoir dix ans de moins. Peut-être vingt.

Et Slim se détendit ; elle permit à Bill de lui attraper le genou, elle serra cette grande main dans la sienne, une main aux doigts maintenant noueux – pleins d'arthrite –, mais toujours puissante. Une main sûre de ce qu'il désirait ; certain que c'était possible.

Finalement, ce n'était pas fini, le sexe ne s'était pas carapaté. Elle fut surprise de ressentir le même frisson d'envie entre ses cuisses.

« Je présume donc que ta femme n'est pas en ville ? » Slim savait que c'était cruel de lui rappeler ce jeu qu'ils jouaient autrefois. Elle cessa très vite.

Bill lâcha la main de Slim. Ils s'emparèrent tous deux de leur menu.

« Bon, j'imagine que tu es au courant pour Truman ?

— Ouais. » Bill soupira, puis fronça les sourcils – l'ancien regard furieux, glacial, de Bill Paley. « Eh bien, on ne peut pas dire que ça m'attriste, Slim. Absolument pas. Pas après ce que Truman nous a fait à Babe, toi, et moi.

— Joanne Carson m'a téléphoné – tu sais, il vivait chez elle, dans une petite chambre aménagée pour lui, à Los Angeles. Après que nous l'avons toutes banni de nos vies, c'est là qu'il a fini, dans la chambre du fond chez la femme d'une ex-star de la télévision. » Slim sourit tristement. « Mais elle m'a appelée, après qu'ils l'ont emmené à la morgue. Elle m'a dit que ses derniers mots ont été "Babe la Magnifique". Elle voulait que je le sache, va savoir pourquoi. »

La voix de Slim se cassa, ses yeux se mouillèrent de larmes.

« Tu crois qu'il a vraiment dit ça ?

— J'aimerais y croire. Pas toi ?

— Non. Je ne veux pas croire que ce petit salopard était encore amoureux de ma femme. Je ne veux pas croire que ses derniers mots ont été pour Babe. Je veux juste croire que Babe est morte paisiblement, n'aimant que moi, et que Truman est mort en souffrant, seul. Traite-moi de cruel si tu veux, mais…

— C'est l'histoire que tu veux bien te raconter, dit Slim à voix basse. Je comprends, Bill. Car moi-même, je me raconte des tas d'histoires pour m'aider à m'endormir le soir. Des histoires selon lesquelles Babe était ma meilleure amie et selon lesquelles je ne l'ai jamais trahie. Des histoires selon lesquelles toi et moi avons vécu un grand amour, et pas seulement des coucheries, de temps à autre, quand elle n'était pas en ville. Des histoires selon lesquelles la vie à cette époque-là était merveilleuse, quand aucun de nous ne disait à l'autre la vérité, et qu'importait. Tout était si beau, non ? Tout était si agréable et d'une telle élégance. Pas comme maintenant. »

Ils ne dirent rien pendant un moment ; ils se contentaient de regarder la Cinquième Avenue, envahie de touristes dans leurs vêtements de touristes, des tennis et des jeans, des sweat-shirts, des coupe-vent, des casques ridicules de Walkman sur les oreilles, occultant les bruits délicieux de la ville. Le St Regis était juste de l'autre côté de l'avenue, toujours aussi grandiose, mais les suites étaient maintenant occupées par des rock-stars de passage à Manhattan, et plus personne ne vivait à l'hôtel. Il avait été racheté par la chaîne Sheraton. Les Astor, Vanderbilt et consorts, oh mon Dieu… Plus personne n'avait peur d'eux et de leurs fortunes de vieille souche. Personne dans le New York tape-à-l'œil des années 80, celui de Donald Trump.

Bill Paley était toujours président de CBS, malgré les manœuvres mises en place depuis de nombreuses années pour l'évincer. Cependant, petit à petit, il vendait des actions ; l'époque où il achetait était révolue. Il avait déjà prévu de donner sa stupéfiante collection d'œuvres d'art au MoMA. Il passait surtout son temps à jouer au golf, à nager, et à dormir à son bureau, entre des réunions au cours desquelles il se montrait encore, juste pour que personne n'oublie qui, nom de Dieu, avait bâti cette putain d'entreprise ! Et, tout aussi bien, pour ne pas l'oublier lui-même.

« Bien sûr que c'était le grand amour », dit-il à Slim, se dit-il à lui-même, et comme il le disait à chacune des femmes qu'il faisait monter, encore maintenant, dans son appartement de la Cinquième Avenue – pourquoi pas ? N'avait-il pas été élu l'un des dix plus beaux partis par le magazine *People* ?

Même si, chaque fois qu'il y amenait une petite pépée, il ne pouvait s'empêcher de lui faire visiter les lieux, une visite commentée, en évoquant Babe – Babe avait acheté ça, Babe avait l'habitude de s'asseoir ici, Babe pensait que la salle à manger devait être de cette couleur… Il avait laissé l'appartement tel qu'il avait toujours été et avait résisté à ses enfants qui essayaient de le convaincre de le redécorer, de même que la maison de Kiluna. Il ne pouvait s'y résoudre ; c'étaient là les dernières choses au monde qu'il avait d'elle, de son essence même, l'élégance faite femme dont parlait Slim. Il savait que tout ce qu'elle avait choisi était maintenant démodé, mais peu lui importait. Il était trop vieux pour que ce soit important.

« Ça n'a rien d'un grand amour, Bill. Tu as toujours été gentil et très généreux quand j'en ai eu besoin ; j'ai toujours été là quand tu as eu besoin de te divertir, de te changer les idées, j'ai été l'une de tes *shiksas* blondes. Mais maintenant que Truman est mort, j'ai une question à te poser. Tu penses que Babe l'a su ? Et Truman ? Car la nouvelle – la nouvelle de Truman dans *Esquire*, à propos de Sidney Dillon et les taches de sang –, est-ce que tu lui en aurais parlé ? De ce qui s'est passé entre nous ?

— Non. Et toi ?

— Non. »

Action ou vérité. Ce bon vieux jeu. Ni l'un ni l'autre n'avaient vraiment envie d'y jouer, en fin de compte.

« Mais Babe… », fit Slim après une pause, incapable de laisser tomber le sujet comme elle savait qu'elle aurait dû le faire. « Babe a dit quelque chose avant de mourir. Elle a dit que j'étais une survivante. Ça m'a paru bizarre, à ce moment-là. Sans raison, comme ça. Et tu vois, elle ne m'a pas laissé grand-chose dans son testament contrairement à ce qu'elle a laissé aux autres. Dieu sait que je m'en moque, sauf que ça paraît bizarre, quand on pense à quel point elle a été généreuse avec tout le monde, que ce soit Gloria, Marella et C.Z. Je ne sais pas. Je me demandais.

— Babe ne savait pas. Impossible. Comment aurait-elle pu ? Elle n'avait aucun moyen de savoir que la femme dans l'histoire, c'était toi. En revanche, il n'y a aucun doute, elle savait que l'homme en question, c'était moi. »

Et Bill se remémora combien Babe avait été amère au cours de ses dernières années ; combien elle avait laissé libre cours à ses regrets, ses soupçons. Ses accusations.

« J'espère qu'elle ne l'a pas su », murmura Slim en attrapant une fourchette. Elle la soupesa, appréciant le poids de l'argenterie. « Mais, quand même, je me demande…

— Ne t'en fais pas, Slim. C'est fini. Ils sont morts tous les deux. Et nous, nous sommes encore là.

— Nous sommes encore là avec nos souvenirs. Mais pas le grand amour, non, Bill, je crois qu'aucun de nous deux n'est capable de ça. Mais Truman et Babe, eux, oui – enfin… Babe, c'est sûr, et je pense qu'à la fin, c'est ce qui l'a aveuglée, car Truman était Truman. Mais il a fait ce que nous n'avons jamais pu faire. Il a commencé à raconter la vérité. Pas à propos de quelqu'un d'autre, pas à propos de Perry Smith ou Holly Golightly, ni même sur lui. Non, il a commencé à raconter la vérité sur *nous*. Et le problème, Bill chéri, c'est que la vérité est horrible. En ce qui te concerne. En ce qui me concerne. Et même en ce qui concerne Babe. »

Bill laissa échapper un son confus, anxieux ; Slim vit sa pomme d'Adam monter et descendre, comme s'il essayait d'avaler quelque chose, et elle lui attrapa la main pour la poser sur ses seins, ses seins désormais flasques, sa poitrine plate, afin qu'il puisse sentir son cœur, sa féminité, sa chaleur, sa force. Elle ferma les yeux, prenant plaisir à sentir la main d'un homme sur ses seins, ce qui n'était pas arrivé depuis des lustres, et elle sut, à cet instant précis, qu'elle était vivante, qu'elle était encore là, et qu'elle n'était pas seulement un souvenir, une relique ; qu'elle n'était pas seulement une vieille femme sur laquelle plus personne ne se retournait dans la rue. Pas seulement un nom oublié dans un vieux magazine, une réponse à la question « Mais que sont-elles devenues ? ».

Elle rouvrit les yeux. Bill lui souriait avec cette lueur concupiscente de jeune homme dans le regard, en désaccord avec ses yeux larmoyants, d'un bleu délavé, et son appareil auditif. Mais il était maintenant détendu, sa main toujours sur les seins de Slim, jusqu'à ce qu'elle l'en éloigne pour la poser sur son genou à lui.

« Et j'ai toujours plaisir à te voir, mon bon ami. J'ai toujours plaisir à être assise à l'une des tables de La Côte Basque, pour déguster du vin et des plats raffinés et pour évoquer nos souvenirs – les bons, ceux que nous voulons bien nous rappeler. Alors, faisons ça. C'est ça l'histoire que nous pouvons nous raconter à nous-mêmes, la nuit quand nous ne pouvons pas dormir. On peut se dire qu'il y a quelqu'un d'autre dans le monde qui voit les choses de la même manière, qui se souvient. Qui se souvient d'elle. Babe. Et de Gloria. Et même de Truman, je pense, comme il était avant. Notre ami si amusant, si cancanier. Notre *entrée** dans un monde différent, pour peu de temps. Une courte époque pendant laquelle nous nous sommes amusés. Une époque avant qu'il ne soit à la mode de dire la vérité, avant que le monde ne devienne sordide à force d'honnêteté. »

Slim leva son verre et Bill fit de même.

« À Babe. À Truman. À Papa et à tous les autres fantômes du passé, des gens brillants et menteurs.

— À Babe », répéta Bill.

Ils trinquèrent et passèrent le reste de l'après-midi à parler de leurs petits-enfants.

À la fin, comme au début, tout ce qu'il leur restait, c'était des histoires. Les histoires qu'ils se racontaient les uns aux autres et à eux-mêmes.

« Je l'aimais, elle a été le grand amour de ma vie, mon seul regret », dit Truman dans un dernier souffle, tandis qu'il était allongé, épuisé par le monde, les abus, par lui-même, toujours lui.

« Je l'aimais, il a été le grand amour de ma vie », s'était dit Babe à voix basse avant de fermer les yeux et de renoncer à se battre, car se battre était une chose laide, et elle n'avait jamais rien fait de laid de toute sa vie. Ce n'était donc pas maintenant qu'elle allait commencer.

« Je suis seule / Je suis seul », pensèrent-ils tous deux, l'une amusée et l'autre horrifié.

« *Mama* », murmura Truman, tandis qu'une personne étrangère lui tenait la main et appelait une ambulance.

« Truman », avait appelé Babe à voix haute, tandis qu'elle se sentait sombrer, sombrer puis s'élever – sachant que ce n'était pas le cas. Puis elle ne sut plus rien, plus jamais.

« Babe la Magnifique », dit Truman. Il sut qu'il l'avait dit, il avait entendu sa propre voix, très faible, sonner bizarrement à ses oreilles. Puis il n'entendit plus rien.

Il n'y avait désormais plus d'histoires à raconter, pour s'apaiser, se réconforter, se consoler, pour rapprocher deux étrangers ; pour être liés cœur et âme.

Beauté. Beauté dans toute sa gloire, dans toutes ses versions. Un moment délicieux de parfaite compréhension entre deux âmes solitaires et abîmées, assises en silence au bord de la piscine, au crépuscule, ou allongées sur un lit, vulnérables et mises à nu. Le regard envoûtant d'une femme qui savait qu'elle était belle car c'était ainsi qu'elle se voyait dans les yeux de son ami.

La magnificence du sentiment d'appartenance, de ne pas être exclu, d'être précieux, désiré.

La beauté d'une fleur, celle du muguet aux clochettes blanches comme neige contre le vert éclatant du feuillage. Rendue plus belle encore par les mains d'une amie qui vous tend le bouquet, une offrande, un baume.

La beauté des larmes sur un visage qui exprime la compréhension.

La beauté d'une chemise faite sur mesure, impeccable, d'une blancheur aveuglante, qui sort tout juste de son emballage.

La beauté d'un tourbillon de taffetas, celle des clochettes qui tintinnabulent, des diamants et des émeraudes ; celle d'une fleur de papier d'une blancheur immaculée.

La beauté.

Les cygnes nageaient loin devant, toujours plus loin. Leurs corps glissaient sur l'onde sans que personne puisse voir l'effort de leurs pattes palmées sous la surface de l'eau, pagayant, avançant, les propulsant en avant, vers cet endroit magnifique, loin devant, un rideau incandescent de lumière, un éblouissement de rayons de lune, une constellation paradisiaque d'étoiles.

Son corps, cependant, n'était pas comme le leur ; l'effort qu'il faisait se voyait, il s'essoufflait et grognait, s'efforçant d'être à la hauteur et de ne pas se laisser distancer, se débrouillant même parfois pour les doubler ; mais, chaque fois, la sueur perlait à son front, il respirait avec difficulté.

Parfois, d'un geste gracieux, la reine des cygnes levait la main, une longue main blanche, parfois ornée de rubis ou d'émeraudes ; parfois nue, attendant alors qu'il s'y agrippe, et tous deux souriaient alors d'un sourire complice. Il ne sentait plus les efforts, il n'avait plus l'impression d'être à la traîne, et ils avançaient tous deux sans effort aucun, s'éloignant des autres, se retournant parfois pour leur adresser un sourire ou un clin d'œil.

Et, pour finir… quand la lumière commença à descendre sur eux, et qu'ils furent baignés par une pluie de diamants, de verre poli, quelque chose se passa. Il ne sut jamais ce que c'était. Il sut seulement qu'un jour il avait failli, il avait dansé, souri, tourné le dos ou couru trop loin devant, il ne comprit jamais de quoi il s'agissait. Mais après avoir fermé les yeux et les avoir rouverts, il s'était retrouvé, une fois encore, debout, embourbé sur le rivage, abandonné. Seul.

Et les cygnes continuaient à nager vers cette cascade de lumière ; il eut beau hurler et crier – jusqu'à ce que sa gorge soit irritée et qu'il devienne tout rouge – ils ne se retournèrent jamais. Ils glissaient loin devant, disparaissant un par un dans l'ombre derrière les rayons de lune, la reine des cygnes les autorisant à avancer ; elle montait la garde, les surveillait. Et, finalement, elle se retourna pour le regarder une dernière fois, de ses yeux graves et pleins de compassion ; il cria son nom, la suppliant de lui pardonner, l'implorant, mais elle se détourna pour suivre les autres.

Et elle aussi disparut dans l'ombre. Il ne resta alors plus rien d'eux, si ce n'est les faibles ondulations à la surface de l'eau qu'ils laissèrent dans leur sillage et dont il ne pouvait détacher son regard, les yeux emplis de larmes, des larmes qui se transformèrent en diamants qui se transformèrent en poussière alors que les ondulations à la surface de l'eau s'élargissaient, se propageaient, ricochaient sur le bleu indigo poudré de l'étang qui était un lac qui était l'océan qui était le rêve d'un monde oublié.

Qui, lui aussi, finit par disparaître.

NOTE DE L'AUTEUR

Quand j'étais adolescente, j'étais de celles que New York attirait.

Je suis née et ai grandi à Indianapolis, dans l'Indiana. Une ville certes très agréable ; pourtant, j'ai toujours eu le sentiment que ma place était ailleurs. Quand j'étais encore très jeune, je ne me souviens vraiment pas en quelles circonstances, j'ai mis la main sur des numéros de *Vanity Fair* et du *New Yorker*. J'imagine qu'on les trouvait à la bibliothèque municipale, ou peut-être dans la seule librairie du centre commercial. Tout ce que je sais, c'est que la première fois où j'ai ouvert *The New Yorker* – ne comprenant pas vraiment les dessins humoristiques mais faisant semblant –, j'ai su où je devais être.

Et j'ai donc eu envie de me voir, moi aussi, dans les pages sophistiquées de ces magazines.

J'ai lu – en m'imaginant que je les connaissais intimement – des articles sur des gens comme Norman Mailer, Gore Vidal et Brooke Astor ; je dévorais les reportages sur la vie nocturne new-yorkaise, les soirées d'inauguration, les galas, et les petits instantanés sur Central Park, Tiffany, Bergdorf, le 21. Truman Capote apparaissait chaque fois dans ces magazines et, bien sûr, je savais qui il était. Je le voyais à la télévision ; un personnage bouffi, extravagant, faisant de grands gestes, racontant des histoires scandaleuses. Je l'avais vu dans *Un cadavre au dessert* que, à l'âge de treize ans, j'avais trouvé hilarant et spirituel.

Je savais que Truman Capote était l'auteur d'un livre qui avait pour titre *De sang-froid*, un livre que ma mère avait mais qu'elle ne voulait pas me laisser lire. C'était à peu près tout ce que je connaissais de lui d'un point de vue littéraire. Il n'était que l'une de ces flamboyantes figures des années 70, au même titre que Liza Minnelli, le couturier Halston et les Village People.

Dans les pages de *Vanity Fair*, il était souvent question d'une femme qui s'appelait Babe Paley. Une icône de la mode – c'est ainsi qu'elle était toujours décrite, parmi d'autres personnes telles que Gloria Guinness, Marella Agnelli et Slim Keith. Quand j'ai pris conscience de qui étaient ces femmes, on parlait déjà d'elles avec respect, au passé – un passé qui faisait encore rêver même à la fin des années 70. Pour moi, elles étaient de fantomatiques et superbes images, aux vêtements d'une très grande élégance et inaccessibles. Je ne connaissais rien à la « mode », bien sûr ; on achetait tous mes vêtements chez Sears et J.C. Penney. Mais le monde de la mode me faisait rêver, tout comme New York me faisait rêver, et mon seul regret dans la vie est de ne pas être allée y vivre. J'étais une enfant du Midwest dont les parents, eux aussi nés dans le Midwest, étaient pleins de bonnes intentions, mais qui avaient instillé en moi la peur de Dieu et des grandes villes, même si je me plaisais à m'imaginer marcher dans des rues goudronnées, prendre le métro, mourant d'envie d'être entourée de gratte-ciel et de gens qui parlaient fort, avec des accents intéressants. La peur eut le dessus, je suis désolée d'avoir à vous le dire. Pendant très longtemps.

Cependant, ces rues, ces gens sont restés vivants dans mon imagination et j'ai lu tout ce qu'il y avait à lire à ce sujet. *Party of the Century* de Deborah Davis, sur le célèbre Bal en Noir et Blanc de Truman Capote. *Capote* de Gerald Clarke. *Truman Capote* de George Plimpton. *5e Avenue, 5 heures du matin* de Sam Wasson. *Slim*, les Mémoires de Slim Keith. Et *The Sisters* de David Grafton, à propos de Babe Paley et ses sœurs. J'ai vu *Diamants sur canapé* un nombre incalculable de fois. Et je suis toujours abonnée à *Vanity Fair* et au *New Yorker*.

Et depuis, bien évidemment, j'ai lu le travail de Truman Capote dont j'ai admiré la plupart des textes – *Les Domaines hantés*, *De sang-froid* ; ses nouvelles, et *Petit déjeuner chez Tiffany*. Le seul de tous ses livres que je n'ai pas aimé, et dont la lecture a été plutôt choquante, est *Prières exaucées*, qui inclut la nouvelle « La Côte Basque 1965 ». Ça ne ressemblait en rien à ses autres écrits. J'ai d'abord considéré ce texte comme une malheureuse erreur de parcours.

Mais un jour, j'ai décidé d'en lire plus au sujet de ce roman inachevé. J'avais su, vaguement, qu'il s'était ensuivi un bon vieux scandale littéraire. J'en ai compris les grandes lignes – Truman avait divulgué des secrets qu'il n'aurait pas dû divulguer. Ses amies l'ont fui. Et il était devenu ce personnage grotesque du temps de ma jeunesse. Puis il était mort.

Bien sûr, c'était plus compliqué. Comme toujours, non ?

Au cœur de tout ce qui a été écrit sur Truman Capote et *Prières exaucées*, il est toujours question de son amitié avec Babe Paley. Babe qui, bien que magnifique, apparaît parfois comme étant extrêmement réservée. À mes yeux, elle a quelque chose de bouleversant. « Le stéréotype de la femme trophée » – j'ai souvent lu cette expression pour la décrire.

Cependant, cette amitié a continué à titiller ma curiosité. Cette amitié peu commune entre Truman, un personnage grotesque, et Babe, une femme extrêmement raffinée. Comment ? Pourquoi ? Que signifiait vraiment cette amitié pour eux ? Quand j'ai regardé des photos et que j'ai vu combien Truman était d'une beauté stupéfiante, à l'époque de leur rencontre, j'ai été étonnée. Ce n'était pas le Truman Capote que j'avais connu dans ma jeunesse.

Et c'est ce qui m'a intriguée. Que lui était-il arrivé pour qu'il ne devienne plus que le personnage caricatural dont je me souviens, dont tout le monde se souvient quand le nom « Truman Capote » est évoqué ? Que s'était-il passé entre lui et Babe qui était prétendument, comme l'ont affirmé beaucoup de ceux qui l'ont connu, la seule personne qu'il ait aimée ?

Que leur était-il arrivé à toutes, ces créatures mythiques qui vivaient dans des penthouses ? Qu'étaient devenus New York, le raffinement, l'élégance, les contes de fées ?

C'est ce sur quoi je voulais écrire, c'est l'histoire que je voulais raconter : ce qui était arrivé à Truman Capote. Ce qui était arrivé à ses cygnes. L'élégance. Le prix qu'elles avaient payé pour vivre la vie qu'elles avaient eue. Car il y a toujours un prix à payer. Surtout dans les contes de fées.

À chacun des livres que j'écris, je me rends compte que certains lecteurs sont très curieux de savoir ce qui est vrai et ce qui est inventé. Je dois l'avouer, ce livre a été, et de loin, le plus amusant à écrire ; la raison en est que tous les personnages ont été, dans la vie, d'incorrigibles menteurs. Ce qui m'a donné une grande liberté d'action, et ce fut formidablement intéressant de m'imaginer moi-même faire partie de la vie de ces merveilleux raconteurs d'histoires. Mais pour ceux qui sont curieux, voici quelques lignes directrices.

Toutes les conversations sont inventées, même si quelques-unes – comme celle entre Truman Capote et Liz

Smith, vers la fin du livre – ont vraiment eu lieu. Mais quelle en fut la teneur ? C'est là que la fiction intervient ; les dialogues sont pure invention de ma part. En revanche, j'ai respecté la chronologie. Les retombées de la publication de *Prières exaucées* sont conformes à la réalité. Les relations évoquées ont bel et bien existé ; en d'autres mots, Truman, Babe et Bill ont réellement formé un trio, entretenant d'étroites relations. De toutes les amies de Babe, Slim fut celle dont elle fut le plus proche. Et les faits saillants sont des faits réels : Ann Woodward a été accusée du meurtre de son mari. Elle s'est suicidée après avoir lu « La Côte Basque 1965 ». Babe Paley est morte d'un cancer. Truman est mort dans la chambre d'amis de Joanne Carson, etc. La plus grande liberté que j'ai prise concerne l'identité présumée de la femme avec laquelle le personnage représentant Bill Paley dans la nouvelle « La Côte Basque 1965 » a eu une aventure. À l'époque, une rumeur courait selon laquelle il s'agissait de Happy Rockefeller, la femme du gouverneur. Le plus vraisemblable est que la femme dans l'histoire est une synthèse de plusieurs femmes avec lesquelles Paley avait couché, y compris, si l'on en croit aussi la rumeur, Slim Keith. Si Slim est bien la femme dont s'est inspiré Capote pour le personnage d'Ina Coolbirth, il est vrai aussi que Babe, dans son testament, n'a pas laissé grand-chose à sa très chère amie. Qui lui a dit, à propos de Bill et Slim ? Qui ?

Comme je le dis toujours, les émotions évoquées sont celles que j'imagine ; les mobiles et les intentions derrière les faits réels. Les faits constituent le squelette sur lequel je fais pousser les chairs inventées. Et après la lecture de mon livre, *Les Cygnes de la Cinquième Avenue*, j'espère que vous aurez envie d'en savoir plus sur ces vies incroyablement privilégiées, fascinantes au-delà de tout ce qu'il est possible de croire mais tragiques, au bout du compte.

Les livres que j'ai mentionnés plus haut sont parfaits pour commencer, sans oublier celui de Sally Bedell Smith *In All His Glory : The Life and Times of William S. Paley and The Birth of Modern Broadcasting* et *Conversations avec Truman Capote* de Lawrence Grobel.

Je ne suis jamais allée vivre à New York, finalement. Mais je suis allée m'installer à Chicago, que j'adore ; je suis donc bien une fille des grandes villes. Je vais souvent à New York. Et partout où je me promène, je vois des fantômes. Un jour, tandis que j'étais entrée au Plaza, j'ai cru voir Babe Paley et Truman Capote assis dans un coin, buvant un verre de champagne.

Mais ce n'était finalement qu'un rêve.

REMERCIEMENTS

Il est possible d'écrire seule un livre ; mais ce livre n'aurait jamais vu le jour sans l'aide de nombreuses personnes.

Je remercie, comme toujours, l'admirable Kate Miciak, mon éditrice ; ensemble, nous avons escaladé de nombreuses montagnes et je sais qu'il y en aura d'autres. Sans oublier Laura Langlie, mon agent, qui s'est si souvent battue pour moi.

Je suis extrêmement reconnaissante à Gina Centrello et son équipe dévouée chez Penguin Random House : Libby McGuire, Susan Corcoran, Kim Hovey, Gina Wachtel, Sharon Propson, Quinne Rogers, Leigh Marchant, Robbin Schiff, Allyson Pearl, Benjamin Dreyer, Loren Noveck, et Julia Maguire. Un grand merci à Scott Shannon et sa stupéfiante équipe du numérique. Et aussi à Bill Contardi, à Caitlin McCaskey et Anastasia Whalen du service de presse, et l'extraordinaire équipe commerciale de Penguin Random House.

Un grand merci à Victoria Wasserman chez Thornwillow Press, et Courtney Scioscia et Slater Gillin de l'agence de communication Meg Connolly pour m'avoir permis de visiter l'hôtel St Regis. Merci beaucoup au département des recherches de la New York Public Library.

Et, comme toujours, je ne serais rien sans le soutien de ma famille et, en particulier, Dennis, Alec et Ben.

PAPIER À BASE DE
FIBRES CERTIFIÉES

Le Livre de Poche s'engage pour
l'environnement en réduisant
l'empreinte carbone de ses livres.
Celle de cet exemplaire est de :
450 g éq. CO_2
Rendez-vous sur
www.livredepoche-durable.fr

Composition réalisée par NORD COMPO

Achevé d'imprimer en mars 2018, en France sur Presse Offset par
Maury Imprimeur – 45330 Malesherbes
N° d'imprimeur : 225691
Dépôt légal 1re publication : avril 2018
LIBRAIRIE GÉNÉRALE FRANÇAISE – 21, rue du Montparnasse – 75298 Paris Cedex 06

74/0562/3